Erwin Ringel
Lesebuch

Erwin Ringel Lesebuch

Herausgegeben von Michael Lewin
Mit einem Nachwort
von Prof. Frederick Mayer

Europaverlag
Wien · München · Zürich

2. Auflage 1986

Umschlaggestaltung von G. M. Prechtl
Umschlagbild (Tempera) von Alfred Hrdlicka
Zeichnung auf Seite 311 von Georg Eisler
Medieninhaber Europaverlag GesmbH Wien

Hersteller Elbemühl Graphische Industrie GesmbH Wien
Verlags- und Herstellungsort Wien
Printed in Austria
ISBN 3-203-50956-3

Inhalt

Einleitung

Zur Entstehung dieses Buches

Schon vor längerer Zeit entstand der Gedanke, anläßlich des 65. Geburtstages von Prof. Ringel ein Buch zu gestalten, das dem weit über Österreich hinaus bekannten und populären Analytiker und Tiefenpsychologen auch im Aufbau solchermaßen gerecht wird, indem es die verschiedenartigen Aspekte seines Wirkens enthält.

Auf Anregung von Prof. Frederick Mayer wurde das Projekt in Angriff genommen. War ursprünglich daran gedacht worden, einen Digest aus den bestehenden Büchern und Publikationen zu verfassen und aus dem vielfältigen Wirken Prof. Ringels die wichtigsten Punkte zusammenzustellen, so entwickelte sich zusehends unter wesentlicher Anteilnahme von Prof. Ringel ein fast neues Buch.

Im wesentlichen wurden fünf Bücher des Autors herangezogen: »Selbstschädigung durch Neurose«, »Das Leben wegwerfen?«, »Die österreichische Seele«, »Die da reden gegen Vernichtung« und »Religionsverlust durch religiöse Erziehung«.

Zwei Kapitel — nämlich die Kapitel II und VII — wurden für dieses Buch neu geschrieben, Das Kapitel VIII stellt eine Erstveröffentlichung des Vortrages dar, den Prof. Ringel anläßlich des Papstbesuches in der BRD 1980 gehalten hat. Alle anderen Kapitel wurden vom Autor durchgesehen und für dieses Buch (teils erheblich) neu bearbeitet.

Ziel dieses Buches ist es, die Tiefenpsychologie den Menschen näherzubringen!

Wien, März 1986 *Der Herausgeber*

I. Die Grundsymptome der Neurose

Was ist eine Neurose, wie entsteht sie, welche Symptome kennzeichnen, welche Folgen hat sie? Bedenkt man, daß sich diese Krankheit in unserer überzivilisierten Welt immer mehr verbreitet, so daß man sie zu Fug und Recht als das Gesundheitsproblem Nr. 1 bezeichnen kann, ist es erschütternd, zu sehen, wie sehr man ihr in weiten Kreisen mit Gleichgültigkeit und Unwissenheit begegnet. Wahrlich, wir leben so, als hätten die Entdecker der Neurose, *Sigmund Freud* und *Alfred Adler,* nie gelebt und nie in unserer Mitte gelehrt.

Die einen verharmlosen die Erkrankung mit dem Satz »Ach was, neurotisch sind wir alle«, die anderen verwenden den Ausdruck »Du Neurotiker« als ein Schimpfwort, mit dem man Unliebsame stigmatisiert und degradiert; wieder andere halten sie mit dem »Rest« von Antisemitismus, der noch immer in uns lebt und der gar nicht so gering ist, für eine jüdische »Erfindung«, geboren aus »Ruhm-« und Geldsucht. In vielen Büchern kommt der Begriff zwar vor; selten läßt sich dabei aber eine Übereinstimmung finden, und der verwirrte Leser mag daraus den berechtigten Schluß ziehen: Die wissen ja selbst nicht, wovon sie reden, und an so etwas soll ich dann glauben?

Unter diesen erschwerenden Bedingungen will ich dennoch versuchen, ein klares und verständliches Bild der Neurose zu zeichnen. Sie kann definiert werden als Konflikt zwischen bewußten und unbewußten Tendenzen in unserem Inneren. Ohne Anerkennung des »Unbewußten« ist ein Verstehen der Neurosenlehre unmöglich. Das bedeutet, einzusehen, daß in unserem Inneren viele ungewußte Faktoren, Gedanken und Gefühle schlummern; wir haben von ihrer Existenz keine Ahnung, werden nur von Zeit zu Zeit an ihr Vorhandensein, gewöhnlich sehr schmerzlich, erinnert, wenn sie völlig überraschend aus uns herausbrechen und uns dann, im nachhinein, zu der Frage veranlassen: Wie war das möglich, wie konnte das passieren?

Das Unbewußte hat viele Quellen: Was unsere Vorfahren im Verlaufe der Jahrhunderte dorthin »absinken« ließen, womit wir uns also nicht mehr auf der bewußten Ebene »herumschlagen« müssen, ist hier ebenso zu erwähnen wie das, was wir im Laufe der Zeit vergessen haben, weil wir einfach nicht imstande sind, uns alles zu merken, was wir erlebten (jeder kann dies bei sich mühelos nachprüfen). *Krankmachend* im Unbewußten sind aber jene Faktoren, die nicht zufällig, sondern absichtlich vergessen werden — weil sie uns peinlich, unangenehm, weil sie unerlaubt sind und uns daher mit großen Schwierigkeiten konfrontieren. *Nietzsche* hat diesen Vorgang in die folgenden Worte zusammengefaßt:

> Das habe ich getan, sagt mein Gewissen. Das kann ich nicht getan haben, sagt mein Stolz. Und mein Stolz siegt.

Es ist leicht zu erkennen, daß auf den ersten Blick die Verdrängung einen Vorteil mit sich bringt: Nun ist ja das belastende Problem aus meinem Bewußtsein verschwunden, und ich kann erleichtert aufatmen. Auf längere Sicht erweist sich diese Annahme jedoch als Trugschluß, denn nur allzu oft beginnen nun die verdrängten Dinge in unserer Tiefe ein Eigenleben zu führen, das sich unserer Kontrolle entzieht, um in quälende Symptome (eben der Neurose) zu münden, die sich dann viel schlimmer und unheimlicher auswirken, als wenn man sich den Problemen auf der bewußten Ebene gestellt hätte.

Für den Erwachsenen ist es charakteristisch, daß er verdrängen kann, aber selbstverständlich nicht *muß* (obwohl man darüber diskutieren könnte, ob es nicht Erlebnisse gibt — zum Beispiel im KZ —, die man nur bewältigen kann, indem man sie verdrängt), weil ihm auch andere Konfliktlösungsmöglichkeiten zur Verfügung stehen.

Die Situation des Kindes aber ist, sofern es sich um einen Konflikt mit den Eltern handelt, eine andere. Es ist von den Eltern in einem solchen Maße abhängig, sie haben in seinem Leben eine solche »gottähnliche« Position, daß es mit bewußten Haßgefühlen gegenüber den Eltern nicht überlebensfähig wäre. Daher müssen solche im Unbewußten bleiben, wobei der »Verdrängungsmechanismus« beim Kind natürlich anders aussieht als beim Erwachsenen: Diese Haßgefühle werden erst gar nicht ins Bewußtsein eingelassen, sondern im Vorbewußtsein gehalten und abgefangen: ein entscheidender Schutzmechanismus, der dem Kind zur Verfügung steht. Daraus folgt: Wenn Eltern durch falsches Verhalten (siehe das nächste Kapitel) — worunter immer eine chronisch anhaltende, seelenvergiftende Atmosphäre zu verstehen ist und nicht eine einmalige Entgleisung — Aggressionen im Kinde erzeugen, wird dadurch ein Verdrängungsprozeß im Kinde erzwungen und damit die Neurotisierung mit hoher Wahrscheinlichkeit hervorgerufen.

Der Unterschied zwischen Kind und Erwachsenem bezüglich der Neurotisierung liegt damit auf der Hand: Das Kind wird durch falsches Verhalten der Eltern in die Neurose hineingezwungen; für den Erwachsenen werden viele Umstände eine mehr oder weniger große

Verführung zum Verdrängen bedeuten, aber von einem diesbezüglichen Zwang kann nicht gesprochen werden. Wenn wir schließlich noch bedenken, daß die Neurose sich logischerweise um so schlimmer auswirken muß, je früher sie beginnt und je wehrloser der Mensch ist, und ferner noch einen therapeutischen Aspekt berücksichtigen — daß es nämlich viel leichter sein muß, Verdrängungen des Erwachsenen, die ja erst kurz zurückliegen, durch Wiederbewußtmachung aufzuheben, als Verdrängungen aus der frühen Kindheit —, dann wird man verstehen, daß wir jene Symptome, welche durch erzwungene Verdrängung in den ersten sechs Lebensjahren entstehen, als Neurosen, alle auf spätere Verdrängungen zurückgehenden als bloße »neurotische Reaktionen« bezeichnen. Es erübrigt sich auf Grund dieser Ausführungen wohl, auf die enorme schicksalhafte psychohygienische Bedeutung der frühen Kindheit noch gesondert hinzuweisen.

Im folgenden möchte ich nur die Grundsymptome der kindlichen Neurose beschreiben, wobei schon vorweggenommen sei, daß sich jedes einzelne von ihnen katastrophal auswirken und zu unbeschreiblicher Not des Kranken selbst, aber auch der Menschen, die mit ihm in nahen Kontakt kommen, führen kann.

1. Die Ambivalenz

Darunter verstehen wir die Tatsache, daß die Gefühle gegenüber ein und derselben Person (oder auch mehreren Personen) nicht einheitlich sind, sondern ihr gegenüber Liebe und Haß zugleich bestehen, wobei die eine dieser Gefühlsqualitäten (gewöhnlich natürlich die Ablehnung) im Unbewußten gehalten wird. Ist der Zustand der Ambivalenz einmal erzeugt, bedeutet er in mehrfacher Hinsicht eine enorme Schädigung des Betroffenen. Die Einheit der Gefühlssphäre gegenüber den wichtigsten Personen des kindlichen Lebens ist zerstört; ein Riß geht gleichsam durch die kindliche Seele. Man könnte bereits von zwei einander entgegengesetzten Kräften in ihm sprechen, die miteinander im Kriege liegen. Der im Unbewußten gehaltene Haß droht immer stärker zu werden, und er kann dann plötzlich zu einer Handlung führen, durch die er sich verrät. Diese Handlung kann nicht nur für den Kranken selbst, sondern auch für seine Umgebung zu schlimmen Folgen führen.

Die Ambivalenz ist also ein tragisches neurotisches Verhaltensmuster, welches gegenüber den Eltern entwickelt wird. Schlimm ist es nun aber auch, daß der Neurotiker später diese Ambivalenz, die er also in der frühen Kindheit »erworben« hat, auf andere Personen überträgt, und zwar nach dem Grundsatz: Je wichtiger die Person, desto wahrscheinlicher erfolgt die Übertragung der in der Kindheit erlernten Ambivalenz auf sie.

Bei dieser Regel spielt natürlich das Geschlecht eine wesentliche Rolle. Ist die Ambivalenz zum Beispiel vorwiegend gegenüber der Mutter entstanden, so wird sie eher auf weibliche als auf männliche Personen »übertragen« werden. Man kann gedanklich leicht nachvollziehen, daß durch diese Wiederholung des in der Kindheit erlernten Verhaltensmusters spätere Beziehungen mit hoher Wahrscheinlichkeit zu scheitern drohen. Wer gezwungen ist, einem Menschen mit Ambivalenz zu begegnen, der erzeugt gewöhnlich in diesem ebenfalls eine Ambivalenz. Dies um so wahrscheinlicher, als ja der Partner nicht verstehen kann, warum sich der andere ihm gegenüber so ambivalent verhält. Immer wieder hört man dann den Satz: »Womit habe ich denn ein solch zwiespältiges Verhalten verdient? Ich war doch so bemüht, ihm voller Liebe entgegenzukommen.«

Heute ist die Zahl der in der Kindheit in die Ambivalenz hineingetriebenen Menschen so groß, daß es schon als Glück bezeichnet werden kann, einen Partner zu finden, der nicht von diesem verhängnisvollen Phänomen befallen ist.

2. Die neurotische Angst

Bevor ich auf dieselbe eingehe, muß betont werden, daß es natürlich sehr viele Formen menschlicher Angst gibt, die mit Neurose nicht das geringste zu tun haben. Nur die wichtigsten vier davon seien hier erwähnt:

2.1. Die Realangst

Sie entsteht als Reaktion auf ein angsterregendes Geschehen. Was uns »berechtigt«, Angst zu haben, dafür gibt es zahlreiche objektive Kriterien. Solche angsterregenden Situationen lassen sich nicht vermeiden; sie sind lebensimmanent, wie es so schön heißt, oder um es mit *Erich Kästner* auszudrücken: »Seien wir ehrlich, leben ist immer lebensgefährlich.« Die Beantwortung einer realen Gefahr mit Angst ist nicht nur lebensnotwendig, sondern oft auch lebenserhaltend, denn oft genug hat uns Angst in kritischen Umständen gerettet, und wir wären zugrunde gegangen, hätten wir nicht Angst als Warnung vor eigenem Übermut, Unterschätzung der Gefahr, unüberlegtem Tun entwickelt. Aber es gibt dabei eine Angst, die die richtigen Abwehrmaßnahmen fördert, die Aktivität entstehen läßt, also positive Aspekte zeigt, und eine andere, die zur Lähmung des Betroffenen nach Art des Kaninchens vor der Schlange führt. In einem späteren Kapitel wird darauf näher eingegangen werden, was getan werden kann, um die Entwicklung der positiven Angst zu stimulieren.

2.2. Die existentielle Angst

Mit der Aufklärung begann eine Tendenz, die bis heute nicht mehr zum Stillstand gekommen ist: Der »vernünftige« Mensch wollte sich an die Stelle Gottes setzen. »Eritis sicut deus«, lautete die Devise, die den Menschen als stark, mächtig, unabhängig , als den Herrn der Welt darstellte: »Will kein Gott auf Erden sein, sind wir selber Götter.« Der Mensch wurde dabei als das Maß aller Dinge ausgerufen, alles wurde machbar, keine Grenzen schienen mehr für ihn zu existieren; Fortschritte der Wissenschaft sollten ewiges Glücklichsein bedeuten. Ungehört blieben die Warnungen *Galileis* (»Der Mensch ist nicht Mittelpunkt der Welt«), *Darwins* (»Der Mensch stammt vom Tiere ab«) und *Freuds* (»Der Mensch ist nicht Herr seines Unbewußten«). Diese Weltanschauung war nur aufrechtzuerhalten durch die gewaltsame Verdrängung der eigenen Schwäche.

Gerade aber in unserer Zeit wird der Mensch in wirklich dramatischer Form an die Unhaltbarkeit dieser Verdrängung gemahnt. Wir sind dabei, die Grundlage jedes menschlichen Leben-Können, die Natur, zu zerstören. Die Technik entwickelt sich vom Diener des Menschen zu seinem Herrn. Zum ersten Mal in der Geschichte des Menschen steht sein Überleben im Falle eines Atomkrieges zur Diskussion.

Das menschliche Omnipotenzgefühl ist also nicht aufrechtzuerhalten. Die Menschen erkennen, daß sie sich mit der Verdrängung ihrer Schwächen um eine wesentliche Dimension ihres Seins und Ringens gebracht haben. Dennoch fürchten sie sich nach wie vor vor dem Auftauchen dieser Begrenztheit der menschlichen Existenz aus der Tiefe ihrer Seele, und in stellvertretender Form tritt dieses Schwächegefühl in existentieller Angst in Erscheinung. Natürlich um so eher in einem Lebensabschnitt, in dem der Mensch drastisch an seine Begrenztheit erinnert wird, also während des Prozesses des Alterns, welcher mit Leiden, Sterben und Tod als den urmenschlichen Problemen schlechthin gekoppelt ist.

2.3. Die irreale Angst

Sie kommt vor allem bei Geisteskrankheiten unter dem Einfluß von Wahnvorstellungen und Halluzinationen zustande (zum Beispiel Verfolgungswahn). Es gibt auch bestimmte depressive Zustände (wir bezeichnen sie als endogene Depressionen, und sie verlaufen phasenhaft), wo sich zu Hemmung, Verlust der Aktivität, Verlust der Lebensfreude, Schuldgefühlen, Selbstvorwürfen, Grübelzwängen, resignativer Hoffnungslosigkeit, Pessimismus und schweren Schlafstörungen auch eine innere Unruhe hinzugesellen kann, die hin bis zu panischer angstvoller Getriebenheit führen mag. Hier ist es durch das Vorhandensein der anderen Symptome leicht möglich, die Angst als eine depressive zu qualifizieren.

2.4 Die neurotische Angst

Wenn man etwas ins Unbewußte abschiebt beziehungsweise es im Vorbewußten hält, wie es beim Kinde der Fall ist, so entwickelt es verständlicherweise nach den physikalischen Gesetzen die Tendenz, ins Bewußtsein eindringen zu wollen. *Sigmund Freud* hat diesen Prozeß mit einem Lehrer verglichen, der einen unliebsam störenden Schüler aus seiner Klasse verbannt. Zum Prozeß des Verdrängens bei dem Erwachsenen gehören ja zwei Voraussetzungen: nämlich zuerst einmal etwas Unangenehmes wegzuschieben, dann aber auch zu vergessen, daß man es weggeschoben hat. Beim Verdrängungsprozeß des Kindes ist dies, wie bereits beschrieben, anders, da ja das Verdrängte gar nicht erst ins Bewußtsein eingelassen wird. Gleich bleiben aber für den Erwachsenen wie für das Kind die Folgen. Um es wieder mit dem Bild Freuds darzustellen: Nun beginnt dieser hinausgeworfene Schüler durch allerlei Zeichen, Klopfen und Scharren die Klasse zu beunruhigen. Dadurch, daß man sich des Vorhandenseins des Hinausgeworfenen nicht mehr bewußt ist, entsteht eine viel größere Unruhe, ja Panik, als wenn man wüßte, von wem das Klopfen und Scharren ausgeht.

Noch dieses eine muß vielleicht an dieser Stelle hervorgehoben (im 3. Kapitel wird es näher erörtert) werden: Das Kind in seiner Unerfahrenheit des Ichs ist dieser neurotischen Angst besonders qualvoll ausgeliefert, während der Erwachsene immerhin die Möglichkeit hat, durch den Abwehrmechanismus der Rationalisierung die wesenlose Angst in Furcht zu verwandeln. Im übrigen ist es wohl klar, daß die Angst des Neurotikers so lange andauern wird, solange die verdrängten Gefühle im Unbewußten die Tendenz haben, ins Bewußtsein einzudringen. Die neurotische Angst des Kindes hat selbstverständlich mit irgendwelchen geistigen Problemen nichts zu tun; sie geht vielmehr zurück auf die im Unbewußten gehaltenen Aggressionen gegen die Eltern. Mit Recht bezeichnen wir daher die neurotische Angst als irrational. Es wäre ein Wahnsinn zu hoffen, man könnte eine solche Angst mit dem Willen oder mit verstandesmäßigen Überlegungen beseitigen (in Österreich werden einem diese beiden »Therapieangebote« von ahnungslosen Mitmenschen gewöhnlich nahegelegt). Das Gesetz, daß die neurotische Angst mit dem Willen nicht zu beseitigen ist, gilt sowohl für den Erwachsenen wie auch für das Kind.

3. Das neurotische Minderwertigkeitsgefühl

Das Kind, welches sich nicht geliebt fühlt, kann sich selbst nicht lieben gemäß dem wunderbaren Satz von *Rückert:* »Daß du mich liebst, macht mich mir wert.« Für das ungeliebte Kind verwandelt sich dieser Satz etwa so: Da du mich nicht liebst, kann ich mich nicht akzeptieren. Es ist aber eine Lebensnotwendigkeit, daß wir lernen, uns selbst zu achten, zu uns selbst eine positive Beziehung zu haben. *Peter Turrini* drückt dies wie folgt aus:

Wie lange noch
werde ich alles hinunterschlucken
und so tun,
als sei nichts gewesen?

Wie lange noch
werde ich auf alle eingehen
und mich selbst
mit freundlicher Miene
vergessen?

Wie lange
müssen sie mich noch schlagen,
bis dieses lächerliche Grinsen
aus meinem Gesicht fällt?

Wie lange noch
müssen sie mir ins Gesicht spucken,
bis ich mein wahres
zeige?

Wie lange
kann ein Mensch
sich selbst nicht lieben?

Es ist so schwer
die Wahrheit zu sagen
wenn man gelernt hat
mit der Freundlichkeit
zu überleben.

Alfred Adler hat jenen Zustand, der uns nicht ermöglicht, an uns selbst zu glauben, als Minderwertigkeitskomplex bezeichnet. Dieser Ausdruck ist heute zu einem Allgemeinbegriff geworden, ganz losgelöst von seinem Schöpfer, sehr ähnlich jenem Prozeß, der zu einem Volkslied führt. Dies alles spricht dafür, daß heute der Minderwertigkeitskomplex unglaublich weit verbreitet ist, und auch dieses wiederum hat verhängnisvolle Folgen für den Träger genauso wie für seine Umgebung.

Aus der Heiligen Schrift wissen wir: »Liebe Deinen Nächsten wie Dich selbst.« In einer klareren Form kann nicht gezeigt werden, daß Selbstbejahung Voraussetzung der Nächstenliebe ist, oder, um es in der Negation auszudrücken, daß, wer sich selbst nicht bejaht, auch andere nicht lieben kann. In der Öffentlichkeit sind gerade über diesen Punkt falsche Ansichten weit verbreitet, nämlich etwa die: Die Selbstbejahung stünde der Nächstenliebe im Wege.

Man darf also die Selbstbejahung nicht mit Selbstliebe verwechseln. Wer eine gute, natürliche, gesunde Beziehung zum eigenen Ich hat, der wird imstande sein, zum Partner eine Beziehung aufzubauen, welche eine von Subjekt zu Subjekt ist, denn er braucht den anderen nicht, um sich selbst zu bestätigen; er ruht gewissermaßen in sich selbst. Wo es jedoch zu einer Verunsicherung des eigenen Ichs, etwa zum Minderwertigkeitskomplex gekommen ist, dort wird der andere benötigt, um auf dessen Kosten das ramponierte Selbstgefühl wiederherzustellen. Hier entsteht also nicht eine Beziehung zwischen zwei Subjekten, sondern der andere wird zum Objekt, als Mittel zum Zweck, degradiert. Es ist auch nicht annähernd zu vermuten, wie oft dieser Vorgang heute vorkommt und wie oft auch an ihm zwischenmenschliche Beziehungen scheitern.

Noch eine Folge muß ausgedrückt werden: Wer sich minderwertig fühlt, fühlt sich schlecht; wer sich schlecht fühlt, zieht sich entweder in die Einsamkeit und Isolation zurück, oder aber er entwickelt die Charakterzüge der Verbitterung wie zum Beispiel Neid, Haß, Tendenz zur Gewaltanwendung und zur Machtgier. *Laing* hat in einer seiner »Knotenbildungen« diesen Prozeß wunderbar nachvollzogen:

Meine Mutter liebt mich.
Ich fühle mich gut.
Ich fühle mich gut, weil sie mich liebt.

Ich bin gut, weil ich mich gut fühle.
Ich fühle mich gut. weil ich gut bin.
Meine Mutter liebt mich, weil ich gut bin.

Meine Mutter liebt mich nicht.
Ich fühle mich schlecht.
Ich fühle mich schlecht, weil sie mich nicht liebt.

Ich bin schlecht, weil ich mich schlecht fühle.
Ich fühle mich schlecht, weil ich schlecht bin.
Ich bin schlecht, weil sie mich nicht liebt.
Sie liebt mich nicht, weil ich schlecht bin.

In dieser Knotenbildung wird noch ein anderer Prozeß meisterhaft dargestellt: Das ungeliebte Kind wird bösartig und liefert damit den Eltern tragischerweise das Alibi dafür, wie man es immer wieder hört, »daß man ja einen solchen zu Recht nicht geliebt habe, ja, ihn nicht liebhaben könne«. Daß dabei die wahre Kausalität ganz anders läuft, nämlich, daß die Eltern das Kind völlig unberechtigter- und unerlaubterweise nicht geliebt haben und daß erst daraus das sogenannte »böse Kind« resultierte, wird dabei geflissentlich übersehen.

Zum Abschluß dieses tragischen Komplexes noch eine Bemerkung: Wer sich minderwertig fühlt , ob er sich deshalb nun gekränkt zurückzieht oder gewalttätig ausbricht, kann in beiden Fällen nicht lieben. Jüngst hat *Herbert Pietschmann* gesagt:

> Es gibt zwar unendlich viel Definitionen, worin der Sinn des Lebens bestehen oder gefunden werden könne; dies alles erübrigt sich aber vor dem einfachen Satz: Der Sinn des Lebens ist, zu lieben.

Pietschmann folgert daraus:

> Wenn Du den Sinn des Lebens nicht finden kannst, suche daher nicht mit Gewalt nach einem bestimmten Sinn, sondern prüfe Dich, warum Du nicht lieben kannst.

Wenn man diese Zusammenhänge, die auch ganz meinem jahrzehntelangen therapeutischen Umgang mit Selbstmordgefährdeten entsprechen, nachvollzieht, wird man verstehen, warum das Minderwertigkeitsgefühl so oft in das Gefühl der Sinnlosigkeit der eigenen Existenz mündet.

4. Das neurotische Schuldgefühl und die daraus resultierende neurotische Selbstbestrafungstendenz

Wer jemals begonnen hat, seine Eltern auf Grund ihres Verhaltens zu hassen, und gezwungen war, diese Aggressionen im Vorbewußten zu halten, bei dem entwickelt sich tragischerweise ein Schuldgefühl, das ebenso unbewußt bleibt wie seine Quelle — die Aggression. In dieser Feststellung, die ungezählte Male wissenschaftlich belegt wurde, verbirgt sich eine doppelte Tragödie. Fürs erste muß bedacht werden, daß ein Kind ja nichts dafür kann, wenn Aggressionen als Reaktion auf das falsche Verhalten der Eltern in ihm entstehen. Leider ist aber das Kind noch nicht imstande, dieses zu erfassen und zu analysieren. Selbst wenn ihm die Aggressionen bewußt wären — was sie ja nicht sind —, wäre ihm dies auf Grund seiner begrenzten Fähigkeiten noch nicht möglich.

Zum zweiten kann es ja bei diesem Prozeß zu keiner schuldhaften Handlung des Kindes kommen. Dennoch genügt die Tatsache, daß der unbewußte Hintergrund des Kindes von Haß gegen die Eltern besetzt ist, um ein Schuldgefühl zu erzeugen. Es resultiert aus all dem der unbeschreiblich tragische Tatbestand, daß es sich schuldig fühlt, ohne im geringsten schuldig zu sein.

Wir haben in der Regel folgenden Ablauf: Auf der einen Seite sind da die Eltern, die das Kind schädigen, in die Aggression und Neurose hineintreiben, die aber dabei überzeugt sind, entweder nur das Beste für das Kind zu wollen, oder aber nur von einem Recht Gebrauch zu machen, das ihnen eben zusteht, und die jedenfalls weit von jedem Schuldgefühl entfernt sind, als hätten sie das *Christus*wort nicht gehört:

> Wehe den Menschen, von denen das Ärgernis für die Kinder kommt. Es muß zwar Ärgernis geben, aber wehe dem Menschen, von dem es ausgeht.

Auf der anderen Seite stehen die Kinder, die schuldlos in den Haß gegen die Eltern hineingetrieben werden, die man nicht hassen darf, und bei denen sich nun auf Grund dieses unbewußten Schuldgefühles eine unbewußte, enorme, unaufhaltsame chronische Selbstbestrafungstendenz entwickelt. Man kann das nicht oft genug sagen: Hier wird der Mensch unbewußt zu seinem allerschlimmsten Feind, und für diese Person gilt der *Czokor*sche Satz: »Das Wichtigste wäre es, den Menschen vor sich selber zu schützen.« *Karl Stern* drückt es so aus:

> Es ist nun eine Tatsache, daß unter uns Tausende und Tausende von Menschen leben, die in einer höchst merkwürdigen Weise entweder selbst

leiden oder Menschen in ihrer Umgebung leiden machen. Sie leben in Todesängsten, oder sie haben alle Fähigkeit zu hoffen verloren, oder sie sind in geheimnisvollem Haß verstrickt. Sie sind darauf aus, das zu zerstören, was ihnen Glück bringen würde, sie sind nicht imstande, anderen zu trauen, oder sie sind überwältigt von etwas, das man am besten unersättliche Reue nennen kann. Sie bilden ein Riesenheer von Leiden. Unzufriedenheit, Enttäuschung und Hemmung.

Alfred Adler hat von Menschen gesprochen, die ständig ihren eigenen Ohrfeigen nachlaufen. *Baudelaire* hat diesen Masochismus, der sich auf das gesamte menschliche Verhalten bezieht, in erschütternde Verse zusammengefaßt:

Ich bin das Messer und die Wunde,
ich bin die Wange und der Streich,
gerädert Glied und Rad zugleich.
Ich bin der Henker und sein Kunde.

So entstehen Lebensläufe, durch die wie ein roter Faden von Anbeginn bis zum Ende die unbewußte Tendenz der Selbstbestrafung festzustellen ist, wobei man natürlich dem Grade nach zwischen Selbstschädigung, Selbstzerstörung und Selbstvernichtung unterscheiden kann. So unfaßbar schrecklich dieser Tatbestand ist — vielleicht noch schlimmer ist das Ausmaß der Gleichgültigkeit, welches die Welt diesen unzähligen Prozessen gegenüber zeigt. Wir leben in einer Zeit, in der gleichsam das einzelne Leben nichts mehr wert zu sein scheint und gegenüber dem Schicksal der anderen vollständige Unbetroffenheit vorherrscht. Vergessen ist das Zitat, daß unter jedem Grabstein gleichsam eine Weltgeschichte verborgen ist, weil in jedem Menschen die ganze Welt lebt und mit diesem auch wieder zugrunde geht.

Ich habe einmal eine Szene erlebt, als ich bei einem Vortrag diese Besessenheit des Neurotikers nach Selbstbestrafung beschrieb, wie ein recht prominenter Mann aufstand und rief: »Wenn sie sich bestrafen wollen, dann sollten doch wir ihnen diese Arbeit abnehmen; wir würden ihnen dann ja nur ihre Wünsche erfüllen.« Diese Worte zeigen nicht nur das vollständige Unverständnis der Öffentlichkeit für die neurotische Problematik, sondern auch unbeabsichtigt eine Wahrheit, denn sehr oft läßt sich die Öffentlichkeit nur allzu gerne in den Dienst der Selbstbestrafungstendenz des Neurotikers stellen. Überflüssig, zu sagen, daß es nur eine wirkliche Chance gibt, diese unersättliche Selbstbestrafungstendenz zu beenden: die Heilung der Neurose, die Befreiung vom Schuldgefühl (welches ja, wie gezeigt, bei der kindlichen Neurotisierung mit Realschuld nichts zu tun hat

— bei den neurotischen Reaktionen des Erwachsenen mögen hier teilweise auch andere Gesichtspunkte gelten).

5. Das Bedürfnis, die neurotische Konfliktsituation durch immer neue Symptome symbolisch darzustellen

Die Neurose entsteht im Kind aus einem Konflikt zwischen Triebtendenzen, nämlich Aggressionen gegen die Eltern (durch deren falsches Verhalten hervorgerufen), und der Tatsache, daß diese Triebtendenzen verboten sind. Die Verdrängung, welche den Konflikt zu lösen versucht (die Zurückhaltung der Aggressionen im Vorbewußtsein), führt nun zu einer Pseudolösung, denn weder die Triebwünsche noch die Gewissensforderungen werden durch sie voll befriedigt: Es kommt ja weder auf der einen Seite zu einem Ausleben der Aggressionen noch auf der anderen Seite zu einer Überwindung der verbotenen Triebwünsche. (Beim Kind könnte es zu einer solchen Überwindung nicht einmal auf der bewußten Ebene kommen, weil das Ich des Kindes ja noch nicht reif genug dazu ist.) Daher werden nun in neurotischen Symptomen die beiden Kräfte, deren Aufeinanderprallen die Neurose bedingt haben, symbolisch dargestellt und gleichzeitig befriedigt.

In jedem neurotischen Symptom findet man dementsprechend eine aggressive Tendenz (zum Beispiel im Bettnässen die Auflehnung, die Verunreinigung) und gleichzeitig auch eine Befriedigung des Gewissens, eben in der Form der bereits erwähnten Selbstbestrafungstendenz (es ist kein Vergnügen, nun im Nassen zu liegen, und außerdem erhöhen die Erwachsenen gewöhnlich die Selbstbeschädigung, indem sie noch zusätzlich das Kind für das Einnässen bestrafen). Im Kapitel 3 werde ich die wichtigsten Symptome der Neurose des Kindes, aber auch des Erwachsenen besprechen, und der Leser ist jetzt schon gebeten, jedes einzelne Symptom unter dem hier dargestellten Aspekt zu prüfen. Er wird dann sehen, wie der Januskopf, nämlich der Aggressionsausdruck ebenso wie die gleichzeitige Selbstbestrafung, in jedem neurotischen Symptom zu finden ist. Entsprechend diesem Dualismus macht der Mensch, der ein neurotisches Symptom entwickelt, andere (als Ausdruck seiner Aggression) leiden, leidet aber unter diesen Symptomen (da sie ja auch Ausdruck der Selbstbestrafung sind) selbst ebenfalls enorm. Dieses Faktum wird nur allzu oft übersehen, weil die Umwelt gewöhnlich nur geneigt ist, sich selbst als betroffen zu empfinden, und beharrlich ignoriert, daß jedes neurotische Symptom auch tiefste Selbstquälung bedeutet.

Hier ergibt sich noch eine Dialektik der neurotischen Symptomatik. Im Grunde ist jedes neurotische Symptom ein Schrei um Hilfe, ein Wunsch, auf sich aufmerksam zu machen, eben im Sinne der Bitte: Liebt mich nun mehr und liebt mich besser als bisher. Die Tragik aber ist, daß in der Regel der Neurotiker das gerade Gegenteil erreicht, nämlich einen zusätzlichen Liebesentzug. Das »schwierige Kind« wird abgelehnt. Um bei dem Beispiel des Bettnässens zu bleiben: Wenn die Umwelt wütend wird und einen Neurotiker noch grundsätzlich bestraft — und schon die Herabsetzung und Bloßstellung ist eine fürchterliche Strafe —, so kann dies vom Kind nur als zusätzlicher Liebesentzug erlebt werden und damit zu einer Intensivierung seiner neurotischen Symptomatik führen. Wir sollten in diesem Zusammenhang die Maxime von *Alfred Adler* nie vergessen. »Wer Schwierigkeiten macht, hat welche.« Und wir sollten vor allem diesen Satz so fortsetzen: »Wenn das Kind Schwierigkeiten hat, vielleicht sind wir daran schuld.«

Aber leider, die Eltern verhalten sich hier so, wie später auch viele andere Institutionen gegenüber neurotischen Menschen: Wenn die Schwierigkeiten machen, so ist es schon ihr allerletzter Gedanke, daß sie daran schuld sein könnten.

II. Ursachen der Neurose — oder: Wie man ein Kind lieben soll, damit es nicht neurotisiert wird

Sehr geehrte Damen und Herren,
ich muß Ihnen gleich das eine aufrichtig sagen: Wenn wir als Thema haben: »Wie man ein Kind lieben soll«, dann kann diese Frage wahrscheinlich kein Mensch erschöpfend beantworten, selbstverständlich auch ich nicht. Ich werde mich bemühen, auf die wichtigsten Dinge einzugehen; vieles wird jedoch unerwähnt Ihrer Phantasie überlassen bleiben. Mit jedem Jahr, das ich länger lebe, glaube ich, besser zu verstehen, was ein Kind braucht, und fühle, daß die Zukunft dieses Landes — denn Österreich ist ja keine Insel —, aber auch der ganzen Welt davon abhängig ist, ob wir endlich begreifen lernen, welcher Schatz ein Kind ist, und wie wir uns bemühen müssen, der Tatsache, daß uns durch die wunderbare Fügung Gottes oder der Schöpfung ein solcher Schatz anvertraut ist, gerecht zu werden.

Freilich, das lädt eine ungeheure Verantwortung auf unsere Schultern. Gleich muß da aber auch ein Trost dabei sein, nämlich der, daß kein Meister vom Himmel gefallen ist, auch nicht auf diesem Gebiet. Für alles mögliche braucht man eine Prüfung, aber für das Vater- und Muttersein nicht. Auf einmal steht man vor der Aufgabe und weiß nicht recht, wie man sich ihr gewachsen erweisen soll. Und selbst, so meine ich, wenn es eine Prüfung gäbe und man sie bestünde, wäre das noch keine Garantie, daß man ein guter Erzieher ist. Dann noch etwas: Die Eltern haben ja alle selbst vor vielen Jahren eine Erziehung »genossen«. Aber oft ist das ja leider eine gewesen, die sie neurotisiert hat. Wie groß ist die Versuchung, das, was man als Kind erlebt hat, aus Gewohnheit an die nächste Generation weiterzugeben, oder aber, da man jetzt der Große, der Mächtige ist, sich an den Kindern dafür zu rächen, was man selbst als wehrloses Opfer erleiden mußte. Daraus resultiert dann jene verhängnisvolle Stafette, welche die Neurosen — ganz ohne jede Vererbung — von Generation zu Generation überspringen läßt!

Nun möchte ich in diesem Zusammenhang allen Eltern das folgende Gedicht wärmstens zur steten Beachtung ans Herz legen:

Habt ihr denn früher nie geschworen
(zu einem Zeitpunkt, da die Schwelle kam in Sicht):
Das mache ich mal nicht mit meinen Kindern;
wie DIE zu mir sind, so bin ich mal nicht?

Ich sag mal nicht:
nun laß mich doch in Ruhe,
Du siehst doch, daß ich jetzt nicht kann —
ich bin beschäftigt, in Gedanken;
sieh Dir doch Deine Bilderbücher an

und auch nicht:
hör doch auf mit Deinen Fragen!
Das ist noch nichts für Dich, geht Dich nichts an,
lern, setz' dich auf den Hosenboden,
als ich so klein war, mußte man . . .

Auch das kommt über eure Lippen
und auch das Wort: Werd erst mal trocken hinterm Ohr.
Habt ihr denn die Erinnerung verloren,
habt ihr vergessen euren Kinderschwur?

Selbst wenn man diese Ermutigungen befolgt und aus den eigenen traurigen Erfahrungen den Schluß zieht: »Ich werde in der Erziehung meiner Kinder in allem und jedem das gerade Gegenteil machen wie meine Eltern«, so bleibt man doch ein Gefangener seiner eigenen Vergangenheit, denn auch ein solches starres Prinzip, das einen von vornherein festlegt, ist oft genug eine schlechte Erziehungsmethode.

Aber zurück zum Trost: Wenn Sie also ehrlich sind bei einem solchen Vortrag, wenn Sie zugeben, daß nicht nur Ihr Nachbar gemeint ist, sondern auch Sie selber, und wenn Sie daraus betroffen den Schluß ziehen: Um Gottes willen, das habe ich falsch gemacht, das habe ich auch versäumt, da habe ich mich verfehlt, geirrt — bitte, dann verzagen Sie nicht, denn was ich Ihnen sage, ist kein Vorwurf, ist keine Aggression, ist nur eine Bitte, ein Ausdruck dessen, was ich selbst in mühseligen Entdeckungen gelernt habe. Und wenn Sie jetzt mit mir lernen und in sich gehen, sich sagen: Von nun an möchte ich es anders machen, dann antworte ich Ihnen, daß der große österreichische Dichter *Franz Theodor Czokor,* ein wunderbarer Mensch, betont hat: »*Immer ist Anfang.*« Und dieser Satz gilt, mögen Sie auch noch so weit fortgeschritten in ihrem Lebensalter sein. Immer können Sie noch beginnen; immer können Sie noch gutmachen; immer können Sie noch versuchen, sich zu verwirklichen, denn wer seinen Kindern Gutes tut, der verwirklicht ja damit sich selber auch. In diesem Sinne möchte ich einen ermutigenden, hoffnungsvollen Vortrag halten, der Sie anregen soll, nachzudenken und vielleicht in sich zu gehen und es eben besser zu machen.

Wie soll man ein Kind lieben? Vorerst einmal *soll* man es lieben.

Das ist nämlich keineswegs ausgemacht. Es ist völlig naiv, zu glauben, »selbstverständlich« liebt jeder seine Kinder. Gar keine Rede davon. Die Liebe ist eine große Gnade. Das Kind erwächst aus dem Ineinanderfließen zweier Menschen; in diesem sollte ja die Liebe enthalten sein, muß es aber nicht sein. Man kann ein Kind ohne jede Liebe zeugen (ein ganz merkwürdiger Tatbestand). Ich pflege zu sagen: Wenn es so eine Art Ferment gäbe, die Liebe als Ferment, ja, und nur dann ein Kind entstünde, wenn die zwei, die hier miteinander einen Koitus erleben oder »die einander erkennen«, wie es im Alten Testament heißt, wenn die dabei dieses Ferment produzieren — ich vermute, daß es zu einer ungeheuren Reduktion der Population der ganzen Welt käme.

Gar nicht weit von hier, in Mödling, hat sehr lange Zeit *Anton Wildgans* gelebt, dieser grandiose Dichter, einer der größten, den Österreich je gehabt hat — heute teils vergessen, teils verkannt, teils geschmäht: ein typisch österreichisches Schicksal. Ich werde diesen Vortrag mit einem Gedicht von ihm beschließen, Ihnen aber jetzt schon etwas vorlesen, was er vor vielen Jahrzehnten geschrieben hat:

> Die Liebe zwischen Eltern und Kindern ist ebenso selten wie die Liebe zwischen Mann und Weib. Die Gebärden dieser beiden Arten von Liebe sind zwar alltäglich, aber deswegen umso verdächtiger. Vielfach herrscht geradezu Feindschaft zwischen Mann und Weib und Eltern und Kindern, und nur der Illusionist wird das leugnen und aus der Wirklichkeit zu lügen versuchen. Der Idealist wird diesen Sachverhalt anerkennen; der Realist nach den Mitteln suchen, hier Besserung zu schaffen. Die beiden Phänomene hängen innig zusammen. Würden die meisten Ehen aus anderen Gründen geschlossen, als sie meist geschlossen werden, das heißt aus wirtschaftlichen Interessen, aus Bequemlichkeit, Feigheit, Phantasielosigkeit, Gedankenlosigkeit, Berechnung, nun — ginge diesem Bunde, der auch noch etwas anderes ist, als die vom Staat gewünschte und begünstigte Grundlage einer Existenz, eine genaue gegenseitige Prüfung aufgrund beiderseitiger Mündigkeit voraus, dann werden die Eltern an ihren Kindern nicht jene Überraschungen erleben, die zu spät kommen und sie über die Unrichtigkeit ihrer gegenseitigen Wahl aufklären könnten.

Mit anderen Worten: Viele Menschen sagen (und viele Patienten kommen damit zu uns):

> Ich bin eigentlich ein »Unfall« meiner Eltern gewesen, die haben mich gar nicht gewollt, haben lange überlegt, ob sie mich nicht abtreiben sollen, und haben es dann doch nicht getan, und jetzt bin ich eben auf der Welt, und es ist wahnsinnig schwer.

Es ist wahnsinnig schwer, betonen diese Menschen, »zu leben in dem Bewußtsein, daß die Schöpfer einen eigentlich nicht gewollt haben«. Um es anders auszudrücken: Es ist gar nicht so selbstverständlich, daß man das Kind, das man gezeugt hat, das man unter dem Herzen getragen hat, auch wirklich liebt. Natürlich ist es »bequem« und entspricht dem »Anstand«, wenn wir uns das selber einreden, vormachen, vorlügen, aber es ist schlimm, wenn diese Einbildung nur durch Verdrängung der Wahrheit ins Unbewußte zustande kommt. Denn das Unbewußte ist von viel größerem Einfluß auf das Verhalten des Menschen als das Bewußte, und solche Eltern erleben oft schreckliche Überraschungen, wenn die verdrängte Ablehnung des Kindes plötzlich aus ihnen herausbricht und feindselige Handlungen gebiert.

Dieser Prozeß muß sich viel öfter abspielen, als wir ahnen, sonst könnte ein so profunder Menschenkenner wie *Jean Paul Sartre* nicht schreiben:

> Das Unbehagen beginnt dann, wenn kaum geliebte Kinder, *das heißt die Mehrzahl,* verblüfft feststellen, daß sie ohne Grund existieren. Der Ursprung des Elends ist die Verlassenheit des Säuglings.

In Wirklichkeit beginnt das Unheil noch früher. Wir haben heute den Begriff der pränatalen Psychologie, das heißt, wir wissen, daß das Kind schon im Mutterleib ganz wesentliche und entscheidende Eindrücke mitbekommt, ob es wirklich angenommen ist, ob es geliebt wird, ob die Mutter mit Angst der Stunde der Geburt entgegenbebt, oder ob sie mit Freude auf diesen Tag wartet. Das Kind ist ja mit dem Kreislauf der Mutter verbunden. Auf diesem Wege bekommt es alle Empfindungen der Mutter zu spüren. Das ist ein wichtiger und ganz wesentlicher Punkt, den wir endlich einmal akzeptieren müssen. Natürlich gilt dies auch für das kleine Kind! Einer der schlimmsten Sätze, den der Österreicher immer wieder spricht, lautet: »Des klane Wutzerl kann eh noch nichts verstehn!«

Das Gegenteil ist wahr: Je kleiner das Kind ist, desto mehr ist es auf seinen Instinkt angewiesen und desto mehr weiß es daher instinktiv Bescheid; es läßt sich nicht täuschen, bekommt in gewissem Sinne alles mit. Vom ersten Tag an besteht somit gegenüber dem Kind eine ungeheure Verpflichtung zur Liebe. Und nun werden Sie vielleicht erwidern: »Zur Liebe kann man sich aber doch nicht zwingen.« Das ist vollkommen richtig, und das ist natürlich die große Tragik für die, die nicht lieben. Umso wichtiger aber ist es, die Gefühle, die man *wirklich* hat, sich selber einzugestehen, auch wenn dies sehr peinlich erscheint. Denn was man weiß, kann man verändern; Verdrängtes, Ungewußtes, entzieht sich diesem Prozeß; was man vergessen hat, bleibt unverrückbar fixiert.

Sehr oft hängen die zwiespältigen Gefühle dem Kind gegenüber ja mit Partnerproblemen zusammen. Ist doch das Kind, wo bisher zwei waren, sozusagen diese beiden zusammen, eigentlich der innigste Ausdruck dieser Vereinigung. Umso mehr müßte auf der bewußten Ebene unter Berücksichtigung (und nicht Verleugnung) der Schwierigkeiten der Versuch gemacht werden, zum Wohle aller Beteiligten zu einer Verständigung zu kommen. Gelingt dies nicht, bleibt man dem Kind nicht nur die richtige Liebe schuldig, sondern es wird dann gewöhnlich auch zum Schauplatz der elterlichen Kämpfe, und wir wissen, wie Schlachtfelder aussehen: zerstört und verwüstet.

Nun kommen wir zum vielleicht wichtigsten Punkt: Das Kind ist zwar zuerst scheinbar ein Bestandteil des mütterlichen Leibes, aber es ist keineswegs so, daß sie deswegen sagen kann: Über meinen Körper verfüge ich selber. Das ist ein ganz großer Irrtum. Denn vom ersten Tag an ist das Kind ein eigenes Lebewesen, mit eigengültigen Gesetzen, und vor dieser Tatsache müssen wir uns beugen. Ich verstehe durchaus die Not vieler Frauen, die eine ungewollte Schwangerschaft erleben, möchte um alles in der Welt nicht einer Rückkehr zum unseligen alten Paragraphen 144 das Wort reden, kann auch nur hoffen, daß die »Pille« dieses Problem allmählich weltweit reduzieren wird, muß aber gleichzeitig darauf hinweisen, daß der Satz »Über meinen Bauch kann ich verfügen nach Belieben« (ein in diesem Zusammenhang besonders schlimmes Wort, weil es wohl mit Liebe denkbar wenig zu tun hat) der Beginn einer Tendenz ist, das Kind als eigenen Besitz anzusehen — und das ist am Anfang ebenso schlimm wie später auch.

Und damit komme ich zu einem wesentlichen Grundsatz, zu einem ganz wichtigen Punkt, nämlich: Die größte Gefahr besteht in der possessiven Liebe der Eltern. *Das Kind ist kein Besitz; es gehört nur einem einzigen Menschen, nämlich sich selbst.* Auf dem Lande fragt man ein Kind, dessen Namen man nicht kennt: »Wem gehörst denn du?« Und wie immer sagt der Volksmund auch da viel Wahres über unsere Gesinnung: Du gehörst mir oder uns, wir können über Dein Leben, über Dein Sein, Deine Entwicklung bestimmen.

Schauen Sie, schon im Mutterleib fängt das an. *Moreno* hat ja den Begriff des »psychologischen Babys« geprägt: Die Mutter sinnt und träumt, wie wird das Kind aussehen? In ihren Phantasien stattet sie das Kind aus mit einem bestimmten Geschlecht, mit einem bestimmten Aussehen, mit einer bestimmten Haarfarbe, mit allen möglichen anderen Attributen. Das heißt: Noch ist das Kind gar nicht auf der Welt, beginnt man schon, von ihm Besitz zu ergreifen und gestaltet es in der Phantasie nach den eigenen Wünschen. »Gott schuf den Menschen nach seinem Ebenbilde«, heißt es in der Heiligen Schrift. Wir alle, wie wir hier sind, sind aber keine Götter; uns steht es nicht zu, Ebenbilder von uns selber zu schaffen. Uns steht es nicht zu, die ganze Entwicklung des Kindes in der Phantasie vorwegzunehmen und damit einzuengen. Das ist eine ungeheure Gefahr, eine Methode, vom Kind Besitz zu ergreifen und damit dessen eigene Entwicklung zu behindern, ja, zu zerstören.

Janov, der die »Urschreitherapie« entwickelt hat, sagt, der Urschrei des Kindes sei ein Protest dagegen, daß die Eltern bestrebt sind, den Kern, den jedes Kind darstellt, von beiden Seiten in eine Schale zu pressen, die das Kind in die Enge treibt und es zwingt, sich nach den Gesetzen, nach den Wünschen der Eltern zu entwickeln. Für den einen ist das Kind die Fortsetzung der eigenen Existenz: Was man selbst nicht erreicht hat, das muß dem Kinde gelingen. Manche Frauen sagen: »Wenn ich kein Kind bekomme, habe ich nicht gelebt.« Mich beunruhigt dieser Satz, denn das Kind ist kein »Sinnerfüller« der mütterlichen Existenz. Für den anderen ist es eine Möglichkeit, mit dem Partner einen erbitterten Kampf auf Leben und Tod um die Ziele der Entwicklung des Kindes auszutragen. Für wieviel Eltern gilt der Satz, den mir einmal einer meiner Patienten gesagt hat: »Meine Eltern führen einen permanenten Atomkrieg.« Für andere wieder ist das Kind ein Sündenbock; man hat endlich jemanden, der an allem schuld ist, und daher wird der Blitz dorthin abgeleitet: Eine treffliche Methode, sich selbst freizusprechen und einem anderen, hilflosen, wehrlosen, schwachen Lebewesen alle Schuld aufzulasten.

Ich war vor kurzem im Burgtheater und habe dort das Stück »John Gabriel Borkmann« von *Ibsen* gesehen. Dort sagt die Mutter zu ihrem Sohn:

> Sohn, es ist doch Dein Wille, daß das, was der Vater an Unheil über uns gebracht hat, daß Du dieses Unheil wieder ausgleichen willst.

Und der Sohn antwortet:

> Mutter, es ist *Dein* Wille, daß ich das tue. Aber Du bist nicht mein Wille, sondern ich will einen eigenen Willen haben; ich will das tun dürfen und können, was in mir an Wünschen drinnen ist. Ich will mein eigenes Sein verwirklichen.

Bei dieser Gelegenheit möchte ich ein Bekenntnis zur Kostbarkeit jedes einzelnen menschlichen Lebens ablegen. Auf der einen Seite ist es nichts, wenn Sie die Milliarden Menschen bedenken, die seit Jahrtausenden wie Blätter gewachsen, zu Boden gefallen, verfault, verschwunden und versunken sind. Aber andererseits wird das Leben doch ungeheuer bedeutungsvoll, wenn wir erkennen, daß wir nur einmal leben. Und wie schrecklich ist es, wenn man mit *Karl Kraus* entdecken muß: »Man lebt nicht einmal einmal«, oder mit anderen Worten: wenn man dieses eine Leben, das man hat, nicht sinnvoll benützen kann. »Vor jedem steht ein Bild dessen, das er werden soll.« Dies einigermaßen zu verwirklichen, ist doch das Wichtigste, was es überhaupt gibt. Und dazu bleibt uns nur eine ganz schmale Zeitspanne; wir wissen gar nicht, wie lange sie ist nach *Wilhelm Busch:*

So ist es mit der Zeit allhie,
erst trägt sie dich, dann trägst du sie.
Und wann's zu Ende, weißt du nie.

In dieser Zeitspanne können wir versuchen, dies zu erreichen. Da kommen nun gerade die Menschen, die uns gezeugt haben, und hindern uns, dieses Leben zu gestalten. Statt dessen zerstören sie es, zertrümmern es, weil sie egoistisch sind, weil die eigentliche Elternliebe, wie *Kafka* sagt, allzu oft »der Eigennutz der Eltern« ist, derselbe Kafka, der gemeint hat, es sei tragisch, daß dieselben Eltern, die zuerst alles getan haben, um das Kind aus der Erde herauszustampfen, später alles tun, um es wieder in die Erde zurückzustampfen — gleichsam eine Rücknahme des Schöpfungsaktes.

Die besondere Tragödie dabei ist, daß die Eltern dies gewöhnlich in »bestem Glauben« tun, nämlich immer deswegen, weil sie meinen, am besten zu wissen, was für das Kind das Beste sei. Aber leider, sie handeln in Wirklichkeit, um *sich* etwas Gutes zu tun; aber dies ist in den seltensten Fällen auch etwas wirklich Gutes für das Kind. Mit Recht hat *Pascal* einmal gesagt: »Der Weg zur Hölle ist mit guten Vorsätzen gepflastert« — in diesem Fall erweist sich wieder einmal die fürchterliche Richtigkeit dieses Ausspruches.

Wann, wenn nicht hier, muß ich jene Sätze zitieren, die im Herzen aller Väter und Mütter unvergänglich eingeprägt sein sollten:

Deine Kinder sind nicht Deine Kinder. Sie sind die Söhne und Töchter der Sehnsucht des Lebens nach sich selbst. Sie kommen durch Dich, aber nicht von Dir, und obwohl sie bei Dir sind, gehören Sie Dir nicht. Du kannst ihnen Deine Liebe geben, aber nicht Deine Gedanken, denn sie haben ihre eigenen Gedanken. Du kannst ihrem Körper ein Heim geben, aber nicht ihrer Seele, denn ihre Seele wohnt im Haus von morgen, das Du nicht besuchen kannst, nicht einmal in Deinen Träumen. Du kannst versuchen, ihnen gleich zu sein, aber sicher nicht, sie Dir gleich zu machen. Denn das Leben geht nicht rückwärts und verweilt nicht beim Gestern. Du bist der Bogen, von dem Deine Kinder als lebende Pfeile ausgeschickt werden. Laß Deine Bogenrundung in der Hand des Schützen Freude bedeuten. *(Kahlil Gibran)*

Damit komme ich wieder zu einem ganz wichtigen Punkt: Erziehung ist Leitung in die Freiheit des Menschen. Sie hat zum Ziele, daß der Freiheitsraum eines Menschen immer größer wird, daß er sich nicht verengt, nicht zusammenschrumpft. In diesem Zusammenhang erscheint ja schon das Wort »erziehen« ganz verhängnisvoll, weil in ihm das »Ziehen« enthalten ist, und wer einen zieht, der behindert und vergewaltigt ihn.

Ich muß immer wieder betonen, daß die Entscheidung der »Erziehung« zwischen Einengung und Erweiterung stattfindet. *Rainer Maria Rilke* sagt:

Und dann, meine Seele, *sei weit,* sei weit, daß dir das Leben gelinge!

Also, das Leben soll gelingen, und dazu muß die Seele weit werden, muß sie sich weiten, muß sie sich öffnen, muß sie sich entfalten. Dazu muß dem Kind die Möglichkeit gegeben werden, den Lebensraum lustvoll zu durchdringen. Es gibt nichts Wunderbareres, nichts Freudigeres, nichts Schöneres als das kleine Kind vom ersten Tag an auf seiner unglaublichen Entdeckungsreise, die man mit Worten gar nicht beschreiben kann, auf der es in das Leben hineinkrabbelt und die Welt entdeckt. »Wie schön ist alles erste Kennenlernen. Du lebst so lange nur, als Du entdeckst«, sagt *Morgenstern.* Lassen wir doch dem Kind diese göttliche Neugier. Schauen Sie, das Lassen ist so wichtig. Lassen — laß ein Kind laut sein, laß ein Kind sich freuen, laß ein Kind sich austoben. Laß ein Kind »ausgelassen« sein, indem Du es ausläßt! Gib ihm die Chance, den Lebensraum lustvoll zu durchdringen!

Wir aber haben einen ganz anderen Satz geprägt, der auch mit »lassen« zusammenhängt. Nämlich, »Laß das, laß das!«, und dieses »Laß das!« ist der einengende Satz schlechthin! Natürlich, es ist schon richtig: Wir müssen das Kind warnen vor vielen Gefahren, die auf es lauern, aber wir dürfen es deshalb nicht mit lauter Mauern und Zäunen umzingeln! Es ist ja ohnehin bei den heutigen Wohnverhältnissen die diesbezügliche Möglichkeit des Kindes schon so verbarrikadiert! Wir wissen heute, daß die Neurotisierung zunimmt mit jedem Stockwerk, das ein Kind in einem Hochhaus weiter oben wohnt, weil es dann nicht mehr die Möglichkeit hat, sich »auszutoben« und mit anderen zu kommunizieren im Spiel, im Grünen. Diese köstlichen Geschenke werden ihm ja Schritt für Schritt genommen, und wir sorgen dafür, daß es behindert, eingeengt wird. Fast möchte ich hier von einem Gefängnis sprechen, in das wir die Kinder hineinstecken. Mir fällt gerade in diesem Zusammenhang der Satz von *Frederick Mayer* ein: »Unsere ›Erziehung‹ ist eine einzige ›Einladung‹ zur Depression.«

Noch etwas ganz Wichtiges: Viele Eltern wollen nicht, daß sich das Kind von ihnen entfernt. Viele wollen es als einen Teil ihrer Existenz ein Leben lang behalten. Darum sage ich Ihnen: Nicht nur nach der Geburt muß die Nabelschnur durchtrennt werden, sondern es gibt auch eine psychologische Nabelschnur, und es ist sehr wichtig, daß wir auch sie durchschneiden und dem Kind in immer größer werdenden Kreisen die Möglichkeit geben, sein eigenes Leben zu gestalten.

Franz Werfel hat einmal dieses wunderbare Gedicht geschrieben: »Kinder laufen weg«. Aber man denke zum Beispiel an eine Mutter, die mit ihrem Mann todunglücklich ist, und nun hat sie ein Kind, und sie ist auf einmal nicht mehr allein. Der Mann kommt, weiß Gott wann, spät nach Hause; der Mann kann sich entfernen, kann entfliehen. Das Kind aber ist auf die Mutter angewiesen und kann sich nicht helfen, denn es benötigt die Mutter, und die Mutter nützt diese Situation aus, stürzt und stützt sich auf das Kind, welches zu ihrem Mannersatz wird: »Du gehörst mir! Wenn schon der Mann in aller Ferne ist — Du nicht!«

Aber, und hoffentlich ist Ihnen das allen klar, ein Kind ist kein Partnerersatz, sondern ein Kind ist ein Partner schlechthin, ist ein eigenständiger, selbständiger Mensch, dem wir von Anfang an immer größere Räume der Freiheit zugestehen müssen; zuletzt auch die Freiheit, daß das Kind uns verläßt. Das ist der normale Lauf der Welt, und doch gehen viele Eltern an der Tatsache zugrunde, daß sie vom Kind »verlassen« werden, und hoffen, bewußt oder unbewußt, daß sie das Kind in irgendeiner Weise auf die Dauer an sich binden können.

Es gibt dazu ein fürchterliches Mittel, nämlich die sogenannte Verzärtelung des Kindes, indem man dem Kind alle Schwierigkeiten aus dem Wege räumt:

> Nein, das brauchst Du nicht zu machen; das mache ich schon für Dich; da sorge ich schon. Alles wird von mir (oder uns) durchgeführt. Du brauchst Dich um nichts zu kümmern, gar nicht bemühen, gar nicht plagen. Die Welt wird einmal grausam genug sein; sei froh, wenn Du Dir das jetzt ersparen kannst.

Wie rührend schaut das aus — und wie niederträchtig ist es. Denn es ist eine so furchtbare Methode, oft bewußt, oft unbewußt angewendet, das Kind an sich zu binden.

Wir Psychotherapeuten haben ungezählte Male mit jungen Menschen zu tun, die vor folgender Katastrophe stehen: Sie wollen selbständig werden, träumen davon, endlich ein eigenständiges Leben zu führen; und gerade dann, wenn die Zeit gekommen ist, dies zu realisieren, entfalten sie eine grenzenlose Angst vor dem Selbständigwerden, weil sie ein Leben lang, durch viele Jahre, gegängelt worden sind, weil man ihnen alle Schwierigkeiten aus dem Weg geräumt hat. Jetzt sollen sie auf einmal zustande bringen und bewältigen, was sie nicht gelernt haben, und so kommen sie in eine der qualvollsten Situationen, die man sich vorstellen kann, nämlich, sich nach etwas zu sehnen und gleichzeitig vor dem, wonach man sich sehnt, eine panische Angst zu haben. »Um Gottes willen, nur nicht selbständig werden; ich habe ja nie gelernt, auf meinen eigenen Füßen zu stehen.« Das ist ein furchtbares Fazit und ein jammervoller Zustand, und gleichzeitig ein Triumph der Eltern, denn nun bringt das Kind die Kraft nicht auf, fortzugehen.

Börris Freiherr zu Münchhausen hat einmal in einem seiner Gedichte zutiefst bedauert, daß die Kinder den »goldenen Ball«, den sie von den Eltern erhalten haben, später ihnen nicht zurückgeben, sozusagen undankbar sind. Ich fürchte, die Wahrheit ist eine ganz andere: Man kann nur einen Ball zurückwerfen, den man auch einmal bekommen hat; und das ist in allzu vielen Fällen leider nicht geschehen.

Ich möchte im Zusammenhang mit der Verzärtelung gleich besonders davor warnen — ich spreche damit dialektisch; also, ich spreche in Gegensätzen —, deswegen zu sagen: Aha, Verzärtelung ist falsch, daher muß ich möglichst »hart« zu meinem Kind sein.

Das Leben ist so grausam, sagen viele, es setzt ja den Menschen so ungeheuren Prüfungen aus, ja, da muß ich doch rechtzeitig darangehen, das Kind mit der Härte des Daseins zu konfrontieren. Auch hier wieder ein Vorwand für eine brutale Methode, denn das wichtigste ist nicht »Abhärtung« des Kindes, sondern das Selbständigwerden. Hinter dem Wunsch, eine Abhärtung durchzuführen, steht immer eine geheime Aggression gegen das Kind, auch wenn sie sich »menschenfreundlich« tarnt und unter dem Motiv gestartet wird, das Kind müsse rechtzeitig lernen, mit dem Leben fertigzuwerden.

Was das Kind braucht, um mit dem Leben fertigzuwerden, sind zwei Dinge: Vor allem einmal braucht es Wärme, die in einem Hause »zu Hause« sein sollte. Das Kind, wie wir heute wissen, kommt viel zu früh auf die Welt; es sollte noch ein paar Monate lang im Mutterleib bleiben dürfen. Nun wird es plötzlich mit einer Urgewalt aus dem Warmen hinausgeworfen und wird konfrontiert mit einer neuen Luft, mit einem neuen Licht, mit einer neuen Temperatur. Dies ist ein ungeheures Problem, und in dieser Situation braucht das Kind Wärme; es braucht Geborgenheit, es braucht Zärtlichkeit. Zärtlichkeit ist ganz besonders wichtig, die Tendenz, das Kind zu herzen, zu streicheln, zu liebkosen.

Wir haben unsere Haut aus zwei Gründen (und das bleibt übrigens bis zum Ende unseres Daseins so): Erstens, um uns abzugrenzen, daß wir wissen, dort bist du noch und dort hörst du auf, und zweitens, um die Berührung der Mitwelt zu empfinden, und zwar liebevoll. Es gibt eine Sorte von Eisbären, die sterben, wenn sie die Mutter nicht beleckt, und solch eine Art von Lebewesen sind wir im Grunde auch. Wir sterben vielleicht nicht, wenn wir keine Zärtlichkeit bekommen, aber wir verkümmern, wir verdorren. Unsere Haut rötet und entzündet sich, beginnt zu nässen: die Neurodermitis, eine ernste psychosomatische Erkrankung, tritt auf. Die Haut des Kindes schreit um Hilfe; sie sagt: Ihr seid nicht gut zu mir, nicht herzlich zu mir; mir fehlt die Wärme. Die Wärme ist das entscheidende Kriterium der familiären Atmosphäre.

Ein vierjähriges Mädchen fragte vor einiger Zeit seine Mutter: »Mutter, kannst Du noch Kinder bekommen?« Da sagte die Mutter, sehr indigniert und unangenehm berührt: »Ich bin eine gesunde, normale Frau; natürlich kann ich Kinder kriegen.« Darauf sagte die Vierjährige: »Du kannst keine Kinder bekommen. Kinder bekommt man ja, wenn Vater und Mutter sich liebhaben. Ihr zwei habt Euch ja nicht mehr lieb.« — »Wieso willst Du das wissen?« — »Eure Stimmen verändern sich ja vollkommen, wenn ihr miteinander sprecht; sie bekommen einen schrillen, harten, kalten Ton.« Die Mutter war um so mehr betroffen, als das Kind ihr die Wahrheit sagte: Es war unter den Eltern kein Gefühl füreinander mehr vorhanden.

In wieviel Familien herrscht eisige Kälte; oft wird sie auch als »Sachlichkeit« bezeichnet und getarnt. Viele Menschen haben zwar Gefühle, aber sie lernten seit ihrer Kindheit, daß man sie nicht zeigen dürfe, so daß sie sie auch ihren Kindern nicht übermitteln können. Wiederum ein tragischer neurotischer Stafettenlauf! Wärme erzeugt Vertrauen; wenn man liebkost wird, fühlt man sich geborgen, dann kann man vertrauen, und für die Entwicklung eines Menschen ist das Urvertrauen ganz entscheidend. Wenn es kein Urvertrauen im Leben des Kindes gibt, ist es irrsinnig schwer, später im Leben noch irgend jemandem zu glauben. Natürlich ist es möglich, Dinge, die in der

Kindheit passieren, später zu korrigieren, aber von wieviel glücklichen Zufällen ist diese Korrektur abhängig! Außerdem: Es versteht sich von selbst, daß eine direkte Brücke vom Urvertrauen über das Selbstvertrauen zum Vertrauen gegenüber dem Mitmenschen führt. Im negativen Fall heißen diese Stationen Urmißtrauen, Minderwertigkeitsgefühl, Verlust des Glaubens an die Mitmenschen, an die Menschheit.

Das Wort »Selbstvertrauen« ist gefallen, ein ganz wesentlicher Begriff, denn ohne Selbstvertrauen kann ein Mensch wohl nur dahinvegetieren, kaum richtig leben. Nur wer den Eltern vertrauen kann, kann Selbstvertrauen entwickeln. Nur wer sich von den Eltern geliebt weiß, kann sich selbst bejahen. Man dürfte in diesem Zusammenhang ein *Goethe*-Wort aus dem »West-östlichen Divan« leicht verändert zitieren: »Hätten sie sich weggewendet, augenblicks verlöre ich mich.«

Sehr wichtig für die weitere Entwicklung des Selbstvertrauens ist auch die Ermutigung. Das Kind ist in seinen Anfängen klein und hilflos. Es dauert eine lange Zeit, bis es lernt, seine beiden Händchen zu koordinieren und etwas mit ihnen festzuhalten; viele Mißerfolge säumen diesen Weg. Da braucht das Kind die Geduld und das Verständnis der Großen, der Mächtigen, die alles können. Was vermag Ermutigung nicht alles zu bewirken: »Das nächste Mal wird es schon besser gehen« — und dann geht es auch besser. Und wie wichtig ist es dann auch, das Kind zu beloben, wenn es endlich ein Erfolgserlebnis erreicht hat. Aber leider: Viele Eltern bleiben bei Ermutigung und Anerkennung stumm und werden hingegen umso lauter, wenn sie ihren Unmut, ihre Herabsetzung und Geringachtung vermitteln wollen. Es ist kaum zu glauben, welche Ausdrücke da oft verwendet werden! Zur Rede gestellt, rechtfertigen sie sich oft damit, daß man das Kind nicht hoffärtig und »eingebildet« machen dürfe! Welche Verkennung der für den Aufbau der menschlichen Seele so unbedingt notwendigen Bausteine!

Nun möchte ich Ihnen etwas sagen, was mir für jede echte Kindesliebe wesentlich zu sein scheint: Die Beziehung des Vaters und der Mutter zum Kind muß vom ersten Tag an eine partnerschaftliche sein. Vielen Menschen in unserem Land erscheint dies als eine geradezu perverse Forderung. Wir haben ja hier ein typisches Groß-Klein-Denken: Wie, ich, der Mächtige, und das winzige Kind sollen gleichberechtigt sein? — daß ich nicht lache!

Wie aber sagt *Anton Wildgans:* »Wer bist Du, daß Du nicht das Knie zu beugen brauchtest vor dem neuen Menschen?« Die Mehrzahl jedoch antwortet: »Das Kind muß Respekt vor mir haben. Das ist das Gesetz. Aber doch nicht ich vor dem Kinde!« Dennoch ist es so: Je schwächer, je hilfloser, je ausgesetzter das Kind, je abhängiger es ist — und es gibt nichts Ausgesetzteres als ein Kind —, desto mehr braucht es den Respekt und die Ehrfurcht der Eltern. Wir müssen daher auch lernen — ich habe das in meinem Buch »Religionsverlust durch religiöse Erziehung« sehr intensiv besprochen —, das Vierte Gebot neu zu interpretieren: In unserer Fassung ist praktisch nur die Rede von den Rechten der Eltern und den Pflichten der Kinder.

Wir müssen umdenken und lernen, die Pflichten der Eltern und die Rechte der Kinder zu betonen. Man wirft mir immer vor, daß ich einseitig auf der Seite der Kinder stehe. Mein Eintreten für die Kinder ist aber gar keine Einseitigkeit und keine Parteilichkeit, sondern es resultiert aus den Erkenntnissen von Menschlichkeit und Wissenschaft. Erstens möchte ich Ihnen sagen: Kein Kind kommt neurotisch zur Welt (es sei denn, es wurde pränatal neurotisiert), sondern es wird dadurch krank gemacht, daß es gezwungen ist, jahrelang mit Menschen zu leben, die dieses Kind zerstören. Das ist ein ganz entscheidendes Motiv, warum man auf der Seite der Kinder stehen muß. Aber es gibt noch einen anderen Grund: Die Eltern haben ja in Wirklichkeit nichts davon, wenn sie ihre Kinder schlecht behandeln. Sie machen dann die Kinder krank, und neurotisch erkrankte Kinder entwickeln Symptome, die unweigerlich auch den Eltern unendliche Schwierigkeiten bereiten. Wer also für die Rechte der Kinder eintritt, nicht neurotisiert zu werden, erweist letztlich auch den Eltern einen guten Dienst.

Wir Österreicher sind leider eine »Radfahrernation«; nirgends wird so viel nach oben gebuckelt und nach unten getreten. Wir haben eine Hackordnung entwickelt wie im Hühnerhof, und jeder weiß genau, wem gegenüber er sich etwas erlauben darf. Und leider: In dieser Hackordnung steht das Kind an unterster Stelle (das erinnert mich an den Ausspruch des unvergeßlichen *Janusz Korczak:* »Die Kinder sind das einzige Proletariat, das noch nicht erlöst wurde.«). Sobald sich etwa einer einmischt, wenn jemand ein Kind brutal behandelt, dann kann er vernehmen: »Hearn S', erstens, des geht Ihna an Dreck an, und zweitens, bitte, nehman S' zur Kenntnis: Mit mein' Kind, da mach i no immer des, was i will.«

Das ist ein schrecklicher Machtmißbrauch, den wir mit solchen und ähnlichen Worten für uns ins Anspruch nehmen. Aber es sitzt in uns allen mit einer furchtbaren Dämonie drin, daß wir eben das Wehrlose mißbrauchen und glauben, mit ihm tun zu können, was uns paßt. Und eben die Leute, die diesen Machtmißbrauch betreiben, sind dann um so überraschter, wenn aus dem Kind nichts

»Rechtes« wird! Darf man sich wirklich darüber wundern, wenn sich in diesen Kindern die Aggression zusammenballt und sie einen »schlechten Charakter« bekommen? Wir sagen ja auch ganz leichtfertig und leichtsinnig: »Na, is scho aner an aner Watschen je gstorb'n?« Selbstverständlich ist an einer Watschen noch kaum jemand gestorben, aber ich sage Ihnen dennoch in äußerster Güte, aber auch Bestimmtheit, daß es die »g'sunde Watsch'n« einfach nicht gibt. Entweder gibt es eine gesunde Erziehung, und die ist ohne Gewaltanwendung (das österreichische Gesetz kennt noch die »elterliche Gewalt« — ein schon rein verbal fürchterlicher Ausdruck), oder es gibt »Watschen«, und das ist keine gesunde Erziehung.

Bitte, verstehen Sie mich nicht falsch: Wir sind alle nur Menschen. Es war eine der mich bewegendsten Szenen, die ich in meinem Leben erlebt habe, als Professor *Cermak,* der wunderbare Vorkämpfer der gewaltlosen Erziehung in Österreich, auf die Frage im Rundfunk: »Herr Professor, sagen Sie ehrlich, haben Sie nie in Ihrem Leben Ihren Kindern eine Ohrfeige gegeben?« erschüttert antwortete: »Herr Reporter, leider muß ich Ihnen sagen, daß ich das zweimal in meinem Leben getan habe. Ich schäme mich, Ihnen das sagen zu müssen, aber die Wahrheit gebietet es, und ich kann mir und Ihnen nur einen Trost sagen: Ich habe es zutiefst bereut.« Die Moral von dieser Geschichte: Wir sind alle nicht unfehlbar, und es ist gar kein Zweifel, daß uns das passieren kann, wenn es uns auch nicht passieren sollte. Aber es kommt sehr wohl darauf an, ob wir uns dann sagen: »Ich habe nur von meinem Recht Gebrauch gemacht.« Das ist ein »Recht«, an dem schon Generationen zugrunde gegangen sind und weitere zugrunde gehen können. Das Entscheidende ist also sicher: Jeder Mensch ist in Versuchung, und es mögen ihm »die Nerven durchgehen«, und er kann sich am Kind versündigen (ich zögere nicht, diesen Ausdruck zu verwenden), aber es kommt dann darauf an, wie er es verarbeitet, wie er es erlebt.

Mein Vater, Mittelschullehrer, war einer der gütigsten Erzieher, aber wenn man ihm gegenüber in gewissen Situationen Widerspruch äußerte, wenn er zum Beispiel sagte: »Du hast mich angelogen«, und ich antwortete: »Ich habe Dich nicht angelogen«, da konnte er über die vermeintliche Unaufrichtigkeit in eine große Erregung kommen, und ich erinnere mich dreier Szenen, wo es dann also schon so zugegangen ist, daß meine Mutter an mir eine Art Lebensrettung durchgeführt hat. Hier trafen zwei Auffassungen aufeinander, denn ich war ein Mensch, der nichts weniger erdulden konnte als Unrecht. Und wenn er mir sagte: »Du hast mich angelogen«, und ich sicher war, daß ich das nicht getan hatte, war ich eher bereit »zu sterben«, als nachzugeben, was wiederum meinen Vater zur Raserei brachte. Aber am nächsten Tag war mein Vater so vernichtet und so beschämt, daß ich am liebsten zu ihm gegangen wäre; und das habe ich auch einmal getan und habe meinem Vater gesagt: »Rege Dich net auf, es ist ja eh nicht so schlimm. Du siehst, daß ich lebe, und ich bin Dir weiter nicht böse.«

Ich möchte nicht versäumen, die Gelegenheit zu benützen, um auf die Fehlbarkeit aller Menschen, sogar des Papstes, und natürlich auch der Eltern hinzuweisen. »Errare humanum est«, irren ist menschlich, und wer möchte sich davon ausnehmen? Wir haben in diesem Zusammenhang eine doppelte Aufgabe: Erstens, den eigenen Fehler zuzugeben, und zweitens, daraus zu lernen (und dann kann er sehr fruchtbar werden). Nur gibt es aber sehr viele Eltern, die glauben, im Falle eines »Eingeständnisses« ihre Autorität zu verlieren (was übrigens nicht stimmt; gemäß dem wunderbaren Ausspruche des ehemaligen Berliner Bürgermeisters *Albertz:* »Wer je seinen Vater weinend ein Versagen eingestehen sah, der wird ihn ein Leben lang nicht verlassen«).

Ich möchte aber nun auch die Gelegenheit nützen, um einen Begriff mit Ihnen zu diskutieren, der in der Erziehungsproblematik eine bedeutende Rolle spielt und spielen muß: die Autorität. Es kann kein Zweifel darüber bestehen, daß die Eltern *in diesem Prozeß* für die Kinder zu Autoritäten werden. Würde man also unter antiautoritärer Erziehung eine Erziehung ohne Autoritäten verstehen, wäre dies schier ein Unsinn, denn kein Mensch kann sich gesund entwickeln, wenn er nicht von Anbeginn an Menschen hat, die ihn lieben, die er lieben kann, mit denen er sich identifiziert, die für ihn maßgebend, also Autorität sind.

In einem anderen Sinne gewinnt aber das Wort von der antiautoritären Erziehung eine gewisse Berechtigung: Denn so, wie Autorität für das Kind notwendig ist, müssen wir zwischen echter und angemaßter Autorität unterscheiden. Und die angemaßte Autorität zu bekämpfen ist wahrlich eine Aufgabe, zu der wir berechtigt, ja mehr noch, eigentlich verpflichtet sind.

Das Wort »auctoritas« leitet sich vom lateinischen »augeo« (ist gleich: wachsenlassen, vermehren, fördern, beglücken) her, und »auctoritas« heißt: maßgebende Persönlichkeit, maßgebender Einfluß, Sicherheit, Glaubwürdigkeit! Damit sind schon die Kriterien der echten Autorität umschrieben: Sie *wirbt* um die Liebe und das Verständnis des Kindes, anstatt sie *vorauszusetzen* und zu *fordern,* kommt dem Kind entgegen, bemüht sich, Vorbild zu sein, ist nicht arrogant und versucht, notwendige Maßnahmen so gut wie möglich zu erklären. Angemaßte Autorität hingegen beruht darauf, daß man meint: Die Unterordnung der anderen steht mir zu; ich brauche mich daher um Verständnis und Einsicht der »Untertanen« nicht zu bemühen, die meinen Befehlen bedingungslos zu gehorchen haben.

Die Auswirkungen dieser angemaßten Autorität sind in der Eltern-Kind-Beziehung ganz besonders schlimm. Wenn nämlich ein Erwachsener einen unausstehlichen Vorgesetzten hat, bestehen für ihn meistens noch verschiedene Möglichkeiten, die Situation zu verbessern oder ihr zu entrinnen. Aber die Eltern kann man sich nicht aussuchen, und so, wie es eine Gnade ist, in eine Familie hineingeboren zu werden, in der man wachsen kann, so ist es ein Verhängnis, mit Eltern konfrontiert zu sein, die einen mit ihrem Herrschaftsanspruch erdrücken.

Die Dominanz der angemaßten Autorität äußert sich in Worten wie »Der hier zu befehlen hat, das bin ich«, »Du hast zu parieren«, »Du hast den Mund zu halten«, »Kinder dürfen nur reden, wenn sie gefragt sind«, »Frag nicht; für eine Erklärung bist du noch zu dumm«, »Schon mein Wunsch muß dir Befehl sein«, »Was auf den Tisch kommt, wird gegessen« und vielen anderen, schrecklichen Phrasen mehr.

In *Bert Brechts* Gedicht »Was ein Kind gesagt bekommt« wird dies höchst anschaulich dargestellt:

Der liebe Gott sieht alles.
Man spart für den Fall des Falles.
Die werden nichts, die nichts taugen.
Schmökern ist schlecht für die Augen.
Kohlentragen stärkt die Glieder.
Die schöne Kinderzeit, die kommt nie wieder.
Man lacht nicht über ein Gebrechen.
Du sollst Erwachsenen nicht widersprechen.
Man greift nicht zuerst in die Schüssel bei Tisch.
Sonntagsspaziergang macht frisch.
Zum Alter ist man ehrerbötig.
Süßigkeiten sind für den Körper nicht nötig.
Kartoffeln sind gesund.
Ein Kind hält den Mund.

An dieser Stelle eine Feststellung: Wie wichtig ist es zuerst für das Kind, daß es durch Schreien seine Empfindungen ausdrücken darf, ohne daß dies die Eltern als Störung bewerten und gar nicht oder indigniert darauf reagieren. Wie wichtig ist es sodann, daß das Kind in seinen ersten Phantasien, die sich in Bildern, Farben und Tönen abspielen, nicht behindert wird, weil diese Zeit die Geburtsstunde der Kreativität (»O, lerne denken mit dem Herzen«) ist. Und wie wichtig ist es schließlich, daß das Kind die Sprache gebrauchen lernt und sie auch für Kritik, für Unzufriedenheit und Auflehnung verwenden darf; wie schrecklich, wenn, um es mit *Turrini* zu sagen, »das tausendmal geformte Nein als Ja den Mund verlassen muß«. Daraus kann nur resultieren, daß die Verdrängungen der frühen Kindheit später weiter fortgesetzt werden müssen und sie dadurch ins Unermeßliche verstärkt werden.

Aus meiner eigenen Kindheit möchte ich Ihnen eine kleine Geschichte erzählen: Frühzeitig begann ich, auf einen Tisch zu steigen und Reden, natürlich völlig sinnloser Art, zu halten. Da sagte die Mutter zu mir: »Kind, das kann doch niemand aushalten; höre doch auf.« Ich antwortete: »Mutti, ich muß!« Da überwand sich die Mutter und entschied: »Wenn Du mußt, dann rede halt weiter.« Ich bin davon überzeugt, daß dies für mich eine entscheidende Weichenstellung war und ich heute nicht so gut reden könnte, wenn die Mutter sich damals anders verhalten hätte.

Ich möchte aber noch einmal auf das schreckliche Problem der Gewaltanwendung gegen Kinder zurückkommen und Ihnen dieses wunderbare Lied — ich kann es leider nicht singen — von der *Bettina Wegner* liebevollst ins Herz — ich möchte sagen — hineintropfen, sozusagen als Infusion:

Sind so kleine Hände, winz'ge Finger dran,
darf man nicht drauf schlagen, sie zerbrechen dran.
Sind so kleine Füße mit so kleinen Zeh'n,
darf man nicht drauf treten, können sonst nicht geh'n.
Sind so kleine Ohren, scharf unter der Haub',
darf man nie zerbrüllen, werden davon taub.
Sind so schöne Münder, sprechen alles aus,
darf man nie verbieten, kommt sonst nichts mehr raus.
Sind so kleine Augen, die noch alles seh'n,
darf man nie verbinden, können sonst nichts versteh'n.
Sind so kleine Seelen, offen und ganz frei,
darf man niemals quälen, geh'n kaputt dabei.
Ist so'n kleines Rückgrat, sieht man fast noch nicht,
darf man niemals beugen, weil es sonst zerbricht.
Grade, klare Menschen wär'n ein schönes Ziel;
Leute ohne Rückgrat haben wir schon zuviel.

Nun noch etwas von *Thomas Bernhard:* Man sollte nie sagen, daß manchmal Worte ein Kind nicht noch mehr zerstören können als Schläge. Bitte, fassen Sie aber diesen Satz jetzt nicht als Freibrief für Schläge auf! *Thomas Bernhard* schreibt:

Das Wort war hundertmal mächtiger als der Stock. Mit teuflischen Worten erreichte sie ihr Ziel, das sie im Sinne hatte. Andererseits stürzte sie mich in die fürchterlichsten aller Abgründe, aus welchen ich dann zeitlebens nicht mehr herausgekommen bin: »Du hast mir noch gefehlt, Du bist mein Tod.« In den Träumen werde ich heute noch davon gepeinigt. Sie wußte nichts von dieser verheerenden Wirkung.

Ich kann diesen Punkt nicht abschließen, ohne ganz allgemein zum Begriff der Strafe Stellung zu nehmen. Auch wenn Sie noch so sehr darüber lachen: Ich halte es für eine Katastrophe, mit Strafen zu erziehen. Der große katholische Theologe und Philosoph *Romano Guardini* hat gesagt:

Wer den Menschen bessern will, der muß ihn zuerst respektieren.

Beinhaltet die Strafe die Achtung des Menschen? (Diese Frage ist auch an unseren Strafvollzug zu richten, der oft aus nichts anderem als Rache besteht, weswegen wir uns nicht wundern dürfen, daß nach der Haftentlassung so viele Rückfälle passieren.) Ob man nun hundertmal etwas abschreiben muß, ob man sich hinknieen muß, ob einem das Fernsehen verboten wird, und was immer Sie ersinnen wollen — ich sage Ihnen, das sind im Grunde alles sadistische Spiele auf Kosten der Seele eines anderen Menschen. Wer Strafen verhängt, der sollte sich fragen, ob er nicht unbewußt sadistische Tendenzen befriedigt, und sollte bedenken, daß der, welcher solche Wünsche hat, immer einen Vorwand finden wird, sie zu realisieren. Auch der in diesem Zusammenhang oft strapazierte Satz »Wer nicht hören will, muß fühlen« ist im Grunde sadistisch-faschistisch.

Apropos »hören«: Pädagogik im besten Sinne ist Bemühung um den Aufbau des Menschen, und der Aufbau kommt dadurch zustande, daß man um die Einsicht des Menschen im Gespräch geduldig ringt. Die Strafe ist immer der bequeme, der einfache Weg, der leichtere Weg, aber ein Weg, der eigentlich die zwischenmenschliche Beziehung sehr gefährdet und oft sogar für alle Zeiten zerstört.

Ich möchte Ihnen in diesem Zusammenhang zwei Geschichten erzählen. Die eine betrifft ein Erlebnis unseres unvergeßlichen *Friedrich Heer,* einer der größten Österreicher unseres Jahrhunderts. Er betitelt es »Ein Spaziergang«:

Das Kind erinnert sich bis heute an diesen einen Spaziergang. Es zog aus, um einem Onkel und einer Tante eine Freude zu machen. Dieser »Onkel« und diese »Tante« waren, wie so oft auch heute noch in Kinderkreisen, keine »richtigen« Onkel und Tanten, sondern eben Freunde der Familie. Onkel und Tante hatten ihr Sommerfrischendomizil in einer hoch-

ragenden Villa jenseits des Flusses. Da war nur die Eisenbahn zu überqueren.
Onkel und Tante hatten den Knaben herzlich begrüßt und herzlich verabschiedet: er möge bald heimkehren, so allein, die Mutter würde vielleicht Angst haben. Angst um das Kind. Das Kind läuft daher, so rasch es kann, nach Hause. Es erwartet, lieb aufgenommen zu werden. Die Mutter aber stürzt sich auf das Kind. Ihre große Angst — was ist ihm geschehen? — entlädt sich in Schlägen. Die Frau besitzt nur dieses eine Kind. Ihre Liebe, ihre Angst um das Kind ist grenzenlos . . . Es sind unsichere Zeiten. Werden nicht, wie die Bauern berichten und Zeitungen vermelden, Kinder gestohlen? Von Zigeunern, von fahrendem Volk, von lichtscheuem Gesindel? Mord und Totschlag sind an der Tagesordnung. Verwilderte Soldaten streunen umher. Offenes, ungeschütztes Land, 1921.
Nach den Schlägen, nach dem Hagel der Vorwürfe sitzt das Kind auf dem Balkon in der heißen Sonne. Eine Welt ist zusammengebrochen: der Glaube an die Gerechtigkeit. Es stimmt alles nicht in der Welt. Nichts stimmt.
Das Kind sieht dumpf den Staub an. Hitze brütet über dem Balkon, legt sich schwer auf das Kind. Das Kind sieht den Tod. Alles ist aus. Es gibt nichts, was stimmt. Alles ist böse. Die Mutter ist böse. Es gibt keinen Gott. Keinen gerechten Gott.
Das Kind sieht direkt in die Sonne, bis es voll von Schmerz, auch physischem Schmerz, die Augen abwenden muß. Das Kind sieht in die Rillen, in den Staub, kratzt mit dem Zeigefinger an den harten Brettern.
In allem ist der Tod. Die Vernichtung. Gelähmt starrt das Kind vor sich hin.
Ich glaube auch heute noch, daß dieses Erlebnis der stärkste Eindruck meines Lebens ist.
Das Kind vermag nicht mehr zu glauben. Es hat Angst. Angst, Angst, Angst. Es betet viele »Vaterunser«. Übermüdet schläft es dann irgendwie ein.

Die zweite Geschichte bezieht sich auf einen Brief, den ich vor einiger Zeit erhielt. Darin setzte sich eine Mutter mit der Problematik von Verantwortung und Gewaltanwendung auseinander. Weil ihr kleines Kind sich trotz wiederholter Verbote immer wieder dem Schwimmbassin näherte, fühlte sie sich gezwungen, ja, verpflichtet, im Sinne ihrer elterlichen Verantwortung dem Kinde es durch Schläge beizubringen, daß man das nicht tun dürfe. Die Moral von der Geschichte: Die Verantwortlichkeit der Elternschaft erzwinge manchmal geradezu Gewaltanwendung, um das Kind vor unsäglicher Gefahr zu beschützen.

Ich möchte Ihnen an dieser Stelle Teile aus meiner Antwort vorlesen:

Was das Verhältnis von Macht und Verantwortung betrifft, finde ich es zwar sehr großartig von den heutigen jungen Leuten, Verantwortung zu übernehmen, aber Macht zurückzuweisen, jedoch weiß ich selber nicht, wie man das bewerkstelligen könnte, denn es handelt sich dabei in etwa um ein Problem vom Ausmaß der Quadratur des Kreises.
Nur eines weiß ich sicher: So, wie Sie es mit Ihrem fünfjährigen Kind gemacht haben, so darf man es meiner Überzeugung nach eben nicht tun, denn ich halte es für einen der gröbsten Fehler, den man überhaupt begehen kann, ein Kind zu schlagen; auch dann, wenn man es damit vor der Gefahr des Ertrinkens zu retten glaubt. Da muß es ganz einfach, trotz allen kindlichen Unverstandes, andere Möglichkeiten geben.
Liebe, dies soll kein persönlicher Vorwurf gegen Sie sein. Ich versuche ja, Sie zu verstehen, und ich weiß, daß Sie es gut gemeint haben. Aber wenn es eben so nicht geht oder nicht zu gehen scheint, so muß es einfach andere Wege geben. Man müßte ein Kind durch gutes Zusprechen solange beeinflussen können, bis es die Notwendigkeit eines Verbotes einsieht. Sie schreiben: »Das Verbot allein reicht offenbar nicht aus«, und setzen in Gedanken fort: »daher mußten es Schläge tun.« Für mich aber muß die Fortsetzung dieses Satzes anders lauten: »Daher muß ich mich mit einem Kind, auch wenn es noch so klein ist, so lange bemühen und beschäftigen, bis die Einsicht doch eintritt.«

Die einzige Methode ist also das beharrliche, immer wiederholte Gespräch mit dem uns anvertrauten Kind. Ich liebe dieses Wort »anvertraut«; es fällt mir dazu immer der wunderbare Satz ein, den *Hugo von Hofmannsthal* seinen Färber Barak in der »Frau ohne Schatten« sprechen läßt: »Mir anvertraut, daß ich sie hege, daß ich sie trage auf diesen meinen Händen, und ihrer achte und ihrer schone um ihres jungen Herzens willen . . .«

Das ist eine so schicksalhafte Sache, der Dialog zwischen den Eltern und dem Kind, später auch der Dialog zwischen dem Lehrer und den Schülern. Es hat jetzt eine Umfrage bei den österreichischen Schulen stattgefunden: Was wünschen sich die Schüler, was die Lehrer am meisten? Sehr interessant: Die Lehrer wünschen sich am meisten Gespräche mit den Schülern, die Schüler am meisten Gespräche mit den Lehrern. Sie wollen also alle das gleiche, nur kommt es so schwer zustande. Bei unserem Schulsystem gibt es keinen Dialog, sondern nur: Das lernst Du, und darüber wirst Du geprüft, und dafür kriegst Du eine gute oder schlechte Note. Das ist die Vernichtung der Kommunikation, und darum verlassen die Schüler, wie *Ingmar Bergmann* gesagt hat, als »*Analphabeten des Gefühls*« unsere Schulen.

Die Menschenbildung findet in den Schulen ja kaum statt. Sehr viele Lehrer sind darüber verzweifelt und bemühen sich sehr, diesen

Zustand zu ändern, können sich aber (noch) nicht durchsetzen. Ich möchte sie ermutigen, nicht aufzugeben. Letztlich hat sich noch immer das durchgesetzt, was von unten nach oben mit großer Beharrlichkeit aufgebaut wurde.

Und wie schaut es diesbezüglich im Elternhaus aus? Dies bringt mich zu meinem nächsten Punkt: Mit eine der wichtigsten, der kostbarsten Aufgaben, die Eltern zu übernehmen haben, ist die Wertvermittlung. Was brauchen wir, um sie zu erfüllen? Erstens müssen wir selber Werte haben. Neulich sagte ein Mann: »Wissen Sie, ich glaub' ja an gar nichts, aber mein' Kind werd' i scho die Religion beibringen. Des kann ihm net schaden, verstehn S'?« Also, wer glaubt, daß er auf diese Weise vermitteln kann, ist ein armer Narr. Man muß somit selber Werte haben, muß von ihnen begeistert sein, muß sie dem Kind vortragen, wozu man Zeit und Kraft braucht, denn das kostet außer Frage viel Anstrengung.

Ich erinnere mich zum Beispiel an meinen Vater, der ist heimgekommen aus der Schule und hat *nicht* gesagt. »Du, jetzt bin ich müde; laß mich in Ruhe!« Er hat sich vielmehr hingesetzt und mir zwei, drei Stunden erzählt, was er mit seinen Schülern erlebte. Ich habe oft wirklich geglaubt, daß mein Vater nur deswegen in die Schule geht, daß er mir das am Abend erzählen kann. Heute ist es ganz anders: Die Kinder können zwar den Beruf der Eltern angeben, wenn man sie aber fragt: Was tut der Vater da eigentlich?, dann herrscht Ahnungslosigkeit, und zwar nicht nur dann, wenn der Vater ein Beamter ist.

Der Reihe nach also: Erstens haben die Eltern im Verlaufe unseres Jahrhunderts ihre eigenen Werte größtenteils verloren. Zu oft ist ihnen diesbezüglich der Boden unter den Füßen weggezogen worden; immer haben sie »aufs falsche Pferd gesetzt«. Zu guter Letzt haben sie nach dem Zusammenbruch 1945 (eigentlich die Befreiung des Vaterlandes; von vielen aber als »Niederlage« erlebt) ihre ganze Hoffnung im materiellen Aufstieg gesehen und so das Wirtschaftswunder zustande gebracht. Dieses unaufhaltsam sich steigernde Jagen nach Geld kostet aber unbeschreiblich viel Zeit und Kraft — da bleibt für die Kinder nicht viel übrig.

Ich pflege immer zu sagen: Man liebt so sehr, wie man bereit ist, einem Menschen Zeit zu widmen, und also fühlen sich die Kinder wenig geliebt und leben, im Sinne eines wunderbaren Ausspruches von *Manès Sperber*, als »Waisen *mit* Vater und Mutter«. Freilich, die Eltern spüren schon, daß sie da ihren Kindern unendlich viel schuldig bleiben; irgendwie wollen sie es wiedergutmachen, und sie können es naturgemäß nur mit Dingen tun, die ihnen zur Verfügung stehen: also »überschütten« sie die Kinder mit materiellen Werten.

Ich möchte Ihnen jetzt in diesem Zusammenhang eine kleine Geschichte erzählen. Vor ein paar Jahren durfte ich zum Todestag von *Johannes XXIII.*, der für mich zum idealen Leitbild unserer ganzen Zeit geworden ist, den Gedenkvortrag in der Hochschule in Eichstätt halten, in Süddeutschland. Und nachher ist ein junger Mann zu mir gekommen mit dem Namen *Markus Marotte:* »Ich gebe Ihnen da ein Gedicht, und wenn Sie es brauchen können, dann lesen Sie es vor.« Der Titel des Gedichtes ist »Liebe«, und nun werde ich von dieser Erlaubnis Gebrauch machen:

Wir erschrecken vor dieser Freiheit,
die Ihr uns plötzlich gebt,
mit der Ihr uns allein laßt in den leeren Wohnungen,
während Ihr selbst die Flucht ergreift,
in panischer Angst, in immer schnelleren Autos.
Unsere Frage nach Gott
speist Ihr mit einem Löffel Schlagsahne ab.
Eure Schwarzwäldertorten stinken.
Wundert Euch nicht,
wenn wir Euren Händen entgleiten,
davonbrausen auf unseren heulenden Maschinen,
weil wir daheim nicht heulen dürfen,
in der hellhörigen Wohnung.
Wundert Euch nicht,
wenn wir uns ekeln vor Euren Gesichtern,
aber den Augen des Guru blind vertrauen.
Wir wissen es ja, so oder so,
wir gehen drauf.
In Eurer Mitte fallen wir um eines Tages.
Vor Euren Augen sterben *wir*
an der Sinnlosigkeit Eures Lebens.

Wir sollten aus dem Gedicht lernen, wie sehr in der Wertvermittlung die entscheidende Brücke zwischen Eltern und Kindern gebaut werden kann. Wir müssen uns zu Werten bekennen, diese Werte leben, verwirklichen und sie den Kindern vermitteln. Wertvermittlung *dürfte* aber nie in einem Aufzwingen von Werten bestehen. Nie sollte man sagen: »Ich weiß alles und bin im Besitz der allein seligmachenden Wahrheit.« Vielmehr *müßte* es heißen: »Schau, so sehe ich das, so halte ich es für richtig, aber Du mußt zu Deiner eigenen Überzeugung kommen, und beim Finden derselben will ich Dir nicht im Wege stehen.« — In den letzten Sätzen sind sehr viele Konjunktive zu finden, weil es sich um Möglichkeiten handelt, die derzeit kaum oder jedenfalls viel zu selten realisiert werden.

Es ist erschütternd, zu sehen, wie unsere Kinder von den Eltern wertmäßig unterernährt werden, so daß sich die jungen Menschen später aus den verschiedensten Ecken ihre Werte zusammenkratzen müssen. Um so mehr muß ich vor dieser Jugend ungeheuren Respekt haben. *Rainer Maria Rilke* hat einmal gedichtet: »Wir sind ganz angstallein, haben nur aneinander Halt.« Ich wüßte gar kein besseres Wort für diese Situation der heutigen Jugend. Verlassen, im Stich gelassen, von einer schrecklichen Angst vor dem Leben gepeinigt, weil sie nicht genügend ausgerüstet ist. Und dann wagt sie sich dennoch in dieses Leben hinaus und entwickelt unverdrossen ihre sogenannten Utopien und wird nicht müde, daran zu arbeiten, eine bessere Welt zu bauen, als wir sie haben. (Unsere Welt ist nicht gut; wer das behauptet, erkennt die Situation nicht, wie sie ist. Wir sind bedroht von dem Untergang der Menschheit.) Ist das nicht großartig? Ist das nicht bewundernswert, wie sie bereit ist, sich für »ein paar Bäume« schlagen zu lassen? *Bertold Brecht* hat von den »guten Leuten« gesagt: »Sie sind an etwas interessiert, was außerhalb von ihnen liegt«, und also sind diese jungen Menschen »gute Leute«, denn das Wachstum der Natur ist ihnen wichtiger als jede Wachstumsrate: Sie wollen verhindern, daß die Erde, auf der, von der wir alle leben, zerstört wird.

Ich möchte noch ein Wort sagen über die Rolle der beiden Geschlechter bei der Wertvermittlung. Früher lag diese fast ausschließlich in den Händen der Männer. Die Väter haben sich aber in unserer Zeit, enttäuscht darüber, daß sie die frühere Macht (bzw. den falschen Machtanspruch) verloren haben, von vielen Aufgaben zurückgezogen, zu denen nicht zuletzt auch die Wertvermittlung zählt; um so größer ist die diesbezügliche Rolle der Frau geworden. Nun gibt es aber viele, die behaupten, die Frau könne dieser Aufgabe infolge der heute häufigen Doppelbelastung im Beruf und als Mutter nicht ausreichend nachkommen. Ich kann dieser Meinung nicht beipflichten. Zuerst einmal muß man sagen, daß die Frau eben durch die Berufstätigkeit einen viel größeren und weiteren Horizont gewonnen hat, als sie ihn früher hatte, und damit jetzt zumindest ebenso prädestiniert für die Wertvermittlung erscheint, wie einst der Mann. Zum anderen aber ist zu sagen, daß der Zeitverlust, den die Frau durch die Berufstätigkeit erleidet, durch die Qualität ihrer Zuwendung zum Kinde durchaus ausgeglichen werden kann. Wichtig erscheint mir, daß die Frau gerade wegen ihrer vielfachen Doppelbelastung in dieser für sie schwierigen Zeit vom Manne entsprechend unterstützt wird und er ihr auch einige der sogenannten »weiblichen« Aufgaben abnimmt. Dies könnte zu einer guten Basis für eine verbesserte Wertvermittlung in der Zukunft führen.

Ein letzter Punkt, die Erziehung betreffend: Das Kind braucht nicht nur die Zeit der Eltern, sondern die Eltern müssen ihm auch *Zeit lassen,* sich zu entwickeln. Wir leben in einer raschlebigen Zeit, und viele Eltern sind davon so infiziert, daß ihnen die Entwicklung der Nachkommen viel zu langsam vonstatten geht. Demgegenüber muß mit Nachdruck gesagt werden: Die Kindheit ist keine bloße Vorbereitungszeit, sie ist kein »Durchgangsstadium«, sondern sie ist ein Wert für sich. »O selig, o selig, ein Kind noch zu sein«, und wehe denen, die ihre Kinder um diese kostbare Zeit betrügen, die sich nie mehr einstellt, wir mögen noch so sehr danach suchen; die schon immer auf der Lauer sind: Was wird mein Kind *morgen* Neues können, und das Heute übersehen und damit sich und dem Kind das Glück des Augenblicks rauben!

Was sind die Ursachen für ein solches Verhalten? Oft findet man da einen pathologischen Ehrgeiz: Mein Kind muß früher gehen können als das des Nachbarn. Noch verhängnisvoller wirkt sich aber die Tendenz vieler Eltern aus, die Triebwünsche des Kindes als »asozial« anzusehen, woraus sie den Wunsch ableiten, diese »bösen Dinge« dem Sprößling möglichst *rasch* abzugewöhnen. So wird die Eßlust des Kindes als Unersättlichkeit, das Spielen mit dem Stuhl (eine unendlich lustvolle Tätigkeit) als Unsauberkeit und die Entdeckung der Sexualregion als Unanständigkeit und Schamlosigkeit abqualifiziert. Wichtig wäre es, dem Kinde zuerst *Zeit* zu geben, diese Triebe auszuleben (dies setzt Unbefangenheit der Eltern diesen Triebbereichen gegenüber voraus). Wenn dies zuerst erlaubt wurde, wird die »Entwöhnung« dann leichter gelingen. *(Anna Freud,* die sich mit diesem Problem besonders beschäftigt hat, bezeichnet es ausdrücklich als Fehlinterpretation der Psychoanalyse, wenn man annimmt, man könne dem Kind die »Abgewöhnungsphase« überhaupt ersparen: Das würde nur infantile Triebfixierungen zur Folge haben, die absolut nicht wünschenswert sind.)

Neben der Geduld ist die Liebe bei diesem Prozeß ganz wichtig, ja sogar das wichtigste, denn die liebenden Eltern werden sicher auch geduldig sein. Das Kind muß Triebwünsche aufgeben; die Eltern wünschen es. Das Kind ist in diesem Kampf natürlich der Schwächere; es will ja die Liebe der Eltern um keinen Preis verlieren, also wird es sich fügen. Um so wichtiger ist es aber, daß es intensiv spürt, dafür auch die Liebe der Eltern zu bekommen. Unter solchen Umständen, aber *nur* unter diesen, wird sich jener Prozeß abspielen, den wir als Sublimierung bezeichnen, das heißt, die ursprünglich primitiven Triebwünsche werden allmählich höheren Zielen zugewendet.

Anna Freud schreibt in diesem Zusammenhang:

> Viele der frühen Freuden des Kindes — wie das Spielen und Schmieren mit Fäzes, das Zeigen des nackten Körpers, das Herausfinden sexueller Geheimnisse — können auf Bereiche umgelenkt werden, die den ursprünglichen ähnlich, aber für die Außenwelt akzeptabel sind. Im Malen und Kneten zum Beispiel kann viel von der alten Lust am Schmieren wiederaufleben; die Zurschaustellung von Kleidern, von Körper- und Verstandesleistungen ist kaum weniger befriedigend als reiner Exhibitionismus; die Neugier für sexuelle Geheimnisse kann sich in allgemeinen Wissensdurst verwandeln und ein Gutteil ihrer Lustqualität an das Lernen abgeben.

Es kann in diesem Zusammenhang nicht nachdrücklich genug auf den Unterschied zwischen Sublimierung (als Folge einer liebevollen und geduldigen) und Unterdrückung (als Folge einer befangenen und lieblosen Erziehung) der kindlichen primitiven Triebtendenzen hingewiesen werden. Wo eine Triebregung unterdrückt wird, niemals ausgelebt werden darf, ins Unbewußte verdrängt werden muß, bleibt der ihr innewohnende Betrag an Energie im Unbewußten blockiert und ist für die Weiterverwendung verloren.

Wenn die Sublimierung hingegen gelingt, wird deren Triebkraft von dem ursprünglichen Ziel abgelöst und auf soziale Aktivitäten gerichtet, von denen *Anna Freud* sagt, »die zu erwerben dann mühelos, die auszuüben nicht lästig, sondern erfreulich« sind. (Wir sehen also: Die Sexualität ist im Leben eines Kindes nicht nur eine Realität; sondern mehr noch, ihre Kenntnisnahme und richtige Handhabung werden nicht nur für die Sexualität des Erwachsenen eine große Rolle spielen, sondern auch für sein ganzes menschliches Verhalten.)

Mit einem anderen Zitat von *Anna Freud* möchte ich diesen Punkt abschließen:

> Es ist für das Kind nur abträglich, wenn es Schritte der Triebumwandlung zu rasch vollzieht. So werden etwa die schädlichen Folgen der Sauberkeitsgewöhnung (Starrsinn, übertriebener Ekel, Zwangssymptome) weitgehend ausbleiben, wo diese sich über die ersten zwei Jahre erstreckt und nicht früher beendet wird. Sexualneugier sollte erlaubt bleiben, bis sie in die Kanäle des Lernens einmünden kann; Aggression soll allmählich unter Kontrolle gebracht werden, um genug Energie für sublimierte Aktivität übrig zu lassen usw. Viele Eltern sind stolz, wenn ihre Kinder sich in jungen Jahren wie Erwachsene zu benehmen beginnen, die ihre Triebe sicher beherrschen; für die gesunde Entwicklung des Kindes ist eine solche Frühreife eine potentielle Gefahr.

Jüngst habe ich in der deutschen Wochenzeitung »Die Zeit«, die einen sehr guten Ruf hat und in der ich im allgemeinen gerne lese, eine Artikelserie unter dem Titel »Das sogenannte Unbewußte« gefunden, bei der mich schon der Titel nichts Gutes ahnen ließ. In ihr wurde die Behauptung aufgestellt, die Existenz eines Unbewußten sei wissenschaftlich nie erwiesen worden, und bei der Postulierung von der Wichtigkeit der ersten sechs Lebensjahre für die psychische Gesundheit des Menschen handelt es sich um eine Freudsche Erfindung. Es gebe viele Menschen, die sich trotz einer schlechten Kindheit großartig entwickelt hätten, während andererseits Kinder, die unter den besten Umständen aufgewachsen seien, sich später als schwere Neurotiker entpuppt hätten.

Dazu ist zu sagen, daß die besten Lebensumstände, die man behauptet hat, bei späteren Neurotikern gefunden zu haben, sich bei näherem Hinsehen als reine Fassade erwiesen. Umgekehrt ist es wahr, daß einigen wenigen Menschen es gelungen ist, selbst schwerste neurotisierende Bedingungen der Kindheit ohne spätere Entwicklung einer Neurose zu überstehen. Von neurotisierenden Kindheitsbedingungen kann gesagt werden, daß sie mit hoher Wahrscheinlichkeit in eine Neurose münden, daß sie eine solche aber nicht mit absoluter Sicherheit zur Folge haben müssen. Vielleicht ist selbst dem Kind schon ein kleiner Freiraum des nicht neurotisch Reagierens offen oder sind es andere glückhafte Umstände, die wir heute noch nicht kennen, die einem Kind in wenigen Ausnahmefällen das tragische Schicksal einer lebenslänglichen Neurose ersparen. Wie dem auch immer sei, ich hoffe, damit gezeigt zu haben, daß es keine verantwortungsvolle Begründung dafür gibt, die Bedeutung der Kindheit für die Entwicklung des Menschen im Positiven wie im Negativen auch nur ein wenig zu reduzieren.

Ich habe diese Artikelserie in der »Zeit« deswegen hier erwähnt, weil Sie immer wieder gerade in Österreich mit Menschen konfrontiert werden, die Ansichten kolportieren, welche geeignet sind, die Erkenntnisse der Tiefenpsychologie zu bagatellisieren, zu bestreiten und lächerlich zu machen. Wenn man bedenkt, daß die Tiefenpsychologie von jedem Menschen gerade im Erziehungsbereich höchste Verantwortungsbereitschaft verlangt, wie groß wird dann die Gefahr sein, solche Lügen zu glauben, um dadurch sich einerseits im Umgang mit Kindern »gehenlassen« zu können und gleichzeitig von der großen Verantwortung entlastet zu sein. Daher kann ich hier nur nochmals bitten, sich von den Sirenengesängen dieser falschen Propheten, die eine Rückkehr in vor-Freudsche Zeiten propagieren, nicht verführen zu lassen.

Diesen Vortrag halte ich wenige Tage vor Weihnachten, wo wir der Geburt Christi gedenken, von dem vor allem wir die Ehrfurcht vor dem Kind-Sein lernen könnten. Ihm selbst wurde Zeit gelassen, sich zu entfalten, und er entwickelte sich zum größten Kinderfreund, der je auf dieser Erde gelebt hat. Wir aber haben aus der »stillsten Zeit im Jahr« *(Waggerl)* die lauteste gemacht; wir denaturieren die »Heilige Nacht« mit unserer Hast und Geschäftigkeit, vielleicht, weil man uns schon als Kindern das »Heute« nicht gegönnt hat, weil wir es daher auch unseren Kindern nicht gönnen, weil wir um den Schatz unserer Kindheit betrogen wurden und wir unsere Nachkommen auch darum betrügen wollen. Möge dieser Vortrag, der ein Torso bleiben müßte, und wäre er noch so lang, einen kleinen Beitrag dazu leisten, daß sich dies ändert.

Und nun bleibt nichts anderes übrig, als mit dem versprochenen Anton-Wildgans-Gedicht zu schließen:

Im Anschaun meines Kindes

Du Atmendes, zu deinem Schlaf gebeugt
Steh' stumm-erschüttert ich, der dich gezeugt.
Beklommen tast' ich nach der Freundin Hand,
Aus deren Schoß dein Leib sich feindlich wand.
Du Fleisch gewordnes Fieber unsrer Lust,
Wir haben dich gewollt, du hast gemußt.
Nun bist du, eines Schicksals Anbeginn,
Erschauernd grüble ich nach seinem Sinn.

In deiner Züge Unerschlossenheit
Spür' ich nach Zeichen und nach Ähnlichkeit:
Dies ist von mir, der Freundin jener Zug,
Dies bist schon du, dies noch nicht du genug.
Dies Lächelnde vergleicht Erinnerung
Mit einem Bild der Mutter, als sie jung.
Dies leise Wehe um den kleinen Mund
Ist mir aus meines Vaters Leiden kund.
Dies ist schon Güte, jenes ist noch stumpf,
Dieses schon Wille, dies noch Trieb und dumpf.
Nun zuckst du auf im Schlaf, obwohl kein Ton
Dich schrecken konnte — Liebes, träumst du schon?

Aus vielen Bluten ist dein Blut entkocht,
Aus vielen Flammen ward der zage Docht,
Der trübe noch in deiner Stirne brennt,
Aus Elementen ein neues Element.

Nicht nur, was wir am eigenen Selbst erkannt,
Ist deinem Wesen erblich eingebrannt,
Auch die Erträge unserer Dunkelheit
Sind in dein Klares heimlich eingereiht.
Was wir in uns an Bösem abgebaut,
An Listen und an Lüsten rückgestaut,
Das Meinen, das zum Wollen nicht genug,
Die Laßheit, die sich gern der Tat entschlug,
Der Zwiespalt, dem nur Zufall Lösung fand,
Der unvermochten Rache finstrer Brand
In uns und fernster Ahnen Rätselreihn:
All dies bist du nun oder kannst es sein.

Vielleicht, daß einst es steil und unvermeint
Aufschnellt in deinem Blut als unser Feind
Und uns beschuldigt, daß wir falsch getan,
Aus Trägheit, Torheit oder feigem Wahn!
Da wird die Flamme frei, die wir gedämpft
Zur Schuld die Treue, die wir schwer erkämpft;
Was wir geliebt, dünkt dich nur wert der Lust,
Wo wir geträumt, da bist du streng bewußt,
Wo wir bestraften, tröstest du mit Lohn,
Wo wir geopfert, klirrt vielleicht dein Hohn;
Aus unserm Dach wird Brennholz deinem Herd,
Aus unserm Werkzeug glühst du dir ein Schwert
Und haust in Trümmer wie ein Jahrmarktszelt,
Die wir uns liebend bauten, unsere Welt!

Du Atmendes, zu deinem Schlaf gebeugt,
Steh' stumm-erschüttert ich, der dich gezeugt.
Du Mensch gewordnes Fieber unsrer Lust,
Wir haben dich gewollt, du hast gemußt.
Doch wie, wenn du, ein Scherge, einst von uns
Begründung forderst unsres Schöpfertums
Und uns das Müssen, das man Leben nennt,
Hinschleuderst wie ein listig Dokument,
Worin im Leichtsinn oder sinnberaubt
Wir unterschreiben, was wir nicht geglaubt?
Wie, wenn du uns in deines Wesens Guß
Den Fehler zeigst, der unsre Schuld sein muß,
Und uns aus deiner Not ererbtem Fluch
Beweisest *unsrer* Herzen Widerspruch?
Daß Lüge war, was uns zusammenzwang,
Nicht zweier Sterne Zueinanderdrang,
Die, lange einsam auf getrennter Wacht,
Zu eins verglühn in heiliger Liebesnacht!

Eratmend tast' ich nach der Freundin Hand,
Aus deren Schmerz dein Leib sich hold entband.
Du klar gewordne Wirrnis unsrer Lust,
Wir wollten dich und sind nicht schuldbewußt.
Und wirst du doch zum Kreuze, sieh, wir sind
Bereit, daran zu leiden — schlaf, mein Kind!
Uns Richter magst du werden, bist du schon;
Traumlächle nur, noch ahnst du nichts davon!
Ein Mittler auch in manchem kleinen Zwist,
Weil, wo wir zwei sind, du wir beide bist.
In deinem Lächeln lächeln wir dereinst,
Und unser sind die Tränen, die du weinst.
Auf deinen Füßen gehn wir einst im Wind,
Der unsre Gräber liebkost — schlaf, mein Kind!
In deines Blutes dumpfer Frühlingskraft
Aufsteige wieder ich aus Todes Haft
Und dränge mir an deinen Jünglingsschoß
Die Schlanken alle, heut noch wesenlos,
Und schenk der Schmeidigsten ein Angebind,
Ein Atmendes, wie du bist — schlaf mein Kind!

Vortrag, gehalten am 16. Dezember 1985 in Biedermannsdorf

III. Die Formen der Neurose

A. Die neurotischen Symptome des Kindes

Wir haben schon im ersten Kapitel gesehen, daß der Neurotiker die Tendenz hat, den seiner Erkrankung zugrundeliegenden Konflikt in verschiedenen Symptomen auszudrücken. Es ist nun nötig, diese Symptome näher kennenzulernen und gleichzeitig die Frage zu beantworten, wovon es denn abhängt, daß der Neurotiker gerade ein bestimmtes Symptom zum Ausdruck seiner Krankheit macht.

Schon in der Kindheit findet diesbezüglich eine gewisse Auswahl statt insofern, als der junge Erdenbürger in den ersten sechs Lebensjahren — nach den Entdeckungen von *Sigmund Freud* — drei Phasen, nämlich die orale, die anale und die ödipale, durchläuft und dabei ein Gesetz gilt: Das Kind wird immer solche Symptome entwickeln, wie sie der Phase, in der die Neurotisierung stattfindet, entsprechen. Mit anderen Worten: Eine Neurotisierung in der oralen Phase wird oral gefärbte Symptome zur Folge haben. Dasselbe Prinzip gilt dann für die anale und die ödipale Phase.

Wir unterscheiden in diesem Sinne folgende Stadien der frühkindlichen Entwicklung:

1. Das *frühe orale Stadium* (1. Lebensjahr), in dem der Saugakt im Mittelpunkt der kindlichen Aufmerksamkeit steht. Dabei geht es nicht nur um die so notwendige Nahrungsaufnahme, sondern das Einverleiben der Nahrung bedeutet zugleich Empfangen von Liebe und Sicherheit. Gerade in dieser Phase sind die Gefühle der Wärme und Sicherheit von besonderer Bedeutung. — Es gibt Forscher, die auch von einem die ersten Lebensmonate umfassenden »dermatalen Stadium« sprechen, weil in dieser Zeit eben auch die Haut als jenes Organ, mit der wir die Berührung der Umwelt, vor allem der Mutter, sowie die Begrenzung des eigenen Körpers empfinden, besonders bedeutungsvoll erscheint. (Siehe auch Kapitel 2)

2. Das *späte orale Stadium* (Ende des 1. Lebensjahres). Es geht mit der Entwicklung der Beißwerkzeuge einher und rückt die Tendenz in den Vordergrund, sich der Nahrungsmittel — später auch anderer Dinge — mit dem Mund zu bemächtigen und sie eventuell zu zerstören, zu zerbeißen. Inzwischen mußte das Kind lernen, die Nahrungsaufnahme seiner sozialen Umgebung anzupassen: Es bekommt nur zu gewissen Zeiten zu trinken, zwischen denen die orale Befriedigung nicht gewährt wird. Dementsprechend treten jetzt die Gefühle des Futterneides und der Rivalität auf, da das Kind in dieser

Periode nun um seine Nahrung und Triebbefriedigung kämpfen muß.

3. Das *frühe anale Stadium* (2. Lebensjahr). Es ist dadurch charakterisiert, daß die Aufmerksamkeit der Exkretion zugewandt wird. Zunächst stellt sich das Kind seinen Exkrementen gegenüber durchaus positiv ein. Die Aufmerksamkeit der Erwachsenen unterstützt diese Tendenz. Die Reinigung und Pflege der entsprechenden Organe ist geeignet, Lustempfindungen beim Kind auszulösen.

4. Das *späte anale Stadium* (3. Lebensjahr). In dieser Zeit muß das Kind lernen, rein zu werden. Das Zurückhalten des Stuhles, also der Verzicht auf etwas, was man gerne täte, wird zur Leistung, die mit Liebe belohnt wird. Die Unterdrückung von Trieben, um dadurch Liebe zu bekommen, wird als eine neue Errungenschaft in die Persönlichkeitsentwicklung eingeführt.

5. Die sogenannte *ödipale Phase* (4. bis 5. Lebensjahr). Das Kind beginnt sich nunmehr intensiver mit der Verschiedenartigkeit der beiden Geschlechter, insbesondere mit der Familiensituation, also der Existenz von zwei Elternteilen, die diese beiden Geschlechter repräsentieren, auseinanderzusetzen; es empfindet eine besondere Zuneigung zu jenem Elternteil, der das ihm entgegengesetzte Geschlecht repräsentiert; dabei muß der Knabe lernen, daß die Mutter nicht ihm allein gehört, sondern daß dem Vater die ersten Ansprüche zukommen; für das Mädchen wiederum besteht eine ähnliche Problematik bezüglich des Vaters. Da die anfänglichen psychoanalytischen Studien diese Situation ausschließlich sexuell interpretierten, erfuhren sie vielfach entschiedene Ablehnung.

Wir sollten uns aber davor hüten, das Kind mit dem Bade auszuschütten. Hier liegt ein wichtiges, unbedingt Beachtung verdienendes Stadium und Problem der menschlichen Entwicklung vor, das wir ernst nehmen müssen und nicht übersehen dürfen, auch wenn es durch eine einseitige sexuelle Auslegung »unsympathisch« geworden ist. Nachdrücklich muß betont werden, daß diese sogenannte »Ödipus-« oder »Elektrasituation« des Kindes (nach den entsprechenden bekannten griechischen Sagen benannt) nichts mit sexueller Problematik im engeren Sinne zu tun hat, sondern daß sie vielmehr einem allgemein menschlichen Wunsch nach Alleinbesitz entspricht, wobei freilich auch im Hintergrund eine sexuelle Begleitkomponente in der Form der noch unspezifischen kindlichen Sexualität anklingt: Das Kind will einen Elternteil für sich allein haben (welcher Knabe hat zum Beispiel nicht einmal die Arme um seine Mutter geschlungen und ausgerufen: »Du gehörst nur mir!«), wird aber schließlich in diesem Wunsche enttäuscht. Diese Situation ist eine völlig normale; sie spielt sich im Leben jedes Kindes ab und wird in der überwiegenden Mehrzahl aller Fälle dadurch erfolgreich bewältigt, daß sich das Kind mit dem mächtigen Konkurrenten identifiziert, der Knabe also mit dem Vater, das Mädchen mit der Mutter. Solcherart beginnt es, dem zur Identifizierung gewählten Vorbild nachzueifern und auf diese Weise allmählich auch psychologisch in die von Geburt an anatomisch bestimmten Geschlechtsrollen hineinzuwachsen.

Nach der ödipalen Phase folgt, bis zum Beginn der Pubertät, ein Zeitabschnitt, welcher der Entwicklung der Fertigkeiten der heranwachsenden Person dient und in der Regel von schwerwiegenden psychischen Problemen frei bleibt; er wird deshalb *Latenzperiode* genannt. Erst in der Pubertät beginnen unter dem Druck des organisch bedingten Triebzuwachses und der erwachenden Sehnsucht nach Loslösung von den Eltern neuerliche schwerwiegende Auseinandersetzungen in der Persönlichkeit.

Wenn auch beim Kind aus jeder Neurotisierung im Gegensatz zum Erwachsenen, wie wir später sehen werden, eine bunte Palette neurotischer Symptomatik entstehen kann, so ist dieser Vielzahl dennoch insofern eine Grenze gesetzt, als es in den einzelnen Phasen seiner Entwicklung, wie bereits gesagt, auf eine Neurotisierung nur in der dieser Phase eigenen Art reagieren kann. Diese phasenspezifischen Reaktionsformen sehen so aus:

1. Orale Phase

Hier steht die Nahrungsaufnahme im Mittelpunkt der Aufmerksamkeit. Die Organe, die ihr dienen, vom Mund bis zum Magen, sind, wie der wissenschaftliche Ausdruck lautet, in dieser Periode besonders stark emotional »besetzt«. Eine als Folge der Neurotisierung auftretende Ambivalenz wird dementsprechend mit diesen Organen ausgedrückt werden (zum Beispiel: Ablehnung der Mutter wird zur Ablehnung der Nahrung; statt Nahrungsaufnahme erfolgt in einem Brechakt ihre Zurückweisung.) Das Kind wird sich in diesem Zeitabschnitt um so mehr dieser »Organsprache« zum Ausdruck seiner neurotischen Konflikte bedienen, als ihm ja eine andere Sprache noch nicht zur Verfügung steht (siehe auch das 4. Kapitel).

Die wichtigsten »oralen« neurotischen Symptome sind: *Brechen, Nahrungsverweigerung, hastiges Essen, Unersättlichkeit, verzögerte Entwöhnung vom Schnuller, Daumenlutschen* (als Ersatzbefriedigung), *Nägelbeißen* (als aggressiver Akt, wobei aber die Aggression am eigenen Körper abreagiert wird; ein eindrucksvolles Beispiel dafür, wie sich die unterdrückte verdrängte Aggression schließlich gegen die eigene Person wenden kann).

Auch bei vielen neurotischen Symptomen des Erwachsenen ist noch ihr »oraler Charakter« unverkennbar; sie weisen also auf eine Neurotisierung in der oralen Phase hin: Hier sind vor allem Alkoholsucht und übermäßiges Rauchen zu erwähnen, bei deren Entstehen das Bedürfnis nach oraler Ersatzbefriedigung keine geringe Rolle spielt. Eine wesentlich harmlosere Form »oraler Fixierung« stellt jener Männertyp dar, bei dem die Liebe zeitlebens, wie der Volksmund sagt, »durch den Magen geht«.

2. Anale Phase

Auch in dieser Periode dominiert noch die Organsprache; freilich ist jetzt der Ausscheidungstrakt im Mittelpunkt der emotionalen Aufmerksamkeit. Schwerwiegende Enttäuschungen durch die Eltern, vor allem mangelnde Liebeszuwendung, falsches übertriebenes Toilettetraining, Pedanterie und dergleichen werden also mit »anal gefärbten« neurotischen Symptomen beantwortet werden. Zu erwähnen sind hier: *Verzögertes Reinwerden, Einnässen, Einkoten, abnormes Zurückhalten.*

Damit ist aber die anale Symptomatik noch keineswegs erschöpft. Diese Periode bringt auch das Erwachen der kindlichen Sexualität mit sich: Anale Aufmerksamkeit muß automatisch auch eine Hinwendung zu den Sexualregionen mit sich bringen; anale Empfindungen werden oft mit ersten sexuellen Gefühlen gekoppelt (so erzeugt das Zurückhalten des Stuhles mitunter ein eigenartiges, sexuell gefärbtes Lustgefühl).

Mit Nachdruck muß an dieser Stelle bemerkt werden, daß die lustvolle Entdeckung der Sexualregion durchaus eine normale und gesunde Phase der kindlichen Entwicklung darstellt und daß es daher völlig falsch wäre, diese Neugier frühzeitig zu unterdrücken. Gerade wenn man diesen Prozeß nicht behindert, erweist er sich gleichsam als ein Durchgangssyndrom. Nur bei einer krankhaften Befangenheit der Eltern diesem Bereich gegenüber wird er oft protesthaft in die Länge gezogen und schließlich fixiert. In diesem Fall kann man von einer sexuell gefärbten neurotischen Symptomatik sprechen.

In diesem Zusammenhang darf darauf hingewiesen werden, daß es etwas isoliert, daß es also *allein* Sexuelles beim Menschen prinzipiell nicht geben kann. Die Sexualität, in welcher Form sie auch in Erscheinung treten mag, ist immer im Rahmen der Gesamtpersönlichkeit zu betrachten. Wenn also eine sexuelle Störung vorliegt, so bedeutet dies, daß die Persönlichkeit gestört ist und die Sexualität dazu benützt wird, diese Störung auszudrücken. Dies gilt schon für die ersten sexuell gefärbten analen Symptome, die nichts anderes sind als Ausdruck eines unbewußten Protestes oder Versuchs, neurotische Angst und Spannung abzureagieren. Dementsprechend ist es ganz falsch, solche Erscheinungen nur vom Sexuellen anzugehen, etwa mit dem Befehl, die Hände über der Decke zu lassen (dadurch wird die Aufmerksamkeit nur noch mehr dem sexuellen Bereich zugewendet; außerdem bleibt das wirklich zugrundeliegende Persönlichkeitsproblem unberücksichtigt).

Ähnliches gilt für den Versuch, solche neurotischen Manifestationen mit Intensivierung des Willens zu bekämpfen oder sie gar unter die Drohung gefährlicher Folgen für die Gesundheit zu stellen. So konnte man früher in vielen, vor allem religiös orientierten Büchern lesen, daß Selbstbefriedigung etwa zum »Ausdörren des Rückenmarkes« führe, obwohl längst bekannt war, daß Onanie so wenig gesundheitsschädlich ist wie normaler Sexualverkehr. Fast alle Menschen aber, die Selbstbefriedigung betreiben, haben ein Schuldgefühl; nicht zuletzt, weil sie spüren, etwas Unnatürliches zu tun. Dieses Schuldgefühl aber macht sie geneigt, an eine Bestrafung zu glauben — die Ankündigung schrecklicher Folgen wird dann zu »Wasser auf ihren Mühlen« und dementsprechend nur allzu leicht geglaubt.

Die einzig richtige Form, mit solchen ersten und auch späteren sexuellen Symptomen einer Neurose »fertig« zu werden, kann also nur sein, den Konflikt in der Persönlichkeit, zu dessen Ausdruck sie geworden sind, zu entdecken und zu beseitigen. (Es erübrigt sich wohl, darauf hinzuweisen, daß natürlich nicht jede Selbstbefriedigung ein neurotisches Symptom ist. Irgendwann macht jeder Mensch damit Bekanntschaft, so daß etwa *Kauders* meinte, wer die Frage, ob er jemals onaniert habe, mit »nein« beantworte, sei als prinzipieller Lügner entlarvt. Normalerweise wird sie aber bald aufgegeben, bleibt also ein Stadium auf dem Wege zur normalen Sexualität. Erst die Fixierung dieser Gewohnheit spricht dafür, daß ein neurotisches Symptom vorliegt, oft bereits in der Kindheit präformiert.)

Für die anale Zeit ist ferner charakteristisch, daß es hier besonders leicht zu dem kommt, was *Freud* die *Koppelung der Partialtriebe* genannt hat. Wir haben schon in der oralen Periode ein erstes Beispiel dafür kennengelernt, wenn wir die Verbindung zwischen Eßtrieb und Aggression berücksichtigen, die dort eintreten kann (sowohl Nahrungsverweigerung als auch Fresserei können aggressive Handlungen sein). Hier, im analen Abschnitt, droht die Koppelung aggressiver und sexueller Impulse, wie sie besonders in der *sadistischen (Fremdaggression)* und *masochistischen (Selbstaggression) Perversion* symptomatisch zum Ausdruck kommt.

Mit Recht hat *Mitscherlich* darauf hingewiesen, daß ein Großteil der modernen Reklame immer wieder versucht, Sexualität und Aggression unterschwellig auch beim Erwachsenen zu verbinden, und daß dies gefährlicher ist als die isolierte Propagierung des »Sexuellen«: Besonders auf Menschen, die in der analen Zeit eine erste solche »Prägung« erfahren haben, wird es richtungsverstärkenden Eindruck machen.

Schließlich darf nicht vergessen werden, daß die Entwicklung des Kindes gerade während der analen Periode große Fortschritte macht. Längst ist die Organsprache nicht mehr seine *einzige* Ausdrucksmöglichkeit; immer deutlicher formen sich die Umrisse seiner Person. Dementsprechend ist diese Zeit ganz entscheidend für die *Gewissensbildung,* die im folgenden bei den Zwangsneurosen abgehandelt werden wird. Außerdem formt sich immer mehr der *Charakter des Kindes,* nicht zuletzt dadurch, daß organische Verhaltensweisen auch auf das seelische Gebiet übertragen werden. So wird die Bereitschaft, den Stuhl abzusetzen, oft in eine allgemeine Großzügigkeit umgesetzt, während ein neurotisches Zurückhalten prinzipielle Knausrigkeit zur Folge haben kann. So gesehen, mag *Peter Altenberg* recht haben, wenn er feststellt, »daß er keinen Geizigen kenne, der nicht auch an Obstipation (Verstopfung) leide«. Jedenfalls muß man wissen, daß eine Neurotisierung in der analen Phase auch Symptome einer neurotischen Gewissens- und Charakterbildung zur Folge haben kann.

3. Ödipale Phase

Damit ist eine entscheidende Zäsur eingetreten. Die Zeit der Organsprache ist vorbei; die neurotischen Konflikte werden nun im Verhalten, unter besonderer Benützung der Sprache, und in der Gestaltung der zwischenmenschlichen Beziehungen ausgedrückt.

Bei den Verhaltensstörungen sind anzuführen: *Lügen, anhaltende Auflehnung, Zornausbrüche, neurotischer Diebstahl, Sich-Zurückziehen und -Verschließen, Nachlassen der Leistungen, insbesondere in der Schule, nächtliches Aufschreien, Schlafwandeln, Stottern, Konversionsmechanismen.*

Bei Betrachtung dieser Aufstellung muß mit Nachdruck darauf hingewiesen werden, daß das gelegentliche Auftreten einer der hier beschriebenen Verhaltensweisen noch keineswegs das Bestehen einer

Neurose beweist. Wer wäre als Kind nicht »unfolgsam«, gelegentlich »schlimm« und zornig gewesen, wer hätte nicht einmal gelogen? Die Vorstellung, daß Kinder reine Engel sind, ist ja psychologisch in keiner Weise aufrechtzuerhalten! Gemeint ist damit, daß erst das gehäufte, verstärkte und chronische Auftreten dieser Symptome auf die Neurotisierung des Kindes hinweist.

Zu einigen der hier angeführten Symptome sind noch ergänzende Bemerkungen nötig. So findet man immer wieder bestätigt, daß die Eltern bei jenen neurotischen Symptomen, unter denen sie zu leiden haben, sofort aufmerksam werden und beunruhigt sind, während sie bei anderen, die sich für sie nicht belastend auswirken, weit weniger beeindruckt und bewegt erscheinen. Zu den letzteren zählt insbesondere das »Sich-Zurückziehen« des Kindes. Und doch kann es sich hier um ein äußerst gefährliches neurotisches Symptom handeln, das später in ausgesprochene Entmutigung, Minderwertigkeitskomplexe, Hemmungen übergeht, welche alle geeignet sind, den Lebensweg zu zerstören beziehungsweise den Menschen zu verbittern (siehe Kapitel 5).

Das Symptom des neurotischen Diebstahls gibt uns Gelegenheit, einen neuerlichen tiefen Einblick in die gesamte neurotische Problematik zu gewinnen. Der neurotische Diebstahl unterscheidet sich nämlich vom Diebstahl, wie er sonst vorkommt, in sehr wesentlicher Weise. Beim »gewöhnlichen« Diebstahl kommt es zuerst zu einer Versuchungssituation oder zur gedanklichen Planung, dann zur Tat. Nach der Tat treten Schuldgefühle und Reue auf. *Beim neurotischen Diebstahl ist es gerade umgekehrt.*

Ich habe bereits darauf hingewiesen, daß der neurotische Konflikt durch ins Unbewußte verdrängte Aggressionen entsteht und der von diesem Vorgang Betroffene aus den verdrängten Aggressionen immer (freilich ebenfalls unbewußt bleibende) Schuldgefühle ableitet. Aus diesem Schuldgefühl erwächst nun, auch das wissen wir bereits, ein unbewußtes Bestrafungsbedürfnis. Dieses kann einerseits durch die quälende neurotische Symptomatik, andererseits aber auch durch die Provokation von Situationen, in denen man von anderen bestraft wird, befriedigt werden. Beobachten wir beim »gewöhnlichen« Diebstahl erst die Tat und dann das Schuldgefühl, so finden wir beim neurotischen erst das unbewußte Schuldgefühl, aus dem heraus der Diebstahl gesetzt wird, hier als Ausdruck der Aggression, vor allem aber auch, um dafür bestraft zu werden. Der neurotische Diebstahl ist dementsprechend schon beim Kind in seiner Durchführung dadurch gekennzeichnet, daß er nie um des eigenen Vorteiles willen (kein wirklicher Gewinn!) und immer so ausgeführt wird, daß der Täter ertappt werden muß. Aus dem Gesagten ergibt sich aber noch etwas: Wird ein Kind um eines solchen neurotischen Diebstahls willen bestraft, so hat man damit gerade jenen Preis ausgesetzt, den es unbewußt anstrebt.

Man kann also ziemlich sicher sein, daß es von nun an immer wieder eine Verhaltensweise üben wird, die sich bereits einmal als geeignet erwiesen hat, die erwünschte Strafe zu bekommen. Der mit dieser Problematik nicht vertraute Erzieher findet dann immer wieder erstaunt etwa die folgenden Worte: »Jetzt habe ich das Kind bestraft, um es vor weiteren Diebstählen abzuschrecken, aber dieses Kind muß bereits ganz verstockt sein, denn das gerade Gegenteil ist eingetreten: es stiehlt jetzt immer wieder.« (Um diesbezüglich ja keine Zweifel aufkommen zu lassen, sei noch einmal mit Nachdruck betont, daß natürlich keineswegs jeder Diebstahl ein neurotischer Diebstahl ist; aber es scheint doch nötig, zu wissen, daß es auch ein neurotischer Diebstahl sein kann!)

Nun zum Symptom des neurotischen Leistungsabfalles. Ein Kind, das mit seinem neurotischen Konflikt beschäftigt ist, erscheint ja in einen verhängnisvollen Zweifrontenkrieg verwickelt. Auf der einen Seite muß es sich den Forderungen des Alltags gewachsen erweisen, auf der anderen Seite verbraucht es wertvolle Kräfte bei der Aufrechterhaltung der permanent nötigen Verdrängung und bei der Bekämpfung der neurotischen Angst, die aus eben jener Verdrängung entsteht. Als Folge davon werden seine Konzentration und Aufmerksamkeit so absinken, daß auch ein Absinken des Leistungsniveaus unvermeidlich ist. In extremen Fällen kann es sogar dadurch zum Eindruck von Debilität kommen, obwohl natürlich nur eine neurotische Pseudodebilität vorliegt. Weder durch Drohen noch durch »Willensstärkung« wird diese Tatsache änderbar sein, sondern nur durch rechtzeitige Entdeckung und Beseitigung der Neurose.

Einmal mehr zeigt es sich hier, wie nötig es ist, daß der Lehrer etwas von Neurosenlehre versteht und sich verpflichtet fühlt, nicht nur Wissensgut in der Schule zu vermitteln, sondern auch Einblick in jene Probleme zu gewinnen, die seine ihm anvertrauten Schüler bewegen. Nicht auszudenken etwa, welcher Schaden angerichtet wird, wenn ein neurotisch versagender junger Mensch deswegen aus seiner durchaus möglichen Bahn geworfen, etwa in die »Hilfsschule« abgeschoben wird und damit in der Entwicklung einen Knick erfährt, den er später nur sehr schwer ausgleichen kann.

Ein Teil dieser Symptomatik zeigt sich erst beim Erwachsenen in voller »Blüte«, aber die ersten Ansätze werden schon in der Kindheit geprägt.

Ein lehrreiches Symptom ist auch das neurotische Stottern (es gibt natürlich auch andere Ursachen; die Behauptung dürfte aber nicht allzu kühn sein, daß es sich in der überwiegenden Mehrzahl aller Fälle um ein neurotisches Symptom handelt), weil hier die Ambivalenz direkt in der Sprache dargestellt wird. Es liegen also Aggressionen vor, und es besteht der Wunsch, sie sprachlich zum Ausdruck zu bringen; andererseits aber sind gerade diese Aggressionen verboten, sie dürfen daher nicht ausgelebt werden: Als Folge dieser beiden entgegengesetzten Tendenzen kommt folgerichtig eine Zerhackung und Zerstückelung der Sprache zustande. Drang und Zurückhaltung bestehen gleichzeitig und erlauben in ihrem Zusammenprall nur eine gehemmte, sozusagen tropfenweise abfließende sprachliche Äußerung.

Immer wieder kann gezeigt werden, daß das Stottern jener Person gegenüber, gegen die sich die primären Aggressionen richten, am ausgeprägtesten in Erscheinung tritt. Da der Mechanismus, welcher zu diesem Symptom führt, dem Betreffenden natürlich unbewußt ist (es handelt sich ja um verdrängte Aggressionen!), erscheint ihm das Symptom rätselhaft und besonders qualvoll. Die Angst, wegen der Störung verspottet zu werden, verschlechtert die Symptomatik zusätzlich und fördert die Etablierung des Verhaltensmusters, sprachlichen Äußerungen, wenn irgend möglich, aus dem Weg zu gehen, also verstummt man weitgehend.

Was die Konversionssymptome betrifft, werden sie im Rahmen der Abwehrmechanismen eingehend besprochen werden.

Vielleicht darf abschließend und zusammenfassend gesagt werden, daß allen diesen Verhaltensstörungen, die aus einer ödipalen Neurotisierung entstehen, der Versuch gemeinsam ist, durch eine gewisse theatralische Darstellung und Übertreibung darauf aufmerksam zu machen, daß man mit seinen Konflikten auf normale Weise nicht mehr fertig wird: sehr deutliche Hinweise auf diesen Mechanismus geben auch Schlafwandeln und nächtliches Aufschreien.

Ahnungslosigkeit und mangelnde Einfühlungsbereitschaft in den anderen führen aber allzuoft dazu, daß diese Warnsignale ungehört verhallen. Leider sagen sich nämlich die meisten Menschen, um es mit *Kästner* auszudrücken: »Was soll man machen? — und beschließen, nachts nicht mehr aufzuwachen« — um wenigstens die nächtlichen Alarmsymptome nicht mehr zur Kenntnis nehmen zu müssen.

Wir müssen uns jetzt noch mit den aus einer ödipalen Neurotisierung resultierenden *Störungen der zwischenmenschlichen Beziehungen beschäftigen.* Von ihnen sind, der ödipalen Problematik gemäß, vor allem die Mann-Frau-Beziehungen betroffen.

Folgende Möglichkeiten werden sich aus einem Ödipuskomplex ergeben (sie können mit umgekehrtem Vorzeichen jeweils auf den Elektra-Komplex übertragen werden):

Vermeidung eines näheren Kontaktes mit dem anderen Geschlecht.

Viele Menschen können sich von jener unnatürlichen Bindung an den entgegengesetztgeschlechtlichen Elternteil, die sich schon in der Kindheit entwickelt hat, nicht mehr befreien. Sie bleiben ein Leben lang unselbständig und abhängig, vermögen das auch religiös verankerte Gesetz, Vater und Mutter zu verlassen, um eine neue Familie zu gründen, aus pathologischen (neurotischen) Gründen nicht zu befolgen. So erfolgt bei ihnen keine Eheschließung; die Jahre vergehen, sie bleiben allein und werden mit zunehmendem Alter immer verbitterter und seltsamer. Es versteht sich von selbst, daß nicht jede Ehelosigkeit einen pathologischen Tatbestand darstellt, man denke zum Beispiel an jene Menschen, die um einer Idee willen einsam bleiben. Andererseits besteht auch die Möglichkeit, daß ein Mensch, der im Grunde durch eine ödipale Fixierung unfähig ist, Bindungen zum anderen Geschlecht einzugehen, dieses sein Verhalten vor sich selber, als »Dienst an einer Idee«, zu rechtfertigen versucht.

Vermeidung einer engeren Bindung an einen Partner des anderen Geschlechtes.

Hier werden zwar »viele zarte Bande« geknüpft; einer letzten Bindung wird aber, oft unter Berufung auf Scheinargumente, die nur Rationalisierungen darstellen, ausgewichen. Die wahre Ursache für das Verhalten dieses »Don Juan«-Typus liegt in der oft unbewußten Bindung an die Mutter, welche eine andere Dauerbeziehung einfach nicht zuläßt. Mit Recht sagt *Adler* in diesem Zusammenhang, daß es leichter ist, die ganze Welt zu umarmen, als einen einzigen Menschen. Es erübrigt sich, darauf hinzuweisen, daß eine solche Verhaltensstörung nicht nur alle, die das Unglück haben, ihr zu begegnen, sondern auch ihre Träger selbst auf längere Sicht tiefunglücklich zurücklassen wird.

Scheitern der Partnerbeziehung.

Man muß zur Kenntnis nehmen — es ist leider noch viel zu wenig bekannt —, daß sehr viele Ehen an einem Ödipuskomplex scheitern. Wenn es bei einem ödipal fixierten Menschen zu einer Eheschließung kommt, bedeutet sie oft nichts anderes als eine *Wiederholung* der Mutterbeziehung. Damit eine Ehe aber funktionsfähig sein kann, muß sie mehr als eine solche Wiederholung sein. Es wurde schon gezeigt, daß eine abnorme Bindung an einen Elternteil immer zwiespältige Gefühle des Kindes gegenüber diesem Elternteil heraufbeschwört. Man ist zwar bewußt ganz besonders eng an diesen »über alles geliebten Menschen« gebunden, lehnt ihn aber unbewußt ab, weil er ja der Entwicklung zur eigenen Selbständigkeit hindernd im Wege steht. Geht ein solcher Mensch später eine familiäre Bindung ein, so wird sich automatisch-zwanghaft dem Partner gegenüber genau dasselbe zwiespältige Gefühl entwickeln und dadurch häufig die Beziehung bereits nach kurzer Zeit scheitern. (Hier handelt es sich um jene Wiederholung der pathogenen Situation, die ich im 5. und 7. Kapitel noch näher beschreiben werde.)

Oft ist die Tatsache, daß es sich bei der gewählten Partnerin unbewußt um eine Mutterfigur handelt, bereits daran zu erkennen, daß eine der Mutter (aussehens- oder wesensmäßig) ähnliche oder aber eine ältere Frau erkoren wird. Sehr oft scheitert eine solche Ehe nicht nur an der auf die Frau übertragenen Ambivalenz, sondern auch an der Entsexualisierung der Beziehung. Handelt es sich bei der Partnerin in Wirklichkeit um eine zweite Mutter, so besteht die Tendenz, sie, ähnlich wie die Mutter, als »reine Frau« zu sehen, die durch Sexualtiät nicht »entweiht« werden darf. Die aufgenommenen sexuellen Beziehungen sind dementsprechend durch große Hemmung, Zurückhaltung und nur geringe Lustbetonung gekennzeichnet, ja oft kann der trennende Einfluß der Mutterbindung bis zur psychogenen Impotenz (Nichteintreten der Erektion infolge psychischer Hemmung bei intaktem organischem Befund) führen. Gar nicht so selten wird dann der dennoch bestehende Wunsch nach ungehemmter Sexualität außerhalb der Ehe befriedigt, bei »leichten Frauen«, gegenüber denen die ödipale Hemmung wegfällt. Da wie dort ist natürlich eine Dissoziierung zwischen Liebe und Sexualität gegeben — das eine Mal liegt Liebe ohne Sexualität, das andere Mal Sexualität ohne Liebe vor. Es erübrigt sich, darauf hinzuweisen, daß durch solche Verhaltensstörungen (die oft genug noch durch eine falsche, antisexuelle Erziehung gefördert werden) unendliches Unheil für den Beteiligten heraufbeschworen wird.

Angesichts der Zunahme der Neurose in unserer Zeit ist hier zweifelsfrei eine der Hauptursachen für die Scheidung so vieler Ehen gegeben. Wenn schon die Partnerwahl den Gesetzen der Neurose gehorcht und dann später die Partnerbeziehung durch neurotische Ambivalenz bestimmt erscheint, kann es nicht Wunder nehmen, wenn die Ehe in der Substanz und schließlich auch in ihrem äußeren Erscheinungsbild Schiffbruch erleidet. (Oft fällt die Wahl des Neurotikers schon a priori auf einen Neurotiker, weil solche Menschen aus begreiflichen Gründen aufeinander eine ungeheure Anziehungskraft ausüben. Es entsteht dann eine »Neurose zu zweit«.)

Natürlich ergibt sich die Frage — interessant besonders für den kirchlichen Bereich —, ob solche Ehen, in deren Kern bei Zustandekommen und Gestaltung die Krankheit Neurose wirksam war, jemals Gültigkeit erlangt haben. Praktisch spricht alles dafür, daß im Falle einer schweren Neurose vom psychischen Standpunkt aus Unfähigkeit besteht, eine gültige Ehe zu schließen. Bis zur allgemeinen Anerkennung solcher Tatsachen durch die Praxis kirchlicher Ehegerichte dürfte zwar noch ein gewisser Weg zurückzulegen sein, das Ziel wird aber sicherlich eines Tages erreicht werden und in Einklang mit der Wahrheit stehen. Ein Ausspruch wie der des Kardinals *Wright* (Präfekt der Kongregation für die Kleriker in Rom): »Die neuen Erkenntnisse in Psychologie und Psychiatrie könnten eine Erweiterung in der Haltung der Kirche zur Ehetrennung zulassen. Es ist zu prüfen, ob Unreife der Ehegatten, ihr Mangel an psychologischer Freiheit oder ihre Unfähigkeit zur Ehe ihren Bund nicht von Anfang an ungültig machten« stimmt ausgesprochen hoffnungsvoll. Das »päpstliche Jahrbuch« 1970 führt unter den Begründungen, die die »Rota« zur Ungültigkeitserklärung einer Ehe veranlaßten, jedenfalls unter anderem auch »krankhafte Anhänglichkeit an die Mutter« und andere neurotische Symptome an. Hier zeichnet sich also ein bedeutsamer Wandel ab, der allerdings unter dem Pontifikat des jetzigen Papstes Johannes Paul II. eine deutliche Bremsung erfahren hat.

Homosexualität.

Auch sie ist ein Musterbeispiel für eine sexuelle Symptomatik, hinter der sich in Wirklichkeit eine Persönlichkeitsstörung verbirgt. Die Fixierung an den entgegengesetztgeschlechtlichen Elternteil, die das Wesen des Ödipuskomplexes ausmacht, verhindert weitgehend die Identifizierung mit dem gleichgeschlechtlichen; diese aber wieder ist Voraussetzung für die psychologische Bejahung der durch die Geburt anatomisch zugewiesenen Geschlechtsrolle, wie schon früher gezeigt. Bei Ausbleiben dieser Identifizierung werden Menschen heranwachsen, die innerlich, seelisch das gerade Gegenteil dessen sind, was sie nach außen zu sein scheinen. Gerade diese Menschen sind es nun, die infolge ihrer pathologischen neurotischen Struktur für die Homosexualität anfällig sind (wobei natürlich Verführung eine zusätzliche prägende Rolle spielen kann). Denn nur oberflächlich gesehen ist der homosexuelle Kontakt der Verkehr zwischen zwei Menschen gleichen Geschlechtes, in Wirklichkeit spielt einer von ihnen die Rolle des anderen Geschlechtes.

Aus dem Gesagten ergibt sich: Homosexualität hat nichts zu tun mit Vererbung, Veranlagung, hormoneller Entgleisung, sie ist vielmehr ein neurotisches Symptom, resultierend aus einer neurotischen Kindheitsentwicklung, welche zu einer abnormen Persönlichkeitsstruktur im gefühlsmäßigen Bereich führt.

Die Tatsache, daß vom tiefenpsychologischen Standpunkt viele Fälle von Homosexualität als Ausdruck einer Neurose zu deuten sind, darf aber unter gar keinen Umständen dazu verleiten, Homosexuellen gegenüber jene verächtliche Herablassung zu zeigen, die wir oft gegenüber Kranken und Behinderten erkennen lassen.

Diese Menschen gestalten ihre Beziehungen genauso glücklich oder unglücklich wie Heterosexuelle. Keine Mehrheit hat das Recht, eine Minderheit allein deswegen zu verurteilen, weil sie anders ist. Wir Heterosexuellen fühlen uns im Besitz der allein seligmachenden Wahrheit, weil wir einen Beitrag zur Fortpflanzung des Menschengeschlechtes leisten. Aber wer weiß, ob dies solch ein Privileg ist, wenn man bedenkt, daß etwa *Wildgans* die Zeugung »Frevel am neuen Geschlecht« genannt hat, wenn es nicht gelingt, die Kriegsgefahr zu bannen, ein Satz, der im Atomzeitalter noch mehr an Bedeutung gewonnen hat? Und wer weiß, ob nicht viele Homosexuelle darunter sehr leiden, daß sie keine Kinder haben können? Wir sollten auch das schreckliche Schicksal Homosexueller im Nationalsozialismus nicht vergessen. Diesbezüglich sind wir aufgerufen, gegen eingefleischte Vorurteile energisch zu arbeiten, um sie aufzuheben und echte Toleranz zu lernen.

Die Symptome der kindlichen Neurose sind deswegen von schicksalhafter Bedeutung, oder — leider muß man es sagen — sie könnten es sein, weil an ihnen die Tatsache relativ früh entdeckt werden kann, daß ein Kind neurotisiert wurde. Wenn es schon nicht möglich ist, eine Neurotisierung zu verhindern, so wäre es wenigstens ein unbeschreiblicher psychohygienischer Gewinn, möglichst bald die Erkrankung zu entdecken. Man müßte in diesem Sinne dem Symptom dankbar sein, denn es versteht sich ganz von selbst, daß Heilung in diesem Stadium viel leichter möglich ist, als wenn der Erwachsene Jahrzehnte später den mühsamen Weg der Entdeckung seiner Kindheit antreten muß. Mit anderen Worten: Es ist unverzeihlich, die Symptome der kindlichen Neurose zu übersehen, und damit dies nicht geschieht, braucht man entsprechendes Wissen, aber auch Bereitschaft, die Not des Kindes zu sehen, und oft auch die Kraft, über den eigenen Schatten zu springen, denn im Innersten spüren die Eltern sehr wohl, daß die Behandlung des neurotischen Kindes eigentlich in ihrer eigenen Therapie bestehen muß.

In welcher Weise kann nun geholfen werden, wenn man durch die Beachtung der beschriebenen Symptome die Neurose des Kindes entdeckt hat? In doppelter Hinsicht: Einmal kann das erkrankte Kind in eine psychische Behandlung genommen werden, die sich natürlich grundsätzlich von der Psychotherapie eines Erwachsenen unterscheidet. Hier wird es vor allem darum gehen, die zurückgedrängten Aggressionen im Spiel zur Darstellung und dann zur Abreaktion zu bringen. Zum zweiten aber wird man darüber hinaus das Augenmerk jener Situation zuwenden, deren chronische Einwirkung die Neurose verursacht hat. Erst wenn es gelungen ist, diese Situation zu ändern (also das Verhalten der Umgebung, insbesondere der Eltern), wird die Gefahr für eine neuerliche Neurotisierung des Kindes halbwegs gebannt sein. Mit Recht sagt *Biermann:* »Je jünger ein Kind ist, desto mehr verlagert sich die Therapie auf die Seite der Eltern, insbesondere der Mutter, im Sinne einer Therapie des Kindes über die Mutter«. Das Prinzip, daß zu einer wirksamen Neurosenbehandlung nicht nur die Therapie des Patienten, sondern auch die seiner nächsten Angehörigen (unter denen sich oft noch intensiver neurotisch Erkrankte finden) gehört, beginnt sich heute im übrigen auch bei der Neurosentherapie Erwachsener unter dem Schlagwort »Familientherapie« immer mehr durchzusetzen. — Nochmals sei aber daran erinnert, wie unvergleichlich leichter und einfacher es ist, die Neurose des Kindes, die sich noch gleichsam in statu nascendi befindet, zu entschärfen.

Verhängnisvollerweise, wie man sagen möchte, kommt es wiederholt vor, daß die neurotische Symptomatik des Kindes ganz ohne Behandlung, gleichsam von selber, wieder verschwindet: man kann sich dann der Täuschung hingeben, daß damit die Neurose endgültig beseitigt ist. In Wirklichkeit geschieht aber folgendes: Die neurotische Symptomatik tritt dort, wo der neurotische Konflikt nicht beseitigt wurde, nur für eine gewisse Zeit in den Hintergrund. Später, etwa ab der Pubertät (die auch in ihrer diesbezüglichen Rolle nicht unterschätzt werden darf) und insbesondere beim Erwachsenen wird durch ein auslösendes Trauma der frühkindliche neurotische Konflikt wieder aktiviert und damit die neurotische Symptomatik wieder in Gang gebracht: Jetzt bricht die Neurose des Erwachsenen mit voller Wucht aus. Es werden insbesondere solche Erlebnisse zur Wiederbelebung des frühkindlichen Konfliktes führen (somit also zum auslösenden Faktor werden), die den durch die frühkindliche Entwicklung gegebenen wunden Punkt dieser Persönlichkeit berühren (wir sagen daher auch, daß der auslösende Faktor zur vorangegangenen psychodynamischen Persönlichkeitsentwicklung passen muß »wie der Schlüssel zum Schloß«).

Ist die Neurotisierung des Kindes nicht therapeutisch behandelt worden, bleibt es somit nur eine Frage der Zeit, bis der »passende« auslösende Faktor den frühkindlichen Konflikt wieder aktiviert und damit die Neurose des Erwachsenen ins Rollen bringt, mit der wir uns im nächsten Teil beschäftigen werden.

B. Die neurotischen Symptome des Erwachsenen

Wir haben bereits verstehen gelernt, daß das Wiederaufleben des in der früheren Kindheit entstandenen neurotischen Konfliktes die Grundlage der Neurose des Erwachsenen darstellt. Während aber das Kind auf die Neurotisierung in mannigfacher Weise reagiert, wodurch die beschriebene bunte und abwechslungsreiche Symptomatik der kindlichen Neurose entsteht, wehrt sich der Erwachsene gegen das Wiederaufleben des kindlichen Konfliktes *in einer ganz bestimmten Art,* nämlich durch die Anwendung der sogenannten »Abwehrmechanismen«. Aus dem Kampf zwischen der gereiften Persönlichkeit mit dem frühkindlichen Konflikt resultiert daher je nachdem, welcher Abwehrmechanismus zu Hilfe genommen wird, eine ganz bestimmte Form der neurotischen Symptomatik, an der dann durch viele Jahre, ja oft durch ein ganzes Leben festgehalten wird. Die »Auswahl« des Abwehrmechanismus ist wiederum bis zu einem gewissen Grad abhängig von der Periode, in der die kindliche Neurotisierung erfolgte (so wird zum Beispiel die Konversion bevorzugt zur Abwehr ödipaler Konflikte benützt — siehe später). Auf diese Weise läßt sich auch aus der Symptomatik der Neurose des Erwachsenen alsobald erkennen, auf welchen Zeitabschnitt der Kindheit seine Neurotisierung zurückgeht.

Wir wollen nun im folgenden eine Zusammenstellung der *Abwehrmechanismen der Persönlichkeit,* auch *Ego-Defense-Mechanismen* genannt, geben, um deren Definition sich *Anna Freud,* die Tochter Sigmund Freuds, besondere Verdienste erworben hat:

I. Abwehr (Ego-Defense-)-Mechanismen der Persönlichkeit

1. Verdrängung (Repression)
2. Regression
3. Konversion
4. Substitution
5. Überkompensation
6. Rationalisierung
7. Außenprojektion
8. Aggressionsumkehr (Selbstaggression)

9. Identifizierung
10. Sublimierung

Bevor wir auf diese einzelnen Abwehrmechanismen näher eingehen, muß darauf aufmerksam gemacht werden, daß auch der seelisch Gesunde sich in bestimmten Situationen ihrer bedienen kann. So haben wir bereits darauf hingewiesen (1. Kapitel), daß zum Beispiel auch der Nichtneurotiker sich in einer persönlichen Schwierigkeit die Verdrängung zu eigen machen kann, um damit eine kritische Situation scheinbar zu lösen (und wir haben gesehen, wie aus dieser Scheinlösung die neurotische Reaktion erwächst). Der grundsätzliche Unterschied zwischen der Anwendung der Abwehrmechanismen beim Neurotiker und beim Gesunden ist zum ersten der, daß sie der Neurotiker im Kampf gegen den frühkindlichen Konflikt und nicht bloß gegen eine aktuelle Situation anwendet, zum zweiten aber, was sich aus dem ersten automatisch ergibt, daß der Neurotiker *die Abwehrmechanismen in seinem Verhalten* fixiert, das heißt nun ständig an sie gebunden bleibt, weil er sie ständig benötigt.

1. Verdrängung

Da es sich hier um jenen Abwehrmechanismus handelt, dessen zwangsläufige Anwendung beim Kind zur wesentlichen Ursache der Neurose wird, haben wir ihn bereits so gründlich besprochen, daß hier nichts mehr hinzuzufügen ist. Natürlich kann nun auch der Erwachsene im Kampf mit dem wiedererwachten frühkindlichen Konflikt sich neuerdings der Verdrängung bedienen. Die Aufhebung der Verdrängung ist die Hauptaufgabe der analytisch orientierten Psychotherapie. Da immer äußerst peinliches Material von ihr betroffen ist (sonst hätte es ja nicht verdrängt werden müssen), wird während der Therapie ein ungeheurer Widerstand gegen seine Wiederentdeckung entwickelt werden: Er wird umso stärker in Erscheinung treten, je näher man an das verdrängte Kernproblem herankommt.

2. Regression

Wir verstehen unter der Regression eine Rückkehr in kindliche Verhaltensweisen. Eine Frau, die von einem Seitensprung ihres Mannes erfahren hat, bleibt daraufhin tagelang im Bett liegen, läßt sich in jeder Weise umsorgen, gibt jede eigene Tätigkeit auf und bedient sich einer ausgesprochen kindlichen Sprache, wobei immer wieder die Worte »Papi« und »Mami« sowie zahlreiche andere Verkleinerungsformen vorkommen: Hier liegt ein typischer Fall von

Regression vor. Mühelos kann man sich davon überzeugen, daß auch dieser Abwehrmechanismus gar nicht so selten beim Nichtneurotiker auftritt. Wenn wir zum Beispiel krank zu Bett liegen, ist die Versuchung nahe, in ein kindhaftes Verhalten zu verfallen. Wenn wir nach einer Kränkung mit jenem Menschen, von dem die Beleidigung ausging, längere Zeit nicht sprechen, ist auch das ein Ausdruck der Regression: So machen es ja die Kinder.

Eindeutig ist zu erkennen, daß die Regression noch ein anderes Ziel verfolgt: Man gibt jede Aktivität auf, man sorgt nicht mehr, sondern läßt sich umsorgen; man trägt damit auch keine Verantwortung mehr, sondern wälzt sie auf die anderen ab. Während nun der Gesunde nach kurzer Zeit seine eigene Regression als auf die Dauer unmöglich betrachten und daher aufgeben wird, hält der Neurotiker an ihr fest. Damit entsteht das Bild des infantilen Menschen, das gerade bei jener Form der Neurose, die wir Hysterie nennen, so oft vorkommt (siehe später) und welches, statt richtig als pathologisches Phänomen gewertet zu werden, gar nicht so selten die Umgebung wegen der scheinbar zutage tretenden »Herzigkeit« beeindruckt und verführt.

Die Fixierung der Regression hat in solchen Fällen unter dem Wiedererwachen des frühkindlichen neurotischen Konfliktes (von *Hans Hoff* als »Öffnen der Büchse der Pandora« bezeichnet) noch einen anderen Grund: Jeder Neurotiker ist im Grunde durch die negativen Erlebnisse in den ersten Lebensjahren um seine Kindheit betrogen worden. Es bleibt in ihm daher unbewußt ständig eine enorme Sehnsucht erhalten, die versäumte Kindheit nachzuholen.

3. Konversion

Dieser Abwehrmechanismus, dessen Anfänge auf die ödipale Zeit zurückgehen und der dementsprechend vor allem bei der Hysterie (siehe später) zur Anwendung kommt, bewirkt, daß der Mensch einen gegebenen innerseelischen Konflikt auf einmal nicht mehr seelisch, sondern *körperlich* verspürt. Der Konflikt wird, in Übereinstimmung mit der bereits beschriebenen allgemeinen Tendenz der ödipalen Phase, theatralisch zum Ausdruck gebracht, diesmal unter Benützung des Körpers.

Es handelt sich bei der Konversion, deren Existenz (wie auch die sogenannten psychosomatischen Erkrankungen — über den Unterschied zwischen Konversion und psychosomatischen Erkrankungen siehe später) erneut den Einfluß der Seele auf den Körper unter Beweis stellt, um die Umwandlung (daher auch der Name) einer seelischen Empfindung in eine körperliche, *wobei aber der Körper, organisch gesehen, unversehrt bleibt.* Das klassische Konversionsbeispiel der Verwandlung von Liebeskummer in Herzschmerzen zeigt außerdem, daß bei der Konversion der psychische Konflikt immer symbolhaft dargestellt wird (denn das Herz ist nun einmal in unserer Vorstellungswelt zum Symbol des Gefühls, insbesondere der Liebe, geworden, in einem solchen Ausmaß, daß sogar die Angst laut werden konnte, bei einer Herztransplantation würde möglicherweise auch die Gefühlswelt des Betreffenden verändert).

Es steht fest, daß der Abwehrmechanismus der Konversion in unserer Zeit enorm im Zunehmen begriffen ist.

Natürlich darf nicht jeder Schmerz a priori als Konversionssymptom gewertet werden: Sorgfältige Untersuchung muß eine organische Verursachung zuerst ausschließen. Um Mißverständnisse, die leider gerade auf diesem Gebiete so leicht aufkommen, zu vermeiden, sei noch ausdrücklich festgestellt, daß derjenige, der eine Konversion vorgenommen hat, nun statt des seelischen tatsächlich einen körperlichen Schmerz verspürt, einen Schmerz allerdings, der keine organische Ursache hat. Es liegt also keine Simulation vor: Ein Konversionsschmerz wird oft sogar viel qualvoller empfunden als ein »echt organischer«.

Die Tragödie dieser Menschen ist oft dadurch begründet, daß sie von Arzt zu Arzt wandern, um endlich eine medizinisch-somatische Erklärung für ihre Beschwerden zu finden. Hier sehen wir wieder, wie sehr die neurotische Symptomatik imstande ist, auf eine ganz falsche Spur zu lenken: Man sucht, da man körperliche Symptome verspürt, deren Verursachung verständlicherweise im Körper; in Wirklichkeit ist sie aber im Seelischen gelegen. Es wäre falsch, wenn sich der Arzt dann mit der Feststellung begnügte: »Ihnen fehlt nichts« (das würde den Patienten unbefriedigt lassen, weil ja damit keine Erklärung für seine Symptome gegeben wird); die richtige Unterweisung muß vielmehr lauten: »Sie sind organisch gesund, aber Ihre Beschwerden sind Ausdruck eines seelischen Konfliktes — sie werden erst nach Beseitigung desselben vergehen.«

Neben der Herzregion wird vor allem der Kopf (Kopfschmerzen als Ausdruck der inneren Spannung) und die Kreuzgegend (symbolischer Ausdruck des Gefühls, sein »Kreuz« nicht länger tragen zu können) als Schauplatz der Konversion gewählt.

Der Erfahrene vermag daher oft schon aus der Art der gewählten Konversion auf die Art des seelischen Konfliktes einen ersten vorsichtigen Schluß zu tun.

4. Substitution

Unter Substitution verstehen wir den Ersatz einer bestimmten Bezugsperson durch eine andere. In der Regel handelt es sich um ein Ersatzaggressionsobjekt. Ein typisches Beispiel dafür wäre etwa jenes Kind, welches, soeben von den Eltern durch Schläge bestraft, diese an seine Puppe weitergibt. Es hat damit einerseits ein Opfer gefunden, das in der aus der Tierwelt übernommenen »Hackordnung« noch unter ihm steht, andererseits die durch die elterliche Bestrafung entstandenen Aggressionen an einem Ersatzobjekt abreagiert.

Zweifellos hat jeder Mensch die Neigung, sich dieses Defense-Mechanismus zu bedienen, Prügelknaben zu suchen, Sündenböcke zu finden — oft genug wird man selbst zum Opfer solcher Bestrebungen. Der Neurotiker aber ist in ständiger Suche nach Substitutionsobjekten, weil er sich ja permanent dazu gedrängt fühlt, die den Eltern gegenüber bestehenden unbewußten chronischen Aggressionen an Stellvertretern abzureagieren: Je näher ihm ein Mensch steht, desto intensiver wird diese Tendenz wirksam sein. Auf diese Weise wird insbesondere auch der Psychotherapeut zum Substituten der Eltern, wodurch jene »Übertragungssituation« entsteht, welche die Grundlage der analytisch orientierten Psychotherapie ist (siehe später Kapitel 7). Auch alle anderen Vertreter der sogenannten »wachenden Berufe« (Lehrer, Fürsorger, Seelsorger, Anwälte usw.), deren Tätigkeit also zu besonders intensiven menschlichen Kontakten führt, sollten diesen Mechanismus kennen: es ist schon viel, wenn man ihn durchschaut und, statt persönlich beleidigt zu sein und dementsprechend zu reagieren, die Suche nach den eigentlichen Aggressionsobjekten aufnimmt.

5. Überkompensation

Auch dieser Abwehrmechanismus ist uns aus dem täglichen Leben gut bekannt. Wir kennen zum Beispiel alle den auffallend kleinen Mann, der besonders kerzengerade geht und ein sehr ausgeprägtes Geltungsbedürfnis hat. Wir kennen jene Spottfigur, die in die Witzblätter eingegangen ist, nämlich den Mann, der zu Hause unter dem Pantoffel seiner Frau steht, dafür aber im Büro zum allseits gefürchteten Tyrannen wird. Überkompensation bedeutet also, daß ein Mensch einen bei ihm tatsächlich gegebenen oder aber erlebten Defekt durch ein übertriebenes Verhalten auszugleichen versucht.

Wir wollen nicht leugnen, daß aus einer solchen Überkompensation schon gewaltige Leistungen geschaffen wurden: Man denke zum

Beispiel an den ursprünglich sprachbehinderten Demosthenes. Andererseits kann aber die neurotische Überkompensation verhängnisvolle Folgen haben. So entsteht zum Beispiel aus einem tiefen Minderwertigkeitsgefühl durch Überkompensation das pathologische Macht- und Geltungsstreben, das sowohl beim einzelnen als auch bei ganzen Gemeinschaften auftreten kann: Die Geschichte unseres Jahrhunderts ist nicht unwesentlich dadurch zum Negativen beeinflußt worden. Man denke ferner an eine übertriebene Liebe, welche bemüht ist, eine unbewußte Ablehnung etwa gegenüber einem ursprünglich unerwünschten oder aber chronisch kranken (zum Beispiel Epilepsie, Schwachsinn, Mißbildung usw.) Kinde überzukompensieren. Sie wird für denjenigen, dem sie zuteil wird, besonders aber für ein Kind, immer ein Danaergeschenk sein. (Hier sind die gleichen verhängnisvollen Folgen zu erwarten, die bereits im 2. Kapitel als Resultat der possessiven Liebe beschrieben wurden.) Dem Tiefenpsychologen bleibt jedenfalls jede unnatürliche Liebeszuwendung mit gutem Grund suspekt. Andererseits kann zur Schau gestellte übertriebene Aggressivität eine überkompensatorische Abwehrmaßnahme gegen unbewußte Zuneigung sein.

Auch die Geschichte wurde von solchen Mechanismen beeinflußt, wie das folgende Beispiel zeigt: Marschall Ney, einer der tapfersten Mitstreiter Napoleons, »der Getreueste der Treuen«, war nach der ersten Abdankung Napoleons und seiner Verbannung nach Elba in den Dienst seines Widersachers, des Bourbonenkönigs Ludwig XVIII. getreten. Als sich die Kunde verbreitete, Napoleon habe Elba verlassen, sei in Frankreich gelandet und versuche, nach Paris zu marschieren, wurde ausgerechnet Ney damit beauftragt, zusammen mit den königlichen Truppen dieses Vorhaben zu vereiteln. Er beantwortete den Befehl mit folgenden Worten: »Napoleon verdient nichts Besseres, als gefangengenommen und in einem eisernen Käfig nach Paris gebracht zu werden.« Spätestens in diesem Moment hätte der König jemanden anderen mit der an und für sich schon schwierigen Mission betrauen müssen: Denn die übertriebene Dienstbereitschaft, die aus der Äußerung Neys sprach, verriet dem Kundigen, daß im Unbewußten noch immer eine enorme Anhänglichkeit des Marschalls an seinen Kaiser bestand, die im entscheidenden Augenblick sein Verhalten richtungsändernd beeinflussen konnte — wie es dann auch tatsächlich geschah.

Man müßte sich eines anderen Abwehrmechanismus' bedienen, nämlich der Verdrängung, wollte man übersehen, daß es auch im religiösen Bereich eine Überkompensation geben kann. Durch sie entstehen die übertriebenen Eiferer und Fanatiker, die »päpstlicher als der Papst« sein wollen und durch ihre Intoleranz am falschen Ort und ihr wenig einladendes Beispiel oft der Sache der Kirche einen sehr schlechten Dienst erweisen. Umgekehrt kann aber in einer besonders kirchenfeindlichen Haltung gerade die unbewußte Sehnsucht nach Gott und der Kirche verborgen sein, was ebenfalls durch manche Beispiele aus der Praxis bewiesen ist.

6. Rationalisierung

Ich habe auf diesen Abwehrmechanismus schon im 1. Kapitel kurz hingewiesen. Man muß jetzt neuerlich betonen, daß es sich hier um einen der gefährlichsten Defense-Mechanismen handelt, weil er auf eine ganz falsche Spur führt. Die eigentlichen Ursachen eines Verhaltens oder eines Symptoms, zum Beispiel der Angst, sind unbewußt, ein Grund muß gefunden werden, und so wird irgendeiner, der sich dem Verstande als plausibel anbietet, dazu verwendet. Die emotionelle Störung hat sich rationalistisch getarnt und vermag durch diese Tarnung eine umso verhängnisvollere Wirkung zu entfalten. Dies gilt für die Rationalisierungen des einzelnen ebenso wie für jene, die die Masse durchführt, wenn sie primitive Triebregungen durch irgendein Schlagwort verstandesmäßig zu begründen und zu rechtfertigen sucht. In allen Massenbewegungen kann man immer wieder jene rationalistischen Schlagworte finden; uns gellen sie noch aus einer unseligen, kaum vergangenen Zeit in den Ohren.

Sicher wird nicht nur der Neurotiker, sondern auch der Gesunde sich gelegentlich dieser Rationalisierung bedienen. Es sieht eben besser aus, sich vom Verstande als von rätselhaften Gefühlen geleitet zu wissen.

Aber nichts ist gerade für das verstandesbegabte Wesen Mensch gefährlicher, als solchen Scheinargumenten zu verfallen. Bei manchem Menschen bleibt das weltanschauliche Gebäude, dem er sich verschreibt, durch den Wunsch nach Rationalisierung gekennzeichnet, indem er sich dasjenige wählt, das ihm am geeignetsten erscheint, seine ihn beängstigenden Gefühle verstandesmäßig zur Not zu überwinden. Hierbei geht es also nicht mehr um die Suche nach der letzten Wahrheit, sondern einzig und allein um die Beruhigung der Person in ihrem Streben nach Sicherheit gegenüber dem unheimlichen Bereich des Emotionalen.

So bedarf es schon beim Gesunden eines wachsamen Auges und einer ständigen Prüfung, will er sich vor Rationalisierungen bewahren, die sich leicht als Hilfe anbieten, dann aber durch Blockierung der geistigen Entwicklung einen so schlechten Dienst erweisen. Der Neurotiker jedoch, ständig von irrationalen Gefühlen (beziehungsweise Symptomen) getrieben und gepeinigt, wird sich ihrer laufend bedienen müssen. Auch die Religion kann natürlich als eine solche »Rationalisierung« mißbraucht werden (»Ich tue das nur aus religiösen Gründen«).

7. Außenprojektion

Unter Außenprojektion verstehen wir ein Verhalten, das bestrebt ist, Gefühle, Eindrücke, Ansichten usw., die im Grunde in der eigenen Person vorhanden sind, in andere Menschen hineinzulegen beziehungsweise hineinzudeuten. Ein Mensch, der schlechter Laune ist, glaubt auf einmal, daß auch die anderen verdrossene Gesichter machen. Ein Schüler, der bei der Prüfung versagt hat, meint, daß »der Lehrer einen schlechten Tag gehabt hat«. Wir sehen aus diesen Beispielen, daß auch im Alltag der seelisch Gesunden ständig die Gefahr der Außenprojektion gegeben ist. Wenn zum Beispiel ein einzelner oder eine Gemeinschaft die eigenen (verdrängten) Aggressionen durch Außenprojektion in andere hineinprojiziert, wird der doppelte Gewinn, den dieser Abwehrmechanismus bringt, sichtbar: Nicht ich bin jetzt mehr der böse Aggressive, sondern der andere, der mich angreifen will; außerdem bin ich aber jetzt — natürlich entgegen meinen ursprünglichen Wünschen! — zur Gegenaggression berechtigt, da sie ja nichts anderes bedeutet als lebensnotwendige Abwehr gegen die Aggression des anderen, nach dem Motto: »Es kann der Frömmste nicht in Frieden leben, wenn es dem bösen Nachbarn nicht gefällt!« (Siehe auch letztes Kapitel.)

Der Neurotiker mit seinen chronischen verdrängten Aggressionen, seiner ständigen Angst und Unsicherheit, wird immer dazu neigen, Gefühle und Tendenzen in einen anderen Menschen hineinzudeuten, die dieser selbst gar nicht hat. So glaubt er zum Beispiel, von ihm abgelehnt zu werden, obwohl dies gar nicht der Fall ist. Es ist schwer, den Neurotiker davon zu überzeugen, daß er mit seiner diesbezüglichen Ansicht bloß einem Abwehrmechanismus zum Opfer gefallen ist: Denn durch ihn ist eine Barriere des Mißverstehens zwischen den Menschen aufgerichtet, die nicht so leicht zu überwinden ist.

Es bleibt einer der tragischsten Fakten im Leben des Neurotikers, daß er durch die Übertragung der in der Kindheit entwickelten Ambivalenz, Angst, Unsicherheit, auf andere Personen (und Situationen) nicht imstande ist, einen Menschen so zu sehen, wie er wirklich ist. Er hat gewissermaßen eine Brille auf, durch die er alles ins Negative verzerrt erblickt.

8. Aggression gegen sich selbst

Hier ist zuerst eine kurze grundsätzliche Einführung in die Aggressionsproblematik notwendig: handelt es sich doch bei den Fragen, wie Aggression entsteht und wie sie unschädlich gemacht werden kann, um Schicksalsprobleme des Menschen.

Die Tiefenpsychologie kann jedenfalls zu diesem Problem bedeutsame Beiträge leisten. Vieles spricht dafür, daß wir die Aggressivität als Artmerkmal des Menschen anerkennen müssen. Dabei aber wird man zwischen einer konstruktiven und destruktiven Aggression zu unterscheiden haben. Erstere ist wahrscheinlich eine Grundkraft des Lebens (aggredere = an etwas herangehen), ohne die menschliches Handeln, Auseinandersetzung, Konkurrenz, Vorwärtsentwicklung nicht möglich wären; diese »Uraggression« scheint aber, wie alles Menschliche, sehr wandelbar zu sein und kann sich leicht zu einer destruktiven Tendenz umformen.

Überträgt man die Erkenntnisse, die *Konrad Lorenz* bei der Erforschung tierischen Verhaltens gewonnen hat (»Das sogenannte Böse«), mit Vorsicht auf den Menschen, so läßt sich daraus eine Untermauerung der tiefenpsychologischen These ableiten, daß es vor allem von der Umwelt zugefügte Frustrierungen sind, die das Umschlagen der konstruktiven Aggression in eine destruktive Kraft bewirken.

Neurotische unbewußte Aggressivität resultiert, wie wir gesehen haben, auf alle Fälle aus Frustrierung: Sie wird somit zu destruktiver Entartung neigen. Die Tiefenpsychologie konnte jedenfalls zeigen, daß besonders unter dem Einfluß enttäuschter kindlicher Liebessehnsucht der Aggressionsdruck, der in destruktive Richtung drängt, zunimmt. Eine der wichtigsten psychohygienischen Aufgaben wird daher für alle Zeiten bleiben, eine solche Persönlichkeitsentwicklung in Richtung zerstörender Aggressivität prophylaktisch zu vermeiden beziehungsweise ihre Entstehung rechtzeitig zu entdecken, denn solche Menschen sind eine enorme Gefahr für sich selbst, aber auch für die Gesellschaft.

Wir haben schon wiederholt darauf hingewiesen, daß die Aggressionen gerade in der Kindheit verdrängt werden müssen. Im Unbewußten aber führen sie ihr Eigenleben weiter und versuchen von dort her, das Handeln der Persönlichkeit in die Richtung eines plötzlichen Aggressionsausbruches unter ihren Einfluß zu bringen.

Im Zusammenhang mit den Abwehrmechanismen müssen wir aber wissen, daß dem Menschen noch eine andere Möglichkeit offensteht, den Druck angestauter verdrängter Aggressionen abzuleiten: Er kann sie als letzte Notlösung gegen die eigene Person richten. Die bereits mehrfach erwähnte unbewußte Selbstbestrafungstendenz des Neurotikers als Folge seines unbewußten Schuldgefühles fördert diese Umkehr der destruktiven Aggression gegen das eigene Ich. Quantitativ gibt es aber dabei natürlich große Unterschiede: Zwar ist jeder Neurotiker in diesem Sinn sein eigener Feind und schädigt sich selbst, aber nicht jeder wählt glücklicherweise die schweren Formen der Selbstzerstörung, wie etwa psychosomatische Erkrankungen und Suchtmittelmißbrauch, oder gar die schwerwiegendste, den Selbstmord (siehe die folgenden Kapitel).

Nochmals sei auf die psychohygienisch entscheidende Aufgabe der Aggressionsbeherrschung aufmerksam gemacht. Wenn es schon nicht gelingt, das Aufkommen »aggressionsgeladener« Menschen zu verhindern, so muß wenigstens alles geschehen, um ihre Aggression rechtzeitig zu »kanalisieren«, also in entlastender Funktion in erträglichem Rahmen abzureagieren. Freilich bleiben oft auch solche Maßnahmen in ihren Auswirkungen zwiespältig: Es fängt schon bei der Frage von Kriegsspielzeug für Kinder an; die Aufforderung, solches Spielzeug nicht zu kaufen, erscheint vom humanistischen Standpunkt durchaus berechtigt; andererseits: Kann solches Spiel nicht gerade Aggressionen harmlos entladen, müssen aus kriegspielenden Kindern unbedingt spätere Krieger werden? (*Goethe* bat seine Mutter, für seinen Sohn in Frankfurt ein damals sehr beliebtes Guillotinespielzeug zu kaufen, weil er es nirgends bekommen konnte: Die Mutter lehnte solche Zumutung mit Empörung ab). Sport zum Beispiel kann (und soll) aggressionsabführend wirken, gleichzeitig aber zum Anlaß von destruktiven Aggressionen werden (siehe den Krieg, der vor einiger Zeit in Mittelamerika durch ein Fußballmatch ausgelöst wurde; er ging als »Fußballkrieg« in die Geschichte ein; siehe auch die tragischen Ereignisse im Stadion von Brüssel 1985).

Ähnliches gilt für die Darstellung zahlreicher Gewalttätigkeiten in Fernsehen, Radio, Presse usw. Man möchte gerne glauben, daß diese Massenmedien solche Sendungen nur bringen, um Menschen die Möglichkeit zu geben, durch Identifizierung ihre Aggressionen abzureagieren. Immer wieder aber kann es geschehen, daß die Identifikation dann bis zur Nachahmung des destruktiven Vorbildes reicht und führt.

Eines ist jedenfalls sicher: Die destruktive Aggression ist gleich verhängnisvoll, ob sie sich gegen die Umwelt (Feindschaft, Verfolgung, Krieg) oder gegen das eigene Ich wendet. Zwischen beiden Gefahren wandert der therapeutische Versuch einer Kanalisierung der Aggression im Rahmen von Grenzen, welche die Gesellschaft nicht gefährden, auf einem schmalen Grat; schon jetzt sei darauf hingewiesen, daß die Psychotherapie zu diesen Bemühungen zählt (siehe die folgenden Kapitel) — *Freud* war sich von allem Anfang an ihrer auch diesbezüglich schicksalhaften Bedeutung bewußt.

9. Identifizierung

Das Kind entwickelt sich durch Identifizierung mit den Eltern oder ihren Stellvertretern. Es handelt sich also zuerst einmal um einen durchaus normalen und gesunden Vorgang, ja sogar um eine Notwendigkeit (ohne Identifikationsobjekte erfolgt keine Persönlichkeitsentwicklung).

Auch sie kann aber als neurotischer Abwehrmechanismus mißbraucht werden, wenn sie zu einer *starren* Nachahmung jener Persönlichkeit wird, mit der man sich identifiziert. Dann ist jede Eigenentwicklung unmöglich, und ein Neues kann nicht entstehen. Fast immer sind es die Entmutigung, die Angst vor den Aufgaben der Welt, aber auch die Angst vor der Eigenverantwortung, die zu einer solchen pathologischen Identifizierung führen. Leider gibt es auch Menschen, die versuchen, sich der jungen Generation als solche ins Unnatürliche gesteigerte Identifizierungsobjekte aufzudrängen. Hier sind zum Beispiel alle Eltern gemeint, die bemüht sind, den Lebensweg der Kinder haargenau dem ihren anzugleichen, weil sie in Kindern keine »neue Menschen«, sondern lediglich eine Fortsetzung (oder Wiederholung) der eigenen Existenz erblicken.

Die pathologische Identifizierung wirft auch einen bedrohlichen Schatten in den religiösen Bereich. So kann es geschehen, daß man in starrer Art die religiöse Vorstellungswelt des Indentifizierungsobjektes übernimmt, ohne auch nur den geringsten persönlichen Beitrag dazu zu leisten. Auf diese Weise muß natürlich das ganze religiöse Leben erstarren, und gar nicht so selten sehen wir, daß das religiöse Verhalten der Betreffenden immer abhängig bleibt vom religiösen Verhalten des Identifizierungsobjektes beziehungsweise von der Einstellung zu diesem. Das Wesentliche ist dabei, daß auch im Religiösen der Mensch niemals ein eigener wird, sondern dieser Bereich immer nur unter dem Aspekt der Beziehung zum Identifizierungsobjekt gesehen und erlebt wird.

10. Sublimierung

Wir verstehen darunter jenen Vorgang, bei dem ein Mensch Triebkräfte, die ursprünglich auf primitive Ziele gerichtet waren, in den Dienst höherer Aufgaben stellt. Außer Zweifel markiert sie an und für sich eine erstrebenswerte Entwicklung, auf die ja jede seelische Führung des Menschen von Kindheit an ausgerichtet werden muß. (Siehe auch Kapitel 2.) Sofern sich der Mensch dessen, was er sublimiert, bewußt bleibt, kann nicht von einem neurotischen Vorgang gesprochen werden; eine solche Sublimierung führt auch nicht zur Selbstblockade, sondern bildet im Gegenteil eine wichtige Stufe der Persönlichkeitsentwicklung. Eine »neurotische Sublimierung« dagegen hat man sich so vorzustellen: Ein Mensch verdrängt das Triebhafte, mit dem er nicht fertig wird, ins Unbewußte (statt sich ehrlich damit auseinanderzusetzen) und beginnt sich nun ganz besonders »dem Geistigen« hinzugeben. Er sieht alle Probleme nur mehr unter diesem Aspekt und schwebt gleichsam in höheren Sphären, ein Tatbestand, der leider Gottes gerade bei manchen »Tiefgläubigen« konstatiert werden muß und der — doppelt bedauerlich —, statt durchschaut zu werden, mitunter noch gefördert wird, obwohl er für das echte religiöse Leben sehr gefährlich ist.

Eine solche neurotische Sublimierung, die im Grunde nichts anderes ist als Verdrängung und Überkompensation, führt einerseits zu hochmütiger Verachtung (»Ich danke Dir, daß ich nicht so bin wie jener da«) nicht so »gut« entwickelten Menschen gegenüber, andererseits können sich die solcherart verleugneten eigenen Triebe in plötzlichen eruptiven Entladungen manifestieren (*Pascal:* »Der reine Geist wird oft zum reinen Tier«).

Ich habe darauf hingewiesen, daß, je nachdem, welcher der beschriebenen Abwehrmechanismen eingesetzt wird — was wiederum vom Zeitpunkt der Neurotisierung in der Kindheit und von der Art des neurotischen Konfliktes abhängig ist —, bestimmte Formen der Neurose des Erwachsenen entstehen.

II. Formen der Neurose der Erwachsenen

Bevor ich diese Formen beschreibe, sei nochmals zusammengestellt, durch welche Punkte die Neurose des Erwachsenen allgemein gekennzeichnet ist.

a) Es ist nur ein Teil der Persönlichkeit erkrankt, und der gesunde Teil wehrt sich gegen den kranken. Es scheint mir nach allem Gesagten überflüssig, diesen Punkt näher zu erläutern. In der gesunden

Persönlichkeit des Erwachsenen ist durch einen auslösenden Faktor der frühkindliche neurotische Konflikt wieder erwacht. Die Persönlichkeit kämpft, eben mittels der Abwehrmechanismen, dagegen an.

b) Es besteht in der Regel ein Krankheitsgefühl, das heißt, die Patienten erkennen größtenteils das Un-, ja Widersinnige ihrer Symptome; mit dieser Erkenntnis ist ihnen aber nicht gedient: Die Beschwerden bleiben, solange ihre Verursachung nicht bekannt ist, die gleichen und sind auch gleich qualvoll. Es kann natürlich geschehen, daß ein Mensch keine Ahnung von seiner Neurose hat. Die Rationalisierungen aller Art können so weit gehen, daß der Tatbestand einer Neurose völlig übersehen wird. Diese Menschen müssen oft an den Rand des Abgrundes geraten, um in irgendeiner Form zu begreifen, »daß mit ihnen etwas nicht in Ordnung ist«.

c) Die Symptome jeder Neurose sind irrational. Auch dieser Tatbestand wurde bereits eingehend beschrieben; er resultiert daraus, daß für die Entstehung der Neurose unbewußte Emotionen, die sich dem Verstandesmäßigen entziehen, maßgeblich sind. Es folgt daraus — um es noch einmal klarzustellen! —, daß eine Neurose vom rein Verstandesmäßigen her sicher nicht behebbar ist.

d) In jeder Neurose finden wir die Zeichen der Regression. Wir haben ja gesehen, daß die Neurose durch das Wiederaufleben des frühkindlichen Konfliktes bedingt ist. Das bedeutet aber, daß zumindest ein Teil der Persönlichkeit nun frühkindlichen Verhaltensweisen verhaftet ist.

e) Der Ablauf jeder Neurose ist dadurch gekennzeichnet, daß der Neurotiker ständig bestrebt ist, jene Situation, durch die er in der Kindheit krank geworden ist, in seinem späteren Leben zu wiederholen. So wird zum Beispiel der Erwachsene, der in der Kindheit zu seiner Mutter eine neurotische ambivalente Beziehung entwickelte, diese Ambivalenz später, wie bereits im 1. Kapitel gezeigt, auf andere Frauen übertragen. Alsbald werden dann seine Beziehungen zu Frauen nichts anderes darstellen als neuerliche Mutterbeziehungen, sei es, weil die gewählte Partnerin tatsächlich ähnliche Eigenschaften wie die Mutter hat, sei es, weil diese einfach in sie heineinprojiziert werden oder aber die Frau mit der Zeit »erfolgreich« dahingehend provoziert wird, sich so wie die Mutter zu verhalten.

Diese Tendenz zur Wiederholung der pathogenen Situation ist eine der schlimmsten Eigenarten der Neurose: denn durch sie kommt es zu dem, was wir als Erlebniswiederholung bezeichnen, das heißt, diese Menschen erleben immer wieder das gleiche, in ihrem Leben kommt keine neue Tendenz auf, die Ereignisse laufen oft ganz gleichförmig, fast mit »fotografischer Treue« einander gleichend, ab. Verständlicherweise kann diese Erlebniswiederholung erst dann beseitigt werden, wenn das neurotische Verhaltensmuster (vor allem sein unbewußter Anteil) durchbrochen ist.

Die Tatsache dieser Erlebniswiederholung spielt übrigens eine große Rolle für die Neurosentherapie. Denn natürlich wird es auch gegenüber dem Therapeuten zu einer solchen Erlebniswiederholung und damit zur Rekonstruktion der ursprünglichen pahtogenen Situation kommen, die wir, wie bereits erwähnt, als »Übertragung« bezeichnen. Nur findet sie diesmal gegenüber dem mit dieser Problematik vertrauten Therapeuten statt, der die Analyse dieser Übertragung dazu benützen wird, die ursprünglich pathogene Situation zu analysieren (siehe das 7. Kapitel).

f) In jeder Neurose entstehen die sogenannten »Sekundärkonflikte«. Wie bereits besprochen, ist der Neurotiker in einen Zweifrontenkrieg verwickelt, er verbraucht einen beträchtlichen Teil seiner seelischen Kräfte, um mit seiner Neurose halbwegs auszukommen (also gleichsam in einem »Bürgerkrieg«). Die Folge wird sein, daß ihm für den Daseinskampf, also für die praktischen Aufgaben des Lebens, weniger Potenzen, mitunter sogar zu wenige, zur Verfügung stehen. *Daraus muß resultieren, daß der Neurotiker im Konkurrenzkampf mit den Gesunden den kürzeren zieht.* Depression, Verärgerung, Erbitterung, Minderwertigkeitsgefühle und dergleichen werden die Folge sein.

Wir nennen diese Folgeerscheinungen der Neurose Sekundärkonflikte, weil sie sekundär aus der Neurose entstehen. Gar nicht so selten werden die Sekundärkonflikte von den Betroffenen für die eigentliche Ursache der Neurose gehalten, und der mangelhaft in diesen Fragen Geschulte ist allzu leicht bereit, den diesbezüglichen Argumenten Glauben zu schenken. So kann man zum Beispiel hören: »Ich bin verbittert, deprimiert, weil ich in dem Amt, in dem ich arbeite, zurückgesetzt wurde. Ein anderer, obwohl nach dem Dienstalter jünger, wurde mir vorgezogen.« Eine solche Reaktion scheint uns nur logisch zu sein, wir würden ja genauso reagieren, wenn uns das passierte. Aber oft verfällt man damit einem Kurzschluß, denn die nähere Betrachtung zeigt, daß die berufliche Zurücksetzung bereits durch das neurotische Verhalten und Versagen des Betreffenden verursacht wurde. Man könnte bezüglich der Folgen der Neurose, die auf den verschiedensten Gebieten spürbar sind, natürlich in übertragenem Sinne, das Wort zitieren: »Das aber ist der Fluch der bösen Tat, daß sie fortzeugend Böses muß gebären.«

Es ist also nicht damit getan, einem Menschen, der aus neurotischen Gründen versagt hat und der sich nun dieses Versagens wegen minderwertig fühlt, Mut zuzusprechen. Erst muß ihm durch eine Änderung seines neurotischen Verhaltens die Möglichkeit gegeben werden, tatsächlich wieder Erfolge zu erringen.

Und nun endlich zu den wichtigsten *Formen der Neurose des Erwachsenen.* Wir unterscheiden:

1. die Angstneurose,
2. die Phobien,
3. die Zwangsneurosen,
4. die Hysterie,
5. die Neurasthenie,
6. den neurotischen Alkohol- und Drogenmißbrauch,
7. die psychosomatischen Erkrankungen,
8. die neurotische Lebensverunstaltung, oft in Selbstmord mündend.

1. Die Angstneurose

Sie ist durch das Auftauchen einer den Menschen in höchste Unruhe versetzenden Angst gekennzeichnet, ohne daß der Betreffende weiß, woher diese Angst kommt und wovor er sich fürchtet. Die Angstneurose steht oft am Beginn der neurotischen Symptomatik des Erwachsenen. Wir haben ja schon gesagt, daß das Urphänomen der Neurose die Angst ist, eben die neurotische Angst, die sich von jeder anderen Angst dadurch unterscheidet, daß sie aus dem Unbewußten kommt.

Um den Ablauf ihrer Entstehung nochmals zu wiederholen: Der nicht völlig bewältigte Konflikt zwischen Gewissen und Triebbereich hat zur Verdrängung von Aggressionen geführt, diese Aggressionen haben nun die Tendenz, aus dem Unbewußten wieder ins Bewußtsein hineinzudringen, was von der betroffenen Persönlichkeit als Bedrohung ihrer Intaktheit erlebt und daher mit intensiver Angst beantwortet wird.

Das Stadium der Angstneurose dauert gewöhnlich nicht lange: Der Mensch hält eine grundlose Angst eben nicht lange aus, sein Erklärungsbedürfnis führt dazu, daß er nach Gründen für die Angst sucht, sie also rationalisiert. Durch diese Rationalisierung entsteht aus der Angstneurose die Phobie.

2. Die Phobien

Nun weiß der Neurotiker, wovor er sich fürchtet, oder besser gesagt, er glaubt, einen Grund für seine Angst gefunden zu haben. Wir freilich begreifen, daß er nur einen Scheingrund entdeckt und daß ihn die Rationaliserung auf eine gänzlich falsche Spur gelenkt hat. So fürchtet er sich jetzt vor Bakterien (Bakteriophobie), vor dem Krebs (Carcinophobie), vor geschlossenen Räumen (Klaustrophobie), vor freien Plätzen (Agoraphobie), vor spitzen Gegenständen (Akrophobie), vor dem Tod (Thanatophobie) usw.

Man kann daraus, welche Phobie in einer Zeitperiode von Neurotikern besonders gewählt wird, schließen, was in dieser Zeit besonders gefürchtet ist. Denn der Neurotiker wird zweifellos am ehesten nach jener Richtung seine Angst rationalisieren, die in der entsprechenden Zeitperiode mit gutem Grund gefürchtet wird.

In unserer Zeit ist dies insbesondere der Krebs, und also finden wir besonders viele Fälle von Carcinophobie. Schon tauchen neue Formen auf, etwa die Furcht vor den Atomen — und ebenso voreilige wie unerfahrene »Forscher« meinen, eine neue Krankheit entdeckt zu haben. In Wirklichkeit ist es stets das alte Lied, nur mit neuem Text versehen. Jeder neu auftauchende Schrecken gibt dem Neurotiker Gelegenheit, das Repertoire der Rationalisierungsmöglichkeiten zu erweitern. (Siehe in allerletzter Zeit die Angst vor AIDS.) Übrigens, es versteht sich ganz von selbst, daß es neben der Möglichkeit, eine neurotische Angst in Richtung Angst vor Atom zu rationalisieren, auch eine sehr gesunde Angst vor der Atomkraft gibt (siehe Kapitel 10).

Ich möchte an dieser Stelle kurz erläutern, in welchen drei Stadien die Psychotherapie einer Phobie verlaufen muß:

Im ersten Stadium muß der Patient lernen, daß er mit Scheingegnern, gleichsam mit Windmühlenflügeln kämpft und daß der vermeintliche Gegenstand seiner Angst nichts anderes ist als ein beliebig austauschbarer »Aufhänger«. Im zweiten Stadium muß er den im Unbewußten befindlichen wahren Grund seiner Angst entdecken. Der muß bewußt gemacht werden. Schließlich hat der Patient in der dritten Phase der Therapie die Aufgabe, den ihm nun bekannten Konflikt einer Lösung zuzuführen.

3. Die Zwangsneurosen

Unter Zwangsneurose verstehen wir einen Zustand, bei dem sich der Mensch gezwungen fühlt, bestimmte Dinge zu tun oder zu denken, obwohl er genau weiß, daß dies eigentlich ein Unsinn ist und er damit »im Grunde« nichts zu tun hat. Versucht der Zwangsneurotiker mit äußerster Überwindung, dem Zwang nicht nachzugeben, so tritt an dessen Stelle eine namenlose Angst, die alsbald so groß wird, daß die Wiederaufnahme des Zwanges die einzige Möglichkeit darstellt. Aus dem Mechanismus folgt logisch, daß der Zwang nichts anderes ist als ein Versuch, die primäre neurotische Angst zu verarbeiten. Die Grundlage aller zwangsneurotischen Symptome ist der Zwangscharakter, der auf einer pathologischen Gewissensentwicklung beruht.

»Was für ein gewissenloser Mensch«, sagen wir manchmal mit vorwurfsvollem Ton — ohne zu bedenken, daß diese »Gewissenlosigkeit« auch krankhaft sein kann (aber, weiß Gott, nicht sein muß!)

Betrachten wir ein Kind, das in den ersten Lebensjahren lieblos von Hand zu Hand, von Heim zu Heim gegangen ist, bei dem also der Tatbestand der sogenannten »frühkindlichen Verwahrlosung« vorliegt; wohl sind die Gesetze unserer Gesellschaft auch diesem Kinde übermittelt worden, aber lieblos, gleichsam sachlich-unpersönlich ist dies geschehen, nicht mit genügender Sorgfalt und außerdem von stets wechselnden Personen.

Als Folge davon finden wir ein Kind, welches den mühsamen Weg der Menschheit und jedes einzelnen Individuums vom Lust- zum Realitätsprinzip nicht mitmacht, nur der eigenen Lustbefriedigung lebt, sich den sozialen Gesetzen nicht verpflichtet fühlt, nicht lieben kann, weil es nicht geliebt wurde, und nach dem Grundsatz handelt: Recht ist, was mir nützt. Es ist unschwer zu erkennen, daß dieses Kind ein mangelhaft entwickeltes Gewissen aufweist (eine solche Fehlentwicklung kann auch durch Eltern zustande kommen, die selbst asozial sind, also ein negatives Beispiel geben — dies selbst dann, wenn sie versuchen, rein formell dem Kinde soziale Gebote zu vermitteln: die Kinder durchschauen bald die Diskrepanz zwischen Worten und gelebten Taten der Eltern und protestieren frühzeitig durch Asozialität).

Viele dieser unglücklichen Menschen sehen wir später im Gerichtssaal wieder und sind empört darüber, daß sie über ihre Taten »so gar keine Reue« zeigen, statt zu bedenken, daß sie ein solches Gefühl infolge eines weitgehend unterentwickelten Gewissens gar nicht aufbringen können. Es ist schon merkwürdig eingerichtet: im Hörsaal einer psychiatrischen Klinik erkennen wir solche Persönlichkeiten als schwer krank, vor Gericht aber sind sie voll verantwortlich, einem psychisch Gesunden praktisch gleichgesetzt. Um Mißverständnisse zu vermeiden: selbstverständlich muß die Gesellschaft vor solchen »Asozialen« geschützt werden, was aber nicht durch Bestrafung, sondern durch Absonderung unter gleichzeitiger Anwendung einer therapeutischen Nacherziehung zu geschehen hätte. (Unser derzeitiger Strafvollzug erscheint für eine solche vollständig ungeeignet, weil er noch immer unter dem Grundprinzip der Rache steht, denn mit Recht sagt *Jakob Wassermann,* daß Gerechtigkeit ohne Liebe nichts anderes als Rache bedeute.)

Das Beispiel ermöglicht zwei Erkenntnisse:

a) Das Gewissen entsteht in der Kindheit durch Erziehung. Die Eltern und andere Autoritätspersonen tragen Gebote und Verbote an das Kind heran, die dann später von ihm übernommen werden. Die Stimme, die zuerst von außen tönt, wird langsam, in einem komplizierten Prozeß, introjiziert, das heißt, in die eigene Person hineingenommen. Voraussetzung für diese Introjektion ist — das kann nicht oft genug betont werden —, daß zu denjenigen, die die Gebote aussprechen, eine positive emotionale Beziehung besteht (viele Erwachsene glauben leider, daß schon ihr »Großsein«, ihre »Katheder-« oder »Kanzelposition« ausreicht, um die Akzeptierung und Übernahme der von ihnen ausgesprochenen Gebote zu garantieren — sie übersehen, daß dazu vor allem das Geliebtwerden nötig ist).

Ein überzeugender Beweis dafür, daß das Gewissen des Kindes ein Erziehungsprodukt ist, kann auch darin gefunden werden, daß die Gewissensinhalte von Kulturkreis zu Kulturkreis wesentlich differieren. Keinem Kinde ist zuzumuten, daß es andere Gewissensinhalte sein eigen nennt als die, die ihm vermittelt worden sind.

b) Es gibt krankhafte Gewissensstrukturen, das heißt, jeder Mensch kann in seinem Gewissen krank sein: Hier ist sowohl das mangelhaft entwickelte Gewissen wie das zu strenge Gewissen anzuführen (und natürlich zwischen beiden Extremen ungezählte Nuancierungen). Unsere Einstellung zu diesen beiden Phänomenen ist vielfach falsch: Kranke mit unterentwickeltem Gewissen verurteilen wir als Verbrecher, die Anerziehung eines überstrengen Gewissens finden wir wünschenswert (»das Gewissen kann gar nicht streng genug sein«!) —, obwohl gerade ein solches Gewissen eine wesentliche Grundlage der neurotischen Persönlichkeitsstruktur darstellt, wie wir bereits gesehen haben.

Um keine Begriffsverwirrung aufkommen zu lassen, wollen wir im folgenden, der Freudschen Terminologie folgend, das in der Kindheit durch Erziehung entstehende Gewissen als »Über-Ich« bezeichnen. Als Folge einer überstrengen Gebotsvermittlung kann es die folgenden Kriterien aufweisen, die alle bereits Ausdruck einer Neurotisierung des Kindes sind:

1. Ein zu strenges Über-Ich. Dabei wird man gleichsam von Verboten umzingelt und fühlt sich später von diesen überall behindert (ähnlich dem »Panther« von *Rilke:* »Ihm ist, als ob es tausend Stäbe gäbe, und hinter tausend Stäben keine Welt«). Es wird immer wieder übersehen, ein wie qualvolles Dasein aus einer solchen Gewissenserkrankung resultiert — auch das im Zusammenhang mit dieser Fehlerziehung bewußt oder unbewußt wirksame Motiv: »Ich will eben einen Menschen heranbilden, der nicht sündigt, ja möglichst gar nicht sündigen *kann*«, darf als Entschuldigung nicht akzeptiert werden, denn es bleibt ein wesentliches Kriterium menschlicher Existenz, immer und überall vor die Entscheidung zwischen Gut und Böse gestellt zu sein — sie praktisch durch Verunmöglichung der Sünde aufheben zu wollen, bedeutet also eine »Unmenschlichkeit« im tiefsten Sinn des Wortes!

Wer die ersten zwei Kapitel aufmerksam studiert hat, der wird nun gut verstehen, wie aus einem zu strengen Gewissen die Gefahr immer weiter fortschreitender Neurotisierung entsteht: entwickelt sich doch die Neurose dadurch, daß bei einem Aufeinanderprallen von Trieb- und Gewissensforderungen die ersteren verdrängt werden. Je strenger nun die Gewissensstruktur, desto mehr Triebwünsche sind verboten, desto häufiger treten somit Konflikte auf, bei denen die Versuchung groß ist, sie durch Verdrängung zu lösen. Am Ende einer solchen Entwicklung dürfen wir uns nicht wundern, daß eine direkte Korrelation zwischen dem Ausmaß der Strenge des Gewissens und dem Ausmaß der Verdrängungen eingetreten ist. Eine verhängnisvolle Förderung eines solchen überstrengen neurotischen Gewissens stellt im Rahmen einer religiös orientierten Erziehung der fatale Begriff der »Gedankensünde« dar. Wenn schon die geringste gedankliche Beschäftigung mit einer gewissensmäßigen verbotenen Triebtendenz nicht erlaubt ist, wird die Verdrängung als Lösung des Konfliktes nicht nur nahegelegt, sondern direkt provoziert.

2. Ein zu enges Über-Ich. In seinem Rahmen kommt es zur Verschiebung des Stellenwertes einzelner Gebote dahingehend, daß bestimmte Gewissensforderungen eine unnatürliche, ihnen nicht zukommende Bedeutung erlangen, zu Schlüsselpositionen aufrücken, die alle anderen gleichsam in den Schatten stellen. Diese Über-Ich-Störung, die, wie auch alle anderen, sehr eng vergesellschaftet ist mit einer neurotisierenden Erziehung in der analen Periode (siehe früher), wirkt sich ganz besonders im sexuellen Bereich aus. Hier findet von Anfang an eine Verteufelung der Sexualität statt, welche die peinliche und unbarmherzige Beherrschung aller sexuellen Wünsche zur Hauptaufgabe werden läßt, demgegenüber alle anderen Forderungen (zum Beispiel die der Gottes- und Nächstenliebe) an Bedeutung verlieren. Solche Menschen, für die oft genug das sechste zum ersten und einzigen Gebot wird, sind parallel zu dieser Wertverschiebung, als logische Konsequenz derselben, durch eine Denaturierung, durch eine Verwandlung ihrer lebendigen Gestaltungsmöglichkeiten in eine formalistische Pedanterie gekennzeichnet (an Stelle des Geistes tritt der Buchstabe des Gesetzes).

Gerade das zu enge Über-Ich weist auf die Gefahr der Übertragung eines kranken Gewissens von einer Generation auf die andere hin: denn jeder Mensch hat automatisch die Tendenz, seine eigenen unnatürlichen Befangenheiten einem bestimmten Gebiet gegenüber in die Erziehung der Kinder einzubauen. Nicht nur für den einzelnen aber ist hier eine große Verantwortung gegeben (die Erziehung einer gesunden Generation setzt Selbsterkenntnis voraus), sondern auch für alle Institutionen, die das Recht in Anspruch nehmen, Maxime einer Edukation als allgemeingültig auszuarbeiten und vorzuschreiben.

3. Ein starres Über-Ich. Eine normale, gesunde Persönlichkeitsentwicklung ist dadurch gekennzeichnet, daß allmählich an die Stelle des in der Kindheit anerzogenen Über-Ichs das tritt, was man mit *Caruso* als »personales Gewissen« bezeichnen kann. Es kommt dadurch zustande, daß sich der Mensch mit allen Gewissensinhalten, die ihm in der Kindheit vermittelt wurden, auseinanderzusetzen beginnt. Punkt für Punkt muß dabei geprüft werden, etwa unter der Devise des Titels eines Dramas von *Pirandello:* »Das ist so — ist das so?« Im Rahmen dieses Prozesses darf kein »Vorurteil«, kein »Dressat« (= kritiklos übernommenes Erziehungsprodukt im Sinne *Künkels)* ungeschont bleiben, denn ihre weitere Existenz ermöglicht die »Verdummung« *(Mitscherlich)* und erhöhte Manipulierbarkeit.

Die Grundvoraussetzung, zu einem personalen Gewissen zu kommen, ist also das Ringen mit der von Eltern und Gesellschaft repräsentierten Wertwelt. Mit aller Deutlichkeit sei gesagt: Vom psychohygienischen Standpunkt aus kann nur der als gesund bezeichnet werden, der den Weg zu einem personalen Gewissen gefunden hat, oder mit anderen Worten: Das personale Gewissen ist eine Grundvoraussetzung für die seelische Gesundheit!

Um keine Mißverständnisse aufkommen zu lassen: Die Forderungen des personalen Gewissens können nicht nur schwächer, »milder«, sie können auf einzelnen Gebieten natürlich auch strenger, ernster sein als die des Über-Ichs der Kindheit. Daraus ergibt sich auch, daß personales Gewissen und Situationsethik keineswegs identisch sind, wie von denen behauptet wird, die aus reaktionärer Gesinnung die Entstehung eines personalen Gewissens um jeden Preis verhindern möchten. Hier sei nur soviel gesagt: Das gesunde Gewissen ist nicht starr, es ist elastisch — wandelbar, aber nicht im Sinne eines billigen situativen Nachgebens, sondern im Sinne einer gegebenen Möglichkeit, zu prüfen, sich auseinanderzusetzen, eines Nicht-automatisch-zwanghaft-reagieren-Müssens —, und damit ist auch schon klargestellt, daß nur dort, wo personales Gewissen existiert, freie Entscheidung und daraus resultierende persönliche Verantwortung bestehen.

Für den gläubigen Menschen wird die Entwicklungsmöglichkeit vom Über-Ich zum personalen Gewissen vielleicht sogar zu einem mächtigen Beweis dafür werden können, daß sich im Gewissen immer wieder von neuem die Stimme Gottes manifestiert (wenn sie schon im Über-Ich, welches ein menschliches Erziehungsprodukt darstellt, nicht gefunden werden kann). Denn das Aufkommen des personalen Gewissens bedeutet nach dem vorher Gesagten oft genug den Durchbruch neuer, tieferer, ethisch von größerer Verantwortung getragenen Einsichten, die weit über die anerzogenen Soll-Forderungen hinausgehen.

Vom religiösen Standpunkt aus mag dann die Vermutung naheliegen, daß aus den tiefen Einsichten solcher Einzelmenschen (zum Beispiel des hl. Franziskus), die später auch für die Allgemeinheit Aufforderungscharakter erhalten, der Einfluß Gottes im Sinne eines Aufbruchs zu neuen Höhen sichtbar wird.

Wie dem auch immer sei: Unter psychohygienischen Aspekten wird man jedenfalls an der ständigen Weiterentwicklung des personalen Gewissens beim einzelnen und auch bei den Gemeinschaften interessiert bleiben; die Anpassung an die Realität, wie sie hier und heute besteht, mag aus Nützlichkeitsmotiven empfehlbar sein, zum entscheidenden Kriterium seelischer Gesundheit aber, als welches sie von der Psychoanalyse ursprünglich bezeichnet wurde, darf sie nicht gemacht werden. In der diesbezüglichen anderen Auffassung *Adlers* war daher ein großer Fortschritt erkennbar (siehe auch das 7. Kapitel) — es ist erfreulich, daß die Freudsche Schule, zumindest in einzelnen ihrer Vertreter, heute ähnlich denkt (siehe zum Beispiel die Forderung *F. Hackers* nach einem »Realitätsprinzip der Zukunft«, welches vom einzelnen die Fähigkeit verlangt, bisher unerkannte Möglichkeiten zu entdecken und die Umwelt demgemäß zu verändern).

Eines steht jedenfalls fest: Schon die erste Gewissenserziehung beeinflußt durch ihre spezifische Art die Entscheidung darüber, ob spätere, selbständige Gewissensentwicklung möglich ist oder nicht. Es gibt kaum eine größere Sünde gegen den Geist einer gesunden psychischen Entwicklung des Menschen als den Versuch, ihm ein Über-Ich anzuerziehen, welches sich als nicht mehr entwicklungsfähig erweist, sondern in Erstarrung unveränderlich anhaltend, wie ein

Fronvogt, ein »Fremdkörper« *(Matussek),* das Verhalten des Betreffenden diktiert und ständige Reverenzbezeigungen gegenüber diesem erzwingt.

Halten wir nochmals die große Abhängigkeit des Kindes von den Eltern fest. Ihre Gebote werden ursprünglich nicht zuletzt deswegen von den Kindern übernommen, weil sie Angst haben, bei Nichtbefolgung die Liebe der Eltern zu verlieren. Eine Erziehung nun, die mit dieser Angst operiert — und sie damit verstärkt —, wird die blinde Gebotsbefolgung zur Verpflichtung machen, um das Aufkommen unerträglicher Angstpotentiale zu verhindern. Für solche Menschen wird dann oft für alle Zeit eine Gewissensentscheidung nicht das Problem besserer Einsicht bleiben, sondern zwanghaft beeinflußt sein von dem Wunsch, nur ja das Aufkommen von Angstaffekten zu vermeiden. Viele neurotische Patienten zeigen diesen tragischen Konflikt: sie sind verstandesmäßig bereits zu neuen Erkenntnissen gekommen, die einem personalen Gewissen entsprechen, fühlen sich aber aus infantiler Abhängigkeit, beherrscht von irrationalen Ängsten, außerstande, diesen Erkenntnissen gemäß zu handeln.

Wir haben somit erkannt, daß ein fixiertes infantiles Über-Ich den weiteren Lebensweg seines Trägers und alle seine Entscheidungen maßgeblich beeinflussen wird — hier ergeben sich oft Behinderungen, die kein spektakuläres Aufsehen erregen, ja, oft nicht einmal von den Betroffenen selbst in ihrer tragischen Bedeutung erfaßt werden. (Im letzten Kapitel komme ich auf die Tragödien, die daraus für den einzelnen und für ganze Gemeinschaften resultieren können, zurück.)

Wenn die Fixierung des infantilen Über-Ichs auf ein besonders strenges und enges Über-Ich eintritt, dann entsteht das Bild der Zwangsneurose; und jedermann kann erkennen, daß hier eine schwere psychische Erkrankung vorliegt.

Ich habe bereits darauf hingewiesen, daß alle ihre Symptome auf dem Boden des Zwangscharakters (also des starr fixierten, überstrengen und überengen Über-Ichs) entstehen. Als solche unterscheiden wir:

a) Zwangs*handlungen* (zum Beispiel der typische Waschzwang oder Zählzwang usw.)

b) Zwangs*gedanken* (diese Form der Zwangsneurose ist dem Seelsorger besonders vertraut, da zu ihr vor allem die Skrupulanten gehören).

c) Zwangs*impulse.* Das klassische Beispiel dafür ist bei Frauen der als zwanghaft erlebte Impuls, das eigene Kind umzubringen. Niemals wird der Neurotiker diesem Impuls, den er ja verstandesmäßig, wie es eben bei jeder Neurose der Fall ist, als Unsinn erkennt, nachgeben. Aber der Impuls genügt, um eine solche Mutter in größte Angst zu versetzen und ihr das ganze Leben, vor allem das Zusammenleben mit dem Kind, zu verbittern. Ängstlich-verzweifelt klagen diese Frauen dem Arzt, wie es denn möglich sei, daß sie einen solchen Impuls gegen das Liebste, was sie besäßen, empfänden. Oft weichen diese armen Frauen dann jedem Alleinsein mit dem Kinde aus, achten pedantisch darauf, daß immer eine dritte Person anwesend ist, wodurch die Bewegungsfreiheit der Patienten, aber auch der ganzen Familie auf ein Minimum eingeengt wird: Wir sprechen von einem »Zwangszeremoniell«, das auch bei den anderen Formen der Zwangs*neurose* vorkommt. (Es ist verständlich, daß der Kranke versucht, sich gegen den Zwang zu wehren, sich gegen ihn gleichsam »abzusichern« — tragischerweise muß dann aber auch diese Abwehrmaßnahme zum Zwang entarten, mit anderen Worten: der Zwang weitet sich zum Zwangszeremoniell aus.)

Der Zwangsimpuls, das eigene Kind zu töten, gibt Gelegenheit, darauf hinzuweisen, daß natürlich auch die Zwangssymptomatik jenen Januskopfcharakter aufweist, den wir früher als charakteristisch für jedes neurotische Symptom beschrieben haben. Folgende Problematik liegt ihm zugrunde: Die Tatsache, schwanger zu sein, wurde von den betreffenden Frauen mit gemischten Gefühlen aufgenommen. Neben dem natürlichen, positiven Muttergefühl bestanden auch das Kind ablehnende Tendenzen, die sich manchmal nur in vereinzelten Gedanken, es wäre besser, wenn das Kind nicht zur Welt käme, äußern, manchmal sogar bis zum Wunsche führen, sich das Kind abtreiben zu lassen.

Der dadurch entstandene Gewissenskonflikt wurde dann aber nicht durch Überwindung, sondern durch bloße Verdrängung der das Kind ablehnenden Tendenzen »gelöst«. Oft schon knapp nach der Geburt (manchmal aber auch erst viel später) setzt nun die beschriebene neurotische Symptomatik ein, die wieder einmal in symbolhafter Weise den unerledigten Konflikt darstellt und sowohl die verdrängte Aggression gegen das Kind verrät, als auch eine Selbstbestrafung für diese Aggression bedeutet.

Im Falle des Zwangsimpulses, das Kind zu töten, bezieht sich also das Symptom, wie wir gesehen haben, auf den tatsächlichen Gegenstand des Konfliktes, dies ist sonst bei der Zwangsneurose nicht der Fall, es findet hier vielmehr eine Verschiebung vom eigentlichen Konfliktherd auf ein anderes Gebiet statt, auf dem sich dann der Zwang stellvertretend auslebt. Wenn jemand Angst hat, seine Wohnungstür nicht abgesperrt zu haben, erscheint es durchaus verständlich, daß er sich gezwungen fühlt, nochmals zurückzugehen, um die Quelle seiner Angst zu beseitigen. Fühlt er sich aber nach diesem Vergewisserungakt neuerlich genötigt, nachzuschauen, wird mit einem Schlage klar, daß seine Angst gar nicht dem Offenlassen der Wohnung, sondern in Wirklichkeit einem anderen, ihm nicht bekannten Problem gilt. *Freud* sprach in diesem Zusammenhang von einer scheinbaren »Mésalliance zwischen Vorstellungsinhalt und Affekt«, das heißt, die Angst scheint viel zu groß für den Gegenstand zu sein, den sie sich im Zwangssymptom wählt. In Wirklichkeit aber besteht diesbezüglich ein absolutes Gleichgewicht: weil sich ja die Angst tatsächlich auf einen anderen konfliktuösen Punkt bezieht, dem sie dann in gewissem Sinne durchaus adäquat ist.

Diesen gilt es in der Therapie durch Wiederbewußtmachung zu entdecken. Hier darf aber nicht verschwiegen werden, daß gerade die Zwangsneurose besonders schwierige therapeutische Probleme schafft, ihre völlige Heilung nur selten gelingt. Dafür sind mehrere Gründe verantwortlich.

1. Das übertrieben strenge Gewissen gibt, wie wir bereits früher betont haben, Anlaß zu immer neuen und massiven Verdrängungen. Der Zwangsneurotiker weist daher wohl das höchste Verdrängungspotential und, daraus resultierend, das höchste Quantum an neurotischer Angst unter allen Neuroseformen auf. Diese massive Angst wird dann im Zwang verarbeitet und abgewehrt, wodurch eine ungeheure Affinität zum Zwang, ein besonderes Auf-ihn-Angewiesensein entsteht, welches schwer zu beseitigen ist.

2. Die bereits erwähnte Tendenz des Zwanges, sich zum Zwangszeremoniell auszuweiten, zeigt, daß sich hier das Kranke im Gesunden immer mehr ausbreitet, in Extremfällen kann es dabei zu praktischer sozialer Invalidität kommen. Die Gestaltungsmöglichkeiten eines solchen Patienten werden jedenfalls immer mehr eingeengt. Mit Recht hat einmal ein Psychiater gesagt: »Wenn man mich fragt, was Herr Müller, der gesund ist, im Moment gerade tut, so vermag ich es nicht zu sagen; wenn man mich aber fragt, was Herr Maier jetzt tut, der an einem Waschzwang leidet, so weiß ich es: er wäscht sich jetzt oder wäscht sich nicht.« — Besser kann die Verarmung der Existenz des Zwangsneurotikers nicht beschrieben werden, aus der sich natürlich wiederum eine besondere Erschwerung der Therapie ergeben wird.

3. Gerade beim Zwang tritt zunächst noch eine rasche, schwer zu unterbrechende Gewöhnung im Sinne einer Conditionalisierung, fast in der Art eines bedingten Reflexes, ein. Die Gewöhnung wird bald zur Gewohnheit.

Manche Zwangsneurotiker können dann zwar ihre Neurose durch Berufe, die zu Pedanterie verpflichten, die also ein Ausleben des Zwanges ermöglichen, und zu denen sie dementsprechend eine große Affinität zeigen, für lange Zeit im Stadium der Kompensation halten, das heißt sie bewahren unter solchen Umständen ihre soziale Anpassung. Überall in der Welt hat man zum Beispiel festgestellt, daß der Militärdienst eine zwangsneurotische Symptomatik zum Verschwinden bringt; dies erscheint durchaus verständlich, wenn man bedenkt, daß hier der militärische Drill an die Stelle des Zwangszeremoniells tritt und sich seiner Art nach auch als geeignet erweist, sowohl Aggressions- als auch Selbstbestrafungswünsche zu befriedigen. In allen diesen Fällen zeigt aber das komplette Wiederauftreten der Symptomatik nach der Entlassung aus dem Dienst, daß, wie nicht anders zu erwarten, eine wirkliche Änderung der krankhaften neurotischen Struktur nicht stattgefunden hat.

Aus all diesen Gründen erscheint eine frühzeitige Entdeckung einer zwangsneurotischen Symptomatik besonders wichtig.

Vor langer Zeit erschien eine 32jährige Patientin mit einer ausgeprägten zwangsneurotischen Symptomatik: Sie berichtete, daß ihr schon das Puppenspiel als kleines Kind verleidet und eine Qual gewesen sei, weil sie immer von neuem hätte nachschauen müssen, ob die Wäsche der Puppen nicht schmutzig geworden sei . . . an diesem Symptom hätte man damals die Erkrankung erkennen müssen, die sich bei Kindern oft auch in zwanghaft auftretenden, durch Zuspruch nicht zu beruhigenden Gewissensängsten äußert.

Mit anderen Worten: Schon die ersten Symptome der kindlichen Neurotisierung sind hier charakteristisch (eben zwanghaft) gefärbt und weisen somit auf die sich ergebende spezifische Gefahr hin.

In diesem Zusammenhang darf nicht verschwiegen werden, daß gar nicht so selten bei Kindern, wenn sie allzu früh zum Beichtvater geführt werden, eine zwangsneurotische Symptomatik ausgelöst wird. Vom psychohygienischen Standpunkt ist daher dringend zu raten, diesbezüglich sehr behutsam vorzugehen.

4. Die Hysterie. Die Grundlage der hysterischen Manifestation ist der hysterische Charakter. Er ist gekennzeichnet durch

a) übersteigerte, rasch umschlagende Gefühle (Wechsel von übertrieben betonter Zuneigung zu ebensolchem grundlosem Haß, der oft vor nichts zurückschreckt);

b) Neigung zu ausgesprochener Theatralik;

c) Infantilismus (dazu zählt auch der Infantilismus im sexuellen Bereich, dessen Ausdruck zum Beispiel bei der Frau oft die Frigidität ist).

Die Hysterie ist vor allem eine Erkrankung des weiblichen Geschlechtes, es gibt aber auch viele männliche Hysteriker (bezeichnend für den kritiklosen Widerstand gewisser Ärzte war die Tatsache, daß *Freud* verlacht wurde, als er einmal in der Wiener Gesellschaft der Ärzte einen klassischen männlichen Hysteriker vorstellte: Man meinte damals, diese Krankheit könne beim Mann nicht vorkommen). Sie geht zurück auf die ödipale Phase, wenn es beim Mädchen einerseits zu einer besonderen Bindung an den Vater, andererseits aber auch zu einer ausgesprochenen Enttäuschung durch diesen und damit zu einer starken Ambivalenz ihm gegenüber kam (für den Knaben gilt Gleiches hinsichtlich einer ambivalenten Mutterbindung). Diese Ambivalenz können wir dann unschwer in den Eigenschaften des hysterischen Charakters (siehe vor allem Punkt a) wiedererkennen. Wir haben zwar bereits gesehen, daß die Ambivalenz ein Grundsymptom jeder neurotischen Entwicklung ist — hier aber darf zum Ausdruck gebracht werden, daß die Hysterie wohl jene Neuroseform darstellt, bei der die stärkste Ambivalenz, das heißt die Ambivalenz mit dem größten Amplitudenausschlag entwickelt ist; wir dürfen ja nicht vergessen, daß sich dabei zuerst eine übertriebene, das heißt besonders unnatürlich starke Liebe entwickelt, die dann auch bei Enttäuschung konsequenterweise in einem ebenso intensiven Haß umschlägt.

Immer ist die Haltung des Hysterikers gegenüber Menschen und Problemen zwiespältig, vor allem aber wird sich diese Zwiespältigkeit gegenüber Personen auswirken, die in irgendeiner Weise eine Vaterfigur darstellen. Deswegen ist hier gerade der Arzt, aber auch der Seelsorger (der infolge des Zölibats und seines beruflichen Auftrages gleichermaßen einen »Vater« repräsentiert) besonders gefährdet. Sie werden leicht, genau wie einst der Vater, zum Objekt besonderer Zuneigung, die im Augenblick der schließlich zwangsläufig erfolgenden Enttäuschung in Ablehnung, Haß, ja ausgesprochene Rachsucht umschlagen kann.

Auf dem Boden des hysterischen Charakters erwachsen die übrigen hysterischen Symptome, nämlich:

Hysterische Anfälle: Oft viele Stunden dauernde Zustände, in denen die Patienten herumschlagen, schreien und weinen, die Umgebung nicht zur Kenntnis nehmen, weswegen sie von Laien, natürlich fälschlicherweise, für bewußtlos gehalten werden (die epileptischen Anfälle haben in allen Einzelheiten eine andere Symptomatik, sie gehen ja auf pathologische organische Abläufe im Gehirn zurück).

Hysterische Dämmerzustände, hysterische Delirien: In diesen werden Wunschphantasien so mächtig, daß sie für tatsächlich Erlebtes gehalten werden. Die Grenze zwischen Phantasie und Wirklichkeit scheint gleichsam aufgehoben oder jedenfalls verwischt. In einer früheren Publikation (»Die Tiefenpsychologie hilft dem Seelsorger«) wurde die Problematik eines solchen hysterischen Dämmerzustandes eingehend analysiert.

Wenn wir bedenken, daß man bei jedem Hysteriker besonders intensive verdrängte sexuelle Wünsche findet (die enge Bindung ursprünglich sexueller Wünsche an den entgegengesetztgeschlechtlichen Elternteil führt zu einem besonders intensiven Verbot des Sexuellen: dementsprechend findet eine intensive Verdrängung des Sexuellen statt; diese Verdrängung aber erhöht natürlich die Sehnsucht, und so kommt es zu einem ständigen Prozeß des Aufschaukelns zwischen Sehnsucht und Verbot), wird man sich nicht darüber wundern, daß in den hysterischen Dämmerzuständen und Delirien überwiegend sexuelle Wunscherfüllungen stattfinden.

Konversionshysterische Beschwerden: Wir haben den Abwehrmechanismus der Konversion bereits besprochen. Hier kommt es also zur Darstellung eines innerseelischen Konfliktes am Körper, ohne daß der Körper selbst irgendwelche Veränderungen aufzuweisen hat. Dabei wird jenes Organ gewählt, das am besten geeignet ist, den zugrundeliegenden seelischen Konflikt zur Darstellung zu bringen (zum Beispiel, wie schon erwähnt, Herzschmerzen bei Liebeskummer, Kopfschmerzen bei chronischen Konflikten, die Spannung erzeugen — Spannungskopfschmerzen, »sich den Kopf zerbrechen«). Die Konversion muß sich aber nicht unbedingt in einer empfundenen körperlichen Schmerzhaftigkeit ausdrücken, sie kann auch dazu führen, daß ein Organ, obwohl es, natürlich anatomisch-physiologisch gesehen, völlig intakt ist, als funktionsunfähig erlebt wird (hysterische Blindheit, hysterische Lähmung). Ein Beispiel soll diesen Vorgang erläutern:

Es handelt sich um eine 30jährige Frau, die im Zusammenhang mit dem ungarischen Aufstand von 1956 nach Österreich flüchtete. Unmittelbar beim Grenzübertritt, also im dramatischen Augenblick der Flucht, war plötzlich eine Lähmung beider Beine aufgetreten, so daß sie von Fluchtgenossen über die Grenze getragen werden mußte; in ein Provinzspital eingeliefert, wurde sie mit der Verdachtdiagnose »Kinderlähmung« in die psychiatrisch-neurologische Universitätsklinik überwiesen. Hier zeigte sich bald, daß der neurologische Befund völlig normal war, von einer Poliomyelitis konnte selbstverständlich keine Rede sein, es handelte sich vielmehr um eine hysterische Lähmung. Schon die erste Exploration zeigte, daß sich die Frau während ihrer Flucht in einem schweren inneren Konflikt befunden hatte. Im Verlauf der Revolutionswirren war sie in

Budapest von ihrem (unehelichen) Kind getrennt worden. Trotz ernsterer Bemühungen gelang es ihr nicht, das Kind wiederzufinden. Die Bekannten, mit denen sie die Flucht nach Österreich verabredet hatte, drängten mit dem durchaus berechtigten Hinweis, daß die für die Flucht günstigen Tage bald vorüber sein würden, auf rascheste Wahrnehmung der Gelegenheit. Schließlich gab sie nach und ging mit. Gerade im Moment des Grenzübertritts, im Angesicht des ersehnten Ziels und in einem Moment äußester Gefahr, als russische und ungarische Soldaten auf ihrer Spur waren, kam es zur beschriebenen Lähmung.

Der Fall scheint durchaus geeignet, an ihm alle Kriterien der Konversionsneurose abzulesen: Es bestand ein akuter intrapsychischer Konflikt zwischen zwei einander entgegengesetzten Tendenzen. Die eine von ihnen war bewußt, nämlich der Wunsch, sich zu retten, über die Grenze zu gehen. Die andere war (mühsam) ins Unbewußte verdrängt, und zwar die Tendenz nach Fortsetzung der Bemühungen, das verlorengegangene Kind wiederzufinden, wozu sie das Gewissen ermahnte.

Während der Flucht hatte sie diese Tendenz so weit zurückgedrängt, daß sie ihr nicht mehr gegenwärtig war. Gerade in jenem Moment aber, da die Flucht ihr endgültiges, irreversibles Resultat erreichen sollte, also beim Grenzübertritt, führte der unbewußte Wunsch, in Ungarn zu bleiben und das Kind weiter zu suchen, zum erlebten Empfinden: ich kann die Beine nicht bewegen. Es war relativ leicht möglich, die offensichtlich recht oberflächliche Verdrängung dieser Tendenz wieder aufzuheben und damit die hysterische Lähmung zu beseitigen.

Eine nähere Exploration zeigte, daß es sich bei dem Imstichlassen des Kindes insofern um eine Wiederholungssituation handelte, als auch die Patientin, und zwar im Alter von sieben Jahren, von ihrer Mutter verlassen worden war, die mit einem Zigeuner auf und davon ging und von da an nie wieder in Erscheinung trat. Damals hatte sie mit nächtlichen Schreianfällen reagiert.

Jetzt hatte das Aufeinanderprallen zweier einander entgegengesetzter Tendenzen zu einem ungemein schweren Konflikt geführt (weil das Verlassen des Kindes durch ihre eigene Vorgeschichte besonders affektbesetzt war), der durch Verdrängung nur mangelhaft gelöst wurde. Im Moment, da sie daran war, der bewußten Tendenz zu folgen, meldete sich die unbewußte Tendenz zu Wort, indem sie ihr das Gehen unmöglich machte. Die Konversion fand an jenem Organ statt, welches am besten geeignet war, den Konflikt (ich will *gehen,* darf aber eigentlich nicht gehen) zu symbolisieren: an den Beinen. Im Erleben der Patientin hat dabei durch die Konversion die

Verschiebung des Konfliktes dahingehend stattgefunden, daß sie ihn jetzt nicht mehr als ein »ich will — will aber auch nicht«, sondern als ein »ich will — kann aber nicht« erlebt. Die Beseitigung solcher Symptome durch Wiederbewußtmachung der unbewußten Faktoren verläuft begreiflicherweise sehr beeindruckend.

Alle beschriebenen hysterischen Symptome sind der theatralische Ausdruck der gegebenen Ambivalenz, wobei versucht wird, die einander extrem entgegengesetzten Gefühle auf einen gemeinsamen Nenner zu bringen. Ein typisches Beispiel dafür ist auch der hysterische Selbstmordversuch, der durch das Aufeinanderprallen zweier entgegengesetzter Wunschtendenzen, nämlich einerseits »Sterben-Wollen« und andererseits »Am-Leben-Hängen«, zustande kommt und der gleichsam eine Kompromißlösung zwischen beiden darstellt, indem es zu einer insuffizienten Selbstmordhandlung kommt: Man wird der diesbezüglichen Problematik nicht genügend gerecht, wenn man solche Selbstmordversuche als »Theater« im negativen Sinne des Wortes oder gar als Erpressung abtut, handelt es sich doch um ein krankhaftes Verhalten, das der Behandlung bedarf.

Gerade im Zusammenhang mit der Hysterie wird der von *Freud* geprägte »Krankheitsgewinn« von Laien, aber auch angeblichen »Fachleuten« falsch interpretiert, wodurch es zu einem tragischen Mißverständnis kommt, welches sich bis zum heutigen Tage im praktischen Umgang mit dem Neurotiker, besonders dem Hysteriker, verhängnisvoll auswirkt. Es wurde nämlich angenommen, der Neurotiker suche *bewußt* seinen Vorteil, verhalte sich also praktisch wie ein Simulant. Verständlicherweise kam man daher zu dem Schluß, auf solche Symptome dürfe man »nicht hereinfallen«, man müsse sie ignorieren oder gar mit Gegendruck beantworten beziehungsweise bestrafen.

Eine solche Einstellung übersieht, daß es sich beim Anstreben des Krankheitsgewinnes um eine *unbewußte* Intention handelt, die dementsprechend dem Kranken unbekannt ist und für die er daher nicht auf der bewußten Ebene zur Verantwortung gezogen werden kann. Auch das hysterische Symptom ist Wunscherfüllung und Selbstbestrafung zugleich, wie jede andere neurotische Manifestation.

Adler pflegte Patienten, die an einem neurotischen Symptom, zum Beispiel an konversionshysterischem Kopfschmerz, litten, zu fragen: »Was würden Sie tun, wenn Sie den Kopfschmerz nicht hätten?« Wenn dann die Antwort kam: »Dann würde ich studieren«, war es für ihn klar, daß hier der Kopfschmerz nicht zuletzt auch deshalb entstanden war, um ein (unbewußtes) Alibi zu haben, dem Studium, dem sich der Betreffende infolge seines Minderwertigkeitsgefühles nicht gewachsen fühlte, zu entkommen. Das Wesentlichste eines solchen Arrangements (der Ausdruck stammt von *Adler*) bleibt aber, daß der Krankheitsgewinn unbewußt angestrebt, während auf der bewußten Ebene nur der Leidensdruck (etwa der dauernde Kopfschmerz) erlebt wird.

Daraus ergibt sich klar, daß Vorwurf, Tadel, Ermahnung oder Strafe hier nichts ändern, höchstens den Leidensdruck noch verstärken können. Die einzige Lösung wird in aufdeckender Psychotherapie zu finden sein, welche dem Kranken die Einsicht in sein Arrangement ermöglicht.

5. Die Neurasthenie. Der Ausdruck Neurasthenie ist besonders irreführend, da es sich dabei keineswegs um eine Nervenschwäche in organischem Sinne handelt. Es ist vielmehr damit ein Symptomenkomplex gemeint, der sich durch eine Fülle von »nervösen Beschwerden« kennzeichnet. Oft ist von der Neurasthenie sozusagen der ganze Körper befallen, die Betreffenden kommen gar nicht so selten mit einem Zettel in die Ordination des Arztes, auf dem sie alle ihre Beschwerden vermerkt haben, in der Angst, sie könnten sonst etwas vergessen. Müdigkeit, Schlaflosigkeit, Unsicherheit, Angstgefühle sowie die verschiedenartigsten körperlichen Sensationen, sozusagen vom Kopf bis zur Zehe reichend, werden angeführt. (Einmal kam ein neurasthenisch erkrankter Patient mit einem Zettel, auf dem 96 Beschwerden vermerkt waren; die Formulierung des letzten Punktes: »letzten Endes tut mir auch der Mastdarm weh«, enbehrte in ihrer Doppeldeutigkeit nicht eines unfreiwilligen tragikomischen Einschlages.) Dabei handelt es sich um nichts anderes als um den körperlichen Ausdruck seelischer Unlustgefühle. Der Betreffende fühlt sich sozusagen »in seiner Haut nicht wohl« und erlebt dies nun in der Unzahl seiner Beschwerden. Man kann oft in der Therapie verfolgen, wie die Beseitigung jener Situationen und Einstellungen, die die Unlustgefühle bedingen, parallel läuft mit einer Besserung der neurasthenischen Beschwerden.

Man muß freilich gerade bei der Neurasthenie vorsichtig sein: Eine Reihe von ernsten geistigen Störungen (zum Beispiel Schizophrenie, cerebrale Abbauprozesse) kann mit einem kurzdauernden neurasthenischen Vorstadium beginnen (weil die dabei einsetzende Persönlichkeitsveränderung Unlustgefühle erzeugt, die neurasthenisch verarbeitet werden); bei einem plötzlich auftretenden neurasthenischen Bild wird man daher auch an diese Möglichkeit denken müssen. Liegt die Neurasthenie hingegen schon lange vor, wird wohl kein Zweifel darüber bestehen, daß es sich um eine neurotische Neurasthenie handelt. Es erscheint durchaus verständlich, daß neurasthenische Symptome gewöhnlich mit einer hypochondrischen Haltung gekoppelt sind: die Fülle der neurasthenischen Beschwerden wird fast zwanghaft zur Angst führen, körperlich schwer krank zu sein.

6. Neurotischer Alkohol- und Drogenmißbrauch. Hier werden alkoholische Getränke beziehungsweise Drogen zur Lösung des neurotischen Konfliktes benützt. Einmal mehr muß auf das drängende und dringende Bedürfnis des Neurotikers hingewiesen werden, Trieb- und Gewissenswunsch gleichzeitig zu befriedigen, das heißt »zwei Fliegen mit einem Schlag zu treffen«. Alkohol und andere Suchtmittel eignen sich nun ausgezeichnet dafür, weil sie einerseits Triebtendenzen saturieren (Angst, Hemmung, Unsicherheit, Spannung, Depression beseitigen, Aggressionen freisetzen), andererseits aber auch als Selbstbestrafungsmittel zur Befriedigung der unbewußten Schuldgefühle besonders geeignet sind (körperliche, psychische und soziale Zerstörung).

Man könnte sich auch so ausdrücken: der Neurotiker, der Alkohol- oder Drogenmißbrauch betreibt, bezahlt eine nur kurzdauernde Entlastung vom Druck seiner neurotischen Symptome mit einer chronischen Persönlichkeitsveränderung; da er aber gerade infolge seiner Neurose beides anstrebt, entsteht bei ihm, wenn sich einmal die Verbindung zwischen Persönlichkeitsstruktur und Alkohol (bzw. Drogen) ergeben hat, eine besonders intensive, nur sehr schwer zu beseitigende Verbindung zwischen beiden, die wir als Abhängigkeit oder Sucht bezeichnen müssen.

Suchtmittel charakterisieren sich durch drei Eigenschaften:

a) Sie sind imstande, Euphorie zu erzeugen.

b) Um die »entlastende« Wirkung zu erzielen, muß ihre Dosis ständig gesteigert werden.

c) Bei ihrem Absetzen treten äußerst quälende Abstinenzerscheinungen auf, die den Süchtigen praktisch fast zwingen, wieder zum Suchtmittel zu greifen (daher können Entziehungskuren nur stationär in eigenen Institutionen und nicht ambulant durchgeführt werden).

Welches Mittel für die Sucht verwendet wird, hängt einerseits von der Persönlichkeitsstruktur des Neurotikers (die einzelnen Drogen haben verschiedene psychische Wirkungen, und der Kranke wird natürlich bestrebt sein, jenes Mittel zu finden, welches seine neurotischen Symptome am wirksamsten vorübergehend beseitigt, also sozusagen am besten zu im »paßt«), andererseits aber natürlich von der Zugänglichkeit und Verbreitung eines bestimmten Stoffes ab. In unseren Breiten ist dies immer noch der Alkohol: Wir leben ja bis zu einem gewissen Grade in einem »alkoholischen Klima«, in dem Alkohol nicht nur toleriert, sondern auch gefördert wird.

Obwohl dadurch sicherlich dem Alkoholmißbrauch Schrittmacherdienste geleistet werden, muß aber doch gerade vom medizinischen Standpunkt betont werden, daß der Alkohol nicht nur als Sucht-, sondern natürlich auch als Genußmittel verwendet werden kann; jeder vermag bei sich selbst zu prüfen, ob er gelegentlich eben »genußvoll« sich »einen guten Tropfen« gönnt oder aber den Alkohol gleichsam als »Medikament« zur Überwindung krankhafter seelischer Befindlichkeiten (siehe früher) benötigt: In letzterem Falle liegt ein alarmierender Tatbestand vor, der die Gefahr der ständigen Alkoholabhängigkeit heraufbeschwört.

Was den neurotischen Alkoholmißbrauch betrifft (Alkoholmißbrauch ist praktisch immer Symptom einer zugrundeliegenden psychischen Krankheit — natürlich gibt es neben der Neurose noch andere psychische Ursachen, sie scheint aber im gegenwärtigen Zeitpunkt der dominierende kausale Faktor zu sein), so darf darauf hingewiesen werden, daß die Wahl gerade dieses Mittels in vielen Fällen, um es mit *Freud* auszudrücken, überdeterminiert ist. Er vermag nicht nur den neurotischen Konflikt in der beschriebenen Weise zu lösen — er gibt zugleich auch die Möglichkeit einer oralen Ersatzbefriedigung (und viele Alkoholiker sind, ebenso wie viele Raucher, tatsächlich in der oralen Phase psychisch traumatisiert worden). Außerdem spielt bei der Symptomwahl »Alkohol« oft die Identifizierung mit einem schwachen, selbst trinkenden Vater eine Rolle — aus dieser Identifizierung resultiert gewöhnlich auch eine Unsicherheit bezüglich der eigenen Männlichkeit, welche wiederum im Trinkakt kurzdauernd überkompensiert werden kann; nicht übersehen darf schließlich die Freisetzung latenter homosexueller Tendenzen durch alkoholische »Geselligkeit« werden — die Frau wird oft durch eine neurotische Ablehnung der weiblichen Rolle dazu gedrängt, »wie ein echter Mann« zu trinken«: Die Zunahme weiblichen Alkoholmißbrauches ist nicht zuletzt mit dieser zunehmenden neurotischen Vermännlichung in Zusammenhang zu bringen. Jedenfalls sieht man, daß es viele Faktoren sind, die den Neurotiker zum Alkohol drängen: dementsprechend wird eine starke Bindung entstehen, die sich nicht leicht lösen läßt.

Um so wichtiger erscheint die frühzeitige Entdeckung und Behandlung von Alkohol- und Drogensüchtigen. Ein Fachmann wie *Kryspin-Exner* sah hinsichtlich des Suchtproblemes in Europa, daß sich drei Haupttendenzen herauskristallisieren:

a) Unter den Süchtigen findet man immer häufiger junge Menschen.

b) Das Phänomen der Sucht hat in den letzten Jahren in steigendem Maße auf das weibliche Geschlecht übergegriffen.

c) Die Tendenz zur Mischung von Suchtmitteln, zur gemischten Abhängigkeit (Polytoxicomanie), steigt.

Er hat (leider) bis heute recht behalten. Durch diese Feststellung wird die soziale Bedeutung von rechtzeitigen Gegenmaßnahmen stark unterstrichen.

Es wurde schon darauf hingewiesen, daß jeder Suchtmittelmißbrauch körperliche und psychische Veränderungen zur Folge hat (die natürlich bis zu einem gewissen Grade auch von Mittel zu Mittel in ihrer Spezifität differieren); neben der allgemeinen körperlichen Schädigung kommt dabei auch dem durch cerebrale Intoxikation und Gewöhnung hervorgerufenen psychischen Verfall eine besondere Bedeutung zu. Ist derselbe in einem fortgeschrittenen Stadium unaufhebbar (irreversibel) geworden, kann mit einer Mitarbeit der also veränderten Persönlichkeit nicht mehr gerechnet werden. Damit ist die für einen Behandlungserfolg unbedingt notwendige Grundlage für immer entschwunden — ein entscheidender Grund mehr für die frühzeitige Therapie.

Was nun die Therapie aller neurotischen Suchtformen betrifft, so stellt sie heute bereits, sowohl wissenschaftlich als auch institutional, ein kompliziertes Sonderproblem dar.

Hier sei nur daran erinnert, daß die Entziehung, wie bereits erwähnt, in eigenen Anstalten durchgeführt werden muß, wo eine spezifisch *ärztliche* (Entgiftung, Bekämpfung der Abstinenzerscheinungen, medikamentöse Stützung des Abstinenzwillens, zum Beispiel mit Antabus), *psychotherapeutische* (Behandlung der zugrundeliegenden Neurose), *soziodynamische* (Gruppenbildung etwa in der Art des Alkoholicus anonymus) und *fürsorgerische Betreuung* (in der auch Familie und Arbeitsplatz einbezogen werden sollen) stattfindet beziehungsweise eingeleitet wird.

Die Ergebnisse solcher konzentrischer Teamarbeit geben Anlaß zu der Hoffnung, daß die Chance auf eine Heilung des neurotischen Süchtigen, vorausgesetzt natürlich, daß die Behandlung rechtzeitig aufgenommen wird, durchaus nicht so gering ist, wie ursprünglich angenommen wurde.

Menninger hat die Sucht als eine Form des »chronischen Suicids« klassifiziert und damit einmal mehr auf die enorme Intensität der Selbstzerstörung aufmerksam gemacht, welche in dieser Neuroseform wirksam wird. Gerade beim neurotischen Trinker aber kann aus der chronischen körperlichen und sozialen Selbstzerstörung — welche der Alkoholmißbrauch in jedem Falle darstellt — die schwerste Form der Selbstvernichtung resultieren: *der Selbstmord.*

Die Trinkexzesse als solche verstärken die bereits bestehenden Schuldgefühle, woraus ein stärkerer Selbstbestrafungswunsch erwächst, der wiederum zum Selbstmord drängt. (Der beschriebene Mechanismus ist besonders dort wirksam, wo im Rausch aggressive Akte gesetzt werden, er erfolgt bevorzugt in der sogenannten »Katzenjammerstimmung«.) Die durch die Trunksucht eingetretene Verschlechterung der äußeren Lebenssituation liefert zusätzlich das rationale Motiv für die Tat. Das Problem der Sucht, insbesondere des Alkoholismus, ist heute auf alle Fälle in weiten Kreisen Europas zu einer Art Volksseuche geworden und verlangt daher vor allem auch prophylaktische Aufmerksamkeit.

Mit den in meiner Aufzählung beiden letztgenannten Neuroseformen (7. die psychosomatischen Erkrankungen, 8. die neurotische Lebensverunstaltung, oft in Selbstmord mündend) habe ich mich so intensiv beschäftigt, daß ich ihnen eigene Kapitel widmen möchte.

IV. Psychosomatische Erkrankungen

Zuerst erscheint es notwendig, den Begriff Psychosomatik zu bestimmen, weil es, kaum zu glauben, noch immer sehr falsche Vorstellungen über ihn gibt. Die beste Definition kommt, wieder einmal, von *Mitscherlich:* »Psychosomatik ist die Lehre, wie die Seele den Körper krankmachend beeinflußt.« Psychosomatische Erkrankungen sind demgemäß solche, bei deren Entstehung nachgewiesenermaßen seelische Faktoren eine beträchtliche oder entscheidende Rolle spielen. Schon aus dieser Definition geht eigentlich hervor, daß der psychogenetische Faktor beim Zustandekommen einer solchen Erkrankung nicht isoliert, sondern nur im Zusammenspiel mit anderen, hinzukommenden Faktoren Berücksichtigung finden darf: Sein Stellenwert wird im einen Fall höher, im anderen geringer sein — Krankheiten aber, die *nur* auf seelische Einflüsse zurückgehen, wird es eher selten geben.

Um das Vorliegen einer psychosomatischen Erkrankung zu diagnostizieren, wird man daher zwei Voraussetzungen erfüllt finden müssen:

1. Es muß eine nachweisbare körperliche Veränderung vorliegen.

Damit ist auch klargestellt, daß die bei Laien und sogar — leider — teilweise bei Ärzten noch weitverbreitete Auffassung, psychosomatische Störungen seien solche, wo auch selbst bei intensiver Durchuntersuchung kein pathologischer Befund erhoben werden kann, falsch ist. Hierbei wird psychosomatische Erkrankung mit Konversion (siehe das 3. Kapitel) verwechselt.

2. Es muß eine seelische Konfliktsituation bestehen, die in einen ursächlichen Zusammenhang mit der somatischen Störung gebracht werden kann.

Wenn auch heute noch keineswegs alle Fragen der psychogenen Pathogenese geklärt erscheinen, so können einige Punkte dennoch bereits als gesichertes medizinisches Wissen gelten, deswegen gesichert, weil sie durch zahlreiche Experimente ebenso bewiesen wurden wie durch die sorgfältige Analyse ungezählter, sogenannter psychosomatischer Krankheitsfälle. Mit Nachdruck muß der auch heute noch immer wieder zu hörenden Meinung widersprochen werden, daß es sich gerade bei den Thesen der psychosomatischen Medizin um unbewiesene Behauptungen und Deutungen handle: Im Tierversuch ist es möglich, eine Reihe von psychosomatischen Störungen zu erzeugen (zum Beispiel Bluthochdruck bei einem Hund, dem man ständig eine Katze vor seinen Käfig hält, der ihn daran hindert, die durch den Anblick der Katze entstehenden Aggressionen abzureagieren); beim Menschen gelang es wiederholt, eine Reihe von wichtigen Organfunktionen durch psychischen Einfluß (besonders unter Hypnose — siehe später) entscheidend zu verändern; aus all diesen Erfahrungen können die folgenden Erkenntnisse abgeleitet werden:

1. Das, was psychisch krankmachend wirkt, sind bestimmte Gefühle, nicht der rationale, sondern der emotionale Bereich ist hier entscheidend. Dies unterstreicht die Bedeutung eines gesunden Gefühlslebens auch für die körperliche Gesundheit.

2. Die entscheidende Schaltstelle zwischen Seele und Körper ist das vegetative oder autonome Nervensystem, also jenes, welches alle Funktionen beherrscht, die sich unserer Willkür entziehen. Jedes menschliche Gefühl ist — wovon sich jedermann durch Eigenbeobachtung überzeugen kann — mit typischen vegetativen Reaktionen gekoppelt (zum Beispiel Angst mit Herzklopfen, Atembeschleunigung, Schweißausbruch, Hautblässe im Gesicht), das heißt, die Emotionen haben einen besonderen Einfluß auf das Vegetativum (*Schneider* und *Genefart* haben gezeigt, daß sich dabei die Konsequenzen an den Erfolgsorganen in die folgenden drei Gegensatzpaare zusammenfassen lassen: Überfunktion — Unterfunktion, vermehrte und verminderte Sekretion, Gefäßerweiterung oder -verengung; sie sind innerhalb des vegetativen Nervensystems durch die Gegenspieler Sympathicus und Parasympathicus repräsentiert). Es ist daher leicht zu verstehen, daß bei längerem Anhalten eines solchen Gefühls eine körperliche Störung zustande kommen kann; dabei werden wir ein erstes Stadium, in dem nur Organfunktionsstörungen (zum Beispiel erhöhte Magensaftproduktion) auftreten, von einem späteren zweiten zu unterscheiden haben, in dem bereits Erkrankungen mit pathologisch-anatomisch faßbaren Veränderungen (zum Beispiel Ulcus ventriculi = Magengeschwür) bestehen (siehe die Tabellen auf Seite 104 und 105).

3. Aus den beiden ersten Punkten folgt logisch, daß sich psychosomatische Erkrankungen vor allem in jenen Organen manifestieren werden, die dem vegetativen (unwillkürlichen) Nervensystem unterstehen, also: im Herz-Kreislauf-System, im Atmungs-, Magen-Darm-Trakt, Urogenitalsystem, im Endokrinum (Drüsen mit innerer Sekretion) und im Bereich der Haut (die ebenfalls, was noch viel zu wenig bekannt ist, in die vegetativen Reaktionen einbezogen erscheint). In den folgenden Tabellen möchte ich die wichtigsten psychosomatischen Störungen zusammenfassen.

Zurück zu den Emotionen: Wir unterscheiden akute und chronische, bewußte und unbewußte, und uns interessiert in diesem Zusammenhang natürlich die Frage, ob sie hinsichtlich ihrer krankmachenden Wirkung gleichwertig sind.

Ich habe bereits gezeigt, daß jede akute Emotion mit vegetativen Veränderungen gekoppelt ist (zum Beispiel Blutdruckanstieg bei Aufregung); ebenso klar aber ist, daß solche Veränderungen im selben Moment abklingen, in dem auch die Emotionen zu einem Ende kommen; daraus folgert, daß plötzliche, kurzdauernde Gefühle im allgemeinen den Körper nicht krankmachend beeinflussen werden — nur unter zwei Bedingungen kann dies der Fall sein:

1. Wenn sie einen bereits vorgeschädigten Organismus treffen (zum Beispiel ein Mensch mit Hochdruck erfährt eine Aufregung, die zu einer weiteren Erhöhung des Blutdruckes führt, welche in einen Schlaganfall mündet).

2. Wenn es sich um besonders schwerwiegende akute seelische Traumatisierungen handelt (zum Beispiel plötzliches Ergrauen der Haare bei Verschüttetwerden im Luftschutzkeller, Schreckbasedow nach panikartigen Erlebnissen usw.).

Eine völlig andere Situation aber wird gegeben sein, wenn eine chronische emotionale Erregung besteht, die das Vegetativum gleichsam ständig in einseitiger Richtung beeinflußt. Ich habe schon auf die beiden Gegenspieler Sympathicus und Parasympathicus innerhalb des vegetativen Nervensystems hingewiesen. Der Sympathicus sorgt für die Bereitstellung des gesamten Organismus zu Anspannung, Leistung, Auseinandersetzung, der Parasympathicus dient der Entspannung, Kontemplation, dem Genuß, der Erholung. Im normalen Leben wechseln auch, innerhalb von 24 Stunden, Perioden, in denen der Sympathicus betont wird, mit solchen ab, in denen der Parasympathicus dominiert. Gesund sein heißt in diesem Sinne nicht zuletzt, diese beiden in der richtigen Balance zu halten, ein neuer Beweis dafür, wie wichtig für den Menschen das Leben in Gegensätzen ist, welches jede Einseitigkeit vermeidet. Es wird ja leicht einzusehen sein: Bei einer Person, die sich in einem solchen seelischen Spannungszustand befindet, daß sie auch abends nicht »abschalten« kann, muß sich das Gleichgewicht zwischen Sympathicus und Parasympathicus zu ungunsten des letzteren verschieben. Sie wird dann dementsprechend nicht gut schlafen können, der Blutdruck wird ständig in die Richtung der Erhöhung beeinflußt, die Gegenregulationsmechanismen werden bei längerem Anhalten einer solchen Erregung mit der Zeit zusammenbrechen und zuletzt wird ein chronisch erhöhter Blutdruck daraus resultieren; hier ist dement-

Psychosomatische Organfunktionsstörungen				
Magen-Darm-Trakt	Kreislauforgane	Atmungsorgane	Urogenitalsystem	Nervensystem
Schluckkrampf	Funktionelle Tachycardie	Psychogene Veränderungen der Atmungsfrequenz beziehungsweise Atmungstiefe	Psychogene Veränderungen der Diurese (Polyurie, Oligurie, Pollakisurie)	Vegetative Neurose
Aerophagie (Luftschlucken)	Bestimmte Formen von Arhythmie (unregelmäßige Herztätigkeit)	Hyperventilationstetanie	Menstruationsstörungen (Amenorrhoe, Dysmenorrhoe, Zyklusschwankungen)	Migräne
Magenkrampf	Kollapszustände	Bronchospasmus	Vaginismus (Scheidenkrampf)	
Funktionelles Erbrechen	Angina pectoris		Psychogene Impotenz	
Chronische psychogene Obstipation	ähnliche Anfälle auf nervöser Grundlage			
Nervöse Diarrhoe				
Spasmen der Gallenabflußwege und der Gallenblase				

Psychosomatische Erkrankungen

Magen-Darm-Trakt		Kreislauforgane	Atmungsorgane
Gastritis (Magenentzündung) Ulkus ventriculi Ulkus duodeni Kolitis mucosa Spastische Kolitis Kolitis ulcersoa	Magen- und Zwölffingerdarmgeschwüre, Dickdarmentzündung	Hypertonie (Hochdruck) Hypotonie (Niederdruck) Managerkrankheit (Coronarsklerose)	Heuschnupfen Spastische Bronchitis Astma bronchiale
Hyperthyreose (Überfunktion der Schilddrüse) Anorexia nervosa (Magersucht) Fettsucht Hyperemesis grav. (Schwangerschaftserbrechen)		Adnexitis (Eierstockentzündung) Fluror vaginalis (bestimmte Ausflußformen) Prostatitis	Bestimmte Hautentzündungen und Ekzeme

(Die in den Tabellen angeführten Störungen beziehungsweise Krankheiten können psychosomatisch sein, sind es auch sehr oft, *müssen* es aber nicht sein; in jedem einzelnen Fall ist daher eine diesbezügliche Klärung notwendig!)

sprechend die Gefahr der Entstehung einer psychosomatischen Erkrankung sehr groß.

Noch einen zweiten Unterschied bezüglich der pathogenetischen Wirksamkeit von Emotionen muß man aber hier gleich herausarbeiten, nämlich den zwischen bewußten und unbewußten: Unbewußte Emotionen sind pathogenetisch ungleich wirksamer als bewußte. Beweisend für dieses Faktum sind vor allem folgende Tatsachen:

1. In der Hypnose gelingt es, einen besonders intensiven Einfluß auf alle vegetativen Funktionen zu erreichen. In den zwanziger Jahren haben unter anderem *Hoff* und *Heilig* gezeigt, wie sehr in der Hypnose suggerierte Emotionen alle Körperfunktionen, die dem vegetativen Nervensystem unterliegen, verändern. Diese späterhin wiederholt bestätigten Befunde gewinnen eine besondere Bedeutung, wenn man bedenkt, daß in der Hypnose, im hypnotischen Dämmerzustand bzw. Schlaf, wie *Kauders* und *Schilder* betonen, die bewußte Repräsentanz der Persönlichkeit — (die Gehirnrinde) — weitgehend ausgeschaltet ist und statt dessen die »vegetative Tiefenperson« (das Zwischenhirn als Zentrale des vegetativen Nervensystems) dominiert. Der unvergleichlich intensive Einfluß der Hypnose auf das Vegetativum bedeutet also mit anderen Worten, daß unbewußte Emotionen eine direktere Beziehung zum neurovegetativen System besitzen als bewußte. Diese Feststellung wird noch durch einen anderen Umstand unterstrichen, den jedermann bei sich selbst kontrollieren kann:

2. Wenn ein Mensch sich in einem Konflikt zwischen bewußten und unbewußten Tendenzen befindet, dann wird das Vegetativum niemals den bewußten, sondern immer den unbewußten gehorchen. Es hat also gleichsam das Unbewußte den »ersten Ruf« bezüglich der vegetativen Reaktionslage, und mit all unseren bewußten Bemühungen sind wir nicht imstande, diese fast reflexhaft funktionierende Verbindung zu beeinflussen; so entstehen die vielen Fälle von sogenannter »paradoxer Innervation«, wobei die vegetative Reaktion die wahre Einstellung des betreffenden Menschen, genauer gesagt, seine unbewußte Haltung entgegen seinen bewußten Wünschen verrät: zum Beispiel vegetative Angstzeichen, etwa in Form von Durchfall, in einer Situation, in der man bewußt tapfer sein will — der Volksmund sagt mit Recht symbolisch: »Er macht in die Hose.«

Wenn ich zu einer Arbeit gehen muß, die ich unbewußt ablehne, so wird eine Parasympathikotonie (Müdigkeit, niederer Blutdruck) meinen inneren Widerstand ausdrücken. Ein anderes eindrucksvolles Beispiel liefern die Fälle von psychogener Impotenz, bei denen trotz völlig normaler anatomischer und neurologischer Bedingungen die Erektion des männlichen Gliedes ausbleibt: eine Analyse zeigt, daß dem bewußten Wunsch dann immer eine unbewußte Ablehnung, die natürlich verschiedene Ursachen haben kann, gegenübersteht: Im Kampf dieser beiden konträren Tendenzen setzt sich dann die unbewußte durch, indem sie über das vegetative Nervensystem jene parasympathische Einstellung, welche Voraussetzung für das Zustandekommen der Erektion ist, verhindert — tragischerweise reagieren die betroffenen Männer oft mit Entmutigung, Angst, ja Verzweiflung, halten sich also für unheilbar organisch krank, statt zu begreifen, daß hier einmal mehr unter Benützung der vegetativen Schaltung ein »Ich will und will auch nicht« in ein »Ich will — kann aber nicht« verwandelt worden ist.

Gesundheit im psychosomatischen Sinne hat also nicht nur ein Gleichgewicht zwischen sympathikotonen und parasympathikotonen Impulsen, sondern auch eine Harmonie zwischen bewußten und unbewußten Tendenzen im Menschen zur Voraussetzung.

In der Pathogenese der psychosomatischen Erkrankung hat man also vor allem nach chronischen und unbewußten Emotionen zu forschen, wobei der besondere Zusammenhang zwischen diesen beiden Qualitäten gleich klar wird. Während der Mensch die Möglichkeit hat, bewußte Emotionen in irgendeiner Form abzureagieren und damit ihre Chronifizierung zu verhindern, muß das unbewußte Gefühl, dessen Existenz ja dem Betreffenden gar nicht bekannt ist, notgedrungenerweise chronifiziert werden und bleiben.

Wenn ich weiß, daß ich mich kränke und was mich kränkt, habe ich viele Möglichkeiten, eine diesbezügliche Chronifizierung zu verhindern. Ich kann zum Beispiel versuchen, die Kränkungsquelle auszuschalten (etwa durch Gespräche oder Veränderung der Lebensbedingungen). Schon der Gedanke an diese Chance wird mir Hoffnung geben. Ich kann aber auch versuchen, meine Erbitterung abzureagieren.

Bewußt gewordene Emotionen können nach den neurophysiologischen Gegebenheiten unseres Gehirns mehrfach entladen werden: In Worten, in der Motorik (Bewegung) und in vegetativen Reaktionen (zum Beispiel kann Zorn in heftigem Schimpfen, lebhaftem Gestikulieren und Auftreten von Zornesröte Ausdruck finden); Sprache und Bewegung werden also in all diesen Fällen das Vegetativum entlasten. Selbst die fortschreitende Zivilisation, welche sprachliche und motorische Aggressionskanalisation immer mehr erschwert und uns überall »Beherrschung« auferlegt, kann nicht verhindern, daß die bewußten Aggressionen zumindestens mit einer Hintergrundsbewegung in Mimik und Gestik ausgedrückt werden. Die Darstellung von Enttäuschung und Erbitterung dadurch, daß man, wie es im Wienerischen heißt, »ein Gesicht macht«, kann niemand verbieten, und selbst diese bescheidene Aggressionsabfuhr wird noch das Vegetativum entlasten.

Aus all dem ergibt sich die reduzierte pathogene Wirkung von bewußten Gefühlen. Daß auch bewußte Gefühle lange andauern und dann sehr wohl krankmachenden Einfluß ausüben können, sei nicht bestritten. Die Wirkung unbewußter Gefühle aber ist natürlich ungleich größer.

Wenn es sich aber um neurotische Konflikte handelt, liegen unbewußte Emotionen vor, die bewußt nicht beeinflußt werden können und daher chronisch anhalten; außerdem ist aber hier auch die Abreaktion durch Sprache und Motorik verunmöglicht. Eine einzige Kanalisierung bleibt offen, die Abfuhr über das vegetative Nervensystem — dessen Überforderung wird konsequenterweise zu einseitiger Ausrichtung und damit, infolge des Verlustes der Balance, zu psychosomatischen Störungen führen. Wenn also vom neurophysiologischen und psychologischen Standpunkt bewiesen und geklärt ist, daß und warum gerade chronische, unbewußte Gefühle so intensiv in Richtung psychosomatischer Störungen krankmachend wirksam sein können, ist damit die zentrale Bedeutung der Neurosenlehre für die Psychosomatik aufgezeigt, denn chronische, unbewußte Emotionen seit der Kindheit sind nun einmal das charakteristische Kennzeichen einer Neurose. Hier gewinnt das *Weizsäckersche* Wort entscheidende Bedeutung, wonach die psychosomatische Medizin, um Bestand haben zu können, unbedingt tiefenpsychologisch orientiert sein muß.

Je früher ein Kind neurotisiert wird, desto wahrscheinlicher ist es, daß die Neurose mit einer psychosomatischen Erkrankung ausgedrückt wird. Denn in den ersten zwei Lebensjahren etwa steht dem Kind keine andere Sprache, seinen Konflikt darzustellen, zur Verfügung als eben die Organsprache. So wird es zum Beispiel mit seiner Haut darüber zu klagen beginnen, daß es zu wenig gestreichelt wird, mit ständigem Erbrechen gegen mangelnde Liebeszuwendungen protestieren, mit vermehrten Durchfällen oder intensiver Verstopfung gegen ein falsches »Toilette-Training« rebellieren.

In diesem Sinne ist die früheste Kindheit oft die Geburtsstunde psychosomatischer Erkrankungen, weil in dieser Zeit das entsteht, was ich zusammen mit *Hoff* als »erstes psychosomatisches Reaktionsmuster« bezeichnet habe, ein Muster, welches dann unter Belastungssituationen beim Erwachsenen wieder erwacht und die Erkrankung fixiert. Da die psychosomatischen Störungen in unserer Welt im Zunehmen begriffen sind, bedeutet dies auch, daß immer mehr Kinder sehr frühzeitig neurotisiert werden, was uns veranlassen müßte, die Familienproblematik gerade in diesem Zeitraum neu zu überdenken.

Sicherlich kann die Kindheit als Geburtsstunde psychosomatischer Erkrankungen prophylaktisch und therapeutisch nicht ernst genug genommen werden. Dennoch können diese Erkrankungen auch zu anderen Zeitpunkten und auf anderen Wegen entstehen als in der Kindheit: Hier müssen wir uns alle anklagen, lange Zeit (berechtigterweise), fasziniert auf die Kindheit starrend, diese anderen Möglichkeiten übersehen oder zu gering eingeschätzt zu haben.

Es war der Wiener Internist *Max Hertz,* der den zeitlos gültigen Satz formuliert hat: »*Was kränkt, macht krank.*« Natürlich, die stärksten Kränkungen erleidet der Mensch in der Kindheit; auch ist er ihnen dort am wehrlosesten ausgeliefert. Deswegen dürfen wir aber die anderen zentralen Kränkungen nicht vernachlässigen. Sie hängen einerseits zusammen mit der Beziehung der beiden Geschlechter, denn diese wird ja keineswegs nur ausgenossen, sondern auch ausgelitten. Sie hängen ferner zusammen mit dem Arbeitsklima, in dem ein Mensch einen beachtlichen Teil seines Lebens zeit- und gefühlsmäßig verbringt.

Holliday war der erste, der daher zu Recht einen neuen Namen für die psychosomatischen Störungen geprägt hat, indem er sie »psycho-soziale Erkrankungen« nannte. Mit ihnen möchte ich mich im folgenden wegen der Aktualität dieses Problems näher beschäftigen. (Die Kindheit als Geburtsstätte der psychosomatischen Krankheiten wurde ja im 2. Kapitel bereits besprochen.)

Bevor ich jedoch darauf eingehe, wo die krankmachenden Faktoren eines Betriebsklimas zu suchen sind, möchte ich sagen, wo sie nicht zu finden sind.

Streß, dieser so wichtige, von *Selye* entdeckte Begriff, ist heute nicht nur zu einem Modewort geworden, sondern er wird auch völlig falsch verstanden. Streß bedeutet, gefordert zu werden und die eigenen Kräfte zu mobilisieren. Wohin kämen wir ohne Streß? Das würde bedeuten, daß wir keine Ziele mehr hätten, daß es sich nicht mehr lohnte, an etwas heranzugehen. Mit anderen Worten: ohne Streß wären wir lebendig tot und wahrscheinlich auch nicht in der Lage, uns längere Zeit am Leben zu halten. Dementsprechend hat auch Selye zwischen Eu- (einem guten) und einem Dysstreß (einem schlechten) unterschieden. Alles, was uns Freude macht, kann uns kaum schaden (bei großer Übertreibung natürlich schon, weil es letztlich unsere vegetativen Ausgleichsreaktionen überfordert), was uns Kummer und Erbitterung beschert, das ist der eigentlich krankmachende Streß. Darum ärgere ich mich immer wieder, wenn man zum Beispiel vom krankmachenden Schulstreß spricht: Lernen an sich hat noch keinem Menschen geschadet, im Gegenteil, es kann sehr anregend sein!

Es ist immer wieder der Mensch, der diesen Eustreß in Dysstreß verwandelt, der Lehrer, der zu viel zu rasch verlangt, keine Rücksicht darauf nimmt, daß auch andere Gegenstände vorhanden sind, die Eltern, die das Kind unter Angstdruck setzen usw.

Und damit bin ich endgültig beim Betriebsklima. Auch hier, ja hier erst recht, gilt der Satz: Was kränkt, macht krank. Und die nächste Frage muß daher lauten: Was kränkt denn? Und die beste Antwort: was die Würde des Menschen verletzt.

Im folgenden möchte ich verschiedene diesbezügliche Möglichkeiten aufzählen, ohne Anspruch auf Vollständigkeit natürlich, denn der Mensch ist im Erfinden demütigender Bedingungen ja unerschöpflich. Noch eines möchte ich vorausschicken: Diese meine Ausführungen beruhen nicht auf statistischen Erhebungen (ich bin weder Statistiker noch Soziologe, es läuft aber jetzt in Österreich mit dem Titel »Arbeitsorganisation — menschengerechte Arbeitswelt« ein für fünf Jahre geplantes Projekt unter der Leitung von Prof. *Franz Wojda,* auf dessen Ergebnisse man sehr gespannt sein darf), ich will vielmehr versuchen, die Erfahrungen wiederzugeben, die ich seit langem in meiner psychotherapeutischen Tätigkeit bei den Patienten, die sich auf der psychosomatischen Abteilung in stationärer Behandlung befinden, und bei denen, die wir ambulant untersuchen bzw. betreuen, sammle, so daß man in Anlehnung an *Peter Altenberg* diesen Feststellungen auch den Titel geben könnte: »Was der Tag mir zuträgt.«

Zuerst möchte ich versuchen, in einigen Punkten zusammenzufassen, was die Patienten hinsichtlich der Psychohygiene in ihren Arbeitsstätten am meisten beanstanden:

1. *Menschenunwürdige Arbeitsbedingungen:* Immer wieder wird beklagt, daß man in einen Arbeitsprozeß eingebunden sei, der zu keiner wirklichen Zusammenarbeit führe. Man bleibe ein winziger Teil eines großen Räderwerkes und werde dementsprechend nicht ernst genommen. Man könne das Gefühl nicht los werden, an einer methodenorientierten Arbeit, nicht aber an einer aufgabenorientierten teilzunehmen. Besonders gilt dies für die Fließbandarbeiter (auf die ich später noch zurückkommen werde), die ständig die gleichen Bewegungen wiederholen müssen, die sich in ihrem Hand-

lungsspielraum eingeschränkt und vor allem vom Arbeitsprodukt und damit vom Arbeitserlebnis entfremdet fühlen, genauso wie von ihrer Arbeitsumgebung. Eine ähnliche Entfremdung empfinden auch die Schichtarbeiter (heute ist in Österreich jeder neunte unselbständig Erwerbstätige in dieser Arbeitsform tätig), auch hier wird über eine große Distanz vom Arbeitsziel und den Mitarbeitern berichtet. Mit anderen Worten: Die gefühlsmäßige Beteiligung an der Arbeit ist ebenso reduziert wie die mitmenschliche Verbundenheit der Arbeitenden untereinander; es bleibt bei einem Nebeneinander, das zu keiner wirklichen Gemeinschaft führt. Obwohl immer wieder versucht wird, von mangelnder Arbeitsmoral in unserer Zeit zu sprechen, halte ich das für grundlegend falsch; der Mensch strebt auch heute nach Zielerfüllung, und diese liegt neben einem geglückten Familienleben in seiner Beitragsleistung zum Arbeitsprozeß, wie schon *Alfred Adler* vor Jahrzehnten erkannt hat.

Das Wort von *Ruskin,* wonach nicht das, was er mit seiner Arbeit erwirbt, der eigentliche Lohn des Menschen sei, sondern das, was er durch sie wird, hat bis in unsere Tage Gültigkeit, und zwar, wie ich betonen möchte, für beide Geschlechter. Menschen, denen es gleichgültig ist, wie und womit sie ihr Geld verdienen, wenn sie es nur bekommen, gibt es natürlich, aber viel seltener, als oft angenommen wird. Dementsprechend will die überwältigende Mehrheit der Arbeitstätigen an der Gesamtleistung verstandes- und gefühlsmäßig beteiligt sein. Gerade diese beiden Komponenten aber werden weitgehend vermißt, für die meisten Arbeitnehmer vollzieht sich die Arbeit ohne über den engsten Tätigkeitsbereich hinausreichende Perspektive und ohne betriebliche und arbeitsorganisatorische Mitwirkungsmöglichkeit. Wiederholt haben sie das Gefühl, daß sich der Mensch den Arbeitsabläufen anpassen müsse, statt daß das Produktionsverfahren, so weit es geht, auf die allgemeinen Bedürfnisse der Menschen abgestimmt wird.

2. Intrigante Atmosphäre. Die Patienten schildern, daß es im Betrieb oft nicht nur ein Nebeneinander gäbe, sondern — schlimmer noch — ein Gegeneinander. Vor einiger Zeit wurde in den Vereinigten Staaten in einer Untersuchung festgestellt, daß der arbeitende Mensch im Durchschnitt 40 Prozent seiner Energie — und die ist ja sein kostbarster Besitz — während des Arbeitsprozesses darauf verwendet, sich gegen feindselige Aggressionen anderer zu verteidigen. Es läßt sich leicht ausrechnen, daß es für jeden Betrieb sehr nachteilig sein muß, wenn somit nur mehr etwas über die Hälfte der strategischen Reserve für die Bewältigung der Betriebsaufgaben zur Verfügung bleibt.

Sehr häufig gehört es zur Strategie der Betriebsleitung, den Konkurrenzkampf bewußt dazu zu benützen, einen gegen den anderen auszuspielen und nach dem Motto des »divide et impera« (teile und herrsche) zu regieren. So entsteht ein sehr ungünstiges psychohygienisches Klima, eine der Tierwelt nachgebildete Hackordnung, wo genau festgelegt erscheint, wem gegenüber man zu buckeln hat und wen man »ungestraft« treten kann

Dazu kommt noch, daß erfahrungsgemäß in jedem Betrieb zumindest eine Person existiert — sie muß durchaus nicht an der obersten Spitze stehen —, die sich prinzipiell querlegt und die den anderen mit ihrer Bereitschaft zu Intrigen und einer ständigen Erzeugung von künstlicher Spannung und Feindseligkeit das Leben zur Qual macht. Man könnte hier den Begriff verwenden, den *Renée Spitz* in anderem Zusammenhang geprägt hat, nämlich, daß es sich dabei um Psychotoxine, um Seelenvergifter, handelt, die die Betriebsatmosphäre zerstören — sie sind es oft, die, abgesehen von der immer noch notwendigen Verbesserung der Arbeitsbedingungen, eine Vermenschlichung der Arbeitswelt verhindern. Auf ihr Konto geht es nicht zuletzt, daß, wie Steinkühler an Arbeitern der IG-Metall in Stuttgart zeigte, 30 Prozent der Arbeitnehmer ihren Arbeitstag als sehr belastend empfinden. In einer solchen Atmosphäre kann eine gute Leistung wirklich nicht gelingen; um so rätselhafter erscheint es, daß Bemühungen, solche Störenfriede zu entschärfen, ohne Erfolg bleiben — wenn schon nicht aus menschlichen, müßte dies ja zumindest aus ökonomischen Gründen angestrebt werden.

Mir fällt in diesem Zusammenhang ein Satz des bekannten Soziologen *Parkinson* ein: »In jeder Organisation gibt es eine Person, die ›Bescheid weiß‹. Diese Person muß entdeckt und gefeuert werden, sonst kann die Organisation nicht funktionieren.«

3. Erhöhter Angstdruck. Sehr viele Vorgesetzte herrschen nach dem Motto: Oderint, dum metuant, sie mögen mich hassen, wenn sie mich nur fürchten. Sie sind der Überzeugung, die Untergebenen müßten in einem ständigen Angstdruck gehalten werden, sonst leisteten sie nichts. Dies mag dort stimmen, wo das »Arbeitsgewissen« eines Menschen nicht in Ordnung ist, was wohl nur selten vorkommt. Bei verantwortungsbewußten Persönlichkeiten ist aber ein solches Verhalten nicht nur ausgesprochen unmoralisch, sondern darüber hinaus auch unklug. *Brigitte Rolett* in Bochum hat in eindrucksvoller Weise gezeigt, daß von außen auf einen Menschen ausgeübter Leistungsdruck sich umgekehrt proportional zu Arbeitslust und Ehrgeiz verhält; der unter Druck Gesetzte wendet seine Kräfte nur noch dafür an, der Pression auszuweichen, an die Stelle des Arbeitszieles tritt das Pseudoziel, nicht unangenehm aufzufallen und seinen Platz mit allen Mitteln zu verteidigen, mit anderen Worten: Aus einem sachlichen wird ein ichzentriertes Verhalten.

4. Fehlende Anerkennung. Alfred Adler hat gezeigt, daß der Mensch von der Kindheit an nicht leben kann ohne Anerkennung, Ermutigung, Ausdruck, daß man mit ihm zufrieden ist; das alles brauchen wir wie das tägliche Brot, erhalten es aber in unserer Betriebswelt selten und in viel zu geringem Ausmaß. Einmal war ein Patient auf meiner Klinik, der mir gestand, sein größter Kummer sei, niemals ein Wort des Lobes von seinem Chef zu hören, er könne das Gefühl, von ihm nicht geschätzt zu werden, nicht länger ertragen. Zufällig traf ich diesen Chef bei einer Gesellschaft, brachte das Gespräch auf meinen Patienten und warum er ihn nicht positiv bewerte. »Wieso denn, das ist doch mein bester Mann«, war die Antwort. Und auf meine neuerliche Frage: »Warum sagen Sie es ihm nicht?« hörte ich: »Schauen Sie, mein Prinzip ist, wenn ich zufrieden bin, schweige ich, wenn ich unzufrieden bin, schreie ich.«

Hier muß man mit aller Deutlichkeit sagen: Bloßes Schweigen ist als Anerkennung, Ermutigung und Belobigung wirklich zu wenig, all das ist ohne direkten sprachlichen Ausdruck nicht existent.

Was schon in den Kapiteln 1 und 2 für das Kind ausgedrückt wurde, bleibt bis ins hohe Alter gültig: Ohne liebevolle Bestätigung durch andere ist der Mensch im Grunde nicht lebensfähig.

5. Ein schlechtes Gesprächsklima. Der wichtigste Faktor zur Verbesserung des Arbeitsklimas ist das befreiende menschliche Gespräch. Der Angestellte muß die Möglichkeit haben auszusprechen, was ihn bedrückt, es sich von der Seele zu reden. Vorschläge zur Verbesserung der Situation müssen zugelassen werden, ihr Nichtanhören erzeugt ein Gefühl unendlicher Frustrierung. Natürlich, man wird nicht alle Anregungen akzeptieren können, aber sie zur Diskussion zu stellen, muß möglich sein. Aufgrund meiner Erfahrungen würde ich sagen: je schlechter das psychohygienische Klima in einem Betrieb, desto weniger wird auf einzelne Vorschläge der Mitarbeiter eingegangen. — Auch ausgesprochene Kritik muß erlaubt sein. Das erst bedeutet echte Demokratie, nicht nur von »oben« können Fehler bemerkt werden, sondern durchaus auch von »unten«. Vieles an den Arbeitsbedingungen (ich denke hier wieder ganz besonders an die Fließband- und Schichtarbeiter) gehört wesentlich verbessert — die Folgen negativer Arbeitsumstände sind sowohl im seelischen als auch im somatischen Bereich anzutreffen. (So hat zum Beispiel eine Studie bei uns ergeben, daß der trostlose Rhythmus des Fließbandes sogar in die Art des Musikmachens während der Musiktherapie hineingenommen wird!)

Dennoch haben Untersuchungen in den Vereinigten Staaten gezeigt, daß selbst schlechte Arbeitsbedingungen ertragen werden, wenn man das menschliche Gespräch mit dem Untergebenen pflegt. Ich will damit natürlich nicht dafür plädieren, dieses Gespräch dazu zu mißbrauchen, die Akzeptierung schlechter Arbeitsbedingungen zu erreichen, ich will nur sagen, daß die erste Voraussetzung dafür, daß ein Mensch das Gefühl hat, seine Menschenwürde wird respektiert, die Möglichkeit einer partnerschaftlichen Kommunikation mit dem Vorgesetzten ist. Viele klagen darüber, daß der Weg zum »Chef« für sie so ähnlich verläuft wie die Suche der Kafkaschen Helden nach der höchsten Instanz — das Ziel wird niemals erreicht. Schicht- und Nachtarbeiter meinen sehr oft, daß die durch den spezifischen zeitlichen Arbeitsablauf häufig gegebene Entfremdung von ihren Chefs gleich schlimm sei wie die Zerreißung der Familiengemeinschaft und die Zerstörung des natürlichen Biorhythmus.

Das Nicht-die-Wahrheit-sagen-Dürfen oder -Können ist oft die Vorstufe zur Verdrängung negativer Empfindungen ins Unbewußte, von denen wir gesagt haben, daß sie besonders die Entstehung psychosomatischer Krankheiten heraufbeschwören.

Vor einiger Zeit hat eine Untersuchung der Salzburger Arbeiterkammer ergeben *(Karl Fink),* daß zumindestens ein Viertel von 180.000 Arbeitnehmern dort unter dem Zwang zur Freundlichkeit, zum Lächeln, leiden. Dies spricht dafür, daß ihnen nicht zum Lachen ist, weil sie unter Aggressionsdruck stehen und es daher doppelt qualvoll empfinden, sich zur Freundlichkeit zwingen zu müssen. Hier handelt es sich immerhin um Menschen, die sich wenigstens der Tatsache ihrer Verbitterung noch bewußt sind. Wenn man bedenkt, daß vor einigen Jahren bei einer offiziellen Untersuchung in Österreich eine beträchtliche Mehrheit versicherte, mit ihren Arbeitsbedingungen sehr zufrieden zu sein, muß wohl angenommen werden, daß dieses Fehlresultat entweder auf angstvolle Verleugnung der wahren Ansichten oder auf beträchtliche Verdrängung der Unzufriedenheitspotentiale ins Unbewußte zurückgeht. Man muß diese Menschen verstehen. Wenn man Tag für Tag die gleichen quälenden Bedingungen vorfindet, aber jede Hoffnung aufgeben muß, sie auch nur irgendwie zu ändern, bleibt nur die Resignation oder aber die Verdrängung: es ist sowieso alles in Ordnung. Man redet sich so lange ein, daß es einem gut geht, bis es einem schlecht geht, weil man dann eben psychosomatisch erkrankt. Manche empfinden die Erkrankung dann fast als »Erlösung«, weil sie von der psychischen

Notsituation ablenkt und die Problematik ins Körperliche verschiebt.

Und daher hat *Horst E. Richter* recht, wenn er fragt, ob ein Mensch wirklich erst krank ist, wenn er seinen Herzinfarkt bekommt oder nicht schon in all den Jahren, in denen er gerade jene Arbeitsbedingungen erträgt, die mit unerbitterlicher Konsequenz eben zu diesem Infarkt führen. Nicht zufällig hat die Weltgesundheitsorganisation Gesundheit als Voraussetzung für körperliches, seelisches und soziales Wohlbefinden definiert.

In meiner psychosomatischen Klinik habe ich eine Einrichtung geschaffen, die ich »Parlament« nenne: Einmal in der Woche treffen sich alle Patienten mit den Ärzten, Schwestern und Pflegern und haben dabei Gelegenheit, Vorschläge, Kritik und Beschwerden vorzubringen. Dabei habe ich eine doppelte Erfahrung gemacht:

a) Die Patienten, die turnusweise acht Wochen in stationärer Behandlung stehen, trauen sich beim ersten Mal überhaupt nicht, von ihrem ihnen zugestandenen Recht, Kritik und Beschwerden vorzubringen, Gebrauch zu machen. Erst allmählich wagen sie es, damit zu kommen; anfänglich halten sie es für eine »Falle«, die schlimme Folgen für sie haben könnte. Dies beweist, daß von der frühen Kindheit an (siehe auch Kapitel 2) Kritik in unserem Lande systematisch unterdrückt und schließlich auch verlernt wird; die Menschen verstummen, zumindestens auf diesem Gebiet.

b) Wenn die Patienten schließlich ermutigt sind und sich entfalten, kann man von ihrer Kritik und auch von ihren Anregungen oft gar manches lernen. Wir verdanken dem »Parlament« so manche Verbesserung im Rahmen der Station.

Man sollte sich mit den Vorgesetzten, wenn nötig, auch über eventuelle private Probleme aussprechen können. Das dürfte nichts mit sogenannter Hausmeister-Neugierde zu tun haben, sondern müßte Bereitschaft signalisieren, Beistand zu leisten, wo immer möglich. Im übrigen: Ein Angestellter mit familiären Schwierigkeiten ist immer in einen Zweifrontenkampf verwickelt, und als Konsequenz davon muß seine Leistung nachlassen.

6. Mangelnde Information. Auch im Betrieb ist Wissen in gewissem Sinne Macht, und es besteht ein Recht jedes einzelnen, zu wissen, was vorgeht. Es ist oft schrecklich mitanzusehen, wie alle bereits wissen, daß sich gegen einen Bestimmten etwas »zusammenbraut«, nur der Betroffene ist ahnungslos (ähnlich manchem betrogenen Ehemann). Aus meiner ärztlichen Erfahrung weiß ich, daß manche Entlassung nicht mit so schlimmen psychosomatischen Folgen verbunden gewesen wäre, wenn sie nicht so überraschend und scheinbar aus »heiterem Himmel« ausgesprochen worden wäre. Dies leitet mich hinüber zum nächsten Punkt.

7. Entwürdigende Entlassung. Besonders ältere Mitarbeiter sind von ihr bedroht. Man kann sich des Eindruckes nicht erwehren, daß hier oft nur auf einen Vorwand gelauert wird, gewöhnlich in Form einer Krankheit, oft einer Krankheit, die sich der Betroffene im Dienst zugezogen hat. Dann heißt es brutal: »Weg mit dir!« Vor kurzem habe ich diese Vorgangsweise gesehen bei einem 54jährigen Mann in angesehener Position, der während seiner ganzen Dienstzeit nicht einen einzigen Tag (!) Krankenstand aufzuweisen hatte; eine Frau wurde entlassen zu einem Zeitpunkt, wo ihr noch ein Tag (!) fehlte, um das Recht auf Abfertigung zu haben. Das sind alles schwere Verstöße gegen die menschliche Würde. Viele geraten dadurch in eine seelische und auch körperliche Verfassung, die Frühpensionierung erzwingt, ganz abgesehen davon, daß es ja in dieser Alterskategorie kaum mehr möglich ist, einen neuen Posten zu erhalten, wenn man den alten, langjährigen verloren hat. Das Wort Pensionsschock, ja sogar Pensionstod, ist wohlbekannt, dabei handelt es sich aber um Menschen mit einem »normalen« Pensionierungstermin. Wie viel schlimmer wird es erst sein im Falle einer erzwungenen, konstruierten frühen Entlassung; sie bedeutet, einen Menschen in die soziale Invalidität und in den sozialen Tod hineinzutreiben.

Daß diese Situation in der derzeitigen Lage mit steigender Arbeitslosigkeit noch besonders akzentuiert wird, braucht nicht betont zu werden.

Arbeitslos zu sein, ist ein schreckliches Schicksal, denn man verliert damit nicht nur die soziale Basis, sondern auch das Ansehen, das man vor sich selbst und anderen hat. Man ist gezwungen, eine provisorische Existenz zu führen, lebt von der Hand in den Mund, hat keine weitgesteckten Ziele; das Gefühl für Zeit, Tageseinteilung und Initiative geht verloren.

Die Arbeitslosen sind in allen Institutionen, die sich mit psychischen und psychosomatischen Störungen beschäftigen, weit überdurchschnittlich repräsentiert. Man kann nur sagen: Wehe den Menschen, die die Angst vor einer so entsetzlichen Situation zur Entwürdigung von anderen benützen!

8. Eine negative Strukturierung der Führungspersönlichkeiten. Wir sehen heute oft Menschen in der Chefposition, die ihre tiefe Ich-Unsicherheit durch ein abnormes Macht- und Geltungsstreben überkompensieren (selbstverständlich gibt es auch großartige Chefs auf allen Ebenen!). Solche in ihrer Identität verunsicherten Menschen aber kennen, wie *Erikson* gezeigt hat, keine Toleranz, sie wollen weder andere fragen noch andere hören, weil ihnen das als Autoritätsverlust erschiene; sie wollen auch Macht nicht delegieren, aus der tiefsten Sorge heraus, daß man sie betrügen, sich gegen sie zusammenrotten könnte, ja, daß sie gar überflüssig werden; es handelt sich also um in ihren sozialen Empfindungen neurotisch gestörte Persönlichkeiten. Oft sind sie unter den härtesten Kindheitsbedingungen aufgewachsen, haben Liebe, oder wenigstens eine Art von Anerkennung, nur durch extreme Leistungen erringen können, bleiben dann dem Götzen Erfolg auf Leben und Tod verpflichtet, sind bereit, wenn es sein muß, über Leichen zu gehen, nur um ihre Position zu halten; Macht scheint ihnen vorwiegend ein Mittel zu sein, um sich vor anderen zu schützen. Schließlich darf nicht übersehen werden, daß Ansammlung von Macht eine wesentliche Rolle dabei spielt, daß eine solche »mächtige Persönlichkeit« in ihrer Weiterentwicklung steckenbleibt und somit in erstarrten Formen verkrustet.

Es versteht sich von selbst, daß diese »Führer-Struktur« das Zueinanderfinden, die Formierung einer echten Betriebsgemeinschaft enorm erschwert. Es wird zwar immer wieder darauf hingewiesen, daß die wirkliche Entscheidung nur ein einzelner treffen kann, der dann ja auch für ihre Folgen verantwortlich ist. Psychohygienisch aber muß dazu gesagt werden, daß die Beteiligung aller Angehörigen eines Betriebes an wichtigen Problemen — natürlich in Übereinstimmung mit der jeweiligen beruflichen Zuständigkeit —, somit also letztlich das, was man unter Mitbestimmung versteht, eine unbedingte Notwendigkeit für die Erhaltung der Gesundheit der einzelnen Angestellten darstellt; denn nur, wer weiß, was er tut und warum er es tut, nur wer bei der Zukunftsgestaltung Einblick und Recht auf Mitsprache hat, kann eine positive Einstellung zum Arbeitsprozeß entwickeln.

Ein psychotoxisch wirkender Chef wird natürlich mit hoher Wahrscheinlichkeit als eheste Reaktion seiner Untergebenen ihr Zusammenrücken zu einer geschlossenen Abwehrgemeinschaft heraufbeschwören. So verständlich und richtig dies ist, die endgültige Lösung des Problems kann es nicht darstellen.

In diesem Zusammenhang ist es unbedingt nötig, auf die Rolle der Gewerkschaft einzugehen. Mit Nachdruck muß dabei betont werden, daß wesentliche Ziele der arbeitenden Bevölkerung eben durch diese Gewerkschaften realisiert worden sind, sie haben einen entscheidenden Beitrag zur Verwirklichung eines menschengerechten Arbeitsplatzes geleistet. Aber, die Einbeziehung der Vorgesetzten in diese Gemeinschaft ist ihnen bis heute nicht gelungen. So besteht weiterhin die Problematik des Grabens, der zwei Parteien trennt und scheinbar nicht überwunden werden kann.

In der Kindheit fängt es an, wo zwischen den Eltern und ihren Sprößlingen keine echte Partnerschaft entsteht. In der Schule setzt es sich fort; es darf wohl daran erinnert werden, daß unsere Schule sehr wesentlich aus der kirchlichen Situation hervorgegangen ist: Die Kanzel in der Kirche und die daraus resultierende Kanzelsituation — daß nämlich einer oben steht und die anderen gezwungen sind, zu ihm hinaufzuschauen, was zu dem bedauerlichen Resultat geführt hat, daß die Gläubigen nur in den seltensten Fällen den Priester als einen der ihren betrachten — hat sich auf die Schule übertragen, aus der Kanzel ist das Katheder geworden. Schon die Sitzordnung deutet an, daß sich die Braven vorne versammeln und daß die Schüler um so schlimmer sind, je weiter es nach rückwärts geht. Mit dem »Schlimmsein« ist oft die automatische Entwürdigung derer verbunden, die diese »minderwertige Position« einnehmen. Was von der Kirche auf die Schule übergegangen ist, das setzt sich dann natürlich auch beim Erwachsenen fort: auch hier die verlangte »Verherrlichung und Allmacht« des Chefs, dem sich die anderen zu fügen haben, um dessen Gunst oft in der unwürdigsten und intrigantesten Form gebuhlt wird. Selbstverständlich ist mir da die Einheitsfront gegen den Chef lieber — aber des Rätsels letzte Lösung stellt auch sie nicht dar.

Das Losungs- und Lösungswort muß vielmehr »Gruppe« lauten, eine Gruppe, die alle einschließt. — Dies bleibt das freilich oft sehr schwer zu erreichende Ziel. Ich werde abschließend noch darauf eingehen, welche therapeutischen Möglichkeiten hinsichtlich der Chefs (von der gesellschaftspolitischen abgesehen) bestehen, aus diesem Wunsch Wirklichkeit zu machen. Was die sogenannten Untergebenen betrifft, möchte ich an *Brechts* Verse aus dem »Puntila« erinnern:

> den guten Herrn finden sie bestimmt,
> wenn sie erst ihre eigenen Herren sind.

Wie wird man »sein eigener Herr«? Meiner Meinung nicht dadurch, daß man jeden »Chef« abschafft, denn es hat sich bis jetzt immer herausgestellt, daß man dabei nur einen »Herrn« durch einen anderen ersetzt hat, oft sogar durch einen schlechteren. Als Tiefenpsychologe würde ich diesen Vers eher dahin deuten, daß der sein eigener Herr wird, der sich selbst durchschaut und unter eigene Kontrolle gebracht hat.

Zum Abschluß möchte ich drei Forderungen aus meinen hier dargelegten Beobachtungen ableiten:

1. In der letzten Zeit sind wohl Gesetze beschlossen worden, welche die Position des Betriebsarztes verbessern. Es ist die Zahl der Betriebe, die einen Betriebsarzt anstellen müssen, erhöht worden (ab 250 Angestellten ist jetzt der Betriebsarzt obligatorisch), außerdem kann nun der Betriebsarzt nur mit Zustimmung des Betriebsrates angestellt werden. Er hat damit eine ausgeglichenere Position gewonnen, bisher war er oft der verlängerte Arm des Arbeitgebers. Auch heute noch aber ist seine Entlohnung nicht ausreichend, vielfach handelt es sich daher um eine nebenberufliche Tätigkeit. Schließlich ist auch die Ausbildung des Betriebsarztes unzulänglich, solange nicht eine ausgezeichnete psychosomatische Information geboten wird, was leider noch nicht der Fall ist. Die Tätigkeit des Betriebsarztes ist aber, ebenso wie die des Arbeitsmediziners, ohne Psychosomatik im Grunde eine halbe Sache.

2. Man kann die Manager (besser gesagt einen Teil von ihnen) nicht nur tadeln, man muß auch etwas für sie tun! In Amerika hat es sich als sehr wirksam erwiesen, für Manager in verantwortungsvollen und leitenden Positionen mehrere Wochen dauernde Selbsterfahrungsgruppen zu organisieren, wie ich es zum Beispiel in Topeka erleben durfte, wo solche Kurse unter der Leitung eines der bedeutendsten amerikanischen Psychiater, *Carl Menninger,* stattfinden; sie führen die Teilnehmer in der Gruppenerfahrung aus ihrer angemaßten oder eingebildeten gottähnlichen Position, sodann aber auch durch Gemeinschaftsbildung aus ihrer Isolation. Untersuchungen, die die Menninger-Klinik in den von auf diese Weise Behandelten geleiteten Unternehmungen ein Jahr später durchführte, haben ergeben, daß solche Kurse Wirkung zeigten: besseres Selbstverständnis der Manager und damit verbunden mehr Verständnis für die Probleme ihrer Untergebenen. In all diesen Betrieben war eine Besserung des Arbeitsklimas, der Arbeitsfreude und auch der Effizienz festzustellen.

Auch in Österreich werden jetzt solche Kurse, scheinbar in steigender Zahl, durchgeführt, wobei *Michael Hofmann* mit Recht darauf hinweist, daß sie keineswegs einer Uniformierung des Managertyps dienen. Wörtlich sagt er: »Die Gleichmacherei eines auf einen bestimmten Führungsstil ausgerichteten Führungsmodells entspricht bestenfalls einer utopisch-ideologischen Weltsicht, ungünstigstenfalls der Fixkostendeckung oder Gewinnmaximierung der Organisationsberater.« Es bleibt zu hoffen, daß die Manager in solchen Kursen auch die Übertragungsproblematik durchschauen lernen, wie dies alle tun sollten, denen Menschen anvertraut sind.

Freud hat als erster gezeigt, daß wir Gefühle, die wir in der Kindheit gegenüber Vater und Mutter entwickelt haben, später auf andere wichtige Personen unseres Lebens übertragen. Durch diesen Übertragungsmechanismus kann es also geschehen, daß ein Vorgesetzter anders gesehen wird, als er wirklich ist, zum Beispiel daß man vor ihm Angst hat, wie man sie vor dem Vater hatte, obwohl man vor ihm keine Angst haben müßte. Nur die Kenntnis und Erfahrung dieses Übertragungsmechanismus wird den Vorgesetzten davor bewahren, auf die falsche Reaktion seines Untergebenen seinerseits wieder falsch zu reagieren: Nur durch dieses Wissen also wird die verhängnisvolle Schraube von Reaktion und Gegenreaktion, die dann zu immer größerer gegenseitiger Entfremdung führt, verhindert werden können. (Siehe auch die ersten Kapitel dieses Buches.)

Der Manager, der solche Kurse besucht und wirklich erlebt hat, wird solche Provokationen, die immer wieder erfolgen, nicht zum Vorwand benützen, sich »gehen zu lassen«, sondern vielmehr des Wortes des Marquis Posa aus »Don Carlos« eingedenk sein: »Sire, Ihr beherrscht ein großes Reich, nur einen beherrscht Ihr schlecht, das seid Ihr selbst!«

3. Nimmt man psychosomatisch Kranke und Menschen mit Konversionssymptomen zusammen, so machen sie nach wiederholten Untersuchungen mehr als die Hälfte aller Patienten aus, die Hilfe bei einem Arzt suchen. Ein so prominenter Mann wie *Walter Pöldinger* hat in einer Untersuchung vorausgesagt, daß die psychosomatischen Erkrankungen im Jahre 2000 eines der wichtigsten medizinischen Probleme darstellen werden. Umso notwendiger erscheint es, die prophylaktischen Gesichtspunkte zu unterstreichen. Dazu gehört eine neue Kindheit, gehören bessere Bedingungen, unter denen das Kind aufwächst ebenso wie die psychohygienische Verbesserung des Arbeitsklimas. Auch geht es darum, Menschen, die unter dem Druck bestimmter Lebensbedingungen psychosomatisch zusammenzubrechen drohen, rechtzeitig zu entdecken.

4. Es wäre somit allerhöchste Zeit, die psychosomatische Medizin in Österreich aus ihrer äußerst unbefriedigenden Situation herauszuführen. Der Start der psychosomatischen Bemühungen in Österreich nach dem Zweiten Weltkrieg erfolgte, als mein Lehrer *Hans Hoff* mich im Jahre 1954 beauftragte, im Rahmen der Psychiatrischen Universitätsklinik Wien eine Psychosomatische Station mit 10 Betten aufzubauen. Diese Station, die 1972 in eine selbständige Abteilung mit 16 Betten verwandelt wurde, hat ihre Funktion, als Herzstück und Motor der psychosomatischen Bemühungen in

Österreich zu fungieren, so gut es unter gegebenen Umständen möglich war, erfüllt.

Die folgende Tabelle gibt einen Überblick über heute in Österreich bestehende psychosomatische Einrichtungen, sowohl Stationen als auch Ambulanzen:

Psychosomatische Versorgungseinrichtungen

Wien

a) Erwachsene — Universitätskliniken

Psychosomatische Abteilung der Psychiatrischen Universitätsklinik
(Univ.-Prof. Dr. E. Ringel, OA. Dr. P. Gathmann,
OA. Dr. S. Wiesnagrotzki)
Währinger Gürtel 18—20, 1090 Wien,
Tel. 4800/3507

Psychosomatische Ambulanz der I. Medizinischen Universitätsklinik
(Dr. A. Kiss, OA. Dr. S. Wiesnagrotzki)
Lazarettgasse 14, 1090 Wien
Tel. 4800/3013 oder 2012

Psychosomatische Ambulanz der II. Medizinischen Universitätsklinik
(Dr. K. Spiess)
Garnisongasse 13, 1090 Wien
Tel. 4800/2859

Ambulanz für psychologisch-medizinische Patientenbetreuung
an der I. Universitäts-Frauenklinik
(Doz. Dr. Marianne Ringler)
Spitalgasse 23, 1090 Wien
Tel. 4800/2859

Psychosomatische Ambulanz der II. Universitäts-Frauenklinik
(Doz. Dr. Marianne Springer-Kremser)
Spitalgase 23, 1090 Wien
Tel. 4800/2924 oder 2948

b) Erwachsene — Krankenhäuser und Ambulanzen

Psychosomatische Ambulanz und Station der III. Med. Abt.,
Krankenhaus der Stadt Wien
(Prof. Dr. H. Pietschmann)
Versorgungsheimplatz 1, 1130 Wien
Tel. 84 16 16

Psychosomatische Ambulanz im Hanusch-Krankenhaus der Wiener Gebietskrankenkasse
(Dr. G. Titscher)
Heinrich Collin-Straße 30, 1140 Wien
Tel. 94 86 26

Psychosomatische Ambulanz im Elisabeth-Spital
(Dr. Th. Martys)
Huglgasse 1—5, 1150 Wien
Tel. 95 65 51

Psychosomatische Sprechstunde der Ignaz-Semmelweiß-Frauenklinik der Stadt Wien
(Dr. U. Fennesz, Doz. Dr. B. Wimmer-Puchinger)
Bastiengasse 36—38, 1180 Wien
Tel. 47 15 15/312

Zentrum für ambulante Rehabilitation der Pensionsversicherungsanstalt der Angestellten
(Prim. Dr. Heinz Uhlir)
Wehlistraße 127, 1021 Wien
Tel. 2635/6024/25, 6029/30

c) Kinderpsychosomatik — Universitätskliniken

Heilpädagogische Ambulanz der Universitäts-Kinderklinik in Wien
(Doz. Dr. Groh, Dr. Tatzer)
Währinger Gürtel 18—20, 1090 Wien
Tel. 4800/3258

d) Kinderpsychosomatik — Krankenhäuser

Wilhelminenspital der Stadt Wien, Interne Kinderabteilung mit Psychosomatik
(Prim. Dr. H. Zimprich)
Montleartstraße 37, 1171 Wien
Tel. 95 21 52

Psychosomatische Ambulanz, St. Anna Kinderspital
Kinderspitalgasse 6, 1090 Wien
Tel. 48 35 77

Psychosomatische Ambulanz, Gottfried v. Preyer'sches Kinderspital
(Dr. E. Wanschura)
Schrankenberggasse 31, 1100 Wien
Tel. 64 55 91

e) Spezial-Beratungsstellen

Psychologische Beratungsstelle für Krebskranke
des Institutes für Medizinische Psychologie
(Dr. O. Frischenschlager)
Severingasse 9, 1090 Wien
Tel. 48 35 68

Niederösterreich:

Interne Abteilung des A. Ö. Krankenhauses
(Prim. Dr. F. Pesendorfer)
3730 Eggenburg
Tel. 02984/3536

»Jonathan« — Eggenburger Tageszentrum für körperliche und seelische Rehabilitation
(Prim. Dr. F. Pesendorfer)
Pulkauer Straße 7, 3730 Eggenburg
Tel. 02984/3453

Psychosomatische Abteilung des Rehabilitationszentrums der PVAng. Hochegg
(Dr. H. Kehrer, Dr. H. Höller)
2840 Grimmenstein

Oberösterreich:

Landeskinderkrankenhaus Linz, Psychosomatische Abteilung
Krankenhausstraße 26, 4020 Linz
Tel. 0732/66 36 81

Steiermark:

Institut für Medizinische Psychologie und Psychotherapie der Karl-Franzens-Universität Graz,
Psychotherapeutisch-pschosomatische Poliklinik im Verband der Universitätskliniken Graz
(Univ.-Prof. Dr. W. Pieringer, OA. Dr. P. Stix)
Auenbruggerplatz 22, 8036 Graz
Tel. 0316/385-516

Psychosomatische Station der Universitätskinderklinik Graz
(OA. Dr. P. Scheer, Ass. Dr. G. Krottmayer, Ass. Dr. M. Kratky)
Landeskrankenhaus, Auenbruggerplatz 15, 8036 Graz
Tel. 0316/358-636

Tirol:

Universität Innsbruck
Ordinariat für Medizinische Psychologie und Psychotherapie
Psychosomatische Ambulanz
(Prof. Dr. W. Wesiack)
Sonnenburgstraße 16/III, 6020 Innsbruck
Tel.: 05222/724/2491

Universitätsklinik für Psychiatrie Innsbruck, Abt. V
Psychosomatische Abteilung
(OA. Dr. W. Biebl)
Psychosomatische Ambulanz
(OA. Dr. J. Kinzl)
Anichstraße 35, 6020 Innsbruck
Tel. 05222/723-3630

Universitätsklinik für Kinderheilkunde, Psychotherapeutische Ambulanz
(Doz. Dr. Burghart Mangold)
Anichstraße 35, 6020 Innsbruck
Tel. 05222/723—3600

Betrachtet man die Tabelle, kann im Vergleich mit den Startbedingungen von einem beachtlichen Fortschritt gesprochen werden. Dennoch bleibt die Situation der Psychosomatik besonders aus dem Blickwinkel des an einer psychosomatischen Krankheit Leidenden — und an die Patienten haben wir ja in erster Linie zu denken — ein öffentliches Ärgernis, ja, praktisch ein Skandal. Vor einiger Zeit habe ich gemeinsam mit *Kropiunigg* ein Buch unter dem Titel »Der fehlgeleitete Patient« veröffentlicht, in dem wir nachweisen, daß ein psychosomatisch erkrankter Patient im Durchschnitt sechseinhalb Jahre (!) braucht, bevor er von einem Arzt auf die psychische Problematik, die seinem Leiden zugrundeliegt, hingewiesen und der Versuch einer entsprechenden Behandlung eingeleitet wird.

Worin besteht nun eine solche adäquate Therapie? Hier geht es um das zweite Anrecht des Patienten, nämlich im Falle des Vorliegens einer psychosomatischen Erkrankung nicht nur körperlich, sondern auch seelisch behandelt zu werden. Es ist eben die tragische Tatsache, daß der psychosomatisch Kranke nicht nur körperlich, sondern auch seelisch krank ist (was er in den meisten Fällen nur sehr widerwillig zur Kenntnis nimmt) und daher einer doppelten Behandlung bedarf.

Die somatische Behandlung mit Medikamenten hat zum Ziel, den bestehenden körperlichen Defekt zu beseitigen. Sie muß aber insofern als eine rein symptomatische bezeichnet werden, als sie ja nicht an die verursachende seelische Wurzel herangeht.

Ohne eine solche psychische Behandlung werden die krankmachenden Gefühle weiter den alten Druck auf das Vegetativum ausüben, und es mag dann nur eine Frage der Zeit sein, bis der Krankheitsrückfall wieder eintritt. An dieser Stelle sei *Peter Altenberg* zitiert:

> Symptome von Krankheiten beheben, statt auf die Ur-Ursache des Leidens tiefzubohren, ist ein feiges Manöver. Vogel-Strauß-Politik: man sieht nichts mehr von der Erkrankung — sie hat sich ins Innere zurückgezogen und lauert hier auf Rache! Krankheit ist oft der Notschrei der beleidigten Seele (Natur) — halte ihr nicht den Mund zu, wenn sie schon so gütig ist, zu schreien und um Hilfe Dich anzuflehen!

Die heutige Situation ist aber so geartet, daß das hier beschriebene *fundamentale Menschenrecht* auf diese ganzheitliche Therapie von psychosomatischen Erkrankungen nur für einen minimalen Prozentsatz der Betroffenen realisiert werden kann. Es besteht auch im Moment wenig Hoffnung, daß sich dieser traurige Zustand in absehbarer Zeit wesentlich ändert. Vielleicht könnte die Initiative der Meistbetroffenen, der Patienten, einen Beitrag dazu leisten, daß hier nun endlich und möglichst bald eine Besserung eintritt.

Ich selbst habe, unterstützt von den zuständigen Ordinarien in Wien, Graz und Innsbruck, eine Initiative eingeleitet, eine spezielle Ausbildung für interessierte Ärzte aller Fachrichtungen, insbesondere auch Praktische Ärzte, in Psychosomatik aufzubauen. Die Kollegen, die sich dieser Ausbildung unterziehen, sollten dann entweder durch einen Zusatztitel oder durch ein Zusatzdiplom gekennzeichnet sein. Diese Bemühungen, die gerade im gegenwärtigen Moment sehr gute Chancen auf eine baldige Realisierung besitzen, böten den Patienten zwei entscheidende Vorteile:

1. Es wären somit jene Ärzte, die wirklich über eine psychosomatische Ausbildung verfügen, gekennzeichnet. Der Patient wüßte daher endlich, an welche kompetenten Leute er sich wenden kann.

2. Die Krankenkassen wären dann aller Wahrscheinlichkeit nach bereit, mit solchen Ärzten einen Vertrag zu schließen, womit auch das soziale Problem einer suffizienten psychosomatischen Behandlung einen Schritt einer menschlichen Lösung näher käme, denn bis zum heutigen Tage sind ja die Patienten, die einer Psychotherapie bedürfen, Stiefkinder der sozialen Versorgung.

Zum Abschluß dieses Punktes möchte ich in einer Tabelle das Therapiekonzept meiner Psychosomatischen Abteilung knapp zusammenfassen:

1. Organisch-medikamentöse Maßnahmen zur Beseitigung eingetretener pathologisch-anatomischer Veränderungen.

2. Behandlung des psychogenen Anteils der Pathogenese (Entlastung des Vegetativums):

a) Aufdeckende Einzel-Psychotherapie;

b) Gruppen- und Familientherapie, Psychodrama;

c) non-verbale Therapien, wie Musiktherapie, Maltherapie, Bewegungstherapie (diese spielen gerade bei der Behandlung psychosomatisch Kranker eine bedeutende unterstützende Rolle, weil diese Patienten beim verbalen Ausdruck ihrer Gefühle oft sehr gehemmt sind);

d) entspannende Maßnahmen: Autogenes Training, Psychopharmaka.

Natürlich kann oft auch eine solche »Therapie-Dichte«, wie sie oben beschrieben wurde, einen Rückfall nicht verhindern.

Eines kann aber mit Sicherheit gesagt werden, daß nämlich das Hinzukommen aller oben beschriebenen Maßnahmen zur rein symptomatischen Therapie eine wesentliche Verbesserung gegenüber einer isoliert somatischen Therapie darstellt; sei es, daß der Rückfall viel später erfolgt, ein viel milderer Verlauf dann Spitalsaufnahme und Krankenstände seltener werden läßt, der Medikamentenverbrauch geringer und die soziale Karriere viel weniger behindert erscheint.

Schließlich soll noch ein Hoffnungspunkt erwähnt werden: Die heute studierende Jugend hat sich von einer einseitigen organisch orientierten und technisierten Medizin abgewendet.

Sie ist von dem Begriff der Ganzheitsmedizin sehr beeindruckt. Die neu geschaffenen Institute für Medizinische Psychologie geben ihr hier die Möglichkeit einer viel besseren Ausbildung auch im Bereich der Psychosomatik als bisher.

Man kann also, vorsichtig ausgedrückt, mit einer künftigen Ärztegeneration rechnen, die mit Idealismus und gutem Wissen bemüht sein wird, sich diesem zentralen Problem der Medizin gewachsen zu erweisen.

V. Neurotische Lebensverunstaltung

Man muß es immer wieder sagen, daß es eine neurotische Entwicklung gibt, die *spezifisch* zum Selbstmord tendiert, und wenn sie nicht rechtzeitig unterbrochen wird, in diesen mündet, also eine Neurose zum Selbstmord hin. Die Kriterien dieser Neurose sind:

1. Schwere Neurotisierung in der Kindheit

Die familiäre Situation bietet in diesen Fällen nicht jene Voraussetzungen, unter denen sich normalerweise das Individuum zu einer vital-dynamischen lebensbejahenden Persönlichkeit entwickelt. Es ist dabei selbst auf Grund zahlreicher Untersuchungen nicht möglich, eine einzige, gleichsam für die Neurose zum Selbstmord hin typische Situation in der Kindheit herauszuarbeiten; es gibt hier vielmehr eine Vielzahl von Möglichkeiten, ihr Typisches liegt vielleicht in der Intensität der Traumatisierung und in ihrer lange anhaltenden Einwirkung. *Erikson,* wohl der bedeutendste unter den Psychoanalytikern der Gegenwart, konnte zeigen, daß in der oralen Phase die Entscheidung fällt zwischen Urvertrauen (bei positiver Entwicklung) und Urmißtrauen (bei negativer Entwicklung), in der analen Phase die zwischen Autonomie und Scham und Zweifel und schließlich in der ödipalen Phase die zwischen Initiative und Hemmung durch Schuldgefühle. Da man nun in der Neurose zum Selbstmord hin immer wieder alle drei hier beschriebenen negativen Verhaltensformen findet, liegt, wenn man dem Konzept Erikson folgt, der Gedanke nahe, daß diese Menschen in allen drei Phasen intensiv traumatisiert und damit neurotisiert worden sind. Spricht man mit solchen Patienten, gewinnt man den Einruck, daß es das Schicksal den Opfern dieser Entwicklung gleichsam nicht gönnt, sich in der nächsten Phase von den Schlägen der vorangehenden zu erholen (was ja bis zu einem gewissen Grad prinzipiell möglich ist). Im Gegenteil: Neue Traumatisierungen verstärken die bereits eingetretenen negativen Folgen. Typisch ist auch die Tatsache, daß die ersten Symptome der kindlichen Neurotisierung in diesen Fällen einheitlich in die Richtung eines gehemmten und entmutigten Kindes, mit unsicherängstlichem, oft auch schüchtern-kontaktgestörtem Verhalten weisen. Hier wird also gleichsam die Grundlage gelegt für die zukünftige Lebensverneinung, und es gibt keinen besseren Ausdruck für dieses Stadium als jenen, den *Zwingmann* geprägt hat, wenn er von der Gefahr des »Erstickens der Lebensfreudigkeit« spricht.

Nach den Erkenntnissen der Tiefenpsychologie ist, wie bereits früher gezeigt, Ich-Unsicherheit immer mit verstärkter Egozentrizität gekoppelt — die Selbstbestätigung wird hier, durchaus verständlich, zur absoluten Notwendigkeit, zur Voraussetzung für die Verbesserung des Selbstwertgefühles; damit aber erscheint jede zwischenmenschliche Beziehung ihrer Natürlichkeit beraubt, da ja der andere in einem unnatürlichen Ausmaß als Mittel zum Zweck (der Selbstbestätigung) mißbraucht wird — hier droht konsequenterweise bereits in den Ansätzen das Scheitern solcher Beziehungen und, daraus resultierend, die Isolierung.

2. Die beschriebene Entwicklung wird auch nach der Kindheit konsequent fortgesetzt

Das Wesentliche dabei ist aber, daß man in ihr vergeblich nach jenen Symptomen suchen wird, die normalerweise das klassische Bild der Neurose prägen. Es fehlen also hysterische, phobische, zwanghafte, neurasthenische oder psychosomatische Mechanismen; wenn solche auftreten, erscheint die Selbstmordtendenz abgeschwächt, aber mehr noch, es ändert sich das Bild grundsätzlich in dem Sinne, daß man nicht mehr von einer Neurose zum Selbstmord hin sprechen kann: Denn bei der Neurose zum Selbstmord hin fehlen eben die gewöhnlichen neurotischen Abwehrmechanismen und damit die üblichen neurotischen Symptome.

3. An Stelle der klassischen (hier fehlenden) neurotischen Symptome dominiert in all diesen Fällen eine ausgesprochen neurotische Lebensverunstaltung

Sie beruht auf folgenden drei neurotischen Faktoren:

○ auf einer grundsätzlich entmutigten neurotischen Lebenseinstellung,

○ auf bestimmten, immer wieder zur Anwendung gebrachten Verhaltensmustern (Wiederholungstendenz),

○ auf neurotischen Gefühlsübertragungen (Ambivalenz).

Sie führen zusammenwirkend zur Aneinanderreihung ähnlicher, wenn nicht sogar gleichartiger Erlebnisse und daraus resultierender Situationen, entsprechend der Tendenz des Neurotikers, die ursprünglich pathogene Situation im Verlauf des späteren Lebens wieder darzustellen.

Durch die konsequente Anwendung dieser neurotischen Mechanismen kommt es zu einer Kette von Enttäuschungen und Mißerfolgen, so daß man von einer neurotischen Lebensverunstaltung sprechen kann.

Nun haben wir schon gesehen, daß jede Neurose die Tendenz zur Selbstschädigung und Lebensverunstaltung in sich trägt. Parallel zu der Tatsache aber, daß die Zwangsneurose die Neurose mit dem engsten Gewissen und dem größten Angstpotential, die Hysterie jene mit der stärksten Ambivalenz, die Neurasthenie jene mit dem intensivsten Unlustgefühl ist, könnte man die Neurose zum Selbstmord hin als die Neurose mit dem stärksten Minderwertigkeitsgefühl und den massivsten Sekundärkonflikten bezeichnen.

Auf der einen Seite fehlen hier die Abwehrmechanismen bis auf den einen der Aggressionsumkehr (siehe Kapitel 3), auf der anderen Seite tritt als Folge von Entmutigung und immer wieder angewendeten gleichbleibenden Verhaltensmustern eine ständige Verschlechterung der Lebenssituation ein — konsequenterweise wird ein solches Geschehen zuerst in eine neurotische Depression (jede Depression bedeutet gehemmte und gegen das eigene Ich gerichtete Aggression) und bei weiterem Anhalten, das heißt bei Nichtlösung der zugrundeliegenden Konflikte, in Selbstmordgefahr münden.

Hier liegt also eine besonders intensive Lebensverunstaltung vor, die es berechtigt erscheinen lassen mag, eben diese Lebensverunstaltung als das kritische Detail einer solchen Neurose auch in ihrer Bezeichnung hervorzuheben.

Ihre weitere Entwicklung verläuft in drei Stadien:

a) *Verkümmerung und Verlust der expansiven Kräfte.* Der Verlust des Urvertrauens führt zu unsicherer Entmutigung. Aus dieser Haltung heraus werden viele Dinge gar nicht erst angestrebt, sondern gleichsam links liegen gelassen, man weicht ihnen ängstlich aus, und damit wird eine Fülle von Möglichkeiten a priori ausgeschaltet.

Solche Menschen lernen zum Beispiel oft weder schwimmen noch tanzen: beides ist fast immer ein Entmutigungssymptom, das Beachtung finden sollte, auch wenn es natürlich für sich allein keineswegs schon als Vorstadium einer Entwicklung zum Selbstmord hin aufgefaßt werden darf. Das traurige Ergebnis ist schließlich, daß viele Lebensgebiete für den Betreffenden gar nicht mehr existieren — hier mündet diese Entwicklung in die unweigerlich aus ihr resultierende Einengung des Lebensraumes.

b) *Stagnation.* Die Fixierung an starre, gleichbleibende Verhaltensmuster läßt den Menschen gleichsam im Kreis gehen, ihn immer wieder an dieselbe Stelle zurückkehren: die Wandlungs- und damit Evolutionsfähigkeit fehlt. Dem Betreffenden wird der unendlich qualvolle Eindruck vermittelt, daß alles mißlingt, daß er ein Stiefkind des Lebens und des Glückes sei, daß er nichts wirklich Neues mehr erleben könne, weil ja immer wieder das gleiche, und zwar Negative, geschieht. Kann es Wunder nehmen, wenn durch eine solche Entwicklung die schon ursprünglich gegebene Unsicherheit und Entmutigung noch wesentlich verstärkt werden? In unseren schlimmsten Alpträumen kommen wir nicht von der Stelle, gehen im Kreise, kehren immer wieder zum selben Punkt zurück, dementsprechend führt die Erlebniswiederholung leicht zum Gefühl der Ausweglosigkeit und damit in die Nähe des Suizids. Es mag kein Zufall sein, daß sich Lieder, wie etwa das vom »traurigen Sonntag«, als besonders gefährlich erwiesen haben, Selbstmord auszulösen; neben traurigem Inhalt und entsprechender sentimentaler Melodie spielt hier die sich wiederholende Einförmigkeit, die stete Wiederkehr bestimmter Tonfolgen und Rhythmen eine entscheidende einengende Rolle. Dabei sind die Opfer dieses Geschehens — und das ist vielleicht das Schlimmste — nicht imstande, aus dem erlittenen Schaden klug zu werden; sie können aus eigenem nicht jene Veränderung ihrer Verhaltensmuster vornehmen, die es ihnen ermöglichen würde, in der Zukunft erfolgreicher zu sein. Es erfüllt sich somit an ihnen das Wort *Toynbees:*

> Diejenigen, die ihre Vergangenheit nicht verstehen, sind dazu verdammt, sie immer wieder von neuem in der Zukunft zu erleben.

In dieser Situation einer weitgehenden Resignation bezüglich der eigenen Möglichkeiten macht sich eine weitere Komponente der Entwicklung zum Selbstmord hin bemerkbar.

c) *Regression.* An Stelle des verlorengegangenen aktiven Prinzips tritt mehr und mehr das passive, eben die Regression. Dem Kind ähnlich, erwarten diese Menschen dann alles von den anderen; sie lieben nicht mehr, sondern wünschen geliebt zu werden (möchten sich »lieben lassen«); sie leisten keinen Beitrag zur Gestaltung des Lebens der Gemeinschaft, sondern wünschen, von anderen im und am Leben gehalten zu werden. Es entsteht eine verstärkte Abhängigkeit von der Umwelt, damit aber auch eine besondere Sensibilität und Vulnerabilität, und schließlich resultiert daraus nur allzuleicht das Gefühl des Nichtverstanden-, ja sogar das Alleingelassenseins, also Verbitterung und inneres Sich-Zurückziehen. Ein Patient beschrieb dies so:

> Ich warte, daß man mir in Liebe entgegenkommt; wenn dies aber der Fall ist, möchte ich der sein, der die Wahl von sich aus aktiv trifft, und weise deshalb jede Annäherung zurück. Aktiv aber werde ich nicht, weil ich Angst vor Mißerfolg habe.

Erschütternder kann das Schwanken zwischen Sehnsucht und Unfähigkeit, die ersehnten Ziele zu realisieren, nicht dargestellt werden. Jeder wird verstehen, daß ein solches Verhalten in immer mehr zunehmende Isolierung und Verzweiflung münden muß. Noch etwas ergibt sich daraus: Im Rahmen der neurotischen Lebensverunstaltung wird die Trennung von einem geliebten Menschen, sein Verlust, zum schweren Trauma, weil ja eine vollständige Abhängigkeit von ihm besteht.

Betrachtet man diese neurotische Entwicklung zum Selbstmord hin, die hier nur knapp dargestellt werden konnte, so kann kein Zweifel darüber bestehen, daß sie sich durch äußerst charakteristische und eindrucksvolle Symptome ankündigt und verrät. Es ist daher in allen diesen Fällen nur schwer möglich, nachher zu behaupten, »man habe nichts bemerkt«. Hier hat der Satz von *Menninger* seine Gültigkeit: »Selbstmörder ist man, lange bevor man Selbstmord begeht« — die Ergänzung ist gestattet, daß die modernen Erkenntnisse gerade im Falle einer neurotischen Entwicklung zum Selbstmord hin die rechtzeitige Entdeckung eines solchen »heranreifenden Selbstmordes« absolut ermöglichen, weil sich ja in ihrem Rahmen, wie gezeigt, das präsuizidale Syndrom immer mehr konstituiert.

Im vorigen Jahrhundert hinterließ ein Suizidant an Stelle eines Abschiedsbriefes ein Gedicht, unmittelbar vor seinem Selbstmord verfaßt, und von *Pelmann* erstmals veröffentlicht:

Immer enger wird mein Denken,
immer blinder wird mein Blick,
mehr und mehr erfüllt sich täglich
mein entsetzliches Geschick.
Kraftlos schlepp ich mich durchs Leben,
aller Lebenslust beraubt,
habe keinen, der die Größe
meines Elends kennt und glaubt.
Doch mein Tod wird Euch beweisen,
daß ich jahre-, jahrelang
an des Grabes Rand gewandelt,
bis es jählings mich verschlang.

Diese Verse geben nicht nur in erschütternder, konzentrierter, »verdichteter« Form die Situation einer »Neurose zum Selbstmord hin« wieder, sie enthalten auch in klassischer Form jene psychische Befindlichkeit, die ich erstmals 1949 bei selbstmordgefährdeten Menschen entdeckte, und die ich dementsprechend als *»Präsuizi-*

dales Syndrom« bezeichnete. Mit diesem Syndrom möchte ich mich im folgenden beschäftigen, weil aus seinem Auftreten auf gegebene Selbstmordgefahr zu schließen ist.

Das Präsuizidale Syndrom besteht aus drei Bausteinen:

○ aus der Einengung,

○ aus der gehemmten und gegen die eigene Person gerichteten Aggression und

○ aus den zunehmenden Selbstmordphantasien.

Der *erste Baustein,* die Einengung, tritt in vierfacher Form in Erscheinung, und zwar

1. als situative Einengung,
2. als Einengung der Wertwelt,
3. als dynamische Einengung und schließlich
4. als Einengung der zwischenmenschlichen Beziehungen.

Ich beginne mit der *situativen Einengung,* die bedeutet, daß man sich in einer Situation befindet, die man als überwältigend, erdrückend erlebt, der gegenüber man sich klein, ohnmächtig, hilflos, ausgesetzt und ausgeliefert empfindet (Gefühl, die Dinge nicht mehr gestalten zu können, gefolgt von Nicht-ein-und-aus-Wissen).

Die situative Einengung kann erstens auftreten als Folge eines Schicksalsschlages, wobei das Vorstadium der situativen Einengung *die situative Not* ist. Erst durch eine bestimmte Reaktion des Menschen auf situative Not, nämlich, daß er verzagt, sozusagen den Kopf verliert, in Panik gerät, nicht Zeit vergehen lassen kann (dies ist ein sehr wichtiger Faktor), wird daraus die situative Einengung. Situative Not ist noch nicht präsuizidal, situative Einengung ist es bereits.

So gesehen ist die situative Not ein wichtiges Vorstadium der situativen Einengung, und es wird eine wesentliche Aufgabe jeder Krisenintervention sein (situative Not und Krise sind ja weitgehend identisch), eine gesunde Verarbeitung der situativen Not zu erreichen und damit das Auftreten einer situativen Einengung zu verhindern. Fragen wir uns daher nun, wovon die positive Verarbeitung einer situativen Not abhängig ist, so werden wir folgende Punkte herausarbeiten können:

Zuerst wird es ganz wesentlich auf die betroffene Persönlichkeit ankommen. Je größer ihr Selbstvertrauen ist, desto leichter wird sie mit dem Problem fertig werden können. Sodann wird es wesentlich sein, daß der in der Krise Befindliche sich nicht einsam und verlassen fühlt, sondern die Unterstützung durch andere Menschen erleben kann. Dies wird ihn ermutigen, Pläne zur Bewältigung der kritischen Lage zu schmieden, nicht in Passivität zu verfallen, sondern erste

Anstalten zu treffen, durch Aktivität die Gestaltung seines Lebens in die eigenen Hände zu nehmen. Vorteilhaft dafür wird es auch sein, daß der Betreffende bereits frühzeitig gelernt hat, mit Krisen fertig zu werden.

Außerdem ist es wesentlich, zu erkennen, daß man vielleicht im Moment die Situation viel schlechter einschätzt, als sie tatsächlich ist. Wer darüber schlafen kann, Zeit vergehen lassen kann, wer den Augenblick nicht fixiert, erkennt, daß gerade in schlimmen Zeiten die Zeit der »Engel des Menschen« sein kann, der wird schon wesentliche Ansätze dazu getroffen haben, situative Not nicht in situative Einengung übergehen zu lassen. Diese Darstellung zeigt gleichzeitig, daß gerade hier die menschliche Bereitschaft, Hilfe zu leisten, von einer entscheidenden Bedeutung ist.

Günstige Entwicklung	Ungünstige Entwicklung
Situative Not	
Bewältigung	Situative Einengung
Selbstvertrauen, Mut, Erfahrung, Pläne, Aktivität Unterstützung durch andere Zeit vergehen lassen können	Gefühl des Ohnmächtig- Ausgeliefert-Seins Passivität, Hoffnungslosigkeit, Resignation, Isolation Fixierung des Augenblicks (die Zeit steht still)

Aus dem bisher Gesagten wird sich ergeben, daß die situative Einengung auch bei geringfügigen psychischen Traumen auftreten kann, wenn der Betreffende aufgrund seiner Vorgeschichte für dieses Trauma anfällig ist. Ein Trauma ist immer »subjektiv« zu beurteilen, aber nicht subjektiv aus unserer Sicht (wenn *mir* das passierte, wäre es ein schweres oder ein leichtes Trauma, daher muß es für den anderen genauso sein), sondern aus der Sicht dessen, dem es geschieht (dazu muß man ihn und seine Entwicklung freilich zuerst kennen).

Die dritte Möglichkeit ist, daß die situative Einengung durch eigenes Verhalten systematisch herbeigeführt wird, wie wir es eben bei der neurotischen Lebensverunstaltung sehen, wo ein Unglück nach dem anderen unbewußt »inszeniert« wird, bis schließlich eine ausweglose Situation resultiert. Viertens kann situative Einengung auch dadurch zustande kommen, daß ein Mensch alles durch eine »schwarze Brille« sieht und damit dort eine situative Hoffnungslosigkeit zu entdecken vermeint, wo sie in Wirklichkeit gar nicht besteht. — Klassisches Beispiel dafür wäre etwa der Krebswahn des endogen Depressiven, der überzeugt ist, daß es für ihn keine Rettung gibt.

Bei den Möglichkeiten zwei bis vier, besonders aber drei und vier, spricht alles für eine schwere Persönlichkeitsstörung, um so leichter wird natürlich die situative Einengung zu suizidalen Reaktionen führen.

Die zweite Form betrifft die *Einengung der Wertwelt.* Zuerst wäre hier die Reduktion des Selbstwertgefühls zu erwähnen. Es handelt sich also um Menschen, die nicht an sich, nicht an die Wichtigkeit ihrer Existenz glauben, die meinen, sie würden niemandem abgehen, die das Gefühl entwickeln, ob sie auf der Welt seien oder nicht bedeute dasselbe. Zweitens wäre an die Reduktion der Wertbezogenheit zu erinnern: Der selbstmordgefährdete Mensch verliert seine Beziehung zu Wert- und Interessengebieten, immer mehr Dinge werden ihm »gleichgültig«.

Diese beiden Faktoren spielen eine besondere Rolle bei den Selbstmorden von Jugendlichen, die in beunruhigendem Ansteigen begriffen sind.

Ich habe bereits im zweiten Kapitel auf die Faktoren, die kindliche Situation betreffend, hingewiesen, die zu einer enormen Reduktion des Selbstwertgefühls und zu einer Wertverdünnung, vor allem zu einem Ersatz seelischer Werte durch übertriebene Zuwendung materieller Werte, die aber nicht als vollwertiger Ersatz erlebt werden, führen.

Was die Einengung der Wertwelt betrifft, ist noch ein weiterer wichtiger Punkt hinzuzufügen, der gesellschaftspolitisch von Bedeutung scheint (und der Suizid ist ja unter anderem auch ein gesellschaftspolitisches Problem): Jeder Mensch, der anders denkt als die Mehrheit einer Gesamtheit, der also abweichende Wertvorstellungen hat, jeder Mensch dieser Art, der gewöhnlich automatisch zu den Aussätzigen, den Minderwertigen, den Verachteten gerechnet wird, ist schon durch diese wertmäßige Isolation in einer erhöhten Selbstmordgefahr. (Siehe auch später in diesem Kapitel.)

Die dritte Form der Einengung, nämlich die *dynamische Einengung,* stellt in gewissem Sinne — so glaube ich — das Herzstück des präsuizidalen Syndroms dar. Dynamische Einengung ist nicht zu verwechseln mit mangelnder Dynamik.

Menschen im adynamischen Zustand (wie er beispielsweise oft bei Krebskranken im terminalen Stadium besteht) begehen keinen Suizid, denn zu dieser Aktion gehört eine enorme zusammengeballte Kraft. (Eine endogene Depression täuscht mit ihrer Hemmung oft einen Zustand der nicht vorhandenen Dynamik vor, aber »unterirdische« Dynamik ist reichlich vorhanden, sie ist nur gleichsam in einen Schraubstock gepreßt, kann sich aber jederzeit freimachen und zum Selbstmord führen.)

Der Begriff der dynamischen Einengung meint, daß sich die Gefühle des Menschen in eine einzige Richtung bewegen, etwa in die Richtung der Depression, ganz besonders in die Richtung der Verzweiflung und der Hoffnungslosigkeit, und daß die Gegenregulationsmechanismen, die einen Ausgleich der Gefühlswelt herbeizuführen vermögen, versagen.

Im einzelnen können wir im Rahmen der dynamischen Einengung folgende Phänomene beobachten:

aa) *Starrer Ablauf* der Apperzeption und der Assoziationen: Die betreffenden Persönlichkeiten verhalten sich, als hätten sie eine Brille auf, durch welche sie alle Geschehnisse tendenziös, das heißt verzerrt wahrnehmen. Auf diese Weise wird die Persönlichkeit schließlich von gleichbleibenden, stets wiederholten Gedankenabläufen und -inhalten beherrscht.

bb) *Fixierte Verhaltensmuster:* In diesem Teil der dynamischen Einengung kommt es zu einer Verringerung der Reaktionsmöglichkeiten der Persönlichkeit, welche die normalerweise vorhandenen zahlreichen Verhaltensschattierungen verloren hat. Starre Verhaltensmuster — sie laufen oft so automatisch ab, daß man den Eindruck der Konditionalisierung nach Art bedingter Reflexe gewinnt — bestimmen das Erscheinungsbild.

cc) *Affektive Einengung:* Diese bedeutet, daß ein affektives Muster unter vielen anderen prinzipiell möglichen immer mehr in den Vordergrund des Verhaltens tritt und schließlich sich beherrschend auswirkt, dabei muß man vor allem (aber keineswegs ausschließlich) an eine depressive oder eine ängstliche Verfassung denken.

dd) *Einengung der Abwehrmechanismen:* Im präsuizidalen Status kommt es zu einer auffälligen Reduzierung der Ego-Defense-Mechanismen, wie wir sie bereits bei der neurotischen Lebensverunstaltung kennengelernt haben. Ernst wird die Situation dann, wenn dabei der Abwehrmechanismus »Umkehr der Aggression gegen die eigene Person« immer mehr in den Vordergrund tritt. Die höchste Alarmstufe ist erreicht, wenn dieser allein das Feld beherrscht und alle anderen Defense-Mechanismen erloschen sind. Das Vorhandensein anderer Abwehrmechanismen verringert die Selbstmordgefahr beziehungsweise läßt auf Abschwächung der Selbstmordtendenz hoffen (siehe zum Beispiel die massiven Abwehrmechanismen bei der Hysterie — folgerichtig kommt es bei dieser Erkrankung dann eher zu Selbstmordversuchen als zu Selbstmord).

Zusammenfassend findet also im Rahmen der dynamischen Einengung eine einseitige gefühlsmäßige Ausrichtung der Persönlichkeit statt, bis dieselbe sich schließlich von dieser einen überstarken Tendenz zum Selbstmord getrieben und gezwungen fühlt.

Im Augenblick des Selbstmordes erreicht die dynamische Einengung ihren absoluten Höhepunkt. Schon *Luther* hat gemeint, daß der Selbstmörder mit einem Wanderer verglichen werden könne, der von Räubern überfallen und gegen seinen Willen aus dem Leben gedrängt wird. In dem Stück »Der Konsul« von *Menotti* gibt eine Frau diesen Zustand mit den Worten wieder: »Das Gewebe meines Lebens ist zu einem einzigen Faden zusammengeschrumpft.« *Hertha Kräftner,* die hochbegabte Dichterin, schreibt unmittelbar vor ihrem nur allzu frühen Selbstmord:

> Die Zeit zieht sich zusammen wie die Schnur am Rande eines Beutels, schwarz hängt der Beutel nach unten in den leeren Raum. Das ist der Tod, in den wir fallen. Wir fallen in den schwarzen Beutel und bleiben dort liegen. Wir fallen nicht in den freien Raum. Gesetz und Unterwerfung auch dort noch. Daß ich mich töten kann, ist ja nicht Freiheit, ist ja nur das Gesetz meiner Natur.

Selbstverständlich können wir für jedes Selbstmordgeschehen, weil wir eben Verstand besitzen, eine Rationalisierung vornehmen. In Wirklichkeit aber ballen sich in der Gefühlswelt jene Kräfte zusammen, die den Menschen dann mit einer unglaublichen Gewalt (wie die einer Rakete) aus der Anziehungskraft der Selbsterhaltung schleudern, hinein in die Selbstvernichtung. Mit Recht sagt *Gottfried Benn:*

> Der Entschluß zum Selbstmord entsteht in jenen Bereichen der menschlichen Persönlichkeit, die irrational und elementar sind und entwicklungsgeschichtlich unter oder vor den Überschichtungen des Gehirns durch die menschliche Bewußtwerdung liegen.

Wir aber werden immer »intellektueller« und übersehen immer mehr die Emotionen. Schon im Elternhaus entsteht durch fehlende Zuwendung, zu geringe Zeit, die die Eltern dafür haben, ein emotionales Defizit. Die Schüler wiederum verlassen die Schule (leider Gottes oft auch die Hochschule) als »Analphabeten des Gefühls« *(Bergmann),* angestopft mit Wissen, aber ahnungslos, wie wir mit unseren Gefühlen (Haß, Erbitterung, Neid, Verzweiflung usw.) zurechtkommen sollen. Diese ballen sich dann in uns zusammen — siehe auch später —, nehmen destruktive Formen an, vermögen die Welt, aber auch uns selbst (Suizid!) zu zerstören.

Einmal habe ich einen Patienten gefragt, ich werde das nie vergessen: »Warum wollten Sie sich umbringen?« Da sagte er: »Wenn Sie keine bessere Formulierung haben, dann sehe ich, daß Sie vom Selbstmord überhaupt nichts verstehen. So etwas will man doch nicht, dazu wird man gegen seinen Willen getrieben und gezwungen. Das ist eine Überwältigung, die sich in einem abspielt.«

Peter Meiwald, ein sehr gescheiter Journalist, der auch Aphorismen schreibt, formulierte es so: »Der Freitod ist die Verharmlosung von Zwängen.«

Aus all den hier angeführten Gründen bin ich davon überzeugt, daß das im Deutschen oft als Synonym für Selbstmord gebrauchte Wort »Freitod« unhaltbar ist (siehe auch im nächsten Kapitel).

Der vierte und letzte Punkt der Einengung wäre die *Einengung der zwischenmenschlichen Beziehungen.* Es ist eine Tatsache, daß in der überwiegenden Mehrzahl aller Fälle der Selbstmordgefährdete ein vereinsamter Mensch ist. Unter vereinsamten Menschen darf man sich freilich nicht nur, wie in den tragischen Fällen des Altersselbstmordes, Menschen vorstellen, die ganz allein sind, niemanden haben, der sich um sie kümmert, dem sie abgehen, weswegen auch ihr Tod oft tagelang nicht bemerkt wird, sondern solche, die zwar äußerlich über Beziehungen verfügen, aber innerlich isoliert sind, weil sie sich unverstanden fühlen, weil sie nebeneinander einherleben ohne Kommunikation, belastet durch ein totales Entfremdungserlebnis, weil sie — entgegen leeren verbalen Versicherungen — in der Stunde der Bewährung auf niemanden zählen können, der Hilfe leistet.

Für die Praxis der Selbstmordverhütung muß aus dieser Erkenntnis der Schluß gezogen werden, daß man in allen Fällen sich nicht mit der Registrierung bestehender Beziehungen begnügen darf, sondern immer auch zu prüfen hat: Was sind diese Beziehungen in Wirklichkeit wert? Und noch etwas folgt daraus: Wir haben die Pflicht, diese Isolation zu durchbrechen, indem wir eine gute und tragfähige Beziehung zum Gefährdeten aufbauen.

Nun zum *zweiten Baustein* des präsuizidalen Syndroms, den man mit Fug und Recht den Freudschen Baustein nennen kann, denn *Sigmund Freud* war der erste, der die bedeutende Rolle, welche die Aggression für den Selbstmord spielt, entdeckte.

Drei Stadien lassen sich abgrenzen: Zuerst ballt sich in einem Menschen, gewöhnlich durch Frustration schon in der Kindheit, aber auch durch andere und spätere Enttäuschungserlebnisse, eine ungeheure aggressive Kraft zusammen. Diese Aggression kann aus vielen Gründen, wie etwa Gewissensverbot, Zivilisation (die zu immer größerer Triebunterdrückung führt) und Entfremdung (denn die zwischenmenschlichen Beziehungen dienen zweifellos, wenn sie gut sind, auch der Aggressionsabreaktion aneinander), nach außen nicht entladen werden. Aus nicht abreagierter Aggression entsteht das Gefühl »ohnmächtiger Wut«, was schließlich zur Umkehr der Aggression gegen die eigene Person führt, zu dem, was die Amerikaner als »Implosion« bezeichnen, also als eine Explosion, die nach innen erfolgt. Diese Implosion trifft aber natürlich auch die Umwelt mit, sie ist ein Vorwurf, eine Anklage gegen die nächste Umgebung, vielleicht auch gegen die Gesellschaft und Gott: Zwar wird zuerst die eigene Person getroffen, aber es findet damit zugleich eine Rachetendenz an anderen ihre Befriedigung, wie es *Adler* ausgedrückt hat.

Vor einiger Zeit behandelte ich ein Mädchen nach einem Selbstmordversuch, wobei sich herausstellte, daß bereits eine ihrer vier Schwestern Selbstmord begangen hatte. In einer der ersten Unterredungen fragte ich das Mädchen, wie die Eltern weiter hätten existieren sollen, wenn sie jetzt hätten erleben müssen, ein zweites Kind durch Selbstmord sterben zu sehen? Die Antwort kam blitzschnell: »So viele Kinder, wie meine Eltern verdienen würden, durch Selbstmord zu verlieren, soviel können sie im ganzen Leben nicht zeugen.«

Deutlicher und tragischer kann die Rolle der Aggression im Selbstmord nicht dargestellt werden: weil der direkte Weg nicht möglich ist, wird über den eigenen Tod der indirekte gewählt, die Aggression auszudrücken. Natürlich spielt diese Aggressionsproblematik auch eine ganz entscheidende Rolle für das Zustandekommen der dynamischen Einengung; denn Depression ist ja, psychodynamisch gesehen, nichts anderes als gehemmte Aggression.

Der *dritte Baustein* des präsuizidalen Syndroms besteht in der Flucht in eine Phantasiewelt, besonders dann in den Tod. Je unerträglicher das Leben wird, desto mehr versucht man, in eine Scheinwelt auszuweichen, vielleicht in das, was *Hermann Hesse* im »Steppenwolf« das »Magische Theater« nennt. Diese Flucht hat aber drei katastrophale Folgen:

1. Wer flieht, der gibt die Gestaltung dieser Welt auf.

2. Je mehr man in eine Scheinwelt flieht, desto unerträglicher wird die Diskrepanz zur Wirklichkeit.

3. Die Phantasien machen sich schließlich selbständig. Was man zuerst als Lösung, als Erlösung, als Befreiung selbst intendiert hat, das stürzt sich nun auf den Menschen gegen seinen Willen, wie der Besen des Zauberlehrlings, der zuerst ein Diener war und dann sein entfesselter Herr wird. Harry Haller im »Steppenwolf« tröstet sich: »Mit fünfzig kann ich immer noch Selbstmord begehen.« Das, was

zuerst ein Rettungsanker scheint, schwere Zeiten zu überdauern, kann aber später in den Selbstmord treiben.

Inhaltlich verlaufen diese Selbstmordphantasien in drei Stadien. Zuerst: Ich möchte tot sein, dann: Ich könnte ja Selbstmord begehen; schließlich die dritte Stufe: Wie werde ich es durchführen? (Dieses Stadium ist das gefährlichste.)

Dennoch haben die zunehmenden Selbstmordphantasien auch einen positiven Aspekt: denn wie das Sprichwort sagt: »Wes das Herz voll ist, des geht der Mund über«; und so beginnen diese Menschen in der Labilitätsphase, die *Pöldinger* so ausgezeichnet beschrieben hat, in der Leben und Sterben noch miteinander im Kampf liegen, über ihre Selbstmordabsichten zu sprechen. In all diesen Ankündigungen der Suizidabsicht ist die Hoffnung enthalten, verstanden und »von dem letzten schweren Schritt«, um es mit *Goethe* zu sagen, zurückgehalten zu werden.

Freilich erfolgen die »Hilferufe« oft in indirekter Form, so daß gleichsam sowohl dem Leben als auch dem Tode eine Chance gegeben wird. So »gütig« sind die Leute im allgemeinen nicht, daß sie sagen, morgen werde ich mich auf diese oder jene Weise umbringen (auch das kommt vor, auch das wird oft genug ignoriert). Man muß eben lernen, die chiffrierten Nachrichten zu »enträtseln«. Es kommt oft wirklich auf jedes Wort an, man muß äußerst wach und wachsam sein, wenn man Selbstmord verhindern will. Später, wenn es zu spät ist, erkennt man den »tieferen Sinn« mühelos, warum nicht früher?

Es ist nur schwer zu verstehen, warum die Ankündigungen einer Selbstmordabsicht in der überwiegenden Mehrzahl überhört werden: 90 von 100 Selbstmorden ließen sich so verhindern! Es bleibt aber in unserer Realität nichts anderes übrig, als zu analysieren, warum Warnungen (oft auch von Ärzten) einfach nicht wahrgenommen (für wahr genommen) werden: Man wird dies mit Unwissenheit, viel mehr aber noch mit gestörten zwischenmenschlichen Beziehungen in Zusammenhang bringen müssen. Da wir aneinander vorbeileben, hat der Tod eine größere Chance als das Leben.

Die Darstellung des präsuizidalen Syndroms möchte ich noch mit der Bemerkung abschließen, daß es oft zu einem verhängnisvollen Zusammenspiel der drei Bausteine des präsuizidalen Syndroms kommen kann, wodurch nach Art eines Circulus vitiosus seine ständige Verstärkung erfolgt.

So wird, um nur einige Beispiele zu erwähnen, die Isolierung sowohl die Möglichkeiten der Aggressionsentladung vermindern als auch die Angst erhöhen, die Einengung der Apperzeption und Assoziation Selbstmordphantasien fördern, das Überhandnehmen von

Selbstmordphantasien wiederum Angstaffekte freizusetzen und eine bestehende dynamische Einengung besonders leicht das Gefühl vermitteln können, es sei auch eine situative Einengung gegeben.

Nach diesem Exkurs über das präsuizidale Syndrom zurück zur Neurose zum Selbstmord hin! *Wird sie rechtzeitig entdeckt, so ist es durchaus möglich, durch eine Behandlung der Krankheit der Lebensgestaltung eine günstige Wendung zu geben.* Leider macht aber die Entdeckung gerade bei dieser Neuroseform dem Betroffenen selbst besondere Schwierigkeiten. Leidet jemand an Angst vor geschlossenen Räumen, an einem Waschzwang oder etwa an hysterischen Konversionsschmerzen, dann erkennt er relativ leicht, daß er krank ist und des Arztes bedarf. Aber bei einer Neurose, die sich nur in der Lebensgestaltung auswirkt, liegt es nahe, sich als Opfer von Zufällen, unglücklichen Umständen, Tücken des Schicksals usw. anzusehen. Wer von diesen Kranken durchschaut sein eigenes neurotisches Arrangement?

Daher muß in allen diesen Fällen die Umgebung doppelt wachsam sein und alles tun, damit rechtzeitig eine psychotherapeutische Behandlung eingeleitet wird (oft ist es ja, um es überspitzt auszudrücken, schwerer, den Patienten zur Therapie zu bewegen, als dieselbe durchzuführen).

Wenn ein Mensch immer nur Mißerfolge hat (sein Unglück also zu einer persönlichen Eigenschaft wird, um ein Wort *Napoleons* zu variieren), oder aber wenn er immer wieder dasselbe erlebt, sollten dies ausgesprochene Alarmsymptome sein. Einige Aussprüche von Patienten mögen eine solche Situation illustrieren: »Glück ist für mich ein Fremdwort«, »ich bin ein totaler Versager«, »das Schicksal hat mich in den Abfallkorb des Lebens geworfen«, »mein Leben ist auf Sparflamme gestellt«, »ich inszeniere alles vortrefflich, aber ich inszeniere es so, daß es nicht gelingen kann«, »alle meine Enttäuschungen sind in Erfüllung gegangen«.

Die beiden letzten Zitate zeigen schon den Übergang zu der Einsicht in die Tatsache, daß in all diesen Fällen der geheime Steuermann in der eigenen Person zu suchen und zu finden ist, deuten damit vielleicht auf eine gewisse Therapiebereitschaft hin. Die Vermittlung der Erkenntnis »Du bist es, der das alles macht« ist denn auch das erste Ziel einer solchen Behandlung, und diese Einsicht kann bereits erleichternd wirken, wenn daraus die logische Konsequenz abgeleitet wird, daß man nicht für alle Zukunft wehrlos einem blindwütigen Schicksal ausgesetzt ist, sondern sein Leben von nun an besser gestalten kann.

Die Besprechung der Psychotherapie ist an und für sich dem 7. Kapitel vorbehalten; da aber gerade die Behandlung der Neurose zum Selbstmord hin einige Besonderheiten aufweist, sei ein diesbezüglicher Vorgriff gestattet.

Die folgenden fünf Punkte, die im Rahmen jeder Psychotherapie bedeutsam sind, sollten bei der psychotherapeutischen Behandlung eines Selbstmordgefährdeten im Mittelpunkt besonderer Aufmerksamkeit stehen. Sie zeigen, daß dem präsuizidalen Syndrom nicht nur Bedeutung für die rechtzeitige Entdeckung und Beurteilung der Selbstmordgefahr zukommt, sondern auch für den Aufbau einer spezifisch anti-suizidalen Psychotherapie.

1. Die Bedeutung der Bindung an den Therapeuten

Es kommt hier, mehr noch als in jeder anderen Psychotherapie, auf eine intensive und wirklich tragfähige Arzt-Patienten-Beziehung an. Die Erfahrung lehrt, daß man einen selbstmordgefährdeten psychogen, also nicht psychotisch erkrankten Patienten in jenem Momente nicht mehr verliert, in dem eine solche Beziehung aufgebaut ist. Stellt sie doch den ersten Schritt zur Beseitigung der entscheidenden Einengung der zwischenmenschlichen Beziehungen dar und schlägt damit eine primäre Bresche in den Ring der präsuizidalen Einengung, der um den Patienten liegt. Natürlich wird eine solche Bindung letztlich den Gesetzen der Übertragung folgen, und es muß daher angenommen werden, daß sie von seiten des Patienten mit Ambivalenz besetzt ist. Die Chance des Therapeuten liegt aber darin, diese Übertragungssituation zu verstehen und mit dem Patienten zu analysieren, eine Vorgangsweise, die ihm auch die Möglichkeit gibt, der äußerst schwierigen Ausgangssituation hinsichtlich der Arzt-Patienten-Beziehung (das offen ausgesprochene Interesse des Arztes, den Patienten am Leben zu halten, bedeutet einerseits ein Plus, weil es den Patienten aus der Isolierung herausführt, andererseits aber vielleicht auch ein Minus, weil es den Patienten verführen kann, dieses Interesse auszunützen und dementsprechend die Bindung zum Arzt abnorm zu belasten) nicht hilflos ausgeliefert zu sein.

2. Abreaktion der Aggression

Wir haben bei der Besprechung der Phänomenologie des präsuizidalen Syndroms auf die verhängnisvolle Rolle der Aggressionshemmung und der Umkehr der gehemmten Aggression gegen die eigene Person hingewiesen. Daraus folgert, daß die Selbstmordgefahr im selben Maße abnimmt, als es gelingt, den Patienten in den psychotherapeutischen Sitzungen zu einer Verbalisierung und damit zu einer Entladung seiner angestauten Aggressionen zu bringen. Die Erfahrung lehrt, daß jede dieser Abreaktionen zumindest für den Moment zu einer ausschlaggebenden Verminderung der Suizidtendenz führt. Natürlich geht es auf längere Sicht dann darum, die Ursachen des Aggressionsdruckes aufzudecken und langsam abzubauen. Zunehmende Aktivität (siehe auch später) bringt außerdem gewöhnlich eine indirekte Entladung der Aggression nach außen mit sich. — Sofern bei der Aggressionsumkehr auch unbewußte Selbstbestrafungswünsche von Bedeutung sind, ist die Bewußtmachung der neurotischen unbewußten Schuldgefühle sehr wichtig zur Ermöglichung der so notwendigen realen Auseinandersetzung mit denselben.

3. Ermutigung zu Erfolgserlebnissen

Es geht hier um die Initiierung einer positiven Entwicklungskette; nicht nur die Entmutigung, auch die Ermutigung kann eine Eigendynamik in dem Sinne auslösen, daß ein Erlebnis zur Grundlage und Voraussetzung des nächsten, bereits einen Schritt weiter vorwärts führenden wird. Aller Anfang ist natürlich schwer, daher muß die Devise lauten: Beginn mit einer *Politik der kleinen Schritte.* Ziel der Therapie ist es, den Patienten vor lösbare Aufgaben zu stellen und durch kluges Arrangement deren Bewältigung zu fördern. Eine Überforderung soll unter allen Umständen vermieden werden, wobei es das verhängnisvolle »Alles-oder-Nichts-Prinzip« zu überwinden gilt, welches oft die neurotischen Patienten a priori beherrscht; dieses bedeutet, daß sie übertrieben hochfliegende Wünsche haben, deren Realisierung dementsprechend unmöglich ist, und daß sie deswegen einfach überhaupt nichts mehr anstreben und alle Bemühungen aufgeben: Eine gewisse Bescheidenheit muß also gelernt werden, um die Stufenleiter der Erfolgserlebnisse langsam aufzubauen!

Man könnte dahingehend zusammenfassen: Gestützt auf das Vertrauen zum Therapeuten muß ein aktivhandelndes Prinzip in die Therapie eingeführt werden, welches der Überwindung der Passivität (als Ausdruck der Regression) dient. Folgende Resultate können sich dabei nach und nach einstellen: Erweiterung des Lebensraumes, Verbesserung bestehender und Erschließung neuer zwischenmenschlicher Beziehungen sowie neuer Wertbereiche, zunehmende Aufgeschlossenheit, Beseitigung der »eingeengten Stimmung«, Atmosphäre der Zuversicht. Selbstverständlich sind Rückschläge unvermeidlich, es ist aber schon viel erreicht, wenn das quälende Wiederholungsgefühl — »es geschieht immer wieder dasselbe« — überwunden wird durch das Aufkommen neuer Tendenzen und Verhaltensweisen. Das Wort »neu« muß daher zum Leitstern der Therapie, die frühere Einförmigkeit der Erlebnisse und das daraus resultierende Gefühl des In-eine-negative-Richtung-gedrängt-Seins überwunden werden.

Alle diese Erfolge sind natürlich nur möglich bei eingehender Analyse der Ursachen des bisherigen Fehlverhaltens (hier muß der Therapeut auf die einsehende Erkenntnis, das »Aha-Erlebnis« des Patienten — siehe Kapitel 7 — warten) und gleichzeitigem aktivem Training neuer Verhaltensmuster unter Aufsicht des Therapeuten.

4. Die Anregung der Phantasie in positive Richtung

Selbstmordgedanken als Ausdruck einer psychischen Störung können direkt, willensmäßig-rational, nur schwer überwunden werden (darum bleiben weltanschaulich orientierte Überredungsversuche von problematischem Werte — sie haben jedenfalls mit ärztlicher Psychotherapie kaum etwas zu tun), sondern eigentlich nur indirekt, durch im Rahmen der psychischen Besserung entstehende Phantasien, welche sich mit positiven zukünftigen Möglichkeiten beschäftigen. Es ist ja gewöhnlich das Vakuum hinsichtlich attraktiver Zukunftspläne, welches erst Selbstmordphantasien gestattet, sich auszubreiten und schließlich übermächtig zu werden.

Die Erfahrung lehrt, daß es immer sehr beruhigend ist, wenn ein selbstmordgefährdeter Patient von sich aus zu erzählen beginnt, was er in nächster oder naher Zukunft zu unternehmen gedenkt. In diesem Sinne scheint es therapeutisch entscheidend, die Phantasie anzuregen, sich mit möglichst vielen Details der weiteren Lebensgestaltung intensiv zu beschäftigen.

Ziel der Behandlung wird, nach Analyse und nach Training neuer Verhaltensweisen in die Richtung von Erfolgserlebnissen, eine positive Lebensgestaltung sein, etwas im Sinne des Ausspruches eines Patienten zu seinem Therapeuten: »Helfen Sie mir, der Mensch zu werden, der in vielseitigen, jetzt brachliegenden Möglichkeiten seine persönliche Entfaltung voll verwirklichen kann.« Daher wird es ratsam sein, den Kontakt mit dem Patienten möglichst lange zu erhalten und ihm besonders die Möglichkeit zu geben, sich jederzeit bei neu auftretenden Schwierigkeiten wieder an den Therapeuten wenden zu können.

Als diesbezüglich unterstützendes Bindeglied kann sich auch eine nachgehende Fürsorge sehr bewähren, wie insbesondere das Beispiel des Kriseninterventionszentrums in Wien beweist.

Auf die Notwendigkeit der Analyse jener unbewußten Mechanismen, die zum bisherigen Versagen führten, wurde schon hingewiesen.

Es war aber *Freud,* der als erster erkannt hat, daß die Konfrontation mit dem eigenen Unbewußten ein enorm belastendes Erlebnis darstellen kann:

»Wer vermag den Anblick seines wahren Ichs im Spiegel auszuhalten?«

Daraus folgert, daß die Analyse bei einem bereits a priori selbstmordgefährdeten Menschen besonders vorsichtig durchgeführt werden muß. Der Verfasser glaubt, daß für eine solche spezifisch antisuizidale Therapie, welche analytische Gesichtspunkte mit einer gewissen entgegenkommenden Aktivität des Therapeuten verbinden muß, die Individualpsychologie *Adlers* (siehe das 7. Kapitel) besonders geeignet ist, ohne deshalb aber auch nur im geringsten eine Monopolstellung dieser Schule für die Behandlung der neurotischen Selbstmordgefahr in Anspruch zu nehmen.

Dieses Postulat sei mit einer Anekdote aus meinem Leben untermauert:

Im Jahre 1967 veranstaltete die Internationale Vereinigung für Selbstmordverhütung in Los Angeles ihren 4. Weltkongreß unter dem Titel: »Der Selbstmord und die tiefenpsychologischen Lehrmeinungen.« Für die Psychoanalyse sprach *Robert Littmann,* und zur allgemeinen Überraschung baute er seinen Vortrag darauf auf, wie *Freud* die Selbstmorde einiger Schüler, die passiert waren, kommentierte.

Als ich sodann für die Individualpsychologie zu Wort kam, sagte ich:

> Der Vortrag Littmanns hat mich so beeindruckt, daß ich am liebsten sein Konzept auch zu meinem machen würde, aber »unglückseligerweise« hat kein einziger Adler-Schüler bis jetzt Selbstmord begangen.

VI. Hat der Mensch ein Recht, sich selbst zu töten?

Den Selbstmord kann man von sehr vielen Warten aus betrachten, er ist ein komplexes Problem, vielleicht eines der komplexesten des Menschen — dementsprechend viele Aspekte hat er, von denen ich heute nur drei herausgreifen möchte.

1. Der erste Blickwinkel ist der moralisch-ethische, er steht unter der Devise: Ist Selbstmord erlaubt oder verboten? Der Mensch ist das einzige Lebewesen, welches imstande ist, Selbstreflexion zu betreiben, dadurch konnte er die Begrenztheit des eigenen Seins erkennen, es war dann nur eine Frage der Zeit bis zur Entdeckung, daß er sich selber das Leben nehmen kann. Seither bleibt die Tatsache, daß er zwischen Sein oder Nichtsein entscheiden kann, ein Kriterium seiner Existenz, das man schwerlich wird ausschalten können.

Es gibt Institutionen, die lehren, daß der Selbstmord verboten ist, zu ihnen gehören auch die christlichen Kirchen, die sagen: »Du hast dir nicht selbst das Leben gegeben, letztlich haben das auch nicht deine Eltern getan, denn Leben kommt von Gott, und nur Gott hat somit das Recht, dir das Leben wieder zu nehmen.«

Interessanterweise besteht zum Beispiel in den Staaten des Ostblocks dieselbe Situation. Dort wird freilich nicht gelehrt, daß das Leben Gott gehört, dafür aber wird postuliert, daß die einzelne Existenz der sozialen Gemeinschaft gehört und daß man sich dieser Gemeinschaft nicht entziehen darf. Dementsprechend hat man dort lange Zeit — ich komme später noch darauf zurück — Menschen, die Selbstmord begangen haben, als Abtrünnige, ja fast als Verräter angesehen.

Es gibt auf der anderen Seite nun wiederum Auffassungen, die den Selbstmord als eine ethische Tat verherrlichen, und ich möchte hier zum Beispiel einen so bedeutenden Mann wie *Norbert Leser* anführen, der sich bei seiner These — ich komme auch darauf noch zurück — auf die sogenannten »Opferselbstmorde« bezieht. Er meint also, daß es Menschen gibt, deren Selbstmord nichts anderes ist als die Aufopferung für andere, und kann sich nicht vorstellen, daß diese Aufopferung des eigenen Lebens für andere eine sittlich negative Tat sein sollte. Er glaubt vielmehr ganz im Gegenteil, daß niemand größere Liebe hat als der, der sein Leben hingibt für andere. Er stellt in diesem Zusammenhang — Norbert Leser ist ebenso überzeugter Katholik wie überzeugter Sozialist — auch die immerhin diskutable

These auf, daß letztlich Jesus Christus in seinem Kreuzestod auch eine Art Selbstmord begangen hat, weil er wissend und absichtlich seine Vernichtung als Opfer für andere zuließ. (Meiner Meinung nach würde dies eine unstatthafte Erweiterung des Selbstmordbegriffes darstellen.)

2. Eine zweite Betrachungsweise des Selbstmordes ist die philosophische. Die Philosophie fragt also, was der Selbstmord grundsätzlich bedeutet, welchen Sinn er hat oder haben kann: Verständlicherweise gibt es hier die verschiedensten Antworten.

An diesem Punkt kann ich die Gelegenheit nicht ungenützt lassen, darauf hinzuweisen, daß Philosophie ohne Psychologie undenkbar ist, denn jeder Philosoph hat natürlich eine Weltanschauung, mit der er die Welt und somit auch das Problem des Suizids (vielleicht das bessere Wort: denn im Ausdruck Selbstmord ist mit dem »Mord« bereits eine abwertende, verurteilende Komponente enthalten) betrachtet: je nachdem, welche Weltanschauung er hat, kommt ihm der Selbstmord sinnvoll oder sinnlos vor.

Wenn man zum Beispiel mit *Schopenhauer* die Auffassung vertritt, daß es das größte Glück ist, nicht geboren zu werden, und das zweitgrößte, gleich nach der Geburt zu sterben, so versteht es sich von selbst, daß von einer solchen Weltanschauung her der Selbstmord »einfühlbar« erscheint, verständlich und somit sinnvoll, ja wertvoll.

Mit anderen Worten, die philosophische Ansicht eines Menschen bleibt immer von seiner Weltanschauung abhängig, die wiederum wesentlich von seiner psychologischen Entwicklung beeinflußt wird: Zählen wir zu jenen, die sich dank günstiger Kindheitsbedingungen psychisch positiv entfalten konnten, dann gehören wir zu jenen, denen Leben eine Lust ist (»Es ist eine Lust zu leben« — *Ulrich von Hutten)* und denen die Tatsache, daß sich jemand selbst das Leben nimmt, völlig unverständlich bleibt. Leben wir aber — aus den verschiedensten Gründen, hauptverantwortlich ist aber auch hier eine mißglückte Kindheit — in einer Welt des Unglücks, wird uns der Suizid als die selbstverständlichste Reaktion erscheinen, die es gibt.

Im »Weiten Land« ereignet sich, wie in fast jedem anderen Schnitzlerstück, ein Selbstmord, der von einem Arzt wie folgt kommentiert wird: »Ich wundere mich nie, wenn sich wer umbringt, wir sind alle so oft nahe daran.«

Besser kann der Zusammenhang zwischen persönlicher Philosophie und persönlicher Psychologie, den Selbstmord betreffend, nicht beschrieben werden.

Überwiegen nun in einer Gemeinschaft die Unglücklichen, dann wird diese zur »Welt der Unglücklichen« im Sinne von *Wittgenstein,* und dann wird dort auch eine Philosophie des Negativismus und Pessimismus dominieren.

Ein klassisches Beispiel dafür wäre — und damit sind wir auch wieder bei *Schnitzler* — Österreich-Ungarn am Beginn dieses Jahrhunderts: Die Menschen gaben sich nach außen zufrieden, waren aber innerlich zutiefst unglücklich, sehnten sich bewußt oder unbewußt nach Untergang, eine Sehnsucht, die in die resignative Philosophie mündete: »Glücklich ist, wer vergißt, was doch nicht zu ändern ist«, eine Philosophie des Sich-selbst-Aufgebens, die den ganzen Staat ergriffen hat und deren Resultat nicht besser beschrieben werden kann als mit den Worten des Kaisers *Franz Joseph:* »Mir bleibt auch nichts erspart.«

Man kann also sagen: Es herrschte eine suizidale Philosophie, welche zur Grundlage eines suizidfördernden Klimas werden mußte. So forderte kein Geringerer als der österreichisch-ungarische Minister des Äußeren, *Andrassy:* »Wir müssen uns selbst umbringen, bevor es die anderen tun«, was sich wohl auf den Staat und auf seine Einwohner zugleich bezog.

Bleiben wir bei Österreich und fragen wir uns: Welche Philosophie, den Selbstmord betreffend, finden wir heute in unserem Land? An und für sich müßte sich da doch viel geändert haben: denn während zwischen 1918 und 1938 nur wenige (und sicher nicht die schlechtesten) diesen »Rest« *(Clemenceau)* bejahten, so kann doch kein Zweifel darüber bestehen, daß jetzt seit 1945 hier eine ganz neue positive Beziehung aller Einwohner zu »ihrem« Staat vorhanden ist.

Hat diese Tatsache das suizidale Klima verändert?

Thomas Bernhard schreibt:

> Der Selbstmord, sagte ich, sei in unserer Heimat eine Selbstverständlichkeit, nichts Außergewöhnliches und darüber zu sprechen sehr natürlich. Und wenn man genau hinhöre, so stelle man doch die Gewohnheit aller Einwohner dieser Landschaft, und auch das ist richtig, die Gewohnheit aller Österreicher, ständig über den Selbstmord, und zwar ganz offen über den Selbstmord zu sprechen, fest, müsse man sagen, daß sie sich wenigstens beinahe ununterbrochen mit dem Selbstmord beschäftigen; natürlich bringen sich nicht alle um, aber dieser Gedanke, sich umzubringen, wegzuschaffen, auf allerkürzestem Wege auszulöschen auf die entsprechende Weise, sei in jedem, und gleich, was ein jeder immer denkt, sei in Wahrheit nichts anderes als dieser Gedanke.

An dieser Stelle möchte ich eine persönliche Erfahrung einbringen. Ich habe 1980 die neugeschaffene Lehrkanzel für Medizinische Psychologie in Wien übernommen. Aus der Erfahrung dieser

Zeit möchte ich nun in diesem Zusammenhang eine Szenenfolge wiedergeben: Ein 22jähriger Hamburger, an einem Sarkom (= besonders bösartige Geschwulst) des linken Kniegelenks erkrankt und zu der lebensrettenden Operation nach Wien an die Orthopädische Klinik gekommen, zog hier plötzlich seine Zustimmung zu dem Eingriff zurück. *Prof. Chiari* erinnerte sich daran, daß ich vor Jahren in der Gesellschaft der Ärzte Fälle vorgestellt hatte, die einen vital indizierten Eingriff abgelehnt hatten, aber aufgrund von psychotherapeutischen Gesprächen mit mir ihre Haltung änderten, sich operieren ließen und beschwerdefrei weiterlebten. Also schickte er mir auch diesen Patienten. Meine Auseinandersetzung mit ihm verlief in drei Phasen.

Die erste Phase: »Ist Ihnen klar, daß sie verloren sind, wenn Sie sich nicht operieren lassen?« Seine Antwort: »Damit schrecken Sie mich nicht, hören Sie sich mein bisheriges Leben an. Ich bin als uneheliches Kind zur Welt gekommen, in Baracken aufgewachsen, von einer Hand in die andere gegeben worden, es war ein Hundeleben! Ich habe nichts wirklich gelernt, bin ein Verwahrloster, lebe von Gelegenheitsarbeiten im Hamburger Hafen. Ich verliere nichts, wenn ich mein Leben verliere. Und mit einem Apparat statt des Knies will ich schon gar nicht leben.«

Die zweite Phase: Ich bin aufgestanden und habe ihm gezeigt, wie mühsam ich gehe und habe ihm versichert, daß mir trotzdem das Leben sehr sinnvoll und lustbetont erscheint. In dieser zweiten Phase war er beeindruckt, und ich hatte schon ein wenig an Terrain gewonnen.

In der *dritten Phase* fragte ich ihn, ob es einen Menschen gäbe, den er liebhabe und von dem er sich wiedergeliebt fühle? Seine Antwort: »Ja, meine Freundin in Hamburg.« Ich: »Was glauben Sie, würde Ihre Freundin empfinden, wenn Sie sterben?« Er sagt spontan: »Das wäre für sie ein sehr schwerer Schlag.« Darauf ich: »Und Sie wollen ihr diesen schweren Schlag antun? Können Sie das verantworten?« Ich sah, daß er sehr nachdenklich wurde und setzte fort: »Ich verlange jetzt gar keine Entscheidung von Ihnen. Gehen Sie in die Klinik zurück und überlegen Sie sich alles.« Er ging fort und rief sofort seine Freundin in Hamburg an. Er fragte: »Du, da war ich bei einem Doktor, der hat mir gesagt, es wäre für dich ein schwerer Schlag, wenn ich sterben würde. Stimmt das?« Darauf sie: »Der Doktor scheint ein ganz vernünftiger Mann zu sein, aber deine Frage ist dumm, denn du mußt ja wissen, daß das für mich der schwerste Schlag wäre, den ich erleiden könnte.« Da kam es aus ihm heraus: »Gut, ich weiß, was ich zu tun habe.« Er lief zum Professor Chiari, und am nächsten Tag wurde er operiert. (Eine sehr wichtige Erkenntnis für die Selbstmordverhütung: Wer jemanden [oder etwas] hat, für den [oder das] es sich lohnt zu leben, der bringt sich nicht um!)

Bevor der Patient nach Hamburg zurückkehrte, kam er noch einmal zu mir, um sich zu bedanken. Ich nahm zum Abschied seine ganze Geschichte auf ein Tonband, um dieses später mit seiner Erlaubnis den Studenten in meiner Vorlesung vorzuspielen. Die Reaktion war sehr interessant: viel Begeisterung, aber doch auch einige Stimmen, die sich dahingehend zusammenfassen lassen: »Wozu die viele Mühe, warum haben Sie seinen Wunsch nicht respektiert, warum haben Sie ihn nicht sterben lassen?« Eine solche Frage kann nur ein Mensch stellen, der entweder vom Schicksal des Nächsten überhaupt nicht betroffen ist, oder aber der selber in der Welt der Unglücklichen lebt, für den das Leben eine Art von Katastrophe bedeutet. Wir müssen also — so wenig uns das paßt — der Tatsache ins Auge sehen, daß so viele junge Menschen heute in der Welt der Unglücklichen leben, und wir müssen versuchen, endlich die Gründe dafür zu entdecken, um Abhilfe zu schaffen. Jedenfalls ein Hinweis darauf, daß *Bernhard,* und wenn er — wie immer — auch hier übertreibt, mit seinen Ausführungen zumindestens teilweise recht hat: Der Staat wird zwar jetzt bejaht, und doch herrscht in ihm noch eine Art von »suizidalem Klima«.

Aber nun zurück zur Philosophie: Ein Mann hat in den letzten Jahren für die Glorifizierung, die Sinnhaftigkeit, die Würde, ja vielfach sogar für die Notwendigkeit des Selbstmordes seine Stimme erhoben, nämlich *Jean Amery,* der mit seinem Buch »Hand an sich legen« die These vertreten hat, daß der Selbstmord die größte Freiheit des Menschen sei, die letzte, die ihm heute geblieben sei. Uns allen — meinte er — steht ein schrecklicher Tod bevor, wohl dem, der angesichts dieser Tatsache den Tod sozusagen in seine eigene Hand nimmt, indem er durch diese Handlung sich Qualen erspart und zugleich die letzte Freiheit gewinnt, auch wenn — und das gab er zu, mußte er zugeben — es eine Freiheit zum Nichts sei (weil ja für Amery mit dem Tode alles zu Ende war). Wann immer dieser Amery von Journalisten interviewt wurde (und das geschah oft), war eine ihrer ersten Fragen: »Herr Amery, Sie sprechen für den Selbstmord. Wieso sind Sie noch am Leben? Warum haben Sie nicht längst Selbstmord begangen?« Amery hat immer mit einem leisen Lächeln geantwortet: »Warten sie noch ein wenig, Sie werden schon befriedigt werden. Es ist ganz sicher, daß ich durch Selbstmord sterbe.« Das scheint mir eine typische Situation zu sein: Jemand ist schon längst auf dem Weg in den Selbstmord, er spricht auch oft davon, aber den Leuten dauert diese Reise zu lang, sie verspotten ihn, glauben nicht an die Ernsthaftigkeit seiner Absichten, fragen ihn höhnisch, wieso er nicht sein Ziel schon längst erreicht habe, und beschleunigen damit seinen Selbstmord, er muß ihn dann ja durchführen, um vor der Welt nicht als Lügner dazustehen.

Ein allgemeingültiger Grundsatz: Viele Menschen werden durch die persönlichen Reaktionen ihrer Umwelt nicht nur nicht vom Selbstmord abgehalten, sondern ganz im Gegenteil noch darin bestärkt.

Ich hatte Gelegenheit, mit Amery in Hamburg im Rahmen der Katholischen Akademie zu diskutieren und war entschlossen, auf Grund seines Buches (von dem wir immerhin fürchteten, es könnte gleich »Werther« eine Selbstmordepedimie auslösen, glücklicherweise behielt aber *Gabriele Wohmann* mit ihrer Formulierung: »Sein Tod ist *nicht* einladend« recht) als sein Kontrahent aufzutreten. Als ich ihn aber dort dann persönlich sah, so zerbrechlich, so hilflos, und ich das Gefühl gewann, der kleinste Windhauch könnte ihn umwerfen, war meinem Angriff alle Schärfe genommen. Wir sprachen dann nachher lang beim Abendessen miteinander, und er sagte fast liebevoll zu mir: »Eines verspreche ich, bevor ich Selbstmord begehe, komme ich noch zu Ihnen.«

Wie allgemein bekannt, ist es dann in Salzburg, im »Österreichischen Hof«, genau in der Art, wie er es in »Hand an sich legen« vorausbeschrieben hat (eine Parallele dazu gibt es bei *Cesare Pavese)*, passiert, und ich frage mich bis zum heutigen Tage tief erschüttert, ob er vielleicht doch auf dem Weg zu mir gewesen ist?

Über eines aber kommen wir nicht hinweg: auch die Philosophie des Jean Amery ist das Resultat seiner psychischen Erlebnisse: Er war Jude, mußte ins Konzentrationslager, ist gefoltert worden, alles Fakten, die er, wie so viele andere Opfer, nie in seinem Leben mehr überwunden hat. Bis in seine sprachlichen Ausdrücke ist das Konzentrationslager in seinen Büchern gegenwärtig, die Welt erscheint ihm vergiftet, der Mitmensch ein verdächtiger Feind. Unter solchen Umständen mußte sich bei ihm eine Philosophie der Lebensverachtung und -verneinung entwickeln.

Und daher bitte ich noch einmal:

Wenn man eine Philosophie betrachtet, sollte man *nie* die Psychologie des Autors vergessen, die seine Philosophie entscheidend formt und färbt.

Das bisher Gesagte möchte ich wie folgt zusammenfassen: Die Moralisten, die den Selbstmord beurteilen, die Philosophen, die über seine Sinnhaftigkeit diskutieren, sie alle sind Theoretiker, sie können nur über den Selbstmord, nicht aber über den Selbstmörder etwas aussagen — und damit fehlt ihnen eine entscheidende Dimension. Das eine ist, über den Selbstmord zu philosophieren und zu urteilen, und ein anderes ist, den Selbstmord durchzuführen. Das bleibt aber die Frage: Warum begeht ein bestimmter Mensch Suizid (und ein anderer nicht)? Diese Frage zu beantworten, kommt nun vor allem der Psychiatrie und der Psychologie zu, und ich hoffe, daß es mir — wenn auch beide heute kein allzugutes Image haben — gelingen wird zu beweisen, daß sie zumindestens auf dem Gebiete der Suizidologie bedeutende Fortschritte gemacht haben.

Bevor ich mich aber hiermit meinem dritten Gesichtspunkt zuwende, noch eine persönliche Bemerkung: *Friedrich Heer,* den ich als aufrichtigen und kritischen Katholiken wie eine seltene Kostbarkeit verehrte, hat mich dafür zu entschuldigen versucht, daß ich ein Selbstmordverhüter bin (siehe auch noch später). Er hat gesagt: »Dem Ringel muß man verzeihen, daß er Selbstmord verhütet, er ist von frühester Jugend ein glühender Katholik und hat halt das als seine Hauptaufgabe gesehen, Menschen vor einer Sünde zu bewahren.«

In diesem Zusammenhang muß ich aber mit aller Deutlichkeit klarstellen: Ich habe niemals begonnen, mich mit dem Selbstmord zu beschäftigen, um Menschen vor einer Sünde zu bewahren, sondern ganz im Gegenteil, ich stand vom ersten Tag an vor einem menschlichen Problem, daß nämlich auf der einen Seite die Kirche den Selbstmord als die ärgste Sünde (weil sie nicht mehr bereut werden kann) bezeichnet hat und daß auf der anderen Seite ich mir sagen mußte: Da ist doch ein Mensch, der das einzige, was er besitzt, wegwirft, nämlich das Leben (*Freud:* Dieses Leben ist nicht viel, aber es ist alles, was wir haben), und das ist doch die größte vorstellbare Tragödie. Und die Opfer dieser Tragödie, die im Wortsinn mit sich selber bezahlen, die sollen dann noch auf der anderen Seite Verbrecher und Schuldige sein?

Dies schien mir nicht erträglich, und das war das Hauptmotiv, welches mich schon 1946 veranlaßte, mich diesem Problem zuzuwenden.

3. Die psychiatrisch-tiefenpsychologische Betrachtungsweise:

Mit der Beschreibung des präsuizidalen Syndroms (siehe Kapitel 5) kam eine neue Problematik ins Spiel, denn die wichtigste Schlußfolgerung aus dem präsuizidalen Syndrom muß lauten: Es handelt sich dabei eindeutig um einen psychopathologischen Tatbestand (der übrigens im Rahmen der verschiedensten psychischen Erkrankungen auftreten kann, sozusagen ihr gemeinsamer Nenner ist), um eine »Krankheit zum Tode«, in der ein Mensch die Kontrolle über sich selbst verliert und in den Tod getrieben wird.

Wenn es nun stimmt, daß die überwiegende Mehrzahl aller Selbstmorde in dem Zustand dieser präsuizidalen Befindlichkeit begangen wird — und das findet durch immer mehr Untersuchungen in der ganzen Welt Bestätigung —, dann ist daraus zwingend die These abzuleiten: Der Selbstmord kommt fast immer auf psychopathologischer Grundlage zustande.

Keineswegs überraschend sind nun gegen diese Krankheitsthese zahlreiche Einwände erhoben worden, von denen ich nur die wichtigsten bringen möchte.

1. Relativ leicht ist die Behauptung des amerikanischen Psychiaters *Thomas Szász* zu widerlegen, wenn er schreibt: »Was wurde in letzter Zeit entdeckt, das dazu führte, daß man den Selbstmord aus der Kategorie der Sünde oder des Verbrechens herausnahm und in die Kategorie der Krankheit einreihte? Die Antwort lautet: Nichts. Man hat nicht entdeckt, daß Selbstmord eine Krankheit ist, sondern man hat ihn zur Krankheit erklärt. Die moderne Psychiatrie beruht geradezu darauf, daß man eine Unzahl von Verhaltensweisen, die früher als sündig oder verbrecherisch gegolten hatten, in Krankheiten umbenannt hat.« (1980)

Dieser Psychiater muß daran erinnert werden, daß es sehr wohl eine objektivierbare Psychopathologie gibt (wie zum Beispiel das sachliche, vorzügliche Lehrbuch von *Jaspers* beweist) und daß das präsuizidale Syndrom ihren Gesetzen durchaus entspricht. Mit Nachdruck muß gesagt werden, daß der Befund der Krankhaftigkeit nicht ein Verdikt ist, welches die Mehrzahl über Andersartige, die sich in der Minderzahl befinden, verhängt. Krankheit bleibt aufgrund der exakten psychopathologischen Beschreibung bestimmter Zustandsbilder auch als Krankheit erkennbar, selbst wenn die Mehrzahl einer Bevölkerung von einem solchen Zustand befallen würde (wofür es ja gerade in unserem Jahrhundert einige drastische Beispiele gibt).

Wenn man bedenkt, daß derselbe Szász die Theorie aufstellt, es gäbe keine Verbrechen, die durch psychiatrische Erkrankungen zustande kommen, und daß er in diesem Zusammenhang die Psychiatrierung der Täter mit der Fragestellung, ob hier vielleicht ein psychische Störung vorliegt (selbstverständlich nicht vorliegen muß), ausdrücklich ablehnt, so wird man vielleicht den ganzen Umfang des Rückschrittes, der in einer solchen Haltung liegt, ermessen: Es handelt sich um eine Rückkehr ins Mittelalter.

2. Man hat gefragt: Gibt es nicht doch den berühmten, oft zitierten »Bilanzselbstmord«, also einen rationalen Suizid, der aus ganz »nüchterner« sachlicher Abwägung des Pro und Kontra erfolgt, wenn das Resultat lautet: die Bilanz ist zu negativ?

Gegen diese These spricht die Tatsache, daß ja doch gewöhnlich eine solche Bilanz in einer großen emotionalen Einengung gezogen wird, also eben nicht nüchtern-sachlich. Wir kennen als einen Bestandteil der dynamischen Einengung die tendenziöse Apperzeption, das heißt wir haben dann eine Brille auf, durch die wir die Dinge verzerrt sehen, viel schwärzer und hoffnungsloser, als sie wirklich sind. Schließlich darf nicht übersehen werden, daß am Zustandekommen der ausweglosen Situation beziehungsweise der negativen Bilanz oft eine psychopathologische Struktur der betroffenen Persönlichkeit schon beteiligt ist, die eine »sachliche« Beurteilung einfach ausschließt.

3. Wie steht es mit dem Opferselbstmord, der schon einleitend im Zusammenhang mit Erwägungen Norbert Lesers Erwähnung fand?

Man kann nur antworten: Außer Zweifel gibt es Fälle, wo ein Mensch sich für eine Idee oder für andere Menschen durch Selbstmord aufopfert. Zwar entpuppen sich manche Suizide, die als Opferselbstmorde deklariert werden, bei näherer Untersuchung als individuell-psychopathologisch motiviert (es klingt eben sehr gut, als Märtyrer zu gelten), aber selbst bei Abzug dieser vorgetäuschten Opferselbstmorde bleiben noch Fälle übrig, die jeder diesbezüglichen Prüfung standhalten. Nur vergesse man eines nicht: Es handelt sich um extrem seltene Geschehnisse, höchstens um wenige Promille von der Gesamtzahl der Selbstmorde.

Keinesfalls kann man von dieser extremen Minderzahl eine Theorie ableiten für das generelle Verständnis des Selbstmordes. Die Existenz solcher Sonderfälle wird aber umgekehrt auch die Verfechter der Krankheitsthese veranlassen müssen, zuzugeben, daß keine Regel hundertprozentig gilt und daß immer Bereitschaft bestehen muß, Ausnahmen für möglich zu halten.

4. Verständlicherweise wurde die Frage formuliert: Ist der Mensch, der im KZ Selbstmord begeht, auch psychisch krank?

Dieses Problem gibt mir Gelegenheit, einen Komplex zu beleuchten, den ich bisher nur am Rande erwähnt habe. Es gibt natürlich Umstände, wo das präsuizidale Syndrom eines Menschen nicht aus seinem eigenen Innern entsteht, sondern von außen, durch gesellschaftliche Bedingungen ihm aufgezwungen wird.

Unserer Zeit war es vorbehalten, in besonders reichem Maße Bedingungen des Lebens herbeizuführen (wie zum Beispiel das Konzentrationslager), die weitgehend mit einem präsuizidalen Syndrom identisch sind, und wo man sagen muß, daß dort vielleicht die letzte Freiheit, die einem Menschen verbleibt, der Selbstmord ist. Wenn man das erschütternde Buch »Mein ist die Rache« von *Torberg* liest, findet sich dort ein Mann, der eben in all diesen Folterungen und Torturen aufrecht bleibt durch den Gedanken: »Eins könnt ihr mir nicht nehmen, daß ich sterbe auf die Weise, die ich will (im elektrisch geladenen Stacheldraht).« Was ist das für eine Welt, könnte man fragen, die aus der »letzten Unfreiheit« (die der Selbstmord darstellt) durch Kreierung unmenschlicher Bedingungen die letzte Freiheit macht, die ihm verbleibt? Darüber hinaus wird es unsere Aufgabe für die Zukunft bleiben, immer wieder Faktoren in unserer Gesellschaftsstruktur zu entdecken — und das sind mehr, als man auf den ersten Blick glauben würde —, die eben in den Selbstmord drängen, um nicht zu sagen zum Selbstmord zwingen.

Bei gewissen primitiven Stämmen sind Situationen deklariert, in denen der Mensch verpflichtet ist, sich umzubringen (zum Beispiel bei unehelicher Schwangerschaft). Auch in unseren Breiten hatte noch vor kurzem ein Offizier, der Schulden hatte, Selbstmord zu begehen. Und noch heute sind Leute empört, wenn ein Kapitän nicht mit seinem Schiff untergeht.

Auch in all diesen Fällen bleibt aber der Suizid ein pathologisches Phänomen, nur liegt die Krankheit nicht im einzelnen, sondern in der Gesellschaft; auch sie kann erkranken, und ob der, der sich diesem krankhaften Diktat fügt, auch persönlich krank ist, bleibt eine Frage, in einem Fall mag es zutreffen, im anderen wohl nicht.

Um den Einfluß der Gesellschaft auf den Selbstmord besser zu verstehen, muß man sich die Gruppen eines erhöhten Suizidrisikos vergegenwärtigen, also jene Teile der Bevölkerung, bei denen mit einer erhöhten Selbstmordgefahr zu rechnen ist:

○ alte Menschen, besonders, wenn sie vereinsamt sind;
○ Süchtige;
○ unheilbar chronisch Kranke;
○ aus rassischen, religiösen oder politischen Gründen Verfolgte;
○ Flüchtlinge und Entwurzelte; zum Beispiel auch Gastarbeiter, Landflüchtige;
○ Kriminelle;
○ Menschen in Ehe- und anderen schweren emotionalen Krisen;
○ Menschen in schwerem sozialem Notstand;
○ Menschen, die schon einen oder mehrere Selbstmordversuche durchgeführt haben;

○ Angehörige von Selbstmördern (der Selbstmord kann als suggestibles Phänomen von Mensch zu Mensch überspringen);

○ Menschen nach einem Autounfall (Viele bewerten das Auto heute als einen Bestandteil der eigenen Person, und selbst ein lächerlicher Kratzer daran vermag ihr Selbstwertgefühl so zu reduzieren, daß sie in momentaner Einengung Selbstmord begehen. Auch der Verlust des Führerscheins wird oft als untragbare Degradierung erlebt.).

Wenn man das Gemeinsame dieser Gruppen sucht, könnte man sagen, daß es sich durchwegs um Außenseiter der Gesellschaft handelt: Benachteiligte, Gedemütigte, Entwürdigte, Bloßgestellte, Vertreter von Minderheiten. Freilich bedeutet einer solchen Gruppe anzugehören, einer größeren Selbstmordgefahr *ausgesetzt* zu sein. Ob aber der einzelne tatsächlich auch Selbstmord begeht, wird nicht zuletzt auch von seiner persönlichen *Anfälligkeit* abhängen. Wie dem immer auch sei, jedenfalls wird man von der Mehrzahl all dieser Menschen sagen müssen, daß sie weder frei noch willig in den Tod gehen.

In diesem Zusammenhang möchte ich ein Gedicht des großen österreichischen Lyrikers und Übersetzers *Erich Fried* zitieren:

Die Bezeichnungen

Nicht mehr Selbstmord
denn das ist eine Verleumdung
an denen die
dieses Leben ermordet hat

Auch Freitod nicht
Ein Freitöter — das ist ein Staatsmann
der tötet und frei ausgeht
oder ein Polizist

Und stand es diesen Toten
wirklich frei?

Und auch nicht
wie sie in Abschiedsbotschaften sagten
die einfachen Leute

sie haben
den letzten Ausweg gewählt

Wenn es der letzte war
blieb ihnen da
noch die Wahl?

Und hätte es denn
einen vorletzten Ausweg gegeben?

Mit welchen Worten
das Namenlose
nennen?

5. *Adolf Holl,* den ich sehr schätze, schreibt: »Es wird uns medizinisch nahegelegt, diese Verzweifelten als seelisch Kranke zu begreifen und zu bedauern; die medizinische Wissenschaft lädt uns ein, dem Selbstmörder ungefähr mit jenem Verhaltensmuster zu begegnen wie dem Buckligen oder dem Debilen, mit jener Herablassung, die der Gesunde dem Kranken ganz selbstverständlich entgegenbringt.« (1971)

Dazu wäre zu sagen: Es ist sehr bedauerlich, daß auch heute noch immer das Wort »krank«, besonders »psychisch krank«, mit einer Abwertung verbunden ist und in diesem Sinn auch für Manipulationen verwendet wird. In der Bundesrepublik Deutschland gelten zum Beispiel die Terroristen, die Selbstmord begangen haben, als krank, der Pfarrer *Brusewitz,* der sich in der DDR vor seiner Kirche in Zeitz aus Protest selbst verbrannte, als Held (in der DDR dürfte die Einschätzung umgekehrt sein).

Immer wieder sieht man also, wie mit dem Krankheitsbegriff auch ein Urteil gefällt wird. In diesem Sinne hat aber selbstverständlich der Verfasser den Krankheitsbegriff nicht beschworen! Was wir zu ändern haben, ist somit nicht die Feststellung, daß der Selbstmörder in der überwiegenden Mehrzahl aller Fälle in einer krankhaften psychischen Verfassung handelt, denn sie beruht auf Tatsachen, sondern was geändert werden muß, ist die Einstellung zum kranken Menschen, den wir als Bruder und gleichberechtigten Partner anzunehmen haben.

Nun möchte ich die Frage stellen: Was hat uns die Krankheitsthese, die sich im Zusammenhang mit dem präsuizidalen Syndrom trotz aller Widerstände — die noch keineswegs vollständig ausgeräumt sind und die ich auch nicht niederwälzen möchte, ganz im Gegenteil, die ausdiskutiert und immer wieder von neuem besprochen werden müssen — entwickelt hat, bisher an »Gewinn« gebracht?

Erstens einmal, und das muß ich mit großer Freude und Genugtuung registrieren, eine völlig veränderte Haltung der römisch-katholischen Kirche. Ich bin freilich der persönlichen Meinung, daß es eigentlich gar nicht des präsuizidalen Syndroms bedürfen hätte müssen, um diese Änderung der Haltung der Kirche herbeizuführen.

Denn die Verweigerung des christlichen Begräbnisses für einen Selbstmörder war schon aus einem anderen Grunde falsch.

Es war nämlich eine unmenschliche Handlung, dem Selbstmörder das Begräbnis zu verweigern. Gerade wenn man den Selbstmord als schwerste Sünde bewertete, wäre es in Nachfolge Christi Pflicht der Kirche gewesen, dem Selbstmörder den Beistand auf dem Wege zu Gottes Thron nicht zu verweigern. Und schon dieser erste Grund hätte ausreichen müssen, das kirchliche Begräbnis zu gewähren.

Nun erkennen wir aber außerdem aus den wissenschaftlichen Untersuchungen, daß der Selbstmord auf der Grundlage von psychischer Krankheit zustande kommt, und diese Erkenntnis hat die Kirche veranlaßt, zwar den Selbstmord als solchen weiterhin als Sünde zu erklären (wozu sie meiner Meinung nach durchaus berechtigt ist), aber den Selbstmörder als einen Menschen, der einem krankhaften Zwang erliegt, zu exkulpieren und ihm das Begräbnis nicht mehr zu verwehren. Diese Änderung erleben zu dürfen, an ihr einen großen Anteil zu haben, bereitet mir ungeheure Freude, und es scheint mir, daß dies eine Rechtfertigung meiner wissenschaftlichen Bemühungen bedeutet.

Zweitens hat sich auch in den Ostblockstaaten eine Änderung ergeben. Dort haben sie erkannt und es sicherlich mit Erleichterung aufgenommen (denn die Selbstmordzahlen in diesen Ländern sind hoch), daß nicht jeder, der sich umbringt, sozusagen einen Stimmzettel abgibt gegen das dort herrschende System, sondern daß es auch andere Gründe gibt, wie sie sich eben im präsuizidalen Syndrom auch rein persönlichkeitsmäßig zusammenballen können, um den Selbstmord durchzuführen. Dementsprechend haben sie begonnen, nun sich auch um Menschen, die Selbstmordtendenz zeigen, zu kümmern. Und heute gibt es fast in allen Ostblockstaaten sogar teilweise sehr interessante Bemühungen, sich der internationalen Vereinigung für Selbstmordverhütung anzuschließen.

Ein Drittes, und das ist sicherlich mit das wichtigste: Durch die Krankheitsthese ist erreicht worden, daß sich die Ärzte in zunehmendem Maße — noch lange nicht so, wie ich es mir vorstelle, aber doch immer intensiver — in den Dienst der Selbstmordverhütung stellen. Der Arzt, der sich berufen fühlt, Krankheiten zu heilen, hat also nun erkannt, daß der Selbstmord nicht Privatsache ist (wie er es früher so gern gesagt hat: »In private Sachen mische ich mich nicht ein«), sondern eine Krankheit, für deren Heilung er mitverantwortlich ist. Und es ist besonders erfreulich, in diesem Zusammenhang feststellen zu können, daß wir heute eine Fülle von Möglichkeiten haben (medikamentös, psychotherapeutisch, sozial), dem selbstmordgefährdeten Menschen wirksam zu helfen. Das präsuizidale Syndrom kann sich, wie schon erwähnt, im Rahmen der verschiedensten Krankheiten und Störungen, auf die ich hier nicht näher einzugehen in der Lage bin, entwickeln. Aber eins ist ganz sicher, daß wir heute gegen alle diese Störungen Mittel haben, um sie erfolgreich zu bekämpfen und einem Menschen wieder die Möglichkeit zu eröffnen, eine positive Beziehung zum Leben zu gewinnen (auch dabei spielt das präsuizidale Syndrom eine Rolle, denn es wird sich natürlich das als am therapeutisch wirksamsten erweisen, was die einzelnen Befindlichkeiten dieses Syndroms beseitigt).

Ich habe mir die Aufgabe gestellt, die Frage zu beantworten, ob der Mensch ein Recht habe zu sterben von eigener Hand.

Gerade diejenigen, die wissen, daß ich einer der glühendsten und aktivsten Anhänger der Selbstmordverhütung bin (die ich weltweit nicht zuletzt durch Gründung der Internationalen Vereinigung für Selbstmordverhütung gefördert habe), werden vielleicht über meine Antwort überrascht sein, dennoch aber ist sie wohlüberlegt. Vielleicht sollte man nicht direkt von einem »Recht« auf Selbsttötung sprechen, aber um eine menschliche Möglichkeit handelt es sich, die man nicht grundsätzlich verbieten kann. Dieser Tatsache muß man ins Auge sehen; man muß sie anerkennen.

Andererseits aber hat der Mensch ein absolutes Recht darauf, daß, wenn er in kritische Situationen, in Not kommt, Menschen da sind, nicht nur Ärzte, sondern auch andere Berufsgruppen, auch Laien (das möchte ich mit allem Nachdruck sagen), die bereit sind, ihm die Hand zu reichen und ihm zu helfen. »Wo Gefahr ist, wächst das Rettende auch«, hat *Hölderlin* in einer seiner schönsten Oden gesagt; und so wie der Bedrohte das Recht hat auf Hilfe, so haben wir das Recht, ihm diese Hilfe anzubieten, ja mehr noch, dieses Recht scheint mir unsere Pflicht zu sein. Je länger ich lebe, desto mehr glaube ich allerdings, daß wir nicht das Recht haben, ihm diese Hilfe aufzuzwingen, obwohl Gesetze bei Vorhandensein von »Selbstgefährlichkeit« dies ermöglichen. (Angesichts der Tatsache, daß es viele Menschen gibt, die in einer momenthaften negativen Verkennung ihrer Situation den Tod von eigener Hand suchen, und die, wenn sie am Leben geblieben wären, vielleicht schon ein paar Tage später darüber ganz anders denken und sich ihres Lebens freuen würden, kann ich aber auch jene verstehen, die in solchen Fällen sagen, es sei verantwortbar, einen Menschen für kurze Zeit zu zwingen, am Leben zu bleiben, statt ihn durch seine vorübergehende Fehleinschätzung zu verlieren.)

Auch kann Selbstmordverhütung niemals darin bestehen, dem

Patienten den Selbstmord zu »verbieten«, dies würde einen grenzenlosen Hochmut der Glücklichen gegenüber den Unglücklichen bedeuten und müßte auch à la longue zum Scheitern verurteilt sein. Aber gerade wenn wir unsere Grenzen einhalten und wenn wir das grundsätzliche »Recht« auf den Tod von eigener Hand anerkennen, müssen die anderen auch bereit sein, unser Recht anzuerkennen, diese Hilfe anzubieten. Der moderne Trend, den Helfern Vorwürfe zu machen, weil sie »wieder einen Menschen gerettet haben«, muß entschieden bekämpft werden, er entpuppt sich bei näherem Hinsehen als Teil eines suizidalen Klimas, als nekrophile Tendenz im Sinne *Fromms.* Sollte es wirklich ein Verbrechen sein, solchen »Grenzgängern« mit den Bremer Stadtmusikanten zuzurufen: »Komm mit uns, etwas Besseres als den Tod werden wir überall finden?« Im übrigen anerkennen wir natürlich, daß es trotz all unserer verbesserten therapeutischen Möglichkeiten Menschen gibt, denen wir mit unseren Bemühungen eine positive Beziehung zum Leben nicht zu vermitteln vermögen.

An dieser Stelle möchte ich das *Rilke*-Gedicht aus den »Stimmen« über Selbstmörder zitieren:

Das Lied des Selbstmörders

Also noch einen Augenblick.
Daß sie mir immer wieder den Strick
zerschneiden.
Neulich war ich so gut bereit,
und es war schon ein wenig Ewigkeit
in meinen Eingeweiden.

Halten sie mir den Löffel her,
diesen Löffel Leben.
Nein, ich will und will ihn nicht mehr,
laßt mich mich übergeben.

Ich weiß, das Leben ist gar und gut,
und die Welt ist ein voller Topf,
aber mir geht es nicht ins Blut,
mir steigt es nur zu Kopf.

Andere nährt es, mich macht es krank;
begreift, daß man's verschmäht.
Mindestens ein Jahrtausend lang
brauch ich jetzt Diät.

Dort, meiner Meinung nach, erlischt das Recht der Selbstmordverhütung, sie hat nicht den Zweck, mit Gewalt einen Menschen am Leben zu erhalten, zur zweifelhaften, egoistischen »Genugtuung« des »Retters«.

Heinrich von Kleist hat unmittelbar vor seinem Selbstmord an seine Schwester geschrieben:

> Ich will Dir gerne bescheinigen, daß Du alles Menschenmögliche getan hast, um mich am Leben zu erhalten. Die Wahrheit ist aber, daß mir auf dieser Welt nicht zu helfen war.

Solche Fälle gibt es tatsächlich, andererseits aber: Wohl dem Helfer, der sich, selbst wenn er erfolglos blieb, sagen kann, alles nur Menschenmögliche zur Rettung eines selbstmordgefährdeten Menschen getan zu haben. Im Dienste der Suizidprophylaxe zu stehen, bedeutet nach all dem Gesagten also auch, Mißerfolge ertragen zu können.

In letzter Zeit habe ich erlebt, daß drei Menschen, die mir von sich aus versprochen hatten, sich nicht umzubringen, fast zur gleichen Zeit zu mir gekommen sind und mit dem Hinweis, daß in ihrem Leben unerträgliche, unveränderbare Zustände eingetreten seien, verlangt haben: »Sie müssen mir dieses Wort zurückgeben, ich halte es nicht mehr aus, und Sie würden ein schweres Unrecht begehen, wenn Sie meinen Wunsch nicht erfüllen.« Ich habe nach vielen inneren Kämpfen allen diesen drei Menschen, die wirklich in einer — wenn auch völlig verschiedenartigen — entsetzlichen Situation waren, tatsächlich dieses Wort zurückgegeben. Merkwürdig: von dem Moment an, wo ich dies getan hatte, wollte keiner dieser drei sterben, und ihr Leben hat sich, teils durch Hilfe von außen, aber teilweise auch sehr aus ihrem Inneren heraus, zum Besseren gewandt. Hätte die Aufrechterhaltung des Zwanges ähnlich wirksam sein können?

Ich glaube, daß ein entscheidendes Kriterium für das psychohygienische Klima, das in einem Lande herrscht, darin zu finden ist, ob dort eine suizidale oder antisuizidale Tendenz feststellbar bleibt.

Zur Erzeugung eines antisuizidalen Klimas wäre nötig:

a) Zu erkennen, daß die Selbsttötung ein Problem ist, das jeden angeht; wer sagt »In eine solche Situation kann ich niemals kommen«, weiß nichts von der Realität des Lebens und kennt sich selbst nicht.

b) Die Selbsttötung nicht zu verherrlichen, aber auch nicht zu tabuisieren (»Darüber spricht man nicht«, ist nichts anderes als der Beweis, daß man vor diesem Thema Angst hat.); auch sensationslüsterne Neugier und Gleichgültigkeit (»Privatsache, in die ich mich nicht einmische.«) sind suizidfördernd; die Verketzerung und Verdammung des Selbstmordes hilft — entgegen weit verbreiteten Vorstellungen — keineswegs, Suizide zu verhindern; am besten gelingt dies in verständnisvoller, betroffener Haltung;

c) Über das Problem des Selbstmordes gründlich informiert zu sein und zahlreiche, noch immer weit verbreitete Slogans als falsch erkannt zu haben, an ihrer Korrektur mitzuarbeiten (Zum Beispiel: »Die es ankündigen, tun es nicht, und die es tun, kündigen es nicht an.«)

d) Eine richtige Einstellung zur Selbsttötung zu haben, was bedeutet, sie, wenn schon nicht als Symptom einer Krankheit, so doch als Ausdruck menschlicher Not zu erkennen und die Bereitschaft zu entwickeln, diese Not des Menschen anzunehmen; nur dort, wo ein Recht besteht, sein eigenes Unglück zu zeigen, wo Unglücklichsein weder eine Schande noch eine Stigmatisierung oder eine unerwünschte Störung bedeutet, werden es Menschen wagen, dieses Unglück zu bekennen, und damit anderen die Möglichkeit geben, alles zu tun, um ihr Scheitern zu verhindern.

e) Eine neue Einstellung gegenüber Selbstmordversuchen zu entwickeln; bis in unsere Tage nehmen es viele Menschen dem »Täter« übel, wenn seine Selbstmordhandlung nicht »Erfolg« hat; sie verlangen: entweder soll man es ganz machen oder gar nicht; werten den Selbstmordversuch als »Erpressung«; sie vermuten, daß er ja gar nicht sterben wollte, keine »ernste« Absicht hatte (Ein Arzt [!] zu seiner Nichte, die eine Überdosis von Schlafmitteln genommen hatte und ihn anschließend in Todesangst anrief: »Entweder, Du hättest die Tabletten nicht nehmen sollen, oder Du hättest mich nicht anrufen dürfen; beides zusammen geht nicht!«; oder ein Feuerwehrmann bei der Rettung eines Menschen, der versucht hatte, sich die Pulsadern zu öffnen: »Für's nächste Mal zeige ich Ihnen, wo Sie schneiden müssen, damit Sie sicher tot sind.«)

f) Mobilisierung der Menschlichkeit; man könnte auch sagen, der Nächstenliebe, besonders für die Außenseiter und Unterprivilegierten; Aufbau verbindlicher (im doppelten Sinne des Wortes) zwischenmenschlicher Beziehungen;

g) Intensivierung des mitmenschlichen Gesprächs; man vergesse nicht: jedem Selbstmord geht ein mißglücktes oder nicht stattgefundenes Gespräch voraus; umgekehrt bedenke man, daß unbedachte Worte für einen anderen der letzte Anlaß sein können, Selbstmord zu begehen (besondere Verantwortung haben Journalisten und Massenmedien in diesem Zusammenhang);

h) Den Gefährdeten nicht allein zu lassen; wissen, wo man Hilfe findet und den Bedrohten den Helfern anzuvertrauen; um seine Bereitschaft, sich helfen zu lassen, geduldig ringen. Aus der Feststellung *Paul Valerys:* »Für den Selbstmörder bedeuten alle anderen nur Abwesenheit« ergibt sich unsere wichtigste Verpflichtung von selbst: mit allen unseren Kräften anwesend zu sein.

Ob in einem Land ein antisuizidales Klima herrscht, ist nicht zuletzt daran zu erkennen, wieviel Institutionen dort existieren, die im Dienste der Selbstmordverhütung stehen (Suicid Prevention Centres, Kriseninterventionszentren), auch daran, ob diese Stätten staatlich unterstützt werden.

Meines Wissens war *Dr. Bruno Kreisky* der erste Staatsmann, der die Selbstmordverhütung als Pflicht der Gesellschaft bezeichnet und dementsprechend gehandelt hat (erstes staatliches Kriseninterventionszentrum der Welt). Andererseits spricht der Satz von *Thomas Bernhard:* »Hier wundere ich mich nicht darüber, wenn einer durch Selbstmord stirbt, sondern darüber, daß er nicht Opfer einer Selbsttötung wird«, wie schon betont, auch in seiner überspitzten Form nicht gerade dafür, daß in Österreich ein antisuizidales Klima herrscht. Es gilt auch, immer zu prüfen, ob durch Versachlichung und Unterdrückung des Gefühls in einem Land ein Zustand eintritt, der es kaum mehr erlaubt, zwischen Lebendig- und Totsein einen Wertunterschied zu finden und damit den Selbstmord sehr nahelegt gemäß dem Ausspruch *Hofmannsthals:* »Da tot mein Leben war, sei du mein Leben Tod!«

Ein weiterer Indikator: Wer bekommt bei einem Spendenaufruf mehr, die Selbstmordverhüter oder die Befürworter eines »humanen Sterbens«, worunter größtenteils eine Anleitung zum Selbstmord zu verstehen ist? Ich fürchte, in sehr vielen Ländern die letzteren.

Und nun möchte ich aus einem Buch, das mir meine Kollegen von der St. Pöltener Sozialakademie zu meinem 60. Geburtstag geschenkt haben, »Biographien der Selbstmörder« von *Christian Heinrich Spieß*, erschienen 1786 (!), die Vorrede zitieren:

> Ich will nicht schaden, sondern womöglich nützen. Ich bin kein Verteidiger des Selbstmordes und will noch weniger — Gott bewahre mich für den Gedanken — Proselyten dieser Art machen. Aber ich habe inniges Erbarmen mit diesen Unglücklichen, die, wenn man die Sache gründlich untersucht, sich selten freiwillig morden, sondern durch harte, untreue, unempfindliche Menschenseelen zu dieser Tat gezwungen werden. Dies können am besten ihre Biographien beweisen, und aus diesem Gesichtspunkt betrachtet, werden sie hie und da gewiß Nutzen finden. Ich will den Jüngling warnen, daß er nicht leichtsinnig mit der Tugend seines Mädchens scherze und dann durch seine Untreue ihr Mörder werde. Ich will

das unerfahrene Mädchen durch schreckliche Beispiele aufmerksamer auf ihre Gefahr, sorgfältiger gegen ihre Tugend machen. Ich will dem guttätigen empfindsamen Herzen zeigen, daß eine gerechte, aber liebreiche Hilfe oft das Menschenleben rettet, und dem reichen Geizhals beweisen, daß er vorsätzlich morde, wenn er ungerührt das Bitten des Elenden hört und nicht hilft, wo er doch helfen kann, helfen soll, helfen muß. Ich will endlich dem Verzweifelten selbst den tätigsten größten Trost reichen, wenn ich ihm durch echte Beispiele beweise, daß in der äußersten Not, in der schrecklichsten Lage noch Rettung, noch Hilfe möglich ist, daß die Vorsicht den Hoffenden nicht verläßt und den Harrenden gewiß rettet.

Bei aller Seltsamkeit einzelner Worte kann man diese Zeilen nicht ohne Bewegung lesen, sie sind bis zum heutigen Tage gültig geblieben.

Ich habe gute Gründe, anzunehmen, daß *Johannes Urzidil* keiner Fata Morgana verfiel, als er schrieb:

Wer weiß, wie viele Heilmittel für die tausend Verzweiflungen noch im geheimen vorhanden sind. Irgendeines tritt immer wieder einmal ans Licht. Denn es ist nicht wahr, daß keine Wunder geschehen. Im Gegenteil: Nur sie allein geschehen wirklich. Alles andere ereignet sich eigentlich gar nicht, ist nur scheinbar. Für jede Verzweiflung des Menschen gibt es eine Gegenkraft. Wir stehen nun erst am Anfang der Entdeckungen. Werden immer am Anfang stehen, denn die Verzweiflungen vermehren sich ja auch.

Am Schluß möchte ich das kürzeste und schönste Selbstmordgedicht zitieren, das ich kenne. Es stammt von *Reiner Kunze:*

Die letzte aller Türen

Doch nie hat man
an alle schon geklopft.

VII. Psychotherapie heute

Die Psychotherapie ist wahrscheinlich so alt wie die Menschheit, denn seitdem es Menschen gibt, haben sie versucht, einander zu ermutigen oder Möglichkeiten angeboten, sich beim Sprechen »das Herz auszuschütten«. Schon bei *Platon* ist zu lesen, daß »die Seele mittels gewisser Gespräche geheilt werden kann«. (Das sollten sich alle besonders merken, die enttäuscht darüber sind, daß in einer Psychotherapie »nur geredet wird«.)

War das Gespräch als therapeutische Möglichkeit also schon lange bekannt, blieb es doch *Sigmund Freud* und seinen Schülern vorbehalten, daraus ein wissenschaftlich definiertes und empirisch erprobtes System zu machen — eben die Psychotherapie als einen neuen Zweig medizinischer Behandlung. Das war ein gewaltiger neuer Aspekt. Umso mehr mag es überraschen, daß die Berufsbezeichnung »Psychotherapeut« in Österreich bis zum heutigen Tage weder existiert noch gesetzlich geschützt ist, sich eigentlich jedermann als solchen bezeichnen kann. (Ich komme am Schluß dieses Kapitels nochmals darauf zurück).

Versucht man, ein ordnendes Prinzip in die Vielfalt der modernen psychotherapeutischen Praktiken einzuführen, so kann man (in Anlehnung an *Ferdinand Birnbaum*) grundsätzlich vier psychotherapeutische Methoden voneinander unterscheiden:

- Substituierende oder suggestive Methoden,
- kathartische Methoden,
- analytische Methoden und
- anagogische Methoden.

1. Substituierende oder suggestive Methoden

Ihr wesentliches Merkmal ist darin zu sehen, daß hier der Therapeut, zumindestens auf eine gewisse Zeit, aktiv die Steuerung des Patienten übernimmt. Voraussetzung für eine erfolgreiche Anwendung dieser Methode ist, daß der Patient dem Behandler uneingeschränktes Vertrauen entgegenbringt; man könnte auch sagen, daß der Behandler in diesen Fällen für den Behandelten eine Autorität darstellen muß, der er sich willig unterwirft. Wenn *Stransky* der Ansicht war, daß *jede* Psychotherapie auf der sogenannten »Autoritäts-Subordinationsrelation« beruhe, so muß gesagt werden, daß dies ein Irrtum ist, weil es nur für die suggestiven Methoden zutrifft. Der Therapeut spricht auf den Patienten ein, überträgt seine Kraft auf ihn, macht ihm Mut, berät und führt ihn. Diese Suggestion kann in mannigfachen Formen erfolgen, etwa wenn der Arzt sagt: »Es wird alles wieder gut werden« oder ein Medikament mit entsprechenden Versicherungen verabreicht.

Das klassischste Beispiel suggestiven therapeutischen Vorgehens ist die *Hypnose.* Ihr Anfangsstadium in der modernen Zeit kann im Magnetismus *Mesmers* ausgemacht werden, der damit imstande war, gewisse Schmerzen zu beseitigen und auch bei operativen Eingriffen Schmerzfreiheit zu erreichen. Mesmer hatte eine gute Beziehung zu Wien, war mit der Mozartschen Familie bekannt und beeinflußte den jungen Wolfgang in einem solchen Ausmaß, daß dieser der Mesmerschen Methode, freilich in leicht karikierter Form, in der Oper »Cosi fan tutte« ein unvergängliches Denkmal setzte. Weniger liebevoll ging die medizinische Fakultät mit Mesmer um. Ihr ausgeprägtes Mißtrauen gegenüber allem, was mit psychischen Dingen zu tun hatte und daher angeblich »unbeweisbar« schien, war schon damals gegeben, und so wurde Mesmer schließlich als »Scharlatan« verjagt. Ähnliches geschah ihm in Paris, wo er nach anfänglich sensationellem Erfolg aus der medizinischen Fakultät ausgeschlossen wurde. In Paris ereignete sich aber auch im vorigen Jahrhundert seine Rehabilitation durch den großen Psychiater *Charcot,* der eigentlich den Begriff der Hypnose schuf und sie für die Heilung hysterischer Phänomene verwendete. Auf seine Veranlassung hin wurde dem längst verstorbenen Mesmer die Mitgliedschaft der medizinischen Fakultät wieder verliehen.

Nun führt aber der Weg dieser Behandlung wieder zurück nach Wien: Denn am Ende des vorigen Jahrhunderts verbringt *Sigmund Freud* wichtige Monate in Paris, von den Vorlesungen Charcots tief beeindruckt. Aber dieser Sigmund Freud beginnt, die Hypnose in einer anderen Richtung zu benützen, nämlich zur Aufdeckung von bis dahin unbewußtem Material. Er setzt damit zu jenem Quantensprung an, der das suggestive Verfahren Hypnose in den Dienst der Analyse stellt. Davon unabhängig aber hat sich die Hypnose auch als rein suggestives Verfahren einen Platz in der Psychotherapie verschafft und bewahrt, wie etwa aus der Tatsache hervorgeht, daß *Kauders* und *Schilder* der ärztlichen Hypnose ein eigenes Lehrbuch gewidmet haben.

Man darf in diesem Zusammenhang nicht die Möglichkeit vergessen, daß der Mensch auch imstande ist, an der eigenen Person eine Art von Selbsthypnose vorzunehmen. Ein Beispiel dafür wäre der Yogaismus. Im medizinischen Bereich hat *I. H. Schultz* das sogenannte »Autogene Training« auf der Basis von Autosuggestion zu einem anerkannten therapeutischen Verfahren gemacht. Hier geht es vor allem darum, durch Selbstsuggestion das vegetative Nervensystem, welches ja, wie schon im 4. Kapitel gezeigt, sich der Willkür entzieht, doch unter den Einfluß des eigenen Willens zu bringen und damit körperliche und seelische Selbstkontrolle zu erreichen. Der Schöpfer dieser Methode hat immer wieder betont, daß sie nur unter ärztlicher Führung erlernt werden darf. Es muß hinzugefügt werden, daß der Mensch, um das Autogene Training wirklich zu erlernen, zwei Eigenschaften vereinen muß: Die Fähigkeit, sich zu konzentrieren und gleichzeitig die Fähigkeit, sich zu entspannen.

Daraus ergeben sich schon die Grenzen dieser suggestiven therapeutischen Methode. Wo es darum geht, mit bestimmten äußeren Belastungen besser fertig zu werden, kann sie ganz ausgezeichnete Erfolge haben. Wo aber eine schwerere Neurose vorliegt, muß sie versagen, weil nur der seelisch gesunde Mensch das Vermögen zur nötigen Konzentration und Entspannung besitzen wird.

Die Tragik der heutigen psychotherapeutischen Situation, die noch am Ende dieses Kapitels dargestellt werden wird, besteht nun darin, daß man sehr oft nicht jene psychotherapeutische Methode bekommt, die man *brauchen* würde, sondern jene, die *zur Verfügung steht.* Da nun die fachliche Ausbildung zum Autogenen Training weniger Zeit beansprucht, versteht es sich von selbst, daß Autogenes Training noch am ehesten zu erhalten ist. Sicherlich eine wertvolle, aber leider bei ernsten Neurosen nicht ausreichende Hilfe. Im übrigen gibt es auch beim Autogenen Training eine Art Sprung aus einem suggestiven zu einem analytischen Verfahren, wenn nämlich in einer zweiten Ausbildungsstufe der Patient aufgefordert wird, im Zustand der Selbsthypnose zu phantasieren und dann diese Phantasien zu deuten, was als katathymes Bild-Erleben bezeichnet wird. Eine vollwertige Analyse ist damit aber wohl kaum zu erreichen.

2. Kathartische Methoden

Das oberste Prinzip dieser psychotherapeutischen Methode ist die Aussprache. Wir alle wissen, wie wertvoll es ist, wenn wir uns »etwas von der Seele reden können«. Es hat sich nachher zwar praktisch kaum etwas geändert, aber wir fühlen uns auf einmal um vieles leichter, besonders dann, wenn wir einen verständnisvollen, aufgeschlossenen Zuhörer gefunden haben.

Es ist mit eine der Tragödien unserer Zeit, daß die Menschen nicht mehr bereit sind, zuzuhören. Die meisten sind ausschließlich mit den eigenen Problemen beschäftigt oder haben, wie der furchtbare Ausdruck lautet, »keine Zeit«. So sammelt sich Unausgesprochenes, Nichtverarbeitetes in der Seele der Menschen an, die dadurch schwer be-, ja mitunter sogar erdrückt wird.

Die kathartischen Methoden sind nun bemüht, durch gründliche Aussprache eine Erleichterung, vielleicht sogar Befreiung zu erreichen. Dabei werden diese Aussprachen vom Therapeuten nicht wesentlich gelenkt, das heißt der Patient spricht von dem, was ihm am Herzen liegt, wovon zu erzählen er ein drängendes Bedürfnis empfindet. Es versteht sich von selbst, daß man durch bloßes Erzählen im großen und ganzen nur Bewußtes, kaum aber Unbewußtes wird präsentieren können: damit deklariert sich die Begrenztheit auch dieser Methode.

Es sei nicht verschwiegen, daß im Rahmen der Entwicklung der Psychotherapie in den letzten Jahrzehnten auch der Versuch gemacht wurde, rein kathartischen Methoden eine gewisse analytische Dimension zu geben: Als ein klassisches Beispiel dafür darf die »Nicht-direktive Gesprächstherapie« im Sinne von *Rogers* erwähnt werden.

3. Analytische Methoden

Hier handelt es sich um ein spezifisches Verfahren, um bis dahin Unbewußtes bewußt zu machen. Dazu bedient man sich einer eigenen Technik, die in ihren wesentlichen Grundzügen auf *Freud* zurückgeht. Eine solche Technik ist umso notwendiger, als es sich ja bei dem verdrängten Material, wie wir schon mehrfach gesehen haben, um äußerst Unangenehmes und Peinliches handelt: Sich selbst im Spiegel sehen zu müssen, wie man wirklich ist, bleibt in der Mehrzahl der Fälle ein qualvoller Anblick, den man verständlicherweise, wenn irgend möglich, gerne vermeiden möchte.

Dementsprechend wird der Neurotiker gegen die Wiederentdeckung des Verdrängten einen massiven Widerstand entwickeln, der viele Masken tragen kann. Die einen werden leugnen, eine Neurose zu haben (und bestimmte Neuroseformen, zum Beispiel psychosomatische Erkrankungen, werden ihnen, wie wir gesehen haben, diese »Verdrängung« leichter möglich machen), andere glauben, sich selbst heilen zu können, und selbst die Fortgeschrittensten, die eine Therapie wünschen und aufnehmen, werden ihr gegenüber ambivalent bleiben: auf der einen Seite der Wunsch, vom Leidensdruck befreit zu werden, der therapiestimulierend wirkt, auf der anderen Seite die Angst vor der Wiederbewußtmachung, die ein therapiehemmendes Element darstellt.

In dieser Situation gilt es um so mehr, den Widerstand zu »überlisten«, und nicht zuletzt auch diesem Ziele dient die Technik Freuds.

Ich habe schon erwähnt, daß sich ursprünglich Freud zur Aufdeckung unbewußten Materials der Hypnose bediente. Später hat er aber diese Methode fallengelassen und statt dessen eine eigene Technik entwickelt, die durch fünf Punkte gekennzeichnet ist:

a) Den freien Einfall

Der Patient wird angehalten, alles auszusprechen, was ihm einfällt — gleichgültig, ob von ihm für wichtig oder unwichtig, klug oder dumm, verständig oder unverständig, anständig oder unanständig usw. bewertet —, also jene Zensur, die normalerweise am Werk und nur mühsam auszuschalten ist, zu überwinden. Ich hoffe, daß jeder verstehen wird, eine wie ungeheuer große Anforderung schon dies an den Patienten stellt.

b) Die freie Assoziation

An bestimmte Erlebnisinhalte sollen Assoziationsketten geknüpft werden, die unwillkürlich weiterführen und geeignet erscheinen, zur Aufdeckung von verdrängten traumatisierenden Erlebnissen in der Vergangenheit, insbesondere auch in der Kindheit, beizutragen.

c) Die Traumdeutung

Es war eine der wichtigsten Entdeckungen *Freuds,* daß durch die Ausschaltung des Bewußtseins im Schlaf auch der Widerstand gegen das Auftauchen des Verdrängten abgeschwächt ist und sich daher das Unbewußte im Traum leichter manifestieren kann. Dabei bedient sich das Unbewußte im Traum der Symbolsprache, die dementsprechend in der Analyse gedeutet werden muß; daraus können wertvolle Einsichten resultieren.

Mit Recht hat *Freud* die Traumdeutung als die »Via regia«, die »königliche Straße«, zum Unbewußten bezeichnet. — Daß der Widerstand sofort nach dem Erwachen wieder in Aktion tritt, wird durch rasches »Vergessen« oder durch »Veränderung« des Trauminhaltes eindrucksvoll bewiesen — in jeder analytischen Therapie macht man leidvoll diese Erfahrung.

d) Fehlleistungen

In seiner Schrift »Zur Psychopathologie des Alltagslebens« hat *Freud* gezeigt, daß bestimmte Formen des Sich-Versprechens, des »Auf-etwas-Vergessens« und dergleichen mehr einer unbewußten Absicht entsprechen und damit unbewußte Tendenzen verraten: dementsprechend werden sie analytisch interpretiert.

Die Existenz solcher Fehlleistungen ist heute allgemeines Wissensgut geworden, in der englischen Sprache werden sie ihrem Entdecker zu Ehren »Freudian slips« genannt. Ungezählte eindrucksvolle Beispiele ergänzen immer von neuem die seinerzeitige Sammlung Freuds und bestätigen seine These. Hier nur eines für viele andere mögliche: Eine sehr emanzipierte, ihre Selbständigkeit betonende Dame will zu ihrem Freund, nachdem sie eine beachtliche intellektuelle Leistung vollbracht hat, sagen: »Bin ich dir nicht ebenbürtig?«, verspricht sich aber und sagt statt ebenbürtig ehebürtig; sie verrät damit, wie sehr sie sich unbewußt die Eheschließung wünscht.

e) Analyse der Übertragungssituation

Wie bereits in den ersten Kapiteln erwähnt, wird der Patient in der Begegnung mit dem Therapeuten Gefühle, die er den entscheidenden Personen in der Kindheit gegenüber empfunden hat — aus seiner neurotischen Wiederholungstendenz heraus —, auf den Therapeuten übertragen (dieser Vorgang wurde daher, sehr zu Recht, als »Übertragungsneurose« bezeichnet). Gelingt es nun, die Beziehung, die der Patient zum Therapeuten hat, in ihren gefühlsmäßigen Charakteristika zu analysieren, so ist damit auch zugleich die Möglichkeit einer Analyse seiner maßgeblichen und krankmachenden Beziehungen in der Kindheit gegeben.

Diese letztere Methode erscheint für die Praxis um so wichtiger, als es ja äußerst schwierig bleibt, sich wirklich an entscheidende psychotraumatische Erlebnisse der ersten Kindheitsjahre zu erinnern.

Der Ablauf dieses Geschehens sieht so aus: Der Patient vollzieht zuerst eine Regression in seine Kindheit in der teils bewußten, teils unbewußten Sehnsucht, etwas in der Kindheit Versäumtes nachzuholen. Mit Recht hat *Freud* in diesem Zusammenhang gesagt, daß der Neurotiker auch als Erwachsener die Kleider der Kindheit anbehält, eben weil er den Wunsch hat, für die Unbill, die ihm als Kind zuteil wurde, Wiedergutmachung zu erhalten. Man könnte hier also auch von einer korrigierenden Tendenz sprechen.

Diese Regression muß vom Therapeuten angenommen werden,

denn nur durch die Regression kommt es ja zur Übertragung, in der der Therapeut zum Vater oder zur Mutter wird, dem gegenüber die gleichen Gefühle entwickelt werden, wie sie sich in der Kindheit eingestellt haben. Man könnte also folgende Kette zusammenstellen: Ohne Regression keine Übertragung, ohne Analyse der Übertragungssituation keine Heilung, gemäß dem Satz *Sartres:*

> Psychotherapie bedeutet, eine mißglückte Beziehung zu den Eltern durch eine geglückte Beziehung zum Therapeuten zu korrigieren.

Da wir nun aber bei der Übertragung angelangt sind, müssen wir uns damit beschäftigen, was der Patient — auch wenn seine Regression angenommen wird — nun von sich aus tut, um die beschriebene Sehnsucht nach Korrektur der Kindheitserlebnisse (unbewußt) zu torpedieren. Kann man also die erste Komponente der Übertragungsneurose (nämlich die korrigierende) als zum Teil bewußt, zum Teil unbewußt klassifizieren, so bleibt die zweite — und leider sehr entscheidende Komponente — weitgehend im Unbewußten. Wir dürfen nämlich nicht vergessen, daß sich in dem Kind (größtenteils unbewußt bleibende) Verhaltensmuster gegenüber den Eltern entwickelt haben, die es nun auch dem Therapeuten gegenüber zur Anwendung bringt.

Durch diese Übertragung wird der Therapeut als Mensch gar nicht als der zur Kenntnis genommen, der er wirklich ist, sondern mit Eigenschaften ausgestattet, die dem Vater oder der Mutter zu eigen waren. Um so mehr werden ihm gegenüber dann auch jene Verhaltensmuster angewendet werden, die in Auseinandersetzungen mit den Eltern entwickelt wurden. Infolge dieses doppelten »Wiederholungszwanges« nun droht die angestrebte Korrektur des negativen Kindheitserlebnisses zu scheitern. Nun hat aber der Therapeut seine Ausbildung vor allem zu dem Zweck erhalten, diese Wiederholungs- oder torpedierende Tendenz zu entschärfen, und damit die Entneurotisierung einzuleiten. Das ist seine einmalige Chance. Wer sollte sie wahren, wenn nicht er?

Dieser Vorgang erinnert in vielem an die Erlösung verzauberter Personen in den Märchen (ich persönlich bin davon überzeugt, daß diese Geschichten — natürlich in verschleierter Form — den therapeutischen Prozeß symbolisieren). Wie in den Märchen zur Entzauberung, so muß auch in der Psychotherapie zur Entneurotisierung oft genug das Unlogischste getan werden. So darf sich zuerst der Therapeut durch die Ambivalenz des Patienten nicht zur Ambivalenz als Gegenübertragung verleiten lassen, so »verständlich« dies auch wäre. So darf er sich von der korrigierenden Tendenz des

Patienten, das Nicht-geliebt-Werden als Kind jetzt durch eine geradezu unersättliche Sehnsucht nach der Liebe des Therapeuten auszugleichen, nicht erschrecken lassen. Dies wird auf der einen Seite ein ständiges Sich-selbst-in-den-Mittelpunkt-Stellen (denn des Patienten Ich-Unsicherheit ist immer mit Egozentrizität gekoppelt), auf der anderen Seite ein ständiges Lauern darauf, daß es auch diesmal nicht die richtige Liebe ist und ein intensives Suchen nach Beweisen dafür, daß man neuerlich enttäuscht sein muß, zur Folge haben. Und auf die bereits beschriebene »Torpedierungstendenz« darf der Therapeut nicht »hereinfallen«.

Auch in den Märchen verwandeln sich verzauberte Personen in besonders häßliche Gestalten, die zu lieben gewaltige Überwindung kostet, die »Echtheit« der Liebe auf eine besonders harte Probe stellt. Die Tendenz des Neurotikers, sich als besonders häßlich darzustellen, hat aber noch einen anderen schwerwiegenden Grund: Das ungeliebte Kind gewinnt nämlich oft genug den Eindruck, daß es nicht verdient, geliebt zu werden, und ist daher bemüht, sich als nicht liebenswert darzustellen. Das alles sind Klippen, die der Therapeut im Rahmen des Annehmens der Regression mit ungeheurer Geduld entschärfen muß: Wer zu früh aufgibt (und fast jeder Zeitpunkt ist hier »zu früh«), der versäumt das wunderbare Erlebnis, daß sich die torpedierende, zur Wiederholung drängende Tendenz endlich erschöpft und die korrigierende sich dementsprechend in einer Neugestaltung menschlicher Ur-Beziehungen durchsetzen kann.

Man vermag das hier angeschnittene Problem nicht menschlicher und treffender auszudrücken als mit den Worten des Freudschülers *Sandor Ferenczy:*

> Es muß ein unerschütterliches Wohlwollen des Therapeuten geben, das ehrlich und nicht geheuchelt ist und von einer Standhaftigkeit, Unbegrenztheit, daß daran alle Versuche des Patienten, die Tragfähigkeit der Geduld des Analytikers auf die Probe zu stellen, scheitern müssen.

Meiner Überzeugung nach ist die Analyse der Übertragungssituation das Kernstück jeder analytischen Psychotherapie. Diese aber ist, wie ich hoffe, jetzt schon gezeigt zu haben, nicht möglich ohne eine *intensive personale Interaktion;* mit anderen Worten: Es kommt hier ganz wesentlich auf eine möglichst *lebendige* Beziehung zwischen Therapeut und Patienten an, worauf ich später noch zurückgreife.

Wie allgemein bekannt, konnten sich zwei der namhaftesten Schüler *Freuds* auf die Dauer nicht mehr mit allen seinen Thesen identifizieren und haben deshalb eigene Schulen gegründet. Daher kann heute die analytische Psychotherapie nicht mehr mit der von *Freud* aufgebauten Psychoanalyse gleichgesetzt werden, zu ihr sind vielmehr noch die Individualpsychologie *Adlers* und die komplexe Psychologie *C. G. Jungs* zu rechnen.

An dieser Stelle sei auch verzeichnet, daß sich die Trennung der beiden von *Freud* unter sehr dramatischen Umständen abgespielt hat. Vieles spricht dafür, daß beide ursprünglich nicht darauf aus waren, durch allzu großes Geltungsbedürfnis, wie man es ihnen später nachgesagt hat, eigene Schulen zu gründen. Es ging ihnen vielmehr darum, auch innerhalb des Freudschen Hauses andere Ansichten vertreten zu dürfen als der große Lehrer.

Leider war dieser aber nur in bescheidenem Rahmen tolerant, und daß dieses zumindest sein Unbewußtes wußte, geht aus der berühmten Fehlleistung hervor, die in einem späteren Freud-Brief an *C. G. Jung* zu finden ist. Er wollte schreiben: »Ich weiß nicht, *wann* ich meine Schüler unterdrückt habe«, und formulierte statt dessen: »Ich weiß nicht, *warum* ich meine Schüler unterdrückt habe.«

Nach vollzogener Trennung entwickelte sich eine ausgesprochene Feindschaft zwischen den Schulen, die von wenig Bereitschaft, einander zu verstehen, zeugte und die bis zum heutigen Tage wie ein dunkler Schatten über der Tiefenpsychologie liegt (siehe auch den Schluß dieses Kapitels). Auch darf nicht verschwiegen werden, daß im Verlauf der kommenden Jahre von allen drei Beteiligten Worte gefallen sind, die der Größe, die sie alle zweifellos hatten, nur sehr schlecht anstehen.

Ich selbst bin als individualpsychologischer Therapeut ausgebildet worden und seit 1962 Präsident der österreichischen Adlerianer. Bevor ich nun im folgenden versuchen werde, das Adlersche Lehrgebäude zu beschreiben, muß ich aber ein klärendes Wort hinsichtlich meiner Einstellung zu *Freud* sprechen, ein Bekenntnis zu seinen Pionierleistungen ablegen, das man aus dem Munde eines Adlerianers in der Vergangenheit selten zu hören gewohnt war und das noch heute viele Menschen überrascht, mitunter auch verärgert.

Ein beachtlicher Teil seiner genialen Entdeckungen ist bis zum heutigen Tage unentbehrliches Fundament tiefenpsychologischen Denkens und Handelns — wird es wohl für alle Zeiten bleiben. Ohne Freud gäbe es eine moderne Tiefenpsychologie ebensowenig wie eine moderne Psychiatrie. Freud hat das Unbewußte entdeckt, die Entstehung der neurotischen Symptome geklärt, sich als wirksam erweisende Wege zu ihrer Heilung gewiesen. In diesen wenigen Worten ist eine gigantische Leistung enthalten, die revolutionierend auf unserer Welt gewirkt hat und deren positive Folgen noch gar nicht abzusehen sind. Angesichts dieser Tatsachen kann es für eine auch heute noch immer wieder versuchte Abwertung Freuds nur zwei Motive geben: Mangelnde Selbsterkenntnis oder aber allzu großer persönlicher Ehrgeiz.

Durch die Betonung der Gefahren des Verdrängungsprozesses ist Freud zu einem Prüfstein menschlicher Aufrichtigkeit geworden. Leider gibt es immer wieder auch Tiefenpsychologen, die von Selbsterkenntnis weit entfernt sind und sich allzugerne ihrem Macht- und Geltungsstreben überlassen: Je größer der Wunsch, sich selbst in den Vordergrund zu spielen, desto stärker ist nämlich dann ihr Bestreben, Freud in seiner Bedeutung abzuwerten, gleichsam auf seine Kosten zu eigener Größe zu gelangen. Bis auf weiteres (sicher noch auf lange Zeit) gilt daher der Satz: »Sage mir, was du von Freud hältst, und ich sage dir, wer du bist.«

Erscheint es somit notwendig, in gewissem Sinn an den Erkenntnissen Freuds festzuhalten, so kann es auf der anderen Seite heute rückblickend keinen Zweifel darüber geben, daß eine Modifizierung und Weiterentwicklung des Freudschen Gedankengutes notwendig war. Auch die von Freud gegründete psychoanalytische Schule selbst gibt dies heute indirekt zu, wenn man im eigenen Bereich zwischen »orthodoxen Freudianern« und »Neoanalytikern« unterscheidet.

Es wird nun für alle Zeiten das historische Verdienst Alfred *Adlers* bleiben, als erster die Notwendigkeit einer solchen Ergänzung und in gewissem Sinne auch einer Veränderung der Freudschen Neurosenlehre erkannt zu haben. In diesem Sinne kann das Jahr 1911, in dem sich Adler von Freud lossagte, heute als die Geburtsstunde der Weiterentwicklung der Tiefenpsychologie angesehen werden.

Im folgenden sei der Versuch unternommen, die Entwicklung der Tiefenpsychologie zu beschreiben, die von *Adler* ausging. Sie läßt sich vor allem in folgenden vier Punkten zusammenfassen:

1. Eine neue Betrachtungsweise der menschlichen Persönlichkeit:

Es war das Verdienst *Adlers,* anstelle des bisherigen kausalen Denkens ein final orientiertes Konzept in die Tiefenpsychologie einzuführen. Das Verhalten des Menschen war von nun an nicht nur durch in seiner Vergangenheit liegende Motive bedingt, sondern auch durch vor ihm liegende Ziele (»Richtung« war in diesem Zusammenhang eines der liebsten Wörter Adlers). Die Verhaltensweisen des Menschen wurden verstanden aus der Zielsetzung, die ein Mensch vornahm. Natürlich gab es dabei bewußte Zielsetzungen ebenso wie unbewußte, und für letztere prägte Adler den Begriff »Arrangement«.

Man würde einem gefährlichen Irrtum anheimfallen, wenn man glaubte, daß es sich bei dem Unterschied zwischen kausaler und finaler Betrachtungsweise (sowohl im Bewußtsein als auch im Unbewußten) um einen rein theoretischen akademischen Streit handelte. Trotz mannigfaltiger Verflechtung zwischen Kausalität und Finalität wird durch die Betonung der letzteren dem Ich eine größere Bedeutung, Einheitlichkeit (die »Leitlinie«, sozusagen der »Leitstrahl«, als gemeinsamer Nenner aller Arrangements), Freiheit und auch Verantwortlichkeit zugesprochen. Seine Verantwortung bezieht sich dabei nicht nur auf Erkenntnis und Aufdeckung, sondern auch auf *Beseitigung* neurotischer Verhaltensweisen.

In diesem Zusammenhang sei es vielleicht erlaubt, das Dichterwort zu zitieren:

> Analytiker können die Motive anführen, warum jemand zur Tat schreitet, aber die Tat selbst, die die vergänglichen Motive überwindet, bewahrt, verinnerlicht, die Tat, die dem, was uns geschieht, Sinn gibt, die haben die Analytiker damit nicht geklärt, sie müßten hier eben den Begriff des Subjektes wieder einführen *(J. P. Sartre).*

Gerade diese Einführung des Subjektes war Adlers Werk, und die gesamte Tiefenpsychologie der Gegenwart folgt heute solchen Aspekten in Theorie und Praxis — nicht zuletzt auch die psychoanalytische Schule, wie die Werke von *Anna Freud, Hartmann, Fromm, Horney* und in letzter Zeit besonders des bereits zitierten *Erikson* (Lehre von der »Identität«) beweisen. Wir Österreicher haben allen Grund, in diesem Zusammenhang auch *Igor Carusos* besonders zu gedenken.

2. Die Erfassung der gesamten Person auch im Unbewußten:

Freud entdeckte dort vorwiegend sexuelle Inhalte (damals verfiel im besonderen dieser Bereich tatsächlich einer enormen Verdrängung); die Symbolsprache der Träume deutete er vorwiegend auf erotischer Ebene.

Mit *Adler* begann jene Entwicklung, die es nunmehr gestattet, im Unbewußten den *ganzen* Menschen repräsentiert zu finden, vor allem auch seine sozialen und metaphysischen Intentionen. Damit war für den Psychotherapeuten in der Praxis zum erstenmal die Möglichkeit gegeben, aus einer einengenden »Deutungsdiktatur«

auszubrechen und sich jenem Idealziel zu nähern, das *Niedermeyer* als »universalistische Psychotherapie« bezeichnet hat.

Jede einseitige Verzerrung, die Überbetonung der sexuellen ebenso wie die der geistigen Ebene im Unbewußten (die jetzt besonders von *V. E. Frankl* forciert wird) ist in ihrem Zeichen zu vermeiden.

3. Die Erfassung des einzelnen als Gemeinschaftswesen (zoon politikon):

Während für *Freud* im wesentlichen nur das Einzelschicksal von Interesse blieb, sah *Adler* bereits den Menschen im Spannungsfeld zwischen seinen Wünschen und den Forderungen, die die Gemeinschaft an ihn stellt. Das hatte bedeutsame Folgen für die Praxis der Psychotherapie: so etwa, daß man heute vielfach, wie bereits erwähnt (besonders bei Kindern), Behandlungen durchführt, in die auch die Angehörigen in irgendeiner Form einbezogen werden; ferner die Initiierung und den weiteren Ausbau der Gruppentherapie (welche keineswegs nur eine Notlösung in der Zeit eines krassen Mißverhältnisses zwischen der Zahl der behandlungsbedürftigen Neurotiker und dem Mangel an zur Verfügung stehenden Psychotherapeuten darstellt). Vielleicht noch bedeutender sind aber, so paradox dies für den ersten Moment auch klingen mag, die theoretischen Folgen dieser Adlerschen Betrachtungsweise. Denn sehr bald stellte sich Adler die Frage, von welcher Gemeinschaft hier eigentlich die Rede sei, und er unterschied als Antwort darauf zwischen der realen, in einem bestimmten Kulturkreis gegebenen Gemeinschaft und einer Art von »Idealgemeinschaft«, die er als Gemeinschaft »sub specie aeternitatis« bezeichnete. Damit war der Weg gewiesen zu einer neuen Auffassung des Gewissensbegriffes (siehe auch früher).

Mit dieser neuen Betrachtung des Gemeinschaftsbegriffes (um dessen Weiterentwicklung sich mein individualpsychologischer Lehrer *Oscar Spiel* besondere Verdienste erworben hat) war zugleich das Problem des Wertens zur Diskussion gestellt. Zum erstenmal wurden Werte, die in einer Gemeinschaft gültig waren, damit noch nicht automatisch vom tiefenpsychologischen Standpunkt aus als richtige Maxime menschlichen Verhaltens anerkannt, sie wurden vielmehr Gegenstand prüfender Auseinandersetzung. Von da an war die Forderung nach einer »wertfreien Psychotherapie« als fiktive Illusion durchschaut. Die Praxis der Psychotherapie bewies, daß schon mit der ersten Sitzung unvermeidlich das Problem des Wertens angeschnitten wird und daß sich ihm niemand entziehen kann; dies gilt für den Patienten ebenso wie für den Therapeuten.

Bedenkt man dies alles, so muß man *Bruno Kreisky* recht geben, wenn er den Namen »Individualpsychologie« für schlecht gewählt hält und meint, *Adler* hätte seine Schule besser »Sozialpsychologie« nennen sollen.

4. Eine neue Gestaltung der Arzt-Patienten-Beziehung in der Psychotherapie:

Adler stimmte mit *Freud* völlig darin überein, daß jede Neurose durch eine mißglückte Begegnung des Kindes mit den Eltern in der frühesten Kindheit entsteht. Er leitete daraus die Überzeugung ab, daß sie nur geheilt werden könne durch eine andere, besser gestaltete Begegnung, diesmal mit dem Therapeuten. Dieses »Besser« schien ihm nur möglich bei Wahrung und Betonung der Natürlichkeit dieser Begegnung. Die Form, die *Freud* in der psychoanalytischen Therapie der Arzt-Patienten-Beziehung gegeben hat (der Patient auf der berühmten Couch liegend, der Arzt hinter ihm sitzend, verbal zu größter Zurückhaltung verpflichtet, so daß ein prominenter Psychoanalytiker wie *Friedrich Hacker* einmal sagen konnte, der Psychoanalytiker komme mit drei Worten aus: »Warum« und »schon wieder«), also das sogenannte Abstinenzprinzip, blieb für *Adler* im Grunde unnatürlich und damit der Heilung des Patienten wenig förderlich. Dementsprechend bemühte er sich um eine neue Form der Arzt-Patienten-Beziehung. Der Therapeut durfte nicht mehr eine »graue Wand« darstellen, die Therapie war für ihn nicht mehr nur eine Frage der erlernten Technik; so wichtig die Beherrschung dieser Technik blieb, noch wichtiger wurde nun die Persönlichkeit des Therapeuten.

Die Richtigkeit dieser Gedankengänge hat sich seither tausendfach erwiesen; *es erscheint keineswegs gleichgültig, wer der Therapeut ist, wie er ist;* auch davon bleibt die Prognose jeder Neurosenbehandlung abhängig. Natürlich wäre es einfacher, wenn man durch bloßes Anwenden der Technik ein heilender Psychotherapeut werden könnte: denn die Technik ist sicher leichter zu erlernen, als in sich selbst die Entwicklung zur therapeutischen Persönlichkeit zu realisieren.

Bedauerlicher- oder glücklicherweise kommt man aber ohne diese Persönlichkeit nicht aus, will man gültige und wirksame Psychotherapie betreiben. Vom Psychotherapeuten muß man also heute die Beherrschung der analytischen Technik, das Freisein von neurotischen Strukturen (dort, wo der Therapeut selbst neurotisch »fixiert« ist, kann er nicht helfen), aber noch ein entscheidendes Drittes (was im Gegensatz zu den beiden ersten Punkten durch eine Lehranalyse — siehe später — nicht automatisch vermittelbar erscheint) verlangen: Die Entwicklung zur Persönlichkeit, die ihn erst befähigt, die beste therapeutische Waffe, eine Art von »ansteckender Gesundheit«, die »Droge Arzt«, wie sie einmal *Balint* genannt hat, wirkungsvoll zum Einsatz zu bringen.

Die Neueinschätzung des Psychotherapeuten durch *Adler* hat auch zu einer Aufwertung der Position des Patienten geführt.

Jean-Paul Sartre veröffentlichte vor einiger Zeit unter dem Titel »Links von Freud oder die psychoanalysierte Psychoanalyse« eine kleine Geschichte. Dort kommt ein Patient zu einem Therapeuten und will die Arzt-Patienten-Situation in ihr Gegenteil verwandeln; er fordert den Therapeuten auf, über seine psychischen Erlebnisse seit der Kindheit zu berichten, und teilt ihm mit, daß alle seine Antworten mit einem Magnetophon festgehalten würden. Der Therapeut zeigt sich dieser Umkehr nicht gewachsen und weiß sich schließlich keine andere Hilfe, als die Polizei zu verständigen, um diesen »gefährlichen Irren« abtransportieren zu lassen. *Sartre* weist in diesem Zusammenhang darauf hin, daß hier zweimal eine zwischenmenschliche Beziehung mißglückt, weil beide Male (in der Therapie und in der Umkehr durch den Patienten) eine echte Relation zwischen zwei Subjekten nicht zustande kommt, sondern jedesmal der eine versucht, den anderen in die Rolle eines bloßen Objektes zu drängen. Im besonderen gibt *Sartre* folgenden Kommentar dazu:

> Die Heilung eines Kranken muß damit beginnen, sich gegenseitig ins Gesicht zu sehen, sie kann nur erfolgen im Verlaufe eines langen Abenteuers zu zweit, in der Intimität menschlicher Wechselbeziehungen, nicht anonym, unpersönlich, mit Worten wie aus Stein. Das Subjekt will als verletztes, fehlgeleitetes Subjekt verstanden werden, das wieder in die Gemeinschaft der Gesunden zurückfinden soll.

Vielleicht eignet sich diese Geschichte besonders dazu, um zu zeigen, in welcher Form die Neugestaltung der Arzt-Patienten-Beziehung durch *Adler* von der Seite des Arztes her auch die Persönlichkeit des Patienten aufgewertet hat. Der Patient bleibt nun nicht mehr sich selbst zur bloßen Selbstreflexion überlassen; er soll nicht in seiner Selbstanalyse »ertrinken«.

Der Selbsterkenntnis des Patienten muß sich vielmehr seine Aktion anschließen, sie muß praktische Folgen haben, soll wirkliche Heilung eintreten. Der Patient soll lernen, seine bisherigen falschen Verhaltensweisen zu korrigieren, eine Metanoia und Neuintegrierung seiner Persönlichkeit zu initiieren; die Aufdeckung der unbewußten Ursachen seines Fehlverhaltens befähigt ihn ja dazu. Dies alles verlangt eine Aktivität vom Patienten, und nicht zufällig waren Ausdrücke wie »Bewegung«, »Aktivität« und »Aktion« Lieblingsworte *Adlers*, ebenso wie er auf der anderen Seite die »zögernde Attitude«, die »Selbstblockade«, die »Ausbiegung« und die »verringerte Aufmarschbreite« als klassische psychoneurotische Verhaltensweisen beschrieben hat.

In diesem neuen Adlerschen Konzept psychotherapeutischen Vorgehens liegt vielleicht einer seiner schärfsten Gegensätze zu *Freud:* Für Freud war die Therapie mit der Aufdeckung des Unbewußten, mit seiner Wiederbewußtmachung beendet; sein berühmter Ausspruch, man müsse sich damit begnügen, aus neurotischem (unbewußtem) Elend gewöhnliches (bewußtes) zu machen, beweist eindeutig, daß er hier die Grenze ärztlichen Vorgehens für gegeben ansah. Diese Haltung entstammte nicht einem zu geringen ärztlichen Verantwortungsgefühl, sondern im Gegenteil: Freud glaubte es nicht verantworten zu können, sich an der Trainingsphase des Patienten von ärztlicher Seite zu beteiligen, weil er befürchtete, daß eine solche Beteiligung unweigerlich auch den Therapeuten zu allzu aktivem Handeln verleiten würde. Er dachte da immer an die Möglichkeiten einer neuen Neurotisierung des Patienten durch eine Art von Manipulation (siehe auch später), stand eben der menschlichen Persönlichkeit, auch der des Therapeuten, unendlich skeptisch-pessimistisch gegenüber — und überließ deshalb den Patienten nach Ende der Analyse in gewissem Sinne seinem Schicksal.

Immer wieder sehen wir in dieser Betrachtungsweise das Abstinenzprinzip Freuds als ein Hindernis einer lebendigen Beziehung zwischen Arzt und Patienten. Nun sollte man sich hüten, hier nur die Negativa dieses Prinzips zu betonen; es hat sicher auch Vorteile. Im Rahmen der Übertragungsneurose muß der Therapeut für den Patienten eine möglichst große Projektionsfläche bieten, und die wird außer Zweifel um so größer sein, je weniger der Patient den Therapeuten kennt, oder dieser sich zu erkennen gibt.

Aber dieser Vorteil wird durch viele Nachteile meiner Meinung nach mehr als wettgemacht: Die psychoanalytische Ausbildung mit ihrer einseitigen Betonung der »Technik« führt zu einer Versachlichung, zu einer Entpersönlichung der Beziehung Arzt-Patient. Man weiß, was man in jeder Situation zu tun hat; da bleibt kein Raum für Spontaneität, für Überraschungen, für eine lebendige Begegnung. Im Grunde handelt es sich um eine Denaturierung, die zu einer »unpersönlichen« Routine zu werden droht.

Freud selbst hat sich, das habe ich noch von zwei Menschen erfahren, die er persönlich analysierte, nicht im geringsten an sein Abstinenzprinzip gehalten; er gestaltete höchst lebendige Beziehungen. Warum hat er es dann seinen Schülern mit so ungeheurer Strenge verordnet? Wenn man die einzige richtige Antwort findet: »Weil er ihnen mißtraute«, kommt man direkt auf die persönliche Tragödie Freuds zu. Er, der als erster das Elend der Kinder entdeckte, die von den Eltern neurotisiert wurden, konnte dennoch sein Leben nicht richtig in den Dienst dieser Kinder stellen (dies war erst seiner Tochter Anna Freud möglich), weil er zutiefst in der jüdischen Vaterreligion wurzelte, wo der Vater immer recht hatte.

Betrachten wir in diesem Zusammenhang nur die Interpretation des Ödipus-Komplexes, die er gegeben hat: Der Sohn erschlägt aus Eifersucht den Vater, um mit der Mutter schlafen zu können. In dieser Deutung wird auf die Schuld der Eltern mit keinem Wort eingegangen. Gewiß, da lag eine Prophezeiung vor, daß der Sohn für die Eltern gefährlich werden würde. Aber rechtfertigt dieselbe die Aussetzung des Kindes in fremder Ferne? Sicherlich nicht, und es kommt hinzu, daß eben erst durch diese Verstoßung die »Schuld« des Ödipus möglich wird, denn als er Laios erschlägt, weiß er doch nicht, daß dieser sein Vater ist, ebensowenig, daß es sich bei Jokaste, die ihm als Preis zufällt, um die eigene Mutter handelt.

Von all dem ist bei Freud nichts zu hören: Denn er identifiziert sich ja mit Laios, steht auf der Seite des Vaters; er ist Zeit seines Lebens selbst der Vater gewesen, der vor seinen Söhnen Angst hatte und vielleicht typischerweise gerade durch diese Angst das erreichte, was er am meisten fürchtete, den Abfall zweier seiner begabtesten Schüler, den er ja sicher als Vatermord erlebte.

Meine Vermutung geht nun in die Richtung, daß Freud gerade durch diese Angst, die er vor seinen Söhnen hatte, verhinderte, daß diese in freier, unbefangener, lebendiger Art mit ihren Patienten Kontakt haben konnten. Sein Mißtrauen zwang ihnen das Abstinenzprinzip auf, und dieses wiederum verhinderte meiner Meinung nach eine echte Beziehung zu den neurotisch geschädigten Kindern, indem es gleichsam eine unüberwindliche Barriere zwischen dem Therapeuten (Vater) und dem Patienten (Kind) errichtet. Es scheint mir eine große Tragödie zu sein, daß auf diesem Wege eine Entwicklung, die eigentlich für die Befreiung der geschädigten Kinder ersonnen war, in der Praxis nicht die volle erwünschte Wirkung erreichen konnte.

Ganz anders *Alfred Adler,* der von Vertrauen und optimistischem Glauben durchdrungen war. Er hoffte, daß die Provozierung der Ermutigung keineswegs in jenes »Auf-oktroyieren« münden müßte, welches in der Tat nichts anderes wäre als ein beratend-suggestives Vorgehen und damit die Entwertung jedes analytischen Verfahrens. Gestützt auf diesen Optimismus, hat Adler ein neues Muster psychotherapeutischer Methodik geschaffen und durchgesetzt, daß sich nämlich an die Analyse eine »Phase der Synthese« *(Caruso)* anschließt, ein Verfahren, das als *anagogisch* bezeichnet wird.

4. Anagogische Methoden

Alcala hat vor einiger Zeit die Notwendigkeit einer solchen Synthese mit den scharfen, aber durchaus berechtigten Worten unterstrichen, daß ohne eine solche die Psychotherapie ein Betrug am Patienten wäre.

Da die anagogischen Methoden erwähnt wurden, ein Wort zur Logotherapie *Frankls,* die schon mehrmals genannt wurde und von mancher Seite als Prototyp anagogischen Vorgehens bezeichnet wird.

Als anagogische Psychotherapie kann nach dem Gesagten nur ein Verfahren klassifiziert werden, welches nach durchgeführter Analyse den Patienten bei der Verwertung ihrer Erkenntnisse zu helfen versucht.

Forscht man aber in der Franklschen Logotherapie nach einer Analyse des Unbewußten, bleibt diese Suche im wesentlichen ergebnislos — statt dessen dominieren ständige Appelle an den Patienten, welche dieses Verfahren als ein persuasives (»überredendes«) ausweisen und es, statt dem analytischen oder anagogischen, dem substitutiv-suggestiven Therapiebereich zugehörig erscheinen lassen, wie *Becker* eindrucksvoll gezeigt hat.

Auch die sogenannte *Verhaltenstherapie* ist kein anagogisches Verfahren: Hier wird ein Umlernen des Patienten angestrebt, aber vorwiegend in einer mechanistischen, behavioristischen Weise. Es soll an dieser Stelle nicht verschwiegen werden, daß auch die Verhaltenstherapie eine Entwicklung mitmacht, weil einige verantwortungsbewußte Verhaltenstherapeuten heute bereits sagen, man könne ein Verhalten nicht ändern, ohne nicht vorher bemüht zu sein, die Ursache des falschen Verhaltens zu entdecken, mithin, eine Analyse vorzunehmen. Diese Verhaltenstherapeuten fügen mit großem Mute hinzu: Wenn man dies nicht tue, könne man der Würde des Menschen in der Therapie nicht gerecht werden, sondern behandle ihn wie einen seelenlosen Automaten oder wie ein zu dressierendes Tier.

Solche selbstkritische Stimmen, die sich mehren, könnten die

Hoffnung berechtigt erscheinen lassen, daß eines Tages auch die Verhaltenstherapie zu den anagogischen Verfahren gezählt werden könnte.

Nach diesen Ausführungen meine ich, daß eine analytische, oder besser gesagt, eine anagogische Therapie in drei Phasen zu verlaufen hat:

1. Der Patient muß zuerst erkennen, daß seine Symptome Eigenproduktionen sind (der geheime Steuermann in uns selbst). Natürlich wird er dabei immer wieder die Tendenz zeigen, über die Symptome zu sprechen statt über ihre Voraussetzungen. Hier kann die Antwort mit den Worten des Verfassers so lauten: *Nicht* (über die Beschwerden) *klagen, sondern fragen* (wodurch sie hervorgerufen sind).

2. Der Patient muß die unbewußten Ursachen seines Verhaltens und seiner Symptome entdecken. Mit Nachdruck muß in diesem Zusammenhang betont werden, daß es in der analytischen Psychotherapie nicht auf verstandesmäßige Erkenntnisse (besonders intellektuelle Patienten möchten aus der Therapie gerne, therapeutisch gesehen, völlig »wertlose« Gedankenspiele machen), sondern eben auf das Freiwerden verdrängter Gefühle und Empfindungen ankommt. Sehr schön hat *Snoeck* dies zum Ausdruck gebracht, wenn er schreibt:

> Es zeigt sich, daß die wichtigste Seite der psychoanalytischen Behandlung die Gegenüberstellung des Ich mit den verdrängten Gefühlsregungen ist, und zwar innerhalb einer gewissen Übertragungssituation. In dieser Situation werden die Gefühlsbewegungen aufgefangen. Dabei erfährt der Patient Hilfe, um seinen eigenen verirrenden Erlebnissen mutig entgegenzutreten, und zwar einerseits durch Einsicht, die nicht nur rein verstandesmäßig gewonnen wird, und andererseits dadurch, daß die Gefühle im Ganzen der Persönlichkeit verarbeitet werden.

Die letzte Feststellung leitet hinüber zum nächsten Punkt.

In einer solchen *aufdeckenden Psychotherapie ist nur das etwas wert, was der Patient von sich aus entdeckt:* Wir sprechen unter Benützung eines Ausdruckes von *Charlotte Bühler* vom unbedingt nötigen »Aha-Erlebnis«, das heißt der Patient muß unter dem Motto: »Aha, so ist das« aus eigenem, ohne daß es ihm »nahegelegt«, »aufgedrängt« oder gar »vorgebetet« wird, die Zusammenhänge durchschauen. Meisterhaft hat *Künkel* formuliert, daß die neurotische Hölle von innen verschlossen ist und sie daher nur der Patient aufzusperren vermag. Alles, was der Therapeut tun kann, ist, den Patienten dazu zu befähigen, den Schlüssel richtig zu benützen; dazu braucht er vor allem Geduld: je länger man als Psychotherapeut tätig ist, desto mehr lernt man den Zeitfaktor schätzen; manche Therapie, die man schon als hoffnungslos aufzugeben bereit war, entwickelt sich erst nach langer Therapiedauer positiv, dafür aber dann zu ausgesprochenen, eindrucksvollen Erfolgen. Wenn man tiefer schaut, erscheint dies nicht verwunderlich: eine neurotische Fehlhaltung, die sich in vielen Jahren aufgebaut hat, braucht eben auch viel Zeit, um sich aufzulösen. Besonders junge Kollegen begehen hier aus Ungeduld verhängnisvolle Fehler: Sie glauben bald, die Arrangements des Patienten durchschaut zu haben, können nicht verstehen, daß es der Patient nicht auch schon tut, werfen ihm die vermeintliche oder tatsächliche »Wahrheit« an den Kopf — und zerstören damit natürlich die Therapie: denn was von außen kommt, geht den Patienten im Grunde nichts an, hebt ja *seine* Verdrängung nicht auf.

3. Der Patient muß lernen, die Erkenntnisse der Analyse in seine Persönlichkeit zu integrieren (Phase der Synthese, des Trainings). Es ist eine der verbreitetsten und verhängnisvollsten Fehlannahmen über die analytische Therapie, zu glauben, daß Wiederbewußtmachung und *sofortige* Heilung identisch sind (dies stimmt nur für einzelne dramatische Symptome wie zum Beispiel hysterische Konversionssymptome, denen die ersten Forschungen Freuds galten — aus diesem geschichtlichen Ablauf ist auch die Annahme, *alle* neurotischen Manifestationen müßten durch Bewußtmachung ihrer Ursachen automatisch beseitigbar sein, zu erklären). Vielleicht wird man hier einwenden: Dann bricht das ganze tiefenpsychologische Lehrgebäude zusammen, denn die Symptome entstehen ja nach ihrer Auffassung aus der Verdrängung und müßten dementsprechend bei Aufhebung derselben automatisch wegfallen, einfach nicht mehr möglich sein. Eine solche Ansicht übersieht fürs erste die eingetretene Gewöhnung, die eine Symptomfixierung ergibt, welche erst allmählich aufgelöst werden kann; entscheidender aber fällt ins Gewicht, daß hinter den meisten neurotischen Symptomen ja nicht bloß ein bestimmtes verdrängtes Erlebnis, sondern eine langdauernde neurotisierende Situation steht, die dementsprechend zu einer unbewußten gefühlsmäßigen Einstellung und Haltung geführt hat, die sich beide durch Bewußtmachung zusammen mit den aus ihr resultierenden Symptomen nicht schlagartig wegbringen lassen. Aus der Warte des Patienten sieht dies jedenfalls so aus: »Jetzt weiß ich also, daß ich den Vater hasse — aber das belastet mich nur noch mehr, und außerdem habe ich meine Symptome weiterhin.« Man muß antworten: »Die Bewußtmachung bringt den großen Vorteil, daß Sie nun mit einem bekannten Gegner kämpfen. Dieser Kampf ist unbe-

dingt nötig, und endgültige Heilung wird erst eintreten, wenn Sie gelernt haben, was Sie mit diesem Haß anfangen, wie Sie ihn verarbeiten und auflösen können.«

Noch eine große Aufgabe ist in dieser dritten Phase gegeben: der Patient muß Schritt für Schritt selbständig werden, die Übertragungssituation sich allmählich auflösen, sonst kann von einer Heilung nicht gesprochen werden. Menschen, die ewig Patienten bleiben, sind nicht geheilt! Auch bleibt die Fähigkeit, selbständige Entschlüsse zu fassen, für die man bereit ist, die Verantwortung zu übernehmen (Überwindung der infantilen Regression), entscheidendes Kriterium der Heilung.

Nochmals sei betont, daß auch die Synthese Sache des Patienten ist — die »Aktivität« des Therapeuten hat auch in dieser Phase enge Grenzen: sich darauf zu beschränken, die Verarbeitung anzuregen, das Training neuer Verhaltensweisen (bei dem es immer wieder Rückfälle in die eingefahrenen neurotischen Muster geben wird) zu ermutigen, den Patienten in dieser kritischen Zeit noch nicht allein zu lassen. Es ist zweifellos besonders in diesem Abschnitt der Therapie nicht leicht, den schmalen Weg zu finden, der zwischen den beiden Abgründen, die den Therapieerfolg in Frage stellen, hindurchführt. Auf der einen Seite können sich Entmutigung und Resignation ausbreiten, »daß alles vergeblich gewesen ist« (wenn man den Patienten zu früh sich selbst überläßt), auf der anderen Seite kann die Selbständigwerdung des Patienten, seine Bereitschaft, Verantwortung für sich zu übernehmen, ausbleiben und der Therapeut unmerklich immer mehr in die Rolle des »Lenkers« gedrängt werden — besonders in diesem Fall wäre die ganze Analyse sinnlos geworden (siehe auch die bereits erwähnte Angst Freuds vor jeder »Beeinflussung« des Patienten). Wahrscheinlich ist es diese Situation, welche am meisten der »Persönlichkeit des Therapeuten« und nicht bloß des Therapeuten bedarf. Besonders hier gilt es für ihn, jenes »delikate Gleichgewicht« zwischen Aktivität und Passivität zu finden, welches ein wesentliches Kriterium der echten Persönlichkeitsentwicklung ist; gilt es, mit seinem spezifischen, persönlichen Blick dem Ringen des Patienten »wohlwollend zuzuschauen«, es zu fördern, ohne es zu beeinflussen — um ein Wort *Peter Altenbergs* abzuwandeln.

Ich möchte die Gelegenheit der Darstellung dieser drei Phasen einer anagogen Therapie nicht vorbeigehen lassen, ohne dringend zu bitten, meine Ausführungen nicht als eine Schwarz-Weiß-Malerei zugunsten der Adlerschen und zu ungunsten der Freudschen Schule zu verstehen. Ich weise noch einmal darauf hin, daß das Abstinenzprinzip gerade in der zweiten Phase auch Vorteile mit sich bringt. Ich bekenne ausdrücklich, daß auf der anderen Seite in der dritten Phase die Versuchung des Therapeuten eine große ist, beeinflussend einzugreifen, was sehr schlimm wäre. Dennoch glaube ich, daß der Trend in der Zukunft dahin gehen wird, trotz aller Gefahren auf diese dritte Phase nicht zu verzichten.

Ich bin bisher mit keinem Wort auf die Inhalte der letzten der drei großen analytischen Schulen eingegangen, auf die sogenannte »Komplexe Psychologie« *C. G. Jungs.*

Jung hat sich von Anfang an ein besonderes Ziel gesetzt. Er beschäftigt sich vor allem mit Menschen in der zweiten Lebenshälfte, oder — um es mit Jung selbst zu sagen — »im Lebensmittag, in der Lebenswende«.

Auf dem Grund aller neurotischen Störungen in dieser Zeit steht im Unbewußten die Frage nach der Sinnerfüllung des Lebens, und so versuchte denn auch die Jungsche Analyse alle jene (metaphysischen) Kräfte bewußt zu machen und zu mobilisieren, die der Sinnerfüllung des Lebens dienen können. Jung hat zu zeigen versucht, daß auch bei Nichtbewältigung der Lebenswende oft eine neurotische Kindheitsentwicklung eine maßgebliche Rolle spielt. Dennoch glaube ich, daß dic Problematik jener Patienten, die Jung in der zweiten Lebenshälfte behandelt, eine wesentlich andere ist als die der echten Neurosen. Hier handelt es sich offenbar in der großen Mehrzahl um neurotische Reaktionen auf die unangenehme Tatsache des Alterns und Sterbenmüssens.

Die Jungsche Analyse ist eine unbeschreiblich symbolistische und hat in diesem Zusammenhang eine besondere Nachbarschaft zu östlichen mythischen und religiösen Vorstellungen; eine Nachbarschaft, die nach meinem persönlichen Geschmack oft allzu sehr in die Nähe eines magischen Denkens gerät. Auch glaube ich, daß sich nach dem bisher Angeführten die Jungsche Schule, der ich meinen Respekt in keiner Weise verweigern möchte, auf ein Spezialgebiet begeben hat, das mit einem »Seitenarm« verglichen werden kann, und daß sie dadurch aus dem eigentlichen Strom der psychotherapeutischen Entwicklung herausgefallen ist. Man könnte freilich die modernen existenz-analytischen Schulen auf sie zurückführen, jedoch zeigt sich auch bei diesen, daß der Schwerpunkt der Betrachtung des Unbewußten hier immer mehr von der Kindheit wegrückt und auf spätere Perioden verlagert wird, wodurch eine Verschiebung von den Neurosen zu den neurotischen Reaktionen stattfindet. Die Betonung des sogenannten »kollektiven Unbewußten« und sogenannter Archetypen hinwiederum führt eigentlich über die persönliche Problematik des einzelnen hinaus.

Auch die Behauptung, es sei das Verdienst Jungs, als erster die religiöse Problematik in die Psychotherapie eingeführt zu haben, kann ich nicht bestätigen. Dies hat vor ihm schon *Adler* getan, der allerdings sich nur berechtigt fühlte, religiöse Verhaltensweisen, nicht aber religiöse Inhalte zu analysieren, während Jung dann auch das letztere tat (siehe das nächste Kapitel).

Ich muß mich auf diese Andeutungen beschränken, weil ich hier kein Lehrbuch der Psychotherapie schreibe, sondern nur einen Überblick geben will über die gegenwärtige Situation der Psychotherapie, wie ich sie sehe. Wer sich näher informieren will, den verweise ich auf das ausgezeichnete Werk von *Hans Strotzka,* »Psychotherapie und Tiefenpsychologie«, erschienen im Springerverlag.

Man hört heute zwar allenthalben von neuen psychotherapeutischen Schulen, so daß man fast von einer diesbezüglichen Inflation sprechen könnte. Jüngst ist man beim Zusammenzählen auf über 600 Namen gekommen! *Helm Stierlin* hat sogar gemeint, daß die Schulen, die Anspruch auf »Selbständigkeit« erheben, bereits in die Tausende (!) gehen. Wie dem auch sei, sie können hier keine Erwähnung finden; fürs erste, weil die Fülle dieser neuen Namen und ihrer verschiedenartigen Ansichten nur geeignet sein kann, heillose Verwirrung anzurichten, für's zweite aber auch, weil sich all dieses sogenannte Neue entweder mühelos auf Freud, Adler und Jung reduzieren läßt oder sogar einen Rückschritt in eine vor-Freudsche Zeit darstellt (auch hier ist bei Strotzka nachzuschlagen).

Ich möchte mit der Behandlung zweier Fragen schließen:

1. Wie ist der Wert der Psychotherapie einzuschätzen?

Meiner Meinung nach sehr hoch, schon deswegen, weil analytische beziehungsweise anagoge Verfahren meiner Ansicht nach bis zum heutigen Tage für eine Neurose die einzige echte Heilungschance anbieten. Ich würde daher sagen: Es muß als ein grober Fehler angesehen werden, einen Menschen mit einer in der Kindheit entstandenen Neurose nicht rechtzeitig einer solchen psychotherapeutischen Behandlung zuzuführen.

Hier ergeben sich aber sofort wieder eine Reihe von diesbezüglich sehr einschränkenden Faktoren:

○ Wird der Patient bereit sein, sich auch tatsächlich einer solchen Behandlung zu unterziehen? Immer mehr Menschen kommen zu mir, um über nahe Angehörige zu berichten, an denen sie alle Kriterien der Neurose erkennen könnten, die aber nicht krankheitseinsichtig wären und daher um keinen Preis bereit seien, eine Therapie zu suchen. Was könne man da machen? Ich kann diese Menschen immer wieder nur bitten, Geduld zu haben und der Psychotherapiebereitschaft mit dieser Geduld vielleicht die Wege zu ebnen. Bestimmte Erlebnisse, eine persönliche Erfahrung, ein Buch oder andere unvorhersehbare Geschehnisse sind manchmal imstande, einer plötzlichen Einsicht zum Durchbruch zu verhelfen. Auch wird in manchen Fällen der Leidensdruck schließlich so groß, daß endlich doch die Bereitschaft entsteht, den schweren Weg zum Psychotherapeuten anzutreten.

○ Die nächste, einschneidende Frage lautet: Wenn der Patient schon bereit ist, wird er auch einen Psychotherapeuten finden? Dies ist keineswegs gesichert. In weiten Teilen Österreichs ist zum Beispiel nach wie vor eine Psychotherapie nicht erhältlich. Ich stehe dem Begriff des »Ärzteüberschusses« schon im allgemeinen skeptisch gegenüber; ganz besonders aber auf dem Gebiet der Psychotherapie. Das Mißverhältnis zwischen der großen Zahl von Menschen, die auch bei strengster Prüfung einer Psychotherapie bedürften (Fälle von »Luxus-Therapie« kommen heute sowieso nicht zum Zuge), und der unbeschreiblich kleinen Zahl von ausgebildeten Psychotherapeuten, die für sie zur Verfügung stehen, ist geradezu eine Tragödie. Die wenigen sind ja dadurch vollständig überlastet, und es braucht oft lange, bis der einzelne wirklich zu einer Therapie kommt.

Wenn man bedenkt, daß die Ausbildung zum analytischen Therapeuten, eine Lehranalyse, die Behandlung von Kontrollfällen unter Supervision sowie eine gründliche theoretische Information verlangt und somit einige Jahre dauert, wird man verstehen, daß man dieses Therapeutendefizit nicht so rasch beseitigen kann. Nicht jeder ist dazu berufen.

○ Ein weiterer, einschränkender Faktor ist und bleibt die soziale Problematik der Psychotherapie. Wir haben nach wie vor kein Gesetz, welches Menschen, die in Psychotherapie ausgebildet sind, auch als solche kennzeichnet. Der Titel »Psychotherapeut« existiert nicht. Dieses hat mehrfache schlimme Folgen: Wie soll denn der Kranke erkennen, an wen er sich wenden soll?

Ich habe im 4. Kapitel darauf aufmerksam gemacht, daß nun Verhandlungen laufen, Ärzte, die psychosomatisch ausgebildet sind, auch als solche zu kennzeichnen. Parallel dazu gibt es seit langer Zeit auch Bemühungen, dasselbe mit den Psychotherapeuten zu tun. Sie sind bisher an zwei Problemen gescheitert: Es fällt der Ärztekammer sehr schwer, jene Schulen, die die Ausbildung durchführen, als Ausbildungsstätten anzuerkennen.

Zweitens ergibt sich die Frage, ob nicht auch Psychologen, die eine solche Ausbildung genossen haben, diesen Titel bekommen sollten? Ich persönlich unterstützte diese Bestrebungen, nicht nur deswegen, weil wir zu wenig Psychotherapeuten haben, sondern weil die Tiefenpsychologie eben auch zur Psychologie gehört, freilich mit der Einschränkung, daß eine Zusammenarbeit zwischen dem Psychologen und einem Arzt aus vielen Gründen gewährleistet sein müßte.

○ Die schlimmste Folge der fehlenden Bezeichnung »Psychotherapeut« ist, daß es, solange es keine »anerkannten« Psychotherapeuten gibt, auch keine Verträge mit der Krankenversicherung geben wird. Solange werden wir also einen Zustand vermissen, den es in der Bundesrepublik Deutschland bereits seit geraumer Zeit gibt, wo nämlich auch längerdauernde Psychotherapien anstands- und relativ formlos kassenärztlich verrechnet werden.

Wilhelm Reich war der erste, der auf die soziale Dimension der Psychotherapie hingewiesen hat und ein psychotherapeutisches Ambulatorium für Unbemittelte errichtet hat. Die Gebietskrankenkassen haben seit langem diese Spur aufgenommen, andere Krankenkassen hinwiederum verrechnen gelegentliche Sitzungen. Dies alles ist aber leider nur ein Tropfen auf einen heißen Stein, der die Not ungezählter Bedürftiger auf diesem Gebiet nur in bescheidenem Ausmaß zu verringern vermag.

○ Schließlich kann ein weiterer, die Chance einer Psychotherapie einschränkender Faktor nicht verschwiegen werden: Wie ich in meinen Ausführungen immer wieder zu beweisen versucht habe, steht im Mittelpunkt einer psychotherapeutischen Behandlung und damit auch der Chancen einer solchen Therapie die geglückte Beziehung zwischen dem Arzt und dem Patienten. Es bleibt immer die Frage, ob die beiden miteinander »können« werden, eine Frage, die eben nicht auszuschalten ist, weil es sich um keine mechanische Behandlung handelt. (Ich bin übrigens der Ansicht, daß dies für jede ärztliche Behandlung gilt.)

Im Verlaufe der psychotherapeutischen Entwicklung haben sich immerhin Erkenntnisse ergeben, daß bestimmte Schulen für bestimmte Formen der Neurose besonders geeignet sind; für andere Formen wieder weniger. Der Mangel an Psychotherapeuten läßt die Berücksichtigung einer solchen Differenzierung in der Praxis kaum zu, weil in der überwiegenden Mehrzahl der Fälle, wie schon früher angedeutet, man mit jener Psychotherapieform vorlieb nehmen muß, die eben gerade erhältlich ist.

Ich möchte dies besonders erläutern am Beispiel der Gruppenpsychotherapie, die mir, wie bereits erwähnt, als Adlerschüler sehr am Herzen liegt. Es gibt Formen der Gruppentherapie, die unerhört wichtig und bedeutsam sind (zum Beispiel das Psychodrama von *Moreno*), andererseits tummeln sich auf keinem anderen Gebiet so viele selbsternannte »Therapeuten« ohne genügende Ausbildung herum wie auf diesem. Welchen Therapeuten wird der Patient aufsuchen? Und noch etwas: Ist er auch geeignet für Gruppentherapie, braucht er nicht vielleicht eine Einzeltherapie (jedem fällt es nicht so leicht, vor anderen zu sprechen)? Aber leider: die Gruppentherapie ist leichter zu erhalten als die Einzelbehandlung; und der Patient muß glücklich sein, daß er mit der Gruppe vorlieb nehmen »darf«.

○ Noch ein letzter einschränkender Faktor: Die Statistiken aller Schulen stimmen etwa darin überein, daß in einem Drittel der Fälle Heilung, in einem weiteren Drittel Besserung und in dem letzten Drittel keine nennenswerte Veränderung der Neurose zu erzielen ist. Dies sind sehr allgemeine Richtzahlen. Der Erfolg hängt natürlich nicht zuletzt davon ab, ob eine Therapie rechtzeitig eingeleitet werden kann. Auch hier sind aber die Dinge im Fluß, und man kann mit weiteren Überraschungen rechnen.

So hat zum Beispiel *Freud* noch geglaubt, daß eine analytische Behandlung eines Menschen über dreißig Jahre sinnlos sei, weil dieser ja alle wichtigen Lebensentscheidungen schon getroffen habe, die Analyse ihn also nur vor Erkenntnisse stellen würde, aus denen er keine praktischen Folgerungen mehr ziehen könnte.

Heute denken wir da ganz anders: Auch in fortgeschrittenem Lebensalter läßt sich noch vieles erreichen. Dies hängt wohl zusammen mit der veränderten Gesellschaftsstruktur und der größeren Lebenserwartung, die dem Menschen nun zur Verfügung steht.

Alles in allem möchte ich diesen Punkt wie folgt zusammenfassen: Es wäre ein Wahnsinn, die Psychotherapie als eine moderne Erlösungslehre darzustellen; dies kann nur als Hybris sondergleichen bezeichnet werden. Aber umgekehrt ist sie eine große Chance für die erfolgreiche Behandlung einer Neurose, und niemand war bisher imstande, eine auch nur annähernd gleichwertige, geschweige denn bessere anzubieten.

Wenn vor kurzem in einer Club-2-Diskussion die Bemerkung praktisch unwidersprochen bleiben konnte, es gebe keinen Patienten, dem je durch Psychotherapie geholfen wurde, so halte ich dies erstens für eine grobe Verleumdung der Psychotherapeuten und zweitens, was viel entscheidender ist, für eine unverantwortliche Täuschung der Patienten, die sie einer in Wirklichkeit zu Recht bestehenden Hoffnung beraubt und die umso schwerer ins Gewicht fällt, als ja, wie ich gezeigt habe, jeder Patient von Haus aus schon einen enormen Widerstand hat, sich einer Psychotherapie zu unterziehen.

Ich möchte die Beantwortung der ersten Frage damit abschließen, daß ich in der folgenden Tabelle alle jene psychotherapeutischen Schulen (mit Adresse) zusammenstelle, die im sogenannten psychotherapeutischen »Dachverband« vereinigt und somit anerkannt sind:

Österreichischer Arbeitskreis für
Gruppentherapie und Gruppendynamik (ÖAGG)
Bennogasse 8/3, 1080 Wien

Österreichischer Arbeitskreis für Tiefenpsychologie
Zentralsekretariat
Goldgasse 19, 5020 Salzburg

Österreichische Gesellschaft für Autogenes Training und
allgemeine Psychotherapie
Schelleingasse 8, 1040 Wien

Österreichische Gesellschaft zur Förderung der Verhaltensforschung,
-modifikation und Verhaltenstherapie (ÖGVT)
Lazarettgasse 14, 1090 Wien

Österreichischer Verein für Individualpsychologie
Siebenbrunnenfeldgasse 7, 1050 Wien

Alfred-Adler-Institut
Amaliengasse 31—33, 1130 Wien

Wiener Psychoanalytische Vereinigung
Doblhoffgasse 9, 1010 Wien

Verband Österreichischer Vereinigungen für personenzentrierte
Gesprächsführung und klientenzentrierte Psychotherapie
Koflergasse 4, 1120 Wien

2. Oft werde ich gefragt, ob ich nicht »endlich« eine eigene psychotherapeutische Schule gründen wolle und ob es eine spezifische Ringelsche Psychotherapie gebe?

Die erste Frage muß ich mit einem klaren »Nein« beantworten. Ich bekenne mich zur individualpsychologischen Schule Alfred Adlers. Ich war bemüht, sie in einigen Punkten zu modifizieren, aber ich habe nicht die geringste Veranlassung, mich von ihr in irgendeiner Weise zu distanzieren. Was ich im übrigen von neuen »Schul-Gründern« halte, habe ich schon früher ausgedrückt.

Die zweite Frage, ob es nämlich eine spezifische Ringelsche Psychotherapie gibt, kann ich in einem doppelten Sinne bejahen: Das Spezifische meiner Therapie ist der Versuch, psychoanalytische und individualpsychologische Gesichtspunkte zu vereinen. Wenn die

Individualpsychologie ihr psychoanalytisches Standbein und die Psychoanalyse ihr individualpsychologisches stärkt, dann wird vielleicht das erreicht sein, was ich mir als ideale Psychotherapie vorstelle. Dies läuft keineswegs auf eine Einheitspsychotherapie hinaus.

Die Schulen sollten in ihren Unterschieden erhalten bleiben, aber sie sollen sich im Sinne der Konvergenz *(Birnbaum)* aufeinander zu entwickeln und damit auch jene Unversöhnlichkeit, die sie einst so tragisch kennzeichnete, für immer aufgeben.

Noch in einem anderen Sinne bekenne ich mich aber zu einer spezifisch Ringelschen Psychotherapie. Wenn in ihrem Mittelpunkt die persönliche Begegnung steht, so ist eben jede Psychotherapie bei mir eine Begegnung mit dem Menschen Ringel, und ich hoffe, daß dies auch bei vielen anderen Therapeuten so gilt. In einer Äußerung über und gegen die Mode hat *Peter Altenberg* einmal die Formulierung gefunden:

> Welche Bluse trägst Du da, Isabella? — Ich trage die Isabella-Bluse.

VIII. Begegnung zwischen Tiefenpsychologie und Glauben

Meine Damen und Herren,
darf ich einleitend an das bekannte Wort des *hl. Paulus* erinnern: »Sage die Wahrheit, gleichgültig, ob sie willkommen ist oder nicht, sie muß verkündet werden.« Auch wenn man nicht Abgesandter der Kirche ist, sondern »nur« Vertreter einer Wissenschaft, wie zum Beispiel in meinem Falle der Tiefenpsychologie und Psychotherapie, so muß man sich zur Wahrheit oder zu dem, was man für wahr hält, bekennen, gleichgültig, ob es der anderen Seite, hier im besonderen der Kirche, angenehm oder unangenehm ist.

Die Begegnung zwischen Tiefenpsychologie und Glauben wirft nun einmal viele höchst wichtige und sehr praktische Fragen auf, um deren Beantwortung wir einfach nicht herumkommen.

Ich spreche hier, das darf man nicht vergessen, im Namen einer Wissenschaft, die von allem Anfang an der Kirche im höchsten Grade suspekt war, wofür es sicherlich vielschichtige Gründe gibt, von denen hier nur die zwei wichtigsten erwähnt seien:

Erstens waren die Begründer der Tiefenpsychologie, *Sigmund Freud* und *Alfred Adler*, Juden, und es besteht leider kein Zweifel darüber, daß in unserer Kirche eine lange antisemitische Tradition existiert, die übrigens, wenn auch versteckt, bis zum heutigen Tage anhält — dies wegzuleugnen, müßte wieder Tiefenpsychologen auf den Plan rufen, um eine solche Verdrängung aufzuheben.

Der zweite Grund: Die Tiefenpsychologie hat das Unbewußte entdeckt, das heißt, sie hat gezeigt, daß dem Bewußten in jeder Person ein anderer Teil gegenübersteht — das Unbewußte, das Ungewußte, welches sich konsequenterweise dem Willen entzieht. Mit Nachdruck muß in diesem Zusammenhang betont werden, daß es sich dabei keineswegs um unbewiesene Theorien handelt. *Freud* und *Adler* und viele nach ihnen waren mit dieser Lehre nicht nur imstande, das Zustandekommen neurotischer Symptome zu erklären, sondern auch, was schwerer wiegt, Wege zu ihrer Heilung zu weisen. Der Kirche war dieser Aspekt seltsamerweise relativ gleichgültig; sie hat sich vielmehr auf die Tatsache konzentriert, daß da etwas postuliert wurde, was sich dem Willen des Menschen entzieht, und das durfte einfach nicht sein. Wird doch von ihr in gewissem Sinne der Wille des Menschen überschätzt, als könne er über alles verfügen und damit die persönliche Verantwortung — deren prinzipielle Existenz kein ernstzunehmender Wissenschaftler leugnen wird — ins Grenzenlose erweitert. Von einem solchen Standpunkt mußte die Lehre vom Unbewußten wie eine Entschuldigung menschlichen Versagens erscheinen und deswegen in höchstem Maße verdächtig sein.

Im Namen dieser »verdächtigen« Wissenschaft nun zu Ihnen zu sprechen, ist sicher keine leichte Aufgabe. Dennoch hoffe ich, zeigen zu können, daß man ihr Unrecht getan hat — sie ist keine Gegnerin oder Konkurrenz für die Religion, ganz im Gegenteil können von ihr, wenn man sie nur richtig versteht, wertvolle und wesentliche Anregungen für das Glaubensleben — und das ist ja wohl eine der wichtigsten Formen unseres Lebens — ausgehen.

Lassen Sie mich diese so notwendige Begegnung zwischen Tiefenpsychologie und Glauben nun im folgenden in sechs Thesen zusammenfassen.

I.

Die Beschäftigung mit dem Unbewußten unserer Patienten zeigt, daß dort der religiöse Bereich besonders intensiv vertreten ist. Die Frage nach dem Sinn des Lebens, nach dem Sinn des Daseins, die Auseinandersetzung mit dem Tod und der Begrenztheit unserer irdischen Existenz taucht in ungezählten Assoziationen — die ins Unbewußte führen — ebenso auf wie in den Träumen. Das Wort des Tannhäuser: »Im Traum war es mir, als hörte ich der Kirchenglocken liebe Töne« hat symbolhafte Bedeutung, und es sind ja gerade die Träume, die sich der Symbolsprache bedienen.

Wer unvoreingenommen der Sprache des Unbewußten lauscht (und das tun heute erfreulicherweise immer mehr Psychotherapeuten), wer nicht blockiert ist durch weltanschauliche Einseitigkeit, der wird die Präsenz Gottes im Unbewußten registrieren müssen (der »Unbewußte Gott« im Sinne *Frankls*), und zwar quer durch alle Kulturkreise, so daß gerade die Tiefenpsychologie einen starken Beweis für die metaphysische Dimension des Menschen liefert, indem sie zeigt, wie sehr Sehnsucht nach Gott zum Grundbesitz der menschlichen Seele gehört und eine Urkraft menschlichen Strebens formt.

Unhaltbar erscheint von daher die *Engels*sche These, daß Religion ein Kunstprodukt sei, nur entstanden als Resultat jener »Entfremdung«, die der Kapitalismus erzeugt. Kein System — die Geschichte bestätigt es inzwischen erneut — vermag die Sehnsucht nach Gott auszulöschen; die Tiefenpsychologie hilft verstehen, warum das so sein muß.

All dies bedeutet auch, daß in jeder tiefenpsychologischen Betrachtung früher oder später im Rahmen der Bewußtmachung des Unbewußten eine religiöse Frage drängend wird. Ich habe das die Seelsorgehilfe der Psychotherapie genannt, die sich — um es nochmals klarzustellen — nicht durch eine aprioristische Absicht des Therapeuten, sondern durch die Aufdeckung der seelischen Realität (weil die Religion eben im Unbewußten des Menschen repräsentiert ist) ergibt. Die Frage bleibt nur, wer sich dann mit dem religiösen Problem beschäftigt? Ich war immer dagegen, daß dies der Therapeut tut, weil dafür im Grunde nur einer wirklich zuständig ist — der Priester: Ein besonderer Grund für die so wichtige Zusammenarbeit zwischen Tiefenpsychologie und Kirche.

Durchaus verständlich, daß die Botschaft von der metaphysischen Dimension des Menschen im Unbewußten von Vertretern der Kirche mit Genugtuung aufgenommen wird. Bei näherem Hinsehen bekommt sie aber einen mehr als bitteren Beigeschmack. Warum so viel Religion im Unbewußten, warum so beunruhigend wenig im Bewußten? Eine für die Kirche halbwegs erträgliche Antwort könnte lauten: *Freud* hat gezeigt, daß das Unangenehme der Verdrängung besonders gern anheimfällt — man könnte sich also vorstellen, daß die Repression deswegen erfolgt, weil einfach die Religion zu hohe Anforderungen an die Menschen stellt (*Wildgans* im Pfingstgedicht: »Daran erkannten sie ihren Meister: Was er verlangte, war immer zu groß.«).

Verdrängung der Religion aus Bequemlichkeit, um es sich leicht zu machen? Ich fürchte aber — und ich werde im Verlauf dieses Vortrages versuchen, weitere schwerwiegende Beweise dafür zu erbringen —, daß die Verdrängung auch deswegen, und ich möchte sogar sagen, vor allem deswegen stattfindet, weil die Menschen von heute, wenn sie bemüht sind, Religiöses im kirchlichen Rahmen zur Diskussion zu stellen (was sie gerne möchten), sich nicht angenommen und unverstanden fühlen. Das ist eine schwerwiegende tiefenpsychologische Botschaft, die nicht ernst genug genommen werden kann: Es gibt heute unzählige Menschen, die mit ihrer Religiosität auf der bewußten Ebene nichts anfangen können, weil sie sich *von der Kirche* nicht verstanden fühlen; und deswegen sinkt ihre religiöse Sehnsucht nach und nach ins Unbewußte ab.

Jetzt müßten wir uns doch, oder darf ich es anders ausdrücken, müßte sich eine verantwortungsbewußte Kirche doch fragen: Wieso kommt es, daß die Menschen sich von den offiziellen Vertretern der Religion nicht angenommen, nicht verstanden fühlen? Ich finde es, das muß hier ganz ehrlich ausgesprochen werden, beschämend, ja befremdend, wie von seiten der kirchlichen Hierarchie über dieses zentrale Thema der praktischen Seelsorge hinweggegangen wird, als würde es nicht existieren.

Es existiert aber, und niemand kann genauer sagen, in welch ungeheurem Ausmaß es existiert, als der Psychotherapeut. Ich will dabei keineswegs einseitig Vorwürfe an die kirchliche Adresse richten: Die Zusammenarbeit zwischen Psychotherapeuten und Seelsorgern wird von beiden Seiten erschwert. Wenn die Seelsorger Leute zum Psychotherapeuten schicken, so sagen diese oft genug: »Die Psychotherapeuten sind ja verrückter als ihre Patienten; dort gehen wir nicht hin«; umgekehrt, will der Psychotherapeut jemanden zum Seelsorger bringen, dann sagen die Leute oft: »Dort gehe ich nicht hin; die verstehen mich nicht; die leben am Leben vorbei; die haben von dem, was Wirklichkeit ist, keine Ahnung.«

So stehen wir also beide vor einer großen Aufgabe: Der Psychotherapeut müßte beweisen, daß er ein Mensch wie jeder andere ist, und der Priester müßte zeigen, daß er für die Menschen und ihre Probleme »Verständnis« hat. (Was dies vieldeutige Wort bedeutet, wird noch näher zu erläutern sein).

II.

Freuds Entdeckungen laufen in einer zutiefst moralischen Aufforderung zusammen: Willst Du seelisch gesund werden, dann mußt Du entdecken, wer Du, wie Du wirklich bist, dann darfst Du nicht rasten und ruhen, bis Du die Lügen, die Du Dir über Dich selbst durch Verdrängung aufgebaut hast, entdeckt und im Anschluß daran tätig überwunden hast. Diese Forderung ist seither die Leitlinie jeder Psychotherapie.

Es war kein Zufall, daß sich Freud dabei so sehr mit Ödipus beschäftigt hat, denn dieser Held der griechischen Tragödie ist der Inbegriff des Menschen, der die Wahrheit über sich entdecken wollte. Man hat behauptet, Freud habe unbewußte Triebe nur deswegen bewußt machen wollen, damit der Mensch dann seine Triebe besser ausleben könne; man hat ihm in diesem Zusammenhang den »Willen zur Lust« unterschoben. Das gerade Gegenteil ist wahr! Die verdrängten Triebe sind viel gefährlicher als die bewußten, sowohl im Hinblick auf Krankheitserzeugung als auch im moralischen Bereich. Ein Mensch, der ständig Triebwünsche verdrängt, läuft Gefahr, von der Quantität des Weggeschobenen eines Tages vollständig überwältigt zu werden. »Kein Mensch ist gut; das Böse will sein Recht, und wer's nicht beimischt tropfenweis dem Guten, den wird's gesamt in einem überfluten« — das hat der Österreicher *Franz Grillparzer,*

Freud vorwegnehmend, genial als Dichter erkannt. Glauben Sie also nicht, daß der Psychotherapeut aufdecken will, damit dann der Mensch sich »auslebt«. Was man weiß, kann man unter Kontrolle bekommen!

Das Unbewußte hingegen entzieht sich der Kontrolle und ist deswegen so gefährlich für Pathogenese und Moral. Ungezählte Tragödien der Menschheit, ganz besonders in diesem Jahrhundert, gehen darauf zurück, daß Triebe verdrängt wurden — zuerst fühlt man sich erleichtert, aber später kommt der entsetzliche Ausbruch, und aus dem Volk der »Dichter und Denker« wird das Volk der »Richter und Henker«, um nur ein tragisches Beispiel aus unserer Zeit zu nennen.

Freuds eminent ethische Forderung lautete: »Wo Es war, soll Ich werden« — das bedeutet, wo die verdrängten Triebe herrschen, dort soll Wissen eintreten: Kontrolle der Triebe und Wachstum des Ichs.

Nun frage ich Sie: Ist das alles, was ich Ihnen hier jetzt als Ziel der Psychotherapie erklärt habe, nicht auch ein zutiefst christliches Anliegen? Leben wir Christen nicht zu dem Zweck, daß wir uns selbst entdecken, daß wir angenehme Selbsttäuschungen beseitigen? Haben nicht wir die größte Chance, das zu wagen, weil wir gleichzeitig sagen dürfen: »Herr, ich bin nicht würdig, daß Du eingehst unter mein Dach, aber sprich nur ein Wort, so wird meine Seele gesund«? — Und weiter: Wieso konnte eine Lehre, die zur Heilung psychischer Krankheiten (Neurosen) und auch zur Vermeidung pathologischer Massenreaktionen ganz auf seelische Wahrheitsfindung ausgerichtet ist, bei der Kirche so negative Reaktionen hervorrufen? Kann man sich da noch mit der Erklärung: »Es hat eben Mißverständnisse gegeben« zufriedengeben?

Hier muß es sich um tieferliegende Gründe handeln, die zur Verdammung dort führten, wo viel Grund bestand, sich darüber zu freuen, von der Wissenschaft in einem eigenen Jahrtausende alten Bestreben bestätigt zu werden. Ich versuche drei dieser Gründe anzuführen:

a) Erstens scheinen sich die Christen sehr weit von der Wahrheitsfindung über sich selbst entfernt zu haben. Aus Menschen, die demütig ihr Unwürdigsein einbekannt haben, sind besonders »würdige« geworden, eben die neuen »Auserwählten«, die sich berechtigt sehen, auf andere herabzublicken. Der Weg des Christentums hat so vielfach von der Bußbereitschaft zu einer beträchtlichen Selbstgefälligkeit und zu einem gewissen Hochmut geführt. Die Voraussetzung dafür ist natürlich eine gewaltige »Verdrängungsarbeit«. Wenn man auf diese Weise in die Position zumindestens der unbewußten Heuchelei geraten ist, dann wird man natürlich gegen jede Lehre, die

Wahrheitsfindung auf ihre Fahne geschrieben hat, schwere Bedenken vorbringen.

Freud hat immer darauf hingewiesen, daß ein direkter Zusammenhang besteht zwischen dem Ausmaß eigener Verdrängung und der Einstellung zur Tiefenpsychologie. Je größer das eigene Verdrängungspotential, desto größer die Angst vor der Aufdeckung, desto intensiver die Ablehnung der Tiefenpsychologie. Wenn dies stimmt — und darüber kann kein Zweifel bestehen —, erlaubt die Ablehnung der Tiefenpsychologie durch das Christentum nur den Schluß, daß wir gleichsam »Großverdränger« geworden sind.

Dafür spricht auch ein anderer Grund: Die bereits erwähnten hohen Anforderungen an den Menschen stellen diesen vor ein ungeheures Spannungsfeld zwischen dem, wie man sein sollte, und dem, wie man wirklich ist.

Die Versuchung ist groß, diese unerträgliche Diskrepanz durch Verdrängung der eigenen Negativa zu lösen und sich damit in der Illusion wiegen zu können, man entspreche »sowieso« allen Forderungen.

b) Leider gilt dies, was hier über die einzelnen Christen gesagt wurde, in hohem Maße auch für die Kirche selbst, die ja wir alle gemeinsam formen. Auch sie ist in ein ungeheures Spannungsfeld zwischen Idee und Realität gekommen, auf der einen Seite Corpus christi mysticum, auf der anderen Seite nur aus schwachen Menschen bestehend. Konsequenterweise mußte es daher zu einem vielfachen Versagen kommen, und jeder, der bemüht ist, die Geschichte der Kirche unvoreingenommen zu rekapitulieren, wird zugeben müssen, daß sie eine Geschichte ungezählter Verirrungen und Verfehlungen ist.

Nur die wichtigsten Gegensatzpole seien im folgenden zusammengefaßt, ohne Anspruch auf Vollständigkeit zu erheben:

- Aus Ohnmächtigen wurden Mächtige, die diese Macht zum eigenen Vorteil mißbraucht haben,
- aus Armen wurden Reiche, die nicht mehr die Sache der Unterprivilegierten zu ihrer eigenen erklärten;
- aus Verfolgten wurden Verfolger;
- aus Gerichteten wurden Richter;
- aus Demütigen wurden Hochmütige;
- aus Friedfertigen wurden fanatische Krieger und Segner von Waffen;
- aus Verkündern des ganzen Menschen wurden Apostel der Leib- und Lustfeindlichkeit;
- aus Inhalt wurden Form und Formalismus;

○ aus emotionaler Religion und engagiertem Glauben wurde rationalistische Theologie.

So schlecht alle diese Abirrungen, ja, Pervertierungen, auch sein mögen, noch schlimmer hat sich ausgewirkt, daß die Kirche bemüht war, sie zu verdrängen, sie nicht einzugestehen, ja oft sogar mit intensivstem Starrsinn abzustreiten. Damit ist die Kirche in die Position jener Menschen gekommen, die Verdrängungen vorgenommen haben und eben deshalb einen intensiven Widerstand gegen die Wiederaufdeckung des verdrängten Materials entwickeln. Ich meine, daß wir hier einen in Wahrheit entscheidenden Grund für die intensive, bis heute anhaltende Anfeindung der Tiefenpsychologie durch die Kirche zu suchen haben.

c) Gerade durch die vielen Berührungspunkte, die ich bereits erwähnte, könnte — wenn auch in völlig irriger Weise, wie ich zu zeigen versucht habe — der Eindruck entstehen, als gebe es ein Konkurrenzverhältnis zwischen Psychotherapie und Religion. Wer Schuld vergibt, vergeben kann, der hat eine große Macht (kann diese Macht — ich sage dies vorsichtig, aber dennoch deutlich — auch mißbrauchen), bewacht vielleicht mißtrauisch seine diesbezügliche Monopolstellung. An dieser Stelle sei aber bemerkt, daß kein ernstzunehmender Psychotherapeut jemals behauptet hat, Schuld vergeben zu können (er kann bestenfalls ihre Verursachung erklären); auch ist immer sorgfältig zwischen Realschuld und neurotischem, in der Kindheit erworbenem Schuldgefühl zu unterscheiden. Anmaßende Äußerungen einzelner Psychotherapeuten in vergangener Zeit — das soll gar nicht geleugnet werden — mögen dieses Mißtrauen noch verstärkt haben.

Wie groß es geworden ist, mag daraus abgelesen werden, daß man in Österreich einem Christen, von dem bekannt wird, daß er einen Psychotherapeuten aufsucht, gelegentlich noch immer in »gläubigen Kreisen« wirkliches Christentum abspricht, denn wäre er ein Christ, würde er mit Gottes und der Kirche Hilfe seine Probleme lösen und den Arzt nicht benötigen (den offenbar nur »Ungläubige« brauchen). Als könne ein religiöser Mensch nicht neurotisch erkranken oder, wenn er schon eine Neurose entwickelt, sich selber heilen; als wäre die Beichte ein therapeutisches Verfahren zur Aufdeckung des Unbewußten, als wäre der von *Miller* präzis formulierte Unterschied in den Zielen zwischen Religion und Psychotherapie, nämlich Heiligung und Heilung (wer wollte leugnen, daß sie sich gegenseitig unterstützen können), nicht vorhanden! Ich hoffe, deutlich gemacht zu haben, wieviel Mißverständnisse zwischen Tiefenpsychologie und Religion hier noch zu beseitigen sind.

III.

Auch das so wichtige Gebiet der Erziehung ist zu einem Diskussions-, ja, oft sogar zu einem Streitpunkt zwischen Tiefenpsychologie und Religion geworden, insbesondere dadurch, daß viele Psychotherapeuten schon frühzeitig beobachtet haben, daß eine bestimmte religiöse Erziehung neurotisiert, bis schließlich *Schaetzing* den Ausdruck »ekklesiogene Neurose« geprägt hat, der in kirchlichen Kreisen viel böses Blut gemacht hat.

Wie sieht nun die Wirklichkeit aus? Man muß in der Erziehung bezüglich der Erzieherpersonen zwischen echter und angemaßter Autorität unterscheiden. Die echte Autorität wird von jener Liebe getragen, die um das Verständnis und die Gefolgschaft des Kindes wirbt. Die angemaßte Autorität beruht auf hochmütigem und oft auch sehr brutal angewendetem Machtmißbrauch. Nun kommen wir in diesem Zusammenhang zu einer deprimierenden Feststellung: Die Verwandlung von echter Autorität in angemaßte erfolgt bei den Eltern nur allzu oft unter Berufung auf die Kirche. Erschüttert müssen wir uns fragen, wie so etwas möglich ist.

Das *Alte Testament* kann man noch als eine Lehre des Vaters und der Väter bezeichnen. Aber das *Neue Testament* vertritt keine patriarchalische, sondern eine brüderliche Religion in ihrer Lehre vom Sohn Gottes, dem Erlöser, Befreier und Freund der Kleinen. Wieso war es dann nicht möglich, diese grundlegende und schicksalhafte Wandlung deutlich auszudrücken und unmißverständlich darauf hinzuweisen, daß Eltern und Kinder in partnerschaftlicher Liebe und Hilfsbereitschaft einander zugeordnet sein sollten? Wenn man den biblischen Satz aus dem Epheserbrief (6, 4) bedenkt: »Ihr Väter, reizt Eure Kinder nicht zum Zorn«, ein Satz, der, wie jeder leicht nachprüfen kann, eine ungeheure Bezogenheit zur Neurosenlehre hat, dann müßte es sogar möglich sein, etwa eine Formulierung in dem Sinne zu finden: »Ehre Dein Kind, auf daß es dem Kinde und Dir wohlergehe auf Erden«, oder: »Eltern und Kinder, geht ehrfürchtig miteinander um.«

Eines steht jedenfalls fest: Ein richtig verstandenes Viertes Gebot hätte sehr wohl einen entscheidenden Beitrag dazu leisten können, daß Eltern Anlaß darin gesehen hätten, sich zum echten Autoritätsbegriff durchzuringen. Nochmals muß ich also fragen: Woran lag es, daß das Vierte Gebot keine positive Auswirkung auf die elterliche Grundhaltung hatte?

Sicherlich könnte die Verantwortung dafür zuerst einmal bei den Eltern gesucht werden, die eher mit dem Alten als mit dem Neuen

Testament konform gehen, wenn sie nach einem Instrument zur besseren »Einzementierung« der eigenen Herrschaft über die Kinder suchen. Wenn man bedenkt, daß in unseren Breiten Gehorsam, Höflichkeit und Sparsamkeit zu den immer wieder am meisten genannten Erziehungszielen erklärt werden, wird man vielleicht noch besser verstehen, warum ein solches Herrschaftsinstrument von den Eltern oft bis zum heutigen Tage angewendet wird. Dazu eignet sich sicherlich die Gesinnung des Alten Testamentes besser, und natürlich ist es sehr verlockend, wenn man in den mannigfachen Schwierigkeiten, die man mit Kindern eben hat, sich auf Gott als den Autoritätsgeber berufen kann.

Warum hat die Kirche diesen Mißbrauch stillschweigend geduldet? Man kann als ersten Grund dafür anführen, daß auch sie den bequemeren Weg gegangen ist und sich auf die Seite der Stärkeren, der Mächtigeren schlug und sich für deren Zwecke mißbrauchen ließ. Man hat dabei wohl auch gehofft, auf diesem Wege die religiöse »Verläßlichkeit« der Eltern gleichsam als Gegenleistung zu bekommen. Menschen, die die Religion für die Bewältigung einer Lebensaufgabe, zum Beispiel der Erziehung, benötigen, werden dann dieser Religion dankbar und besonders verbunden sein. Aber hat man dabei auch bedacht, wie sich ein solcher Prozeß auf die spätere Entwicklung der Kinder auswirken wird, die ja immerhin die Zukunft repräsentieren?

Ein weiterer entscheidender Grund dürfte für das Verhalten der Kirche maßgeblich sein: Eine Institution, die selbst strikte von oben nach unten autoritär organisiert ist und die für sich immer Autorität im Sinne eines bedingungslosen Gehorsams in Anspruch nimmt (vielleicht auch ein Symptom angemaßter Autorität!?), wird der größten Selbstüberwindung bedürfen, um die sogenannte Autorität der Eltern gegenüber den Kindern in Frage zu stellen.

In diesem Zusammenhang möchte ich eine entscheidende Stelle aus dem »Gemeinsamen Hirtenbrief der Oberhirten der Diözesen Deutschlands« vom 8. Juni 1933 zitieren:

> Neben der gesteigerten Liebe zum Vaterland und Volk kennzeichnet sich unsere Zeit durch eine überraschend starke Betonung der Autorität und durch die unnachgiebige Forderung der organischen Eingliederung der einzelnen und der Körperschaften in das Ganze des Staates. Sie geht damit vom naturrechtlichen Standpunkt aus, daß kein Gemeinwesen ohne Obrigkeit gedeiht, und nur die willige Einfügung in das Volk und die gehorsame Unterordnung unter die rechtmäßige Volksleitung die Wiedererstarkung der Volkskraft und Volksgröße gewährleisten. . . . Gerade in unserer heiligen, katholischen Kirche kommen Wert und Sinn der

Autorität ganz besonders zur Geltung und haben zu jener lückenlosen Geschlossenheit und sieghaften Widerstandskraft geführt, die selbst unsere Gegner bewundern. Es fällt deshalb uns Katholiken auch keineswegs schwer, die neue, starke Betonung der Autorität im deutschen Staatswesen zu würdigen und uns mit jener Bereitschaft ihr zu unterwerfen, die sich nicht nur als eine natürliche Tugend, sondern wiederum als eine übernatürliche kennzeichnet, weil wir in jeder menschlichen Obrigkeit einen Abglanz der göttlichen Herrschaft und eine Teilnahme an der ewigen Autorität Gottes erblicken!

Und angesichts der unermeßlichen mörderischen Auswirkungen dieser Entwicklung ist es doch sehr befremdend, wenn es 40 Jahre später (!) in einem bundesdeutschen Arbeitsbuch für Religionslehrer immer noch heißt:

Gott will, daß es eine Regierung gibt und Richter usw. Ihre Gewalt kommt also von Gott. . . . Daher finden wir bei allen Naturvölkern einen Häuptling oder König, oder einen Rat der Ältesten; darum die Ehrfurcht vor dem Häuptling oder König, dem Scheich, dem Schah. Darum die Zeichen der Herrschaft: Thron, Krone. In diesen Menschen ist etwas Hohes, das von Gott kommt.

Berücksichtigt man dies alles, so formuliert meiner Meinung nach *Adolf Holl* den folgenden Satz zu Recht:

Daß aus dem Christentum mittlerweile eine eher traurige Angelegenheit geworden ist, darf unter anderem der jahrhundertelangen Demutspredigt der Vorgesetzten zugeschrieben werden. Im Verein mit Opfertheologen, Glaubenswächtern und Polizeiministern ist es ihnen gelungen, aus dem höchst unbescheidenen Jesusglauben eine lammfromme Untertanenreligion zu machen.

Wir stehen also heute vielfach der Situation gegenüber, daß eine angemaßte Autorität unter Berufung auf die Kirche die Kinder neurotisiert, und ich möchte Ihnen nun im folgenden zeigen, wie sich diese Neurotisierung auswirkt. Zuerst einmal ist hier zu sagen, daß von jeder angemaßten Autorität eine ungeheuer angsterregende Wirkung ausgeht. Das kleine Lebewesen Kind ist in seiner Hilflosigkeit verständlicherweise schon an und für sich angstanfällig, um so wichtiger wäre es, daß die Eltern alles daran setzen, um den kleinen Erdenbürger zu beruhigen und zu entängstigen. Dieses geschieht vor allem durch die richtige Liebe, von der die Franzosen mit Recht behaupten, daß sie die Abwesenheit von Angst bedeute. Jede Form von angemaßter Autorität wird aber unwillkürlich das Angstpotential des Kindes erhöhen und allmählich dafür sorgen, daß die neurotische Angst entsteht und immer mehr wächst. Die nordafrikanische

Wortprägung »Angst essen Seele auf« drückt diesen Prozeß knapp und schrecklich zugleich aus.

Alle Tyrannen wissen, daß Ängstliche zu allem zu gebrauchen sind und daß der Status quo gesichert ist, wenn die Untergebenen von Angst geplagt werden. Mit Recht hat der Theologe *Jürgen Moltmann* gemeint, daß alle emanzipatorischen und befreienden Bewegungen damit beginnen, daß ein paar Menschen etwas angstfreier werden und anders handeln, als es ihre Unterdrücker von ihnen erwarten. In seinem anregenden Buch »Aufbruch zur neuen Kultur« hat *Dieter Duhm* sehr treffend formuliert:

> Ohne die Überwindung der Angst keine Humanität, keine Integration ins Lebendige, keine realistische Lösung irgendeines der heute anstehenden Probleme, denn Angst ist blockiertes Leben, verschlossener Organismus, verbauter Kontakt und somit verminderte Erkenntnisfähigkeit.

Leo Tolstoi läßt in einer bemerkenswerten Skizze, in der er einen Einsiedler im Walde mit verschiedenen Tieren über den Ursprung des Leidens ins Gespräch kommen läßt, den Hirsch antworten:

> Weder vom Hunger, noch von der Liebe, noch von der Bösartigkeit, einzig von der Angst kommt alles Leid in der Welt.

Angstfixiert zu sein, ist schrecklich!

Angemaßte Autorität ist aber nicht nur mit hochgradiger Angsterzeugung, sondern auch mit der Proklamierung besonders strenger Gebote verbunden. Erwünscht ist dabei, daß das Kind in tausend Situationen ein Schuldgefühl entwickelt, welches es restlos von den Eltern abhängig macht, weil nur von ihnen die Vergebung erfolgen kann. Angst und Schuldgefühl erzeugen dann im gegenseitigen Einwirken aufeinander ein immer größeres Ausmaß der Neurotisierung, von der der Schweizer Pastor *Oskar Pfister*, viele Jahre mit *Freud* befreundet und ein Begründer der Psychohygiene, schreibt:

> Der Katholizismus erzeugt Angst, indem er einerseits in den Kinderseelen wie im Gemüt der Erwachsenen fortgesetzt Furcht hervorruft, andererseits das Leben in sehr weitem Umfang und hohem Grade hemmt, und zwar sowohl die Triebe, vornehmlich den Sexualtrieb (Zölibat), als auch sublime Geistesbetätigungen, vornehmlich das freie Denken und die Selbstbestimmung, die er durch Vermassung vielfach ausschaltet.

Es ist schon schrecklich, daß das Kind auf diese Weise also im Namen der Religion neurotisiert werden kann. Vielleicht noch schlimmer aber ist die Tatsache, daß dabei auch die Beziehung des Kindes zu Gott zerstört wird, wird doch Gott in all diesen Fällen als ein Angsterzeuger, als eine Instanz erlebt, der gegenüber man immer schuldig ist und schuldig bleiben muß. Wird doch frühzeitig dabei die Frohbotschaft bereits zu einer Drohbotschaft, fühlt man sich doch ständig von Gott beobachtet, wie es *Eugen Roth* in dem folgenden Gedicht ausdrückt:

Ein Mensch, der recht sich überlegt,
daß Gott ihn anschaut unentwegt,
fühlt mit der Zeit in Herz und Magen
ein ausgesprochenes Unbehagen
und bittet schließlich voller Grauen,
nur fünf Minuten wegzuschauen.
Er wollte unbewacht, allein,
inzwischen brav und artig sein.
Doch Gott, davon nicht überzeugt,
ihn ewig unbeirrt beäugt.

Ich kann nicht allem folgen, was *Tillmann Moser* in seinem bedeutsamen Buch »Gottesvergiftung« hinausgeschrien hat, aber eines stimmt auf jeden Fall, daß man auf diese Weise die Beziehung zu Gott nachhaltig schädigen kann; eine Schädigung, die sich auch im religiösen Verhalten früher oder später auswirken muß: Entweder ist das Kind so gebrochen, daß es die erworbene Religiosität nicht mehr loswerden kann, dann ist aber auch sie Resultat eines Zerbrochenen. Oder es wirft spätestens in der Zeit des Selbständigwerdens die Religion ab, wie ein Pferd sich eines unerwünschten Reiters entledigt. Dies tun ungezählte Menschen in der Pubertät, ohne daß irgend jemand darüber nachdenkt, wieso das so oft geschieht. Es wird zur Kenntnis genommen, als müßte es so sein (vielleicht ist die Erahnung der eigenen Schuld die eigentliche Ursache der Nicht-Reaktion).

Wie dem auch sei, der Mißbrauch der Kirche für eine neurotisierende Erziehung im Zeichen angemaßter Autorität, ein Mißbrauch, von dem sich die Kirche bis zum heutigen Tage leider nicht genügend distanziert hat, führt jedenfalls zur schweren neurotischen Schädigung des Kindes, zur Behinderung seiner Lebensentwicklung, und fügt auf diesem Wege schließlich auch jener Institution schweren Schaden zu, von der diese Entwicklung unterstützt wurde, nämlich der Kirche.

Auch in diesem Zusammenhang erscheint der provokante Titel, den ich einem meiner nächsten Bücher zu geben gedenke, »Religionsverlust durch religiöse Erziehung« (1985 im Herder Verlag, Wien/Freiburg/Basel, erschienen), mehr als zutreffend. Von der Tiefenpsychologie gehen jedenfalls Impulse aus zu einer völlig neuen religiösen Erziehung auf partnerschaftlicher Ebene, die eines Tages eine Revolution dieser Erziehung hervorrufen könnten: Dann werden die Kinder nicht gewaltsam in Richtung Religion gezogen, sondern liebevoll »bewogen« werden!

IV.

Auch das Problem der Sexualität ist zwischen Religion und Tiefenpsychologie zu einem »Zankapfel« geworden. Nachdem *Freud* zuerst praktisch alle Neurosen in Zusammenhang mit sexuellen Verdrängungen brachte, was sicher falsch war, weil zahlreiche der Eltern-Kind-Konflikte, welche die Neurose erzeugen, nicht das geringste mit der Sexualität zu tun haben, wurde ihm von der Kirche »Pansexualismus« vorgeworfen. (Andererseits darf nicht vergessen werden, daß gerade im Ausklang des vorigen Jahrhunderts mit seiner doppelten Moral die Sexualität zu den bestverdrängten Dingen gehörte.)

Adler war der erste, der diesen grundlegenden Irrtum *Freuds* korrigierte, indem er die zwischenmenschlichen Konflikte als die Grundursache der kindlichen Neurotisierung ansah. Obwohl Adler dabei betonte, man dürfe darüber die sexuelle Problematik der Neurose nicht übersehen, mußte man ein paar Jahre später bereits feststellen, daß in der Adlerschen Neurosenlehre eine sexuelle Frage praktisch nicht mehr vorkam.

Dies sollte ein eindrucksvolles Beispiel dafür sein, daß die Wegrückung der Sexualität vom zentralen Punkt der Persönlichkeit nicht dazu führen darf, sie alsogleich ganz zu vergessen, besser gesagt: zu verdrängen.

Wenn ich im folgenden über das sexuelle Problem im Lichte der Tiefenpsychologie sprechen will, muß ich selbstverständlich zuerst definieren, wie ich die Sexualität sehe. Als Individualpsychologe, das heißt als Adler-Schüler, betrachte ich sie nicht als einen isoliert nur organisch libidinös vordeterminierten Trieb, sondern sehe sie im Zusammenhang mit dem ganzen Menschen als eine Ausdrucksform der Person. Freilich als eine ganz wichtige, weil sie ja immer zu einem Du hinüberleitet, somit ein ganz wesentliches interpersonelles Kommunikationsmittel darstellt. In diesem Sinne ist Sexualität niemals Selbstzweck, sondern immer ein Mittel zu einem Zweck, wenn auch keineswegs lediglich zur Fortpflanzung. Diese persönliche Aussage ist das spezifische der menschlichen Sexualität. Selbst wenn ich versuche, sie in den Dienst reiner Triebwünsche zu stellen, also ohne die geringste Gefühlsbeteiligung, ist dies noch immer eine (wenn auch sehr negative) menschliche Stellungnahme zu meinem Trieb und zu einem Partner, der den Verlauf der Kommunikation ganz wesentlich beeinflussen wird.

Als überzeugtem Christen fällt es mir sehr schwer, zu bekennen, einen wie großen Anteil diese Religion, besonders in ihrer katholischen Ausformung, an der anhaltenden Verdrängung der Sexualität in unserer Zeit hat. Man muß einfach zugeben, daß es der Kirche bis zum heutigen Tage nicht gelungen ist, ihre befangene Einstellung zu diesem Problem aufzugeben. Ich will gerne konzedieren, daß sich, rein verbal gesehen, gewisse Änderungen abzeichnen, aber in der Praxis haben sie kaum noch Auswirkungen.

Das hat viele Gründe: zuerst einmal die Darstellung Evas als der Urverführerin (»Durch das Weib kam das Übel in die Welt«). Noch heute glauben viele Christen, die Erbsünde habe darin bestanden, daß Eva Adam zum Koitus überredete. Auf der anderen Seite fällt die vollständige Entsexualisierung Marias äußerst hemmend ins Gewicht. Schon die »unbefleckte Empfängnis« wird von gar nicht wenigen Gläubigen fälschlich als »ohne Sexualverkehr« interpretiert (statt »ohne Erbsünde«). — Es hängt wohl damit zusammen, daß in christlicher Nomenklatur Onanie auch Selbstbefleckung genannt wird. Es folgt dann die Zeugung Jesu ohne Koitus, die Betonung der Jungfräulichkeit Marias, sicher auch aus der Tendenz, damit die Göttlichkeit ihres Sohnes zu betonen und nachzuweisen.

Ich persönlich habe zum Beispiel überhaupt keine Schwierigkeiten, das zu glauben, aber ich würde auch keine Schwierigkeiten zeigen, an Christus als Sohn Gottes zu glauben, wenn ein menschlicher Koitus stattgefunden hätte. Warum sollte es Gott, dem alles möglich ist, nicht auch möglich sein, sich dieses Weges zu bedienen?

Jedenfalls erfolgt durch die Polarisierung Eva—Maria eine verhängnisvolle Dissoziation auf sexuellem Gebiet; hier Sexualität ohne Liebe, dort Liebe ohne Geschlechtlichkeit. Beides kann von vielen Menschen nicht zuletzt auch deswegen nicht vereint werden.

Auch Jesus selbst erscheint der Entsexualisierung total unterworfen. Wenn man die Darstellung Christi durch die Kirche verfolgt, so sieht man, daß zugunsten der Göttlichkeit sein Mensch-Sein grundsätzlich zu kurz kommt. Das ist besonders bedauerlich, weil dadurch vielfach die Opfertat — Leid und Tod für die Menschheit auf sich zu nehmen — in ihrer einmaligen Bedeutung herabgesetzt wird, gleichsam unter dem Motto: Für Gott mag es nicht schwer gewesen sein, das alles zu erdulden.

Zu jenen menschlichen Eigenschaften von Jesus, die bei diesem Prozeß völlig unter den Tisch fallen, gehört natürlich auch und vor allem seine Sexualität. Schon bei seiner Zeugung bleibt sie ausgeschaltet, und in seiner Existenz wird sie niemals erwähnt. Wenn er nicht ein Mann sein müßte, weil ein »weiblicher« Gott für die Kirche kaum vorstellbar wäre und es ein drittes Geschlecht nicht gibt, könnte man annehmen, Jesus sei ein »Neutrum« gewesen, denn mit keinem Wort wird irgendeine sexuelle Problematik von Christus angedeutet, ja, man gewinnt immer wieder den Eindruck, dieses Thema auch nur zu streifen, grenze an Blasphemie (für mich tut es dies keineswegs).

Von seiten der Tiefenpsychologie wären daher wissenschafltich und menschlich, um die Diskrepanz gegenüber der Religion aufzuheben, folgende Bitten an die Kirche zu richten:

1. Die Anerkennung der kindlichen Sexualität.

Zu den Trieben, mit denen sich das Kleinkind »herumschlagen« muß, gehört außer Zweifel auch die Sexualität, die freilich in einer ganz anderen, eben infantilen Form in Erscheinung tritt als beim Erwachsenen, nicht zuletzt deswegen, weil sie ja noch nicht im Dienste der Fortpflanzung steht. So erlebt das Kind vom Anfang der Saugtätigkeit an durch den Milchstrom eine lustvolle Stimulierung der Mundschleimhaut, und dies so intensiv, daß es diesen Genuß durch das Lutschen aller möglicher anderer Gegenstände zu reproduzieren versucht. Später, beim Übergang von der oralen zur analen Phase, wird der Bereich des Afters als neue erogene Zone entdeckt und in den Mittelpunkt der Aufmerksamkeit und auch des Spielens gestellt (Schmieren mit Kot und kotähnlichen Substanzen). In einer dritten Phase gilt die Zuwendung des Kindes dem Genitalbereich selbst, und seine Berührung erzeugt Lust. Man sollte vielleicht hinzufügen, daß von Anbeginn auch die Haut ein Organ darstellt, dessen liebevolle Berührung mit erotischen Gefühlen verbunden ist. Es gibt zwei eindrucksvolle, nicht zu widerlegende Beweise für die Richtigkeit dieser psychoanalytischen Entdeckungen bezüglich der kindlichen Sexualität; beim normalen Erwachsenen spielen alle diese kindlichen erogenen Zonen eine wichtige Rolle als Vorbereitung oder Begleitung des Koitus, unter krankhaften Bedingungen (Regression in der Kindheit) treten sie als »Perversion« an die Stelle des normalen Sexualverkehrs.

Die Anerkennung dieser Tatsache durch die Kirche könnte einen wesentlichen Beitrag dazu leisten, daß jene Eltern, die auf sie hören, ihre Befangenheit gegenüber diesem Gebiet aufgeben und damit kirchliche Neurotisierungen unterbleiben.

Sehr wichtig wäre in diesem Zusammenhang auch eine neue, natürlichere Einstellung zur Selbstbefriedigung: Obwohl jeder Mensch im Verlauf seiner sexuellen Neugierde schon als Kind und dann als Jugendlicher dieses Stadium durchläuft und es bei einer normalen Entwicklung ganz von selbst aufgibt, wurde der Onanie kirchlicherseits jene übertriebene und angstbefangene Aufmerksamkeit zuteil, die tragischerweise oft zu einer Eskalation, ja, sogar Fixierung dieser normalen Durchgangssymptomatik führt.

2. Das Verbot des vorehelichen Verkehrs müßte aufgehoben werden.

Ein so wichtiges und schicksalhaftes Kommunikationsmittel wie der Koitus kann nicht auf die Ehe beschränkt bleiben. Die jungen Menschen erleben das Erwachen ihrer sexuellen Wünsche, und ihre Realisierung kann in der Mehrzahl der Fälle gar nicht verhindert werden, soll es auch nicht, denn wir wissen heute, welche tragischen Konsequenzen vielfach daraus resultieren, daß sexuell völlig unerfahrene Menschen eine Ehe schließen.

Die Eltern sind, besonders wenn sie christlich erzogen worden sind, auf die Problematik, die die Pubertät und die folgende Zeit für ihre Kinder mit sich bringt, denkbar schlecht vorbereitet. Sie sind sexualfeindlich und sexualängstlich, weil sie selbst eine dementsprechende Erziehung genossen haben. Sie fürchten sich vor der Aufklärung, die sie eigentlich durchzuführen hätten, und weichen ihr aus, oft so weit, daß sie darüber kein einziges Wort verlieren, auch heute noch. Eltern, die ihre eigene Sexualität verdrängen mußten, werden durch die aufbrechende Sexualität der heranwachsenden Kinder oft schonungslos mit der Gefahr konfrontiert, daß auch ihre eigene Sexualität als Problem aus ihrem Unbewußten herausbrechen könnte, und wehren sich daher umso mehr, sich dem Problem ihrer Kinder zu stellen beziehungsweise geben an ihre Kinder jene körper- und sexualfeindliche Einstellung weiter, die sie selbst erworben haben. Besser gesagt: Sie versuchen sie weiterzugeben, denn in der Realität kommt es ja dann doch zu einer Vereinigung mit einem Partner. Sicherlich, daß dies so oft geschieht, ist noch kein Beweis für die Richtigkeit dieses Verhaltens, und insofern hat der jetzige Innsbrucker Bischof *Steger* schon recht, wenn er sagt, daß die Moral keine Frage der Statistik sein kann.

Die Tragik für alle Beteiligten, besonders auch für die Kirche, liegt sicherlich darin, daß dieses Erlebnis dann wie folgt verarbeitet wird (um es mit den Worten eines jungen Mädchens zu sagen): »Das ist ja nichts Böses. Das ist etwas irrsinnig Schönes und Inniges; das gehört doch zum Leben unbedingt dazu.« Durch diese Erkenntnis geraten unweigerlich die Eltern und die Kirche, die diese Verteufelung der Kohabitation betrieben haben, in Mißkredit; sie verlieren ganz einfach ihre Glaubwürdigkeit. Auf alle Fälle resultiert daraus die Entfremdung gegenüber den Eltern und der Religion, in deren Namen eine solche Erziehung geführt worden ist. Das Vertrauen vieler junger Menschen zur Kirche geht auf diese Weise verloren, und zwar keineswegs, wie immer behauptet wird, um eine lästige Hemmung, sich ausleben zu dürfen, loszuwerden, sondern weil persönliches Erleben und Ansichten der Kirche eine allzu große Diskrepanz zeigen.

Mir persönlich will es scheinen, daß auch der Versuch, die »Pille« zu verbieten (der freilich von vielen Bischöfen nicht mitgemacht wurde), letztlich von dem Motiv geleitet war, den vorehelichen Geschlechtsverkehr zu verhindern, zu erschweren und zu verängstigen. Es braucht an dieser Stelle nicht eigens gesagt zu werden, daß auch, wenn man die Pille akzeptiert, sie selbstverständlich nur unter den Gesichtspunkten überlegter persönlicher Verantwortung benutzt werden darf.

Aus der Verteufelung des vorehelichen Geschlechtsverkehrs resultieren mehrere schlimme Folgen:

1. Es entsteht eine Sexualangst. Der Einwand, daß ja dafür nach der Eheschließung der Koitus erlaubt sei, geht ins Leere, denn in ungezählten Fällen ist die Koppelung Sexualität—Angst, die infolge der sexualfeindlichen Erziehung eingetreten ist, nicht mehr aufhebbar.

2. Viele junge Menschen fliehen völlig unerfahren in Frühehen, um auf diesem Wege das Verbot loszuwerden. Dabei wissen sie oft nicht, welche Verantwortung damit übernommen wird, und können sich dementsprechend ihr auch nicht gewachsen erweisen.

3. Viele junge Menschen haben schließlich vorehelichen Sexualverkehr, verbinden ihn aber mit einem Schuldgefühl, welches zu einer gehemmten Sexualität führt, die oft ein Leben lang nicht abgelegt werden kann.

4. Wer aber die Unhaltbarkeit der Verteufelung der vorehelichen Sexualität aufgrund der eigenen Erfahrung kennt, für den haben Kirche und Religion ihre Glaubwürdigkeit ein für allemal verloren.

3. Die Kirche sollte die Vorstellung, daß ein sittlicher Verkehr nur in der Ehe möglich ist, in dieser extremen Formulierung aufgeben.

Es ist gar keine Frage, daß zum Beispiel ein außerehelicher Koitus in bestimmten Situationen ethisch wertvoller sein kann als eine lieblose, routinemäßige eheliche »Pflichterfüllung« ohne Rücksicht und Zuneigung. Das Grundkriterium der ethischen Beurteilung sexueller Handlungen sollte sein, ob diese Handlungen aufbauend und konstruktiv, oder aber verletzend und destruktiv sind. Außerdem sollte die Kirche bedenken, ob sie nicht gerade durch die besonderen Forderungen an die Eheleute den Bestand vieler Ehen gefährdet, weil sich die Partner überfordert fühlen. Die monogame, unauflösbare Ehe sollte ein ideales *Ziel* für die Menschen sein, aber nicht schon am *Anfang* des Weges den Partnern aufgezwungen werden.

4. Die Kirche sollte die Auffassung aufgeben, daß durch einen Koitus die Ehe vollzogen und somit unauflöslich gültig sei.

Dies scheint mir eine Überbewertung der Sexualität zu sein, die sehr nahe an jenen Pansexualismus herankommt, den die Kirche von allem Anfang an der Psychoanalyse vorgeworfen hat und den selbst die Freudsche Schule heute in solcher Ausschließlichkeit nicht mehr zeigt.

Man behauptet heute, daß sich die kirchliche Einstellung gegenüber der Sexualität schon wesentlich gebessert habe. Ich möchte dieses gerne glauben, kann es aber nicht, denn den entscheidenden Grund für ihre gestörte Beziehung sehe ich im Zölibatsgesetz. Ich möchte ausdrücklich betonen, daß ich keineswegs grundsätzlich gegen die Ehelosigkeit von Priestern eintrete, wohl aber für die wirklich freie Entscheidung hinsichtlich dieser Lebensform. Priester, die sich wirklich frei entscheiden könnten, wären sowohl der Sexualität als auch Frauen gegenüber unbefangen und natürlich. In der gegenwärtigen Situation aber ist diese Natürlichkeit und Freiwilligkeit kaum gegeben.

Jedermann weiß, welcher Priestermangel heute (vielleicht nicht zuletzt deswegen) herrscht. Jeder, der mit Alumnen zu tun hat, sieht, wie sie selbst, und natürlich erst recht ihre Vorgesetzten, sich panisch vor einer Begegnung mit einer Frau und damit vor der »sexuellen Versuchung« fürchten. Unter solchen Umständen kann man noch so oft versichern, man habe jetzt eine normale, gesunde Einstellung zur Frau und Sexualität, dies muß ein Lippenbekenntnis bleiben. Ein Priester, der dies alles mitmachen mußte, wird nur unter äußerst glückhaften Bedingungen die Befangenheit gegenüber Sexualität und Frauen ablegen können.

Hier ist auch ein Grund für die anhaltende Demütigung der Frau in der Kirche zu suchen. Die Kirche hat im vergangenen Jahrhundert durch konsequentes Nicht-wahrhaben-Wollen der Probleme der Arbeiter diese weithin verloren. Es gehört keine prophetische Gabe dazu, vorauszusagen, daß sich bei anhaltender Verachtung und Zurückstellung der Frau durch eine verengte »Männerkirche« etwas Vergleichbares auch mit ihnen ereignen wird. Außerdem ist zu bedenken, daß Menschen, die von der normalen Gestaltung des sexuellen Zusammenlebens ausgeschlossen sind, nicht selten einen gewissen Neid gegenüber den anderen entwickeln. Bezeichnend ist in diesem Zusammehang der Ausspruch eines Theologen:

> Wir können zwar nicht verhindern, daß die Menschen koitieren, aber wir können wenigstens erreichen, daß sie es mit schlechtem Gewissen tun, ihnen also das Vergnügen zerstören.

Meistens werden die Priesteramtskandidaten auch entsprechend puritanisch und prüde erzogen, so daß sie nur mühsam und über Umwege zu einer gesunden Einstellung gegenüber der Sexualität gelangen können.

Ich möchte in diesem Zusammenhang ein kleines Gedicht zitieren, das mir sehr gefallen hat (leider kenne ich den Namen des Autors nicht).

> Der Zölibat macht aus der Tugend eine Not.
> Heiliger Vater, laß die geweihten Herren
> endlich auch eingeweihte Herren sein.

Wer durch eine spezifisch puritanische und prüde Erziehung dafür sorgt, daß sein Kind sexuell gehemmt und verklemmt wird, so daß es später auf diesem wichtigen Gebiet zum »Außenseiter« gerät und weder mit anderen kommunizieren kann noch »genußfähig« wird, der leistet einen wesentlichen Beitrag zur steten Verringerung der Lebensqualität, die oft sogar das Vorstadium einer präsuizidalen Entwicklung ist.

Ich möchte daher diesen Punkt dahingehend zusammenfassen: Die Sexualität ist einerseits nicht das Wichtigste im Leben, aber andererseits ein ganz wesentlicher Bereich einer glücklichen Lebensgestaltung. Die Bitten, die hier im Namen der Tiefenpsychologie an die Kirche herangetragen werden, mögen vielleicht zuerst als »ungeheure Häresie« angesehen werden; sie stellen aber keinen Vorschlag für einen neuen Katechismus dar, sondern nur die Bitte um eine bessere Differenzierung sexuellen Verhaltens durch die Kirche in der Zukunft; in diesem Sinne sollten sie als Basis für eine eingehende Diskussion in der Kirche zugelassen und nicht aprioristisch verbannt werden. Dies könnte ein erster Schritt dazu sein, die Kirche aus ihrer tragischen Rolle einer leibes-, lust- und lebensfeindlichen Institution zu befreien. Andererseits muß man gerade als Tiefenpsychologe verstehen, daß die Kirche auf diesem Gebiet besonders verletzbar ist und man daher hier sehr behutsam wird vorgehen müssen, um Fortschritte zu erreichen.

V.

»Gratia non destruit sed supponit et perficit naturam« sagen die Lateiner, Gnade baut auf der Natur auf, zestört sie nicht, sondern vollendet sie. Das bedeutet nicht mehr als: Eine gesunde seelische Entwicklung ist eine gute Grundlage für eine glückliche Entwicklung des religiösen Bereiches. *Rilke:* »Und dann, meine Seele sei weit; sei weit, daß Dir das Leben gelinge.« Man muß aus der Enge herauskommen, sich entfalten, im Irdischen nach allen Seiten gehen können, um ins Unendliche zu gelangen.

Ich bestreite jetzt gar nicht die Allmacht der Gnade, aber es bleibt doch dabei, daß wir uns, auch um des Glaubenslebens willen, um eine gesunde menschliche Natur bemühen müssen. Die Gnade baut nicht, wie uns gewisse Theologen lehren wollten, auf der geopferten Natur auf, sondern auf der entfalteten Natur. Das bedeutet anders ausgedrückt: Mensch-Sein ist von ungeheurer Wichtigkeit für die Religion, und da schließt sich gleich unvermeidlich die Frage an: »Wie weit wird dieses Mensch-Sein in der Kirche gefördert?« Wenn ich an die These denke, die man jetzt wieder aus Rom gehört hat: »Das Leben hat sich der Doktrin unterzuordnen«, wird mir bang. Heißt das nicht eigentlich Verkrüppelung, Unnatur, ich zögere nicht zu sagen, fast Perversion?

Meine Vermutung ist die, daß sich weder das Leben der Doktrin, noch die Doktrin dem Leben unterzuordnen hat. Eine kirchliche Lehre ist nicht schon deswegen falsch, weil sie ungezählte Menschen nicht befolgen. Es hat Zeiten gegeben, wo die Kirche allein der Fels in der Brandung war und die Menschen falsche Götzen anbeteten. Aber eine kirchliche Lehre ist auch noch nicht deswegen im Recht, weil sie extrem streng und fast schon »unmenschlich« ist. Der Kirche wurde prophezeit, daß sie zu einem Zeichen werde, dem man widersprechen wird. Manchmal kann man sich heute des Eindrucks nicht erwehren, daß dies zu einer Art Profilierungsneurose der Kirche geführt hat in dem Sinne, daß sie »beunruhigt« ist, wenn sie Thesen formuliert, welche die Zustimmung der Menschen finden, und diese Beunruhigung erst weicht, wenn Gesetze von ihr ersonnen werden, die von den Menschen abgelehnt werden müssen: Erst dann scheint sie die Gewißheit ihrer göttlichen Mission zu gewinnen (für eine solche Vorgangsweise ließen sich gerade aus der letzten Zeit prägnante Beispiele bringen).

Gott ist Mensch geworden, damit wir unser Mensch-Sein vollenden. Ich wage in diesem Zusammenhang die Variierung des Satzes eines prominenten österreichischen Arztes: »Nur ein guter Mensch kann ein guter Christ sein.« Sollte sich dies nicht auch von selbst verstehen? Ist es nicht auffällig, daß man in der Kirche peinlich zwischen Humanismus und Katholizismus unterscheidet? Gewiß, Christentum ist mehr als bloße Menschlichkeit, aber ist es ohne Menschlichkeit denkbar? Sollte man es sich nicht tausendmal überlegen, bevor man unmenschliche Forderungen an die Gläubigen stellt, müßte man hier nicht mehr »Veständnis«, Barmherzigkeit haben? Wäre dies nicht wahre Nachfolge Christi? Die wirklich in der Seelsorge stehen, die wissen davon ein Lied zu singen, aber die »Oberen« haben oft vor lauter Höhe den Kontakt mit der Wirklichkeit verloren.

Ein weiteres Kriterium der »Entmenschlichung« ist das Überhandnehmen formalistischen Denkens: Worte werden aus entflohenem Leben. *Fromm,* einer der größten Schüler Freuds, erst vor kurzem verstorben, hat davor gewarnt, daß unsere Generation aus Leben Tod macht: todeszentriert sind unter anderem Technik, Zerstörung der Natur, Verwandlung von lebendigen Ideen in organisatorische Formen. Ich möchte in diesem Zusammenhang einen Zeugen zitieren, der gewiß unter diesem Papst doppelt unverdächtig ist, nämlich Kardinal *Wyszynski.* Als er in Fulda seinen denkwürdigen Besuch gemacht hat, sagte er:

> Wir müssen wieder die Pharisäer und die Schriftgelehrten aus dem Tempel vertreiben, Abschied nehmen von theoretischen theologischen Spielereien, wieder zu einem Glauben finden, der nicht von der Ratio beherrscht ist, sondern von der Liebe Gottes zu den Menschen, die zur Liebe der Menschen untereinander werden soll.

Wo Menschliches mit Akribie entfernt wird, geht für eine Lehre auch die Ausstrahlung auf Menschen verloren, sie droht, totes theoretisches System zu werden. In Österreich hat jetzt ein Bischof aus Altersgründen resigniert. Beim Abschiedsinterview meinte er, ihm sei nicht bange um die Zukunft der Kirche, denn es gäbe da ja die fragende Jugend . . .

Freilich, die Jugend ist fragend, aber die Frage ist nur, ob sie von der Kirche in ihrer heutigen Form eine wirkliche Antwort bekommt; wenn sie die nicht bekommt — und das befürchte ich —, dann ist auch diese fragende Jugend verloren im doppelten Sinne des Wortes.

Dürfen wir uns dann wundern, wenn die jungen Menschen einen fatalen Drang zu den Sekten entwickeln, wenn sie in Absonderung, in Sucht und sogar in den Selbstmord flüchten? Wir, die wir uns erlöst nennen, aber gar nicht so erlöst wirken, die Begeisterung nicht ausstrahlen, weil wir in Wirklichkeit von unserer Idee nicht begeistert sind, tragen ein Gutteil, nein, ein Schlechtteil dazu bei.

VI.

Ich komme zur Formulierung der letzten These: Begegnung zwischen Tiefenpsychologie und Religion, das bedeutet natürlich auch, soll es auch bedeuten, daß sie einander betrachten und bewerten. Wie schon betont, schnitt dabei die Tiefenpsychologie in den Augen der Kirche sehr schlecht ab, ein letztlich unberechtigtes, wie ich aber gleichzeitig bekennen muß, doch auch teilweise verständliches Urteil. Lehrte *Freud* doch, daß Religion eine neurotische Illusion sei, eine Krücke, nur von Neurotikern benötigt. Außer Zweifel nun kann die Religion von Neurotikern zur Kompensation ihrer Erkrankung mißbraucht werden, und das ergibt dann das traurige Zerrbild neurotischer Religiosität (welches vom Seelsorger nicht noch unterstützt werden sollte!) — aber deswegen darf doch nicht Religion und Neurose gleichgesetzt werden!

Religion als solche ist selbstverständlich keine Neurose, sie ist auch keine Krücke für Lahme, sondern verlangt ganz im Gegenteil die höchste Leistung, deren der Mensch fähig ist. Aber leider, es gab eine Zeit, wo es möglich war, daß ein Psychoanalytiker zum anderen gesagt hat: »Alle Symptome hat mein Patient abgelegt, nur eines noch nicht, er ist immer noch religiös.« Dazu kam noch die einseitige Überbetonung sexueller Inhalte bei der Analyse des Unbewußten (der man aber auch nicht die totale Verdrängung des Sexuellen entgegensetzen darf, wie das vielfach in kirchlichen Kreisen heute noch geschieht) — das alles hat berechtigtes Mißtrauen der Kirche hervorgerufen. Der Tiefenpsychologie sind auf ihrem Wege, besonders in den Anfangsstadien, wie übrigens fast jeder Wissenschaft, schwere Fehler nicht erspart geblieben.

Rückblickend gesehen setzte aber die korrigierende Tendenz sehr rasch ein: Bereits im ersten Jahrzehnt dieses Jahrhunderts begann sich *Adler* von *Freud* (später folgte *Jung*) zu trennen, wurde die soziale und metaphysische Dimension im Unbewußten entdeckt und anerkannt und damit eine völlig andere Einstellung zur Religion gewonnen (Adler: Religion und Individualpsychologie) — übrigens hat auch Freud selbst seine Ansichten über Religion in seinen letzten Lebensjahren deutlich revidiert.

Heute gehört dieser Fortschritt zum selbstverständlichen Wissensgut jedes Psychotherapeuten, wobei natürlich von Mensch zu Mensch weiterhin Unterschiede bestehen. Kein Psychotherapeut kann ja für alle anderen sprechen. Psychotherapie ist immer so gut, wie der einzelne Psychotherapeut gut ist, und der einzelne Psychotherapeut wiederum ist so gut, wie intensiv er sich mit sich selbst auseinandergesetzt hat und wie weit er bereit ist, ein universalistisches Menschenbild zu vertreten, das heißt, wie weit er fähig ist, auch im Unbewußten den ganzen Menschen mit all seinen »Schichten« und Gegensätzen *(Guardini)* zu entdecken.

Diese Ausführungen sollen nicht mißverstanden werden als eine Ablehnung *Freuds.* Fehler und Einseitigkeiten, die ihm »passierten«, mußten korrigiert werden, aber trotz allem bleibt er der Vater der Tiefenpsychologie.

Die Kirche wäre im übrigen gut beraten, wenn sie die einzelnen tiefenpsychologischen Schulen nicht nur danach bewertete, wie »angenehm« ihr deren Lehren sind! Denn ein solcher Maßstab könnte leicht dazu führen — Beispiele beweisen es —, »Oberflächenpsychologen«, die sich als Tiefenpsychologen tarnen, zu glorifizieren.

Zum gegenwärtigen Zeitpunkt ist die Lage im allgemeinen noch so, daß man leider folgende Behauptung aufstellen muß: Wenn die Kirche eine psychologische Schule lobt, so kann man daraus den Schluß ziehen, daß es sich bei ihr um *keine* tiefenpsychologische handelt.

Und nun umgekehrt: Zur Betrachtung der Religion durch die Tiefenpsychologie. Zuerst die Frage: Darf denn das die Tiefenpsychologie überhaupt tun? Als Adler-Schüler (Individualpsychologe) möchte ich antworten: Die Glaubensinhalte zu analysieren ist absolut unstatthaft. Aber das Verhalten eines Menschen im religiösen Bereich kann sehr wohl einer Analyse unterzogen werden und damit auch das Verhalten einer Institution, welche die Summe der Gläubigen repräsentiert, also die Kirche.

Es gab in der Entwicklung der Kirche in unserem Jahrhundert ein entscheidendes Geschehen, das zweite Vatikanum, und dieses kann — man verzeihe diesen Vergleich — mit einem psychotherapeutischen Prozeß identifiziert werden. Hier wagte es eine weltweite Organisation, sich mit sich selbst zu konfrontieren, Verdrängungen aufzuheben, Fehler einzugestehen, Reue zu erwecken, Wege der Wiedergutmachung zu suchen — kurz, es war ein einmaliges und wunderbares Geschehen. Es ergaben sich nun genau jene Folgerungen, die bei einer guten Therapie immer eintreten: Bewußtseinserweiterung, Akzeptierung des eigenen »Schattens«, besseres Selbstverständnis, vertiefte Demut und Offenheit, größere innere Sicherheit im Sinne von Identitätsfindung und daraus resultierend die Bereitschaft, auch andere besser zu verstehen.

An die Stelle von Aggressivität trat Toleranz, Brüderlichkeit trat an die Stelle von Herrschsucht, der Geist der Freiheit wehte, und das Gespräch mit dem Bruder begann zu blühen. — Eine Gnade, dies alles miterlebt zu haben — als Psychotherapeut sogar in einer besonderen Form —, denn damals sah ich viele Menschen, die Welten vom Christentum entfernt waren, sich auf die Wanderschaft begeben, um Christus kennenzulernen.

Sie können später vielleicht sagen, alles, was der Ringel geredet hat, war übertrieben und abstrus, dennoch versichere ich Ihnen, daß ich hier nichts wiedergebe, was ich nicht erlebt und empfunden habe, und ebenso sicher ist es, daß dieser Aufbruch nach dem Ratschluß Gottes für immer verbunden bleiben wird mit dem Namen eines Mannes, bei dessen Nennung noch heute ein Leuchten in den Augen ungezählter Menschen festzustellen ist, *Johannes XXIII.*

Sehr zu Recht hat *Christine Busta* zu seinem Tode gedichtet:

Als sein Herz stillstand,
als sie ihn einmal noch
unter der Kuppel des Domes
den verlassenen Völkern hinlegten,
schauten wir ihn als den unverrückbaren Zeiger,
der auf der Uhr des Herrn
die Stunde der Liebe wies.

An diesen Versen stimmt jedes Wort, nur, ob der Zeiger wirklich unverrückbar ist, das bleibt die bange Frage, denn ich kann einen betrüblichen Zusatz nicht verschweigen, weil man der Wahrheit ins Auge sehen muß: Wir konnten diesen Höhepunkt der Aufdeckung und des Zu-uns-Findens nicht halten; wir sind dabei, sehr viel von dem, was wir damals gewonnen haben, wieder zu verlieren.

Auch hier wieder ist der Vergleich mit einem psychotherapeutischen Prozeß berechtigt: Der Patient hat unter dramatischen Umständen aus seinem Unbewußten eine schreckliche Wahrheit ins Bewußtsein geschleudert (etwa, daß er seinen Vater haßt und ihm den Tod wünscht), und man meint, daß er diese Entdeckung nie mehr in seinem Leben vergessen kann. Aber schon nach wenigen Stunden mag es geschehen, daß er sich an das damals Gesagte nicht mehr erinnern kann, der Prozeß der Wiederverdrängung setzt ein; zu unangenehm, zu belastend ist die Wahrheit, als daß man der Versuchung widerstehen könnte, sie wieder los zu werden.

Genau in diesem Stadium befinden wir uns nun in der postkonziliären Entwicklung. Wir werden wieder verschlossener, selbstgefälliger, intoleranter, üben wieder Macht aus, richten wieder. Man muß schon wieder fürchten, dieses und jenes zu sagen, Exkommunikation droht wieder Kommunikation im offenen Gespräch zu unterdrücken, der Geist der Kollegialität schwindet, den christlichen Brüdern in anderen Konfessionen — wir haben es jüngst einem Telegramm entnommen — weht ein kalter Wind entgegen.

Mit anderen Worten: Wir befinden uns in einer kritischen, aber auch sehr entscheidenden Situation, und gerade in dieser Situation nun findet jenes Ereignis statt, dem ich es verdanke, daß ich heute hier zu Ihnen sprechen darf; mehr als ein Jahrhundertereignis, denn es ist, wie Sie wissen, 200 Jahre her, daß ein Papst Deutschland besucht hat. Gerade aber, wenn man um die Bedeutung dieses Besuches in dieser Situation weiß, muß man in Sorge sein, und man könnte hier die Anfangsworte einer schicksalhaften päpstlichen Enzyklika verwenden und formulieren: Mit brennender Sorge sehen wir diesem päpstlichen Besuch entgegen, mit der Sorge nämlich, ob er uns das so dringend nötige Gespräch, den Dialog mit ihm bringen wird.

Freud hat formuliert: »Das größte Geschenk, das der Psychotherapeut seinem Patienten macht, ist die freischwebende Aufmerksamkeit; er sitzt und lauscht mit der Patientia audiendi, und jedes Wort, jede Geste und jede Bewegung seines Patienten nimmt er heilig ernst.«

Wenn nun in unserer früher geschilderten Bedrängnis der Papst zu uns kommt, dann frage ich mich, werden wir dieses »offene Ohr« haben? Ich lese von einer Begegnung des Papstes mit den Wissenschaftlern. Wie wird sie aussehen? Ein Auserkorener wird eine Huldigungsadresse an ihn richten, und der Papst wird dann mit seinen Thesen antworten. Und dann — wird man wohl auseinandergehen, ohne mit seinen dringenden Anliegen gehört worden zu sein, was die Voraussetzung wäre für einen echten Dialog zwischen Wissenschaft und Glauben.

Ein lieber Freund von mir, der Dichter *Manès Sperber*, hat ein aufschlußreiches Buch geschrieben mit dem Titel »Das Elend der Psychologie«: Dieses sieht er darin gegeben, daß die Psychologen zwar immer mehr Dinge entdecken, die für das Wohlergehen der Menschen sehr wesentlich sein könnten, aber an die Politiker, die das alles realisieren sollten, kommen sie nie heran. Ich wage hier die Feststellung: Das Elend des Psychotherapeuten, der die Politiker überzeugen will, ist gering gegen das Elend eines Psychotherapeuten, der die kirchliche Führung überzeugen möchte. Ich frage mich in dieser Stunde — wie in manchen anderen —, nicht, weil ich mich so wichtig nehme, sondern um der guten gemeinsamen Sache willen, die verbal verständlich auszudrücken mich Gott begnadet hat: »Sollten hier nicht viele Bischöfe Deutschlands anwesend sein?« Aber es ist kein einziger da!

Ich bin dem Kardinal *Höffner,* das muß ich hier ausdrücklich sagen, das bin ich ihm absolut schuldig, wirklich sehr dankbar, daß ich diesen Vortrag halten darf. Als ich die telefonische Einladung bekam, war ich fair genug zu fragen: »Weiß denn der Kardinal, wie meine Gesinnung ist?« Da bekam ich die Antwort: »Ja, das weiß er und will trotzdem, daß Sie kommen.« Daraus scheint mir ein guter Geist der Toleranz zu sprechen. Soweit kann aber meine Dankbarkeit nicht gehen, daß ich deswegen Kritik unterdrücke. Ich habe aufgrund einschlägiger österreichischer Erfahrungen — ich rette mich jetzt absichtlich nach Österreich — das Gefühl, daß nach wie vor Kritik nicht erwünscht ist, und nur, wenn überhaupt, die »oben« zugelassen werden, die nach dem Munde reden. Wie soll es unter solchen Umständen besser werden?

Der Ordinarius für Pastoraltheologie in Passau, *Zulehner,* hat einen wunderbaren Begriff geprägt: »kritische Loyalität«. Die Oberen müßten doch eines Tages imstande sein, zwischen feindseliger und loyaler Kritik zu unterscheiden und auf die letztere zu hören. Loyale Kritik ist die, die zum Wohle der Kirche ausgesprochen wird, und genau dort — ich hoffe, Sie haben es gespürt — ist meine Position!

Und damit bin ich beim Schluß: Ich wäre nicht Vertreter einer bestimmten tiefenpsychologischen Richtung, nämlich der Adlerschen, also der Individualpsychologie, wenn ich nicht noch einige ermutigende Worte fände, denn Adler hat gelehrt, daß man nie aufhören dürfe, an den Menschen zu glauben.

Ich mußte Ihnen vieles Beunruhigende sagen, aber dennoch besteht kein Grund zu verzagen. Erstens hat das zweite Vatikanum eine so intensive Bewußtseinserweiterung gebracht, daß es wohl kaum möglich ist, sie völlig ungeschehen zu machen. Zweitens: die Kirche, — der Satz ist jetzt schon oft strapaziert worden — sind wir alle, und wenn er stimmt, dann kann jeder einzelne von uns, wo immer er auch stehen mag, ob »hoch« oder »niedrig«, einen Beitrag dazu leisten, daß es anders wird. Jede Veränderung der Welt — das ist ja die Tragödie der Weltveränderer, daß sie immer die anderen verändern wollen, aber nicht sich selbst — beginnt bei der eigenen Person.

Kurt Tucholsky — sicher kein Mann, der einer besonderen Sympathie für das Christentum verdächtig ist — stand in Paris an der Gedenktafel für die Karmeliterinnen, die während der französischen Revolution für ihre Idee in den Tod gegangen sind, und notierte:

Welche ungeheure Kraft könnte von diesem katholischen Christentum ausgehen, wenn es sich auf die Evangelien besänne. (In der Klammer kann man bei Tucholsky fast die Erleichterung hören: aber glücklicherweise besinnen sie sich nicht.)

Wir sollten uns besinnen, wir sollten an die Basisgemeinden glauben, an die Macht der Reform von der Basis, wenn sie schon von oben derzeit nicht kommt! Und »schließlich« gibt es auch die Gnade Gottes.

Vor langer Zeit hat *Heinrich Heine,* als die Bestrebungen laut wurden, den Kölner Dom zu vollenden, dieses Gebäude eine »Bastille des Geistes« genannt und die Hoffnung ausgesprochen, daß er nie vollendet werde. Er ist vollendet worden und besonders in dunklen zwölf Jahren für viele Menschen das Symbol der Hoffnung, des Trostes, der Aufrichtung, daß Gott auf Erden noch lebt, gewesen.

Und so haben wir vielleicht Hoffnung, jetzt auch zu glauben, daß wir noch einen größeren Dom oder einen immer größer werdenden errichten können. Das sollte uns aber nicht das Mahnwort Heines von der »Bastille des Geistes« vergessen lassen! Sorgen wir dafür, daß unser Haus kein Gefängnis des Geistes und schon gar nicht ein Gefängnis des menschlichen Gefühls wird.

(Erweiterte Fassung eines Vortrages, gehalten aus Anlaß des Papstbesuches in Deutschland, in Köln, 1980)

IX. Das Problem der Todesbewältigung am Beispiel Gustav Mahlers

Als Gustav Mahler im Jahre 1907 als Direktor der Wiener Staatsoper resignierte, nachdem er zehn Jahre lang in dieser Funktion Maßstäbe gesetzt hatte, die bis zum heutigen Tage unerreicht geblieben sind, schrieb er in einem öffentlich zugängigen Abschiedsbrief unter anderem den Satz: »Statt eines Ganzen, Abgeschlossenen, wie ich geträumt, hinterlasse ich Stückwerk, Unvollendetes, wie es dem Menschen bestimmt ist.« Das scheint mir — mit dem gebührenden Abstand — ein gutes Motto zu sein auch für diese Arbeit: Denn es ist natürlich a priori völlig ausgeschlossen, in solchem knappen Rahmen dem Wesen und dem Werk Gustav Mahlers auch nur einigermaßen gerecht zu werden.

Noch eines möchte ich einleitend hinzufügen: Die folgende Arbeit soll versuchen, die Rolle aufzuzeigen, die in vielfacher Form der Tod im Leben des großen Komponisten gespielt hat, sie soll aber zugleich zeigen, wieviel wir, die wir keine Bruckners und Mahlers sind, daraus für uns selber lernen können. Mit Recht sagt *Stuart Feder,* auf den ich noch zurückkommen werde:

> Zwar sterben alle Menschen, aber nur einige wenige vermögen aus der Erfahrung ihres Sterbens etwas abzuleiten (zu »destillieren«), was auch für andere bedeutungsvoll zu werden vermag.

Außer Zweifel, Mahler war einer von diesen Seltenen.

Es ist ausgeschlossen, das Sterben eines Menschen isoliert zu betrachten; es muß immer gesehen werden in Verbindung mit seinem Leben. Leben, Sterben und Tod gehören untrennbar zusammen, gemäß den Worten *Rilkes:* »O Herr, gib jedem seinen eigenen Tod, das Sterben, das aus jenem Leben geht, darin er Liebe hatte, Sinn und Not.« Wenn wir uns unter diesem Gesichtspunkt Gustav Mahler zuwenden, müssen wir uns zuerst fragen: Was für ein Mensch war er, was für ein Leben hat er geführt? (Und dabei wiederum versuchen, die Bedeutung dieser Fakten für unsere Lebensgestaltung aufzuzeigen — von Mahler könnten wir ja nicht nur »Sterben« lernen, sondern in vielfacher Hinsicht auch »Leben«).

Zuerst einmal war Mahler ein Mensch des Verstandes und des Geistes, ein »Intellektueller«. Allem Wichtigen und Wesentlichen der Wissenschaft galt seine Zuwendung. Die Erkenntnisse der Vergangenheit eignete er sich als Grundlage seines Wissens an, für die Entdeckungen der Gegenwart zeigte er ein stets waches Interesse, jede Einseitigkeit vermied er; er wollte im Endlichen »nach allen Seiten« schreiten, viele Stunden hat er sinnierend und nachdenkend verbracht. Er war ein faustischer Typ, wollte erfahren, »was die Welt im Innersten zusammenhält«. So schreibt er denn auch einmal »Daß mein klarer Blick bis an das Mark der Erde dringen könnte«. Bücher waren ihm unentbehrlich, was er in der Schule gelernt hatte, war für ihn — ganz typisch — nicht immer rekapitulierbar, desto mehr aber das, was er aus eigenem Antrieb in den Büchern gelesen hatte. Dementsprechend sein Ausruf: »Bücher fresse ich mehr und mehr, Gott, wenn ich die nicht hätte!«

Der Bogen seiner Anteilnahme reichte von der Naturwissenschaft bis zur Philosophie, auf diesem Gebiete war er ein besonderer Kenner *Schopenhauers, Nietzsches, Fechners* und *Hartmanns.* Immer war er bestrebt, das Wesen des Menschen zu ergründen, und gleichzeitig blieb er sich der Grenzen bewußt, auf die wir dabei nur allzubald stoßen — darauf reagierte er klassisch ambivalent, bald aufbegehrend, bald demütig sich bescheidend.

Den Typus des Intellektuellen gibt es natürlich auch heute, und dabei ist für ihn im allgemeinen charakteristisch, daß er sich einseitig entwickelt hat, Verstand und Bildung dominieren, und diese Hypertrophie scheint manchmal eine Überkompensation für sein unterentwickeltes Gefühlsleben zu sein. Umso notwendiger wäre es, von Gustav Mahler zu lernen, denn dieser »Intellektuelle« war zugleich ein enorm gefühlsbetonter Mensch.

In diesem Zusammenhang darf ich eine persönliche Erinnerung einbringen an *Erwin Ratz,* den langjährigen Präsidenten der Gustav-Mahler-Gesellschaft — nach seinem Tode vor einigen Jahren wurde es *Gottfried von Einem* (den ich auch Freund nennen darf). Ich hatte die unglaubliche Gnade, diesen Menschen in seinen letzten Jahren medizinisch betreuen und ihm dabei menschlich sehr nahe kommen zu dürfen. Er war es auch, der mich darin bestärkt hat, den Weg zum Meister, auf dem ich mich bereits befand, konsequent fortzusetzen. Dieser Erwin Ratz spricht einmal von der »außerordentlich weit gespannten Skala der Mahlerschen Empfindungen«.

Es hat wohl nichts gegeben, worauf Mahler nicht emotional reagiert hätte. Er war ein leidenschaftlicher Bewunderer der Natur, er hat sie nicht nur in seinen Symphonien unvergeßlich »gemalt«, sondern auch in seinen Briefen sind Stellen, die ihn ebenso als Naturliebhaber wie als Meister der Sprache ausweisen, er war also auch imstande, in Worten Natur zu malen (ein neuer Beweis — neben vielen anderen — für die von der Psychoanalyse aufgezeigte »Magie des Namens«).

Er war auch sonst ein leidenschaftlicher Mensch, allen Genüssen dieses Lebens aufgeschlossen. Wenn man sein Gesicht sieht, kann man nur allzu leicht in den Fehler verfallen, ihn für einen einseitig asketischen Menschen zu halten. Sicher hatte er asketische Züge, aber zugleich konnte er, um dieses bei Menschen noch immer verpönte Wort zu gebrauchen, enorm lustbetont sein. *Schönberg* hat einmal gesagt: »Es kann gar nichts Uninteressantes in seinem Leben gegeben haben. Man hätte ihm sogar zuschauen müssen, wie er seine Krawatte bindet.« Das war ein Mann mit köstlichem Humor, der zum Beispiel auf einer Karte seinem Namenszug hinzusetzen konnte: *Einzig richtige und gesetzlich geschützte Unterschrift, vor Nachahmung wird gewarnt!*

Das war ein Mann, der im Restaurant — eine berühmte Mahler-Anekdote — zu dem Ober sagen konnte: »Sagen Sie mir, was ißt der Herr am Nebentisch.« (Denn das gefiel ihm schon rein optisch, so daß er es auch haben wollte.) Es war etwas Besitzergreifendes, An-Sich-Reißendes in seinem Wesen, aber gleichzeitig strahlte er Wärme aus, die alle in Glut versetzte. Für diese außergewöhnliche Leidenschaftlichkeit (die auch die Sexualität, trotz einiger in der Kindheit erworbener hemmender Faktoren einschloß) ist wohl seine Beziehung zu *Alma Schindler* das beste Beispiel.

Er lernt sie in reifem Mannesalter kennen, und schon nach einer Woche drängt er sie mit der Erklärung: »Wir müssen heiraten, sobald als möglich.« Und Alma hat es später bescheinigt, daß sie niemals einer solchen Leidenschaftlichkeit begegnet ist wie der Gustav Mahlers, ein Urteil, das umso mehr wiegt, als sie zu diesem Zeitpunkt, wie wir wissen, über zahlreiche Vergleichsmöglichkeiten verfügte. Als Beweis für diese Tatsache darf wohl auch angesehen werden, daß das erste Kind des Paares, Maria, acht Monate nach der Eheschließung zur Welt kam, sie also schon in schwangerem Zustand heiratete. Mahler war aber nicht nur ein leidenschaftlicher, er war außer Zweifel auch ein liebender Mensch.

Pfitzner, zu dem ich an und für sich aus vielen Gründen keine besonders »innige« Beziehung habe, den ich deswegen aber nicht weniger gern zitiere, wenn er meiner Überzeugung nach das Richtige trifft, hat einmal das Mahlersche Wesen mit den schlichten Worten umschrieben: »In ihm war Liebe.«

Bis zum heutigen Tage versuchen die Menschen immer wieder von neuem, das Wesen der Liebe zu definieren, ohne es wirklich ergründen zu können — und ich denke, so wird es bleiben, soll es auch bleiben, denn was wäre das für eine Liebe, die wir ganz ausloten könnten? Vielleicht kann man aber doch als ein wesentliches Kriterium echter menschlicher Liebe die Bemühung bezeichnen, die Grenzen des eigenen Ichs, der eigenen Ichbefangenheit zu sprengen, über das Ich hinaus zum Du und dann natürlich zum Wir zu wachsen. In diesem Zusammenhang möchte ich aus einem Mahlerbrief zitieren.

> Jetzt in der Generalintendanz: da ging nun das Antichambrieren los. Diese Gesichter! Diese knöchernen Menschen! Jeder Zoll auf ihrem Gesichte trug die Spuren des sich selbst peinigenden Egoismus, der alle Menschen so unselig macht! Immer ich und ich — und nie du, du, mein Bruder! Nur durch Terrorismus kann ich den einzelnen zwingen, aus seinem kleinen Ich herauszufahren und über sich selbst hinauszuwachsen.

Die Sätze zeigen nicht nur die Sehnsucht Mahlers nach »vereinigender Liebe«, sie werfen auch das bis zum heutigen Tage ungelöste Problem auf, ob es möglich ist, durch Zwang, ja durch Terror, diese Vereinigung, diese »Gemeinschaftsbildung« herbeiführen zu können. In der Politik — das kann heute schon resümiert werden — sind alle diese »Zwangsbeglückungen«, obwohl teilweise sicherlich aus edlen Motiven versucht, kläglich gescheitert, zu Leid und Verzweiflung vieler Betroffener entartet. Was Mahler betrifft, hat er diese »Sprengung der Ichhaftigkeit« vor allem im Bereich der Musik versucht. Seine diesbezügliche Idee war sicher das *Kunstwerk als Gemeinschaftsleistung*.

Man kann heute rückblickend sagen, daß Dirigieren im modernen Sinne mit Gustav Mahler begonnen hat, und man kann auch die Frage beantworten, warum das so ist: Weil er zum ersten Mal versucht hat, jeden einzelnen anzusprechen, aufzurütteln, keinen abseits zu lassen, und aus dem Orchester wirklich eine Gemeinschaft zu formen. Da darf man sich nicht wundern, wenn der damalige Cellist und spätere Komponist *Franz Schmidt* ausrief: »Er kam über uns wie eine Elementarkatastrophe.« Was aber den Mahlerschen Gemeinschaftsbegriff betrifft, so ging er weit über die Neuformung des Orchesters hinaus, er zielte vielmehr auf das Gesamtkunstwerk.

Mahler hat immer an sich und andere die Forderung gestellt, auf diesem Wege des »Umfangens« nicht zu früh stehenzubleiben. Alle sollten zum Gesamtwerk ihren Beitrag leisten, im Fall der Oper das Orchester, die Sänger, aber auch die Regisseure, die Bühnenbildner (in *Roller* fand Mahler hier den kongenialen Partner), Musik, Raum, Farbe, Licht und Bewegung sollten sich vereinigen. Und wenn diese

Gemeinschaftsleistung gelungen war, dann sollten auch *alle* ihren Anteil daran haben, und nicht nur ein einzelner.

In diesem Sinne war Mahler ein Demütiger, ein Dienender, ein Feind jedes »Persönlichkeitskultes« und damit ein echt Liebender. Und so entstand das Paradoxon — das man in der heutigen Zeit mit ihren gegenteiligen Tendenzen nicht genug loben kann —, daß der Mann, der, wie früher ausgeführt, erst den Beruf des Dirigenten im modernen Sinne kreiert hat, auf dem Theaterzettel als musikalischer Leiter nicht einmal aufschien. Man muß in den Regiebüchern nachschauen, um zu rekonstruieren, wie unglaublich viele Opernvorstellungen Mahler in der Wiener Oper persönlich dirigiert hat.

Aber zurück zum liebenden Mahler: Nicht zufällig hat er in seiner dritten Symphonie den letzten Satz »Was mir die Liebe erzählt« benannt (und später gesagt: ich hätte statt dessen auch »Was mir Gott erzählt« formulieren können — ich komme darauf am Schluß noch zurück). Nicht zufällig hat er eines der schönsten *Rückert*-Gedichte, »Liebst du um Schönheit«, vertont, weil dort am Schluß klar wird, daß »Liebe« nur etwas genannt zu werden verdient, was um der anderen Person willen geschieht und eben deshalb etwas Dauerndes bleibt.

Wenn ich im folgenden zum ersten Mal den kompletten Text eines Mahlerliedes zitiere, so tue ich es im Bewußtsein der Schönheit und Bedeutung der von Mahler gewählten Gedichte und zugleich mit unendlichem Bedauern, hier nicht auch die wunderbare Musik hinzufügen zu können . . .

Liebst du um Schönheit

Liebst du um Schönheit, o nicht mich liebe!
Liebe die Sonne, sie trägt ein goldnes Haar!

Liebst du um Jugend, o nicht mich liebe!
Liebe den Frühling, der jung ist jedes Jahr!

Liebst du um Schätze, o nicht mich liebe!
Liebe die Meerfrau, sie hat viele Perlen klar!

Liebst du um Liebe, o ja — mich liebe!
Liebe mich immer, dich lieb ich immerdar!

Ein wesentliches Kriterium des liebenden Mahler — wie jedes echt liebenden Menschen — war auch, daß er stets auf der Seite der Gedemütigten, der Erniedrigten, der Beleidigten, der Getretenen, auf der Seite der Schwachen und der Behinderten stand. Er schreibt: »Aus dem Tal der Menschheit tönt's zu dir herauf, zu deiner kalten einsamen Höhe, begreifst du den unseligen Jammer, der sich da unten durch Äonen zu Bergen gehäuft hat? Wie willst du dich vor dem Rächer verantworten, der du nicht einmal den Schmerz einer einzigen geängstigten Seele zu sühnen vermagst?« Hier wird die Identifikation mit den Leidenden deutlich, und zu Recht sagt *Adorno:*

> Zeit seines Lebens hat seine Musik es mit denen gehalten, die aus dem Kollektiv herausfallen und zugrunde gehen, mit dem armen Tamburgsell, der verlorenen Feldwacht, dem Soldaten, der noch als Toter weiter die Trommel schlagen muß. Seine Lieder sind Balladen des Unterliegens.

Ich darf in diesem Zusammenhang zum ersten Male auf eine Eigenschaft Mahlers verweisen, die man geradezu als seine charakteristischste bezeichnen könnte, sein »vorausahnendes Wissen«. Die intensive Beschäftigung in seinen Liedern mit dem Schicksal des Soldaten, als dem Musterbeispiel der vergewaltigten Kreatur, nimmt prophetisch die Geschehnisse dieses Jahrhunderts mit seinen die ganze Welt erfassenden Kriegen vorweg. Als Beispiel dafür das Lied »Wo die schönen Trompeten blasen« aus »Des Knaben Wunderhorn«.

Wo die schönen Trompeten blasen

Wer ist denn draußen und wer klopft an,
Der mich so leise, so leise wecken kann?
Das ist der Herzallerliebste dein,
Steh auf und laß mich zu dir ein!

Was soll ich hier nun länger stehn?
Ich seh die Morgenröt aufgehn,
Die Morgenröt, zwei helle Stern,
Bei meinem Schatz da wär ich gern,
Bei meinem Herzallerlieble.

Das Mädchen stand auf und ließ ihn ein;
Sie heißt ihn auch willkommen sein.
Willkommen, lieber Knabe mein.
So lang hast du gestanden!

Sie reicht ihm auch die schneeweiße Hand.
Von ferne sang die Nachtigall:
Das Mädchen fing zu weinen an.

Ach weine nicht, du Liebste mein,
Aufs Jahr sollst du mein eigen sein.

Mein eigen sollst du werden gewiß,
Wie's keine sonst auf Erden ist.

O Lieb auf grüner Erden.
Ich zieh in Krieg auf grüne Heid,
Die grüne Heide, die ist so weit.
Allwo dort die schönen Trompeten blasen,
Da ist mein Haus, von grünem Rasen.

Hier nun ist der Moment gekommen, um ganz besonders darauf hinzuweisen, was uns allen Mahler in doppeltem Sinn als Liebender lehren kann. Sicherlich gehen von ihm einerseits diesbezüglich Impulse aus, von denen nur zu wünschen ist, daß wir sie, so gut wir können, nachahmen. Andererseits müssen wir zur Kenntnis nehmen — und dies wiegt doppelt schwer bei einem solchen Menschen —, daß auch Mahler als Liebender an seine Grenze gestoßen ist. Wollte man das verschweigen, hieße es, sein Bild zu verzeichnen und damit gerade ihm einen schlechten Dienst zu erweisen. Mit anderen Worten: Trotz aller seiner idealistischen Bestrebungen blieb Mahler im täglichen Leben oft ein schwacher, ein fehlbarer Mensch.

Eines seiner Lieblingsworte war das berühmte Zitat von *Dostojewski:*

Wie kann man glücklich sein, wenn noch ein Geschöpf auf Erden leidet?

Mit diesem Satz beginnt die Tragödie von uns allen. Denn eigentlich dürften wir somit unter den obwaltenden Umständen alle nicht eine Sekunde glücklich sein. Wir dürften nicht essen, wo wir wissen, daß allein im vergangenen Jahr (1981) in der Welt 15 Millionen Menschen verhungert sind. Ich habe mir sagen lassen, daß es keinen Hunger mehr gäbe, wenn jeder Bewohner der Erde bereit wäre, einen Schilling (!) zu opfern, daß derselbe Effekt einträte, wenn die Rüstung der Weltmächte generell für 2 Stunden (!!) unterbrochen würde. Was tun wir, um all dies zu erreichen? Nichts. Wir bedauern und genießen weiter, als ginge uns das alles nichts an. Der Dostojewskische Satz wird wohl zitiert, aber Folgerungen werden daraus keine gezogen.

So auch bei Mahler; Alma schreibt über ihren Mann: »Die großartigen Worte wurden oft ausgesprochen, aber sie führten zu keinen Konsequenzen, zu keiner Tat.« In Verfolgung dieser Linie muß gesagt werden, daß wir in Mahler, wie wahrscheinlich in jedem großen Künstler, auch sehr egozentrische und sehr egoistische Züge finden. Dem Freunde klagt er: »Kein Mensch, mit dem ich nur einiges, sei es gemeinsam Erlebtes oder Erschautes oder Erholtes, gemein hätte.« Hier kommt als Gegensatz zum »Allumfangenden« etwas »Sich-Abschließendes«, wohl auch etwas »Enttäuschtes«, »Verunsichertes« zur Darstellung.

Wenn wir bei Mahler also Zeichen von Egozentrizität feststellen (neben seiner echten Liebesfähigkeit), müssen wir somit fragen, ob auch Hinweise für seine Verunsicherung gegeben sind. Diese Frage ist absolut zu bejahen. Es gibt zwar Aussprüche von ihm, die vor Selbstvertrauen schier zu »platzen« scheinen:

> Wer kein Genie besitzt, soll davon bleiben, und wer es besitzt, braucht vor nichts zurückzuschrecken. Das ganze Spintisieren über all das kommt mir vor, wie einer, der ein Kind gemacht hat, sich nachträglich erst den Kopf zerbricht, ob es auch wirklich ein Kind ist, und ob es mit richtigen Intentionen gezeugt usw. — Er hat eben geliebt und — gekonnt. Basta! Und wenn einer nicht liebt und nicht kann, dann kommt eben kein Kind! Auch basta! Und wie einer ist und kann — so wird das Kind! Noch einmal basta! Meine VI. ist fertig. Ich glaube, ich habe gekonnt! Tausend basta!

Aber dann taucht doch wieder tiefste Angst auf, etwa wenn er an *Fritz Löhr,* den noch oft zu zitierenden besten Freund, schreibt: »Du bist der einzige Mensch, den ich geliebt habe und der mich doch nicht verletzt hat.« Dies kommt einer Gleichsetzung von »Lieben« und »Verletzt-Werden« nahe und deutet wohl darauf hin, daß in der Kindheit schwere verängstigende Enttäuschungen stattgefunden haben müssen, jener Kindheit, die ja vor allem über unser Selbstwertgefühl entscheidet. »Sein Egoismus war vollkommen naiv, und er wäre furchtbar erschrocken, wenn er ihn erkannt hätte«, urteilt *Alma Mahler* und weist damit ebenfalls auf die Verursachung dieser Eigenschaft in der Kindheit und auf eine gewisse Verdrängungstendenz ihr gegenüber hin.

Die Zitierung Almas gibt mir aber Gelegenheit, daran zu erinnern, daß Mahler auch in seinem Verhältnis zur Frau verunsichert war. Sie hat ihn ganz wunderbar charakterisiert, wenn sie formulierte: »Er war ein Kind, und das Weib war seine Angst.« Mahler hat also auf der einen Seite eine enorme Leidenschaftlichkeit entwickelt, aber auf der anderen Seite ununterbrochen gefürchtet, von der Frau enttäuscht zu werden.

An dieser Stelle ist es nun unvermeidlich, daß wir uns zumindest in knappen Andeutungen mit der Kindheit Gustav Mahlers beschäftigen.

Über die Ehe seiner Eltern hat er sich folgendermaßen geäußert: »Meine Eltern haben zusammengepaßt wie Feuer und Wasser.« Ähnliches könnten leider viele Menschen von ihren Eltern sagen, und dieses Faktum ist eines (unter vielen anderen), welches einen düsteren Schatten über unsere Kindheit wirft und dafür sorgt, daß immer mehr Menschen in dieser Zeit neurotisiert werden. Mahler hat hinzugefügt: »Mein Vater war der Starrsinn, meine Mutter die Sanftmut in Person.«

Ganz falsch und die kindliche Situation verkennend wäre es aber, daraus den Schluß zu ziehen, die Mutter wäre daher uneingeschränkt geliebt, der Vater ebenso abgelehnt worden. Dieser Vater war eine durch Initiative und Dynamik imponierende Gestalt, sie hat auch Gustav imponiert, aber er war gleichzeitig ein herrschsüchtiger, manchmal ein zügelloser, gewalttätiger und sogar brutaler Mann: dementsprechend bewunderte und haßte Gustav den Vater gleichzeitig, ein Zustand, den wir als Ambivalenz bezeichnen. Aber auch der Mutter gegenüber bestanden ähnliche Gefühle, denn auf der einen Seite litt die Mutter unter den Launen des Vaters maßlos, wurde dadurch (und durch andere Faktoren, die wir später besprechen werden) chronisch depressiv, ein Tatbestand, der eine ungeheure Beziehung Gustavs zur Mutter bewirkte; und auf der anderen Seite war er von der Mutter maßlos enttäuscht, weil sie mit sich selbst nicht fertig wurde und dadurch auch nicht jene Sicherheit ausstrahlen konnte, die das Kind so dringend gebraucht hätte.

So sehen wir sowohl vom Vater als auch von der Mutter verunsichernde Eigenschaften ausgehen, und insbesondere der Mutter gegenüber verbinden sich Liebe, kindliche Fixierung und ungeheure Angst, enttäuscht zu werden. Man braucht nicht Tiefenpsychologe sein, um zu verstehen, daß diese frühe Mutter-Kind-Beziehung alle zukünftigen Beziehungen Gustav Mahlers zu Frauen negativ beeinflussen mußte.

Diese Feststellung führt direkt hinüber zur berühmten Begegnung von Gustav Mahler mit *Sigmund Freud.* Es war lange schon davon die Rede gewesen, daß Mahler Freud konsultieren sollte, aber er hatte immer wieder getroffene Vereinbarungen abgesagt.

Schließlich, auf dem Höhepunkt der Krise mit Alma im Jahre 1910, kam es dann doch zur Begegnung, und zwar mußte Mahler diesmal nach Leiden in Holland fahren, wo Freud Vorträge hielt, denn der Vater der Psychoanalyse war nach den vorangehenden Enttäuschungen nicht mehr bereit, wegen dieses unverläßlichen Patienten, und war er auch noch so berühmt, nach Wien zu fahren.

Erste Feststellung Freuds, nachdem ihm Mahler seine Geschichte erzählt hatte: Sagen Sie, Herr Mahler, wieso konnten Sie bei dieser Mutterbindung, die Sie haben, eine Frau heiraten, die nicht, so wie Ihre Mutter, Maria heißt, wie konnten Sie eine Alma wählen? Aufklärende Antwort Mahlers: Herr Professor, beruhigen Sie sich, meine Frau heißt mit dem zweiten Namen sowieso Maria. Zweite Feststellung Freuds: Da Sie in ihrer Kindheit eine ständig traurige Mutter erlebt haben, ist es, der neurotischen Wiederholungstendenz folgend, Ihre unbewußte Intention, auch Frauen, die später in Ihrem Leben eine Rolle spielen, traurig zu machen, denn für sie hat sich Liebe und Depression der geliebten Frau in der Kindheit untrennbar gekoppelt.

Wir sehen also, wie Freud mit knappen Worten die Situation Mahlers, seine entscheidende Mutterbeziehung, blitzschnell erfaßte, und wir verstehen, wie sehr von dieser Kindheit Verunsicherung ausgehen mußte.

Nun komme ich zu einem weiteren wichtigen Charakteristikum Mahlerschen Wesens: Mahler war ein Wanderer, war stets auf der Wanderschaft, Kalisch, wo er geboren wurde, war der Ausgangspunkt, es folgten Iglau, Hall (ja, in Hall in Oberösterreich war er eine Zeit lang beim Kurorchester Kapellmeister), Laibach, Olmütz, wieder Wien, Kassel, Prag. Hier begann schon der steile Aufstieg, dessen weitere Stationen durch Leipzig, Budapest, Hamburg und Wien markiert sind. Die Jahre zwischen 1907, als er die Wiener Direktion aufgab, und seinem Tod 1911 sind wiederum gekennzeichnet durch ungezählte Fahrten, damals noch mit dem Schiff, zwischen Wien und New York hin und her. Er hat einmal geschrieben: »Ich bin bestimmt, ruhelos über die ganze Welt zu wandern.« Und als er 1897 die Direktion in Wien annahm, nahm er sich vor: »Ich ziehe in die Heimat ein und werde alles daran setzen, meine Wanderschaft für dieses Leben zu beenden.«

Er hatte die Rechnung, ohne das eigene Ich zu berücksichtigen, gemacht. In der »Winterreise«, die ja wohl die erschütterndste Darstellung eines Wanderns in den Tod ist, heißt es: »Und suche Ruhe ohne Ruh'.« Ein solcher Schubertscher (oder Müllerscher) Wanderer war Mahler (dies eine der vielen Verbindungen, die zwischen Schubert und Mahler bestehen).

Ich glaube, man ist wohl berechtigt zu sagen, daß Mahler der direkte Nachfolger Schuberts war, rastlos unterwegs, getrieben von einer ungeheuren zentrifugalen Kraft, weg von sich: Nicht umsonst hat er die »Lieder eines fahrenden Gesellen« vertont, auch dieser fahrende Geselle war er selber.

Er hatte noch ein anderes Mittel, sich zu verlieren, nämlich den Theaterbetrieb, der ja mit der Wanderschaft eng verbunden war. Er schreibt:

> Ich bin so mitten drin, wie es nur ein Theaterdirektor sein kann. Entsetzliches, aushöhlendes Leben. Alle Sinne und Regungen nach außen gewendet. Ich entferne mich immer mehr von mir selbst. Wie wird das enden? Bewahren Sie mir das Andenken, das man gewöhnlich Verstorbenen gibt.

Er hat für dieses Theaterleben einige Synonyma gefunden: Zuchthaus, Strafanstalt, Galeere, Theaterhöllenleben. Und er schreibt wieder an Löhr:

> Da ich mich selbst jetzt nicht habe, kannst auch du mich nicht haben. Aber ich sage dir nur dieses Wörtchen: Warte noch ein Weilchen, dann ist die Direktion und andere Possen bei den Schatten im Tartarus und wir erkennen uns wieder im goldenen Lichte.

Eine meiner großen Leidenschaften ist das Autographensammeln. Es geht mir — wie jedem echten Sammler — dabei nicht um den materiellen, sondern um den ideellen Wert. Von einer großen Persönlichkeit handgeschriebene Aufzeichnungen zu besitzen, bedeutet, mit ihr in einen geheimnisvollen Kontakt zu kommen, an ihrer Geschichte, an ihren Auffassungen, Gedanken und Taten Anteil zu haben. Als besondere Kostbarkeit bewerte ich einen Brief Mahlers an Fritz Löhr. Oben der Stempel: »Der Direktor des K. u. K. Hofoperntheaters«, dann in hastigen Zeilen die Mitteilung, daß er nur eine knappe Stunde Zeit habe, sich aber für diese kurze Zeit mit ihm im Café Imperial treffen möchte. Aber dort oben rechts, wo normalerweise das Datum steht, kann man auf meinem Autograph nur lesen: »In Eile.«

Etwas Charakteristischeres für Mahler kann ich mir nicht vorstellen: ich kenne kein Datum, heißt das, in Eile zu sein, ist mein Dauerzustand. Und obwohl er dieses Dasein verflucht, ist er doch immer wieder gezwungen, das Theater von neuem zu erobern.

Höhepunkt dieses Verhaltens ist der grandiose Feldzug, mit dem der angeblich »weltfremde Idealist« Gustav Mahler fast zwingend erreicht, daß der begehrteste Wiener Posten, der des Direktors der Oper, in seine Hände fällt. (Wer immer diese Position anstrebt — ob sie wirklich erstrebenswert ist, ist eine andere Frage —, dem kann nur empfohlen werden, von Gustav Mahler zu lernen.)

Ich kann in diesem Zusammenhang auf Einzelheiten nicht eingehen, nur zu einem Punkt möchte ich Stellung nehmen: Man hat Mahler vorgeworfen, daß er, um sein Ziel zu erreichen, vor nichts »zurückgeschreckt« habe, nicht einmal davor, sich taufen zu lassen. Hier tut man ihm — so meine ich — Unrecht; mag auch der Zeitpunkt geschickt gewählt worden sein, aber seiner Überzeugung nach war Mahler — unabhängig von jeder Berechnung — Christ, und die Taufe daher nur die Herstellung von Konkordanz zwischen äußerem Glaubensbekenntnis und innerem Glauben. (Siehe auch später.)

Man kann diese Bemerkungen über die Wanderschaft Gustav Mahlers nicht abschließen, ohne die Frage zu stellen, ob nicht auch wir alle in zunehmendem Maße solche »fahrende Gesellen« werden, ständig auf der Flucht vor uns selbst, nichts mehr fürchtend, als die Konfrontation mit der eigenen Person?

Die Gestaltung unserer Freizeit, unserer Wochenenden, unserer Ferien spricht sehr für die Richtigkeit dieser These und bedroht, weil ja dann keine echte Erholung möglich ist, in zunehmendem Maße unsere Gesundheit. Wie sagt doch *Benn* in einem seiner schönsten Gedichte: »Ach vergeblich das Fahren, spät erst erfahren Sie sich.«

Und gerade hier müssen wir wieder zu Mahler zurückfinden, denn er »erfuhr« sich, verstand es, das Gegengewicht gegen das Wandern, die Flucht vor dem eigenen Ich, zu entdecken, und es läßt sich in einem Wort zusammenfassen: Komponieren! Komponieren bedeutete für ihn, zur eigenen Person finden. Er formuliert an Mildenburg:

> Aber ich habe es dir doch geschrieben, daß ich an einem großen Werk arbeite. Begreifst du nicht, daß das den ganzen Menschen erfordert? Und wie man da oft so tief drinsteckt, daß man für die Außenwelt wie abgestorben ist. Sieh, das müssen alle lernen, die mit mir leben sollen: In solchen Momenten gehöre ich nicht mehr mir.

Mahler hat dieses Verhalten auch in seinem späteren Leben konsequent durchgehalten. Alma berichtet, daß man oft tagelang ihn nicht einmal anreden durfte, wenn er komponierte, und daß er dann von sich aus auch oft längere Zeit nicht gesprochen hat. Alma hat das nach und nach zu einer solchen Verzweiflung gebracht, daß aus ihr die Klage herausbrach: »Ich bin mit einer Abstraktion verheiratet, nicht mit einem menschlichen Wesen.« Das Schicksal der »Frau des Künstlers«?

Aber das Los des Künstlers ist nicht weniger leicht. Mahler drückt es so aus:

> Das sind furchtbare Geburtswehen, die der Schöpfer eines solchen Werkes erleidet, und bevor sich das alles in seinem Kopf ordnet, aufbaut, aufbraust, muß viel Zerstreutheit, In-sich-Versunkensein, für die Außenwelt Abgestorbensein, vorhergehen.

Es gibt eine wunderbare Geschichte von *Peter Altenberg*. Er sitzt in einer Gesellschaft, alles redet, er schweigt. Da rüttelt ihn einer und sagt: Herr, kommen Sie doch zu sich! Darauf antwortet Altenberg: Dort war ich gerade.

Wieder nicht zufällig hat Mahler das Gedicht *Rückerts* »Ich bin der Welt abhanden gekommen« vertont. Und diejenigen, die seine Symphonien kennen, wissen, daß das berühmte Adagietto seiner Fünften, vielleicht das Schönste, was er je geschrieben hat, diesem Lied nachempfunden ist (es ist in seiner glücklichsten Zeitperiode entstanden).

Ich bin der Welt abhanden gekommen

Ich bin der Welt abhanden gekommen,
mit der ich sonst viel Zeit verdorben;
sie hat so lange nichts von mir vernommen,
sie mag wohl glauben, ich sei gestorben!

Es ist mir auch gar nichts daran gelegen,
ob sie mich für gestorben hält.
Ich kann auch gar nichts sagen dagegen,
denn wirklich bin ich gestorben der Welt.

Ich bin gestorben dem Weltgetümmel
und ruh' in einem stillen Gebiet'
Ich leb' allein in meinen Himmel,
in meinem Lieben, in meinem Lied.

Im Zusammenhang mit den Mahlerschen Kompositionen komme ich zu einem Problem, das für uns alle von großer Wichtigkeit ist. In unserer Persönlichkeit, in unserer Lebensgestaltung finden sich bewußte Anteile ebenso wie unbewußte. Es ist die Aufgabe jedes Menschen, sich selbst besser kennenzulernen, und das bedeutet Reduktion der unbewußten Anteile — wir sprechen von Bewußtseinserweiterung, Bewußtseinserhellung.

Wir Psychotherapeuten versuchen, dort einen Beitrag zu leisten zu dieser Bewußtseinserhellung, wo aus dem Unbewußten schwere Krankheitssymptome kommen und die Lebensqualität reduzieren. Aber wir wissen auch, daß wir damit sehr vorsichtig sein müssen bei den künstlerisch-kreativen Menschen; denn diese leiden zwar auch an ihrem Unbewußten, aber sie filtern aus diesem Leid ihre großen Schöpfungen (bescheiden sagt *Heine:* »Aus meinen großen Schmerzen mache ich meine kleinen Lieder.« — in ähnlichem Sinne *Nina Hesse:* »Da für Hesse Lebensqual und literarische Fruchtbarkeit eng zusammenhingen, festigte sich in mir die Gewißheit, daß mildernde Eingriffe in sein Stimmungsgefälle seinen Produktionszwang dämpfen würden. Wenn ich dem Menschen half, gefährdete ich den Dichter.«). Dementsprechend zurückhaltend muß man bei künstlerischen Menschen psychotherapeutisch sein, um ihre schöpferische Kraft nicht zu gefährden.

Als Mahler in der größten Not seines Lebens war, so daß es zu der schon erwähnten denkwürdigen Begegnung mit Freud kam und eigentlich seine ganz persönliche Existenz, besonders seine Ehe, auf dem Spiel stand, also das im höchsten Maße zugegen war, was wir Leidensdruck nennen, fühlte sich Freud berechtigt, ja verpflichtet vorzuschlagen: Das alles muß in einer Analyse aufgerollt werden. Da antwortete Mahler, wohl wissend, was seiner bürgerlichen Existenz drohte und wie gut es Freud meinte, mit dem berühmten Satz:

> Ich werde mich nicht analysieren lassen, denn ich will weiter meine Symphonien schreiben können.

Mahler ist der Begegnung mit dem Unbewußten in einer Analyse sicher nicht ausgewichen, weil dieses für ihn »tabu« war.

Darf ich an dieser Stelle einen Vergleich mit *Bruckner* wagen, dem ich vor einiger Zeit eine kritische Studie gewidmet habe, die manche Österreicher, und besonders Oberösterreicher, anfänglich nicht eben beglückt hat, die aber sicher auch erfüllt war von großer Hochachtung und Bewunderung für diesen Meister. Bruckner also wäre nicht auf den Gedanken gekommen, sich mit seinem Unbewußten auseinanderzusetzen, ihm wäre es nicht eingefallen, die Dinge, wie sie waren, in Frage zu stellen, er hat freilich auch doch in einer früheren Zeit gelebt als Mahler.

Dieser Mahler nun, ein, wie schon gesagt, grüblerischer, in die Tiefen dringen wollender Geist, war immer daran, in sein Unbewußtes hinabzusteigen. Die »beste« oder »schlimmste« Gelegenheit dazu eröffnete sich ihm, wenn er seine eigenen Werke dirigierte und dabei reflektierte — und er beschreibt dies wie folgt:

> Sonderbar geht es mir mit allen meinen Werken, wenn ich sie dirigiere. Es kristallisiert sich eine brennend schmerzliche Empfindung: Was ist das für eine Welt, welche solche Klänge und Gestalten als Widerbild auswirft? So was wie der Trauermarsch und der darauf ausbrechende Sturm scheint mir wie eine brennende Anklage an den Schöpfer. Und in jedem neuen Werk von mir erhebt sich dieser Ruf von neuem, daß du ihr Vater nicht, daß du ihr Zar! Das alles aber nur während des Dirigierens, nachher ist alles gleich ausgewischt (sonst könnte man gar nicht weiterleben). Diese merkwürdige Realität der Geschichte, die sofort zu einem Schemen auseinanderfließt, wie die Erlebnisse eines Traumes, ist die tiefste Ursache zu dem Konfliktleben eines Künstlers . . . und wehe, wenn

ihm Leben und Träumen einmal zusammenfließt — so daß er die Gesetze der einen Welt in der anderen schauerlich büßen muß.

Erschütternder und deutlicher ist die Selbstreflexion des Unbewußten nie beschrieben worden. Aber Mahler ging noch einen entscheidenden Schritt weiter: All das Abgründige, was er über den Weg seiner Musik in sich entdeckt hat, das hat er auch als einen Bestandteil der Welt erkannt. Und dadurch wurde er zum Vorausahner der Zukunft und zugleich zum Symbol der Einsamkeit schlechthin. Denn in dieser Zeit, am Beginn unseres Jahrhunderts, gingen die Menschen dieses Landes lachend, tanzend, singend, verdrängend, die Dinge nicht wahrhaben wollend, die sich zusammenballten, in den Tod dieses Reiches und in den eigenen Tod. Und da waren ein paar Männer, die »sahen« und das Gesehene in ihre Kunst übersetzten, denn in der Wirklichkeit hätten sie es kaum ausgehalten, ja selbst in der künstlerischen Reflexion war es (wie das frühere Mahler-Zitat zeigt) nur für kürzere Zeit aushaltbar.

Ich hoffe, mit diesen Ausführungen einen Beitrag geleistet zu haben zum besseren Verständnis eines anderen Mahler-Wortes:

> Meine Musik ist gelebt, und wie sollen sich diejenigen zu ihr verhalten, die nicht leben, und zu denen nicht ein Luftzug dringt von dem Sturmflug unserer großen Zeit?

Durch seine Fähigkeit, alles Schreckliche und Abgründige in sich selbst und in der Welt zu entdecken, ist Mahler nicht nur zu einem Propheten des Zukünftigen geworden, sondern bis auf unsere Tage (und wohl noch weit darüber hinaus) zu einem Kriterium menschlichen Verhaltens. Mahler zu lieben, ihn zu verstehen und »anzunehmen«, bleibt untrennbar mit der eigenen Bereitschaft verbunden, die Schrecken in sich selbst und in unserer Welt zu erkennen, sie nicht mit billiger Verdrängung abzutun. Umgekehrt besteht ein steter Zusammenhang zwischen der Ablehnung Mahlers (»den will ich nicht«) und dem Nicht-wahr-haben-Wollen des Abgründigen im eigenen Ich und in der »besten aller Welten«.

Erst jetzt komme ich von der Person und ihrem Leben zu dem Sterben. Und da muß gleich gesagt werden, daß in einer unfaßbaren Weise — so unfaßbar, daß man schwer nachvollziehen kann, wie unter solchen Umständen ein erfülltes Leben überhaupt möglich blieb — der Tod in Mahlers Leben von Anfang an zu Hause war.

Meister Hein schlug schon zu, bevor er noch geboren war, denn der Erstgeborene der Familie Mahler, Isidor, starb sehr bald nach seiner Geburt. Gustav war somit das, was die Engländer ein »Replacement« nennen, was bedeutet, einen Menschen auf einen Posten zu setzen, der schon einmal besetzt war und der jetzt wieder besetzt werden soll.

Es gibt in unserem Jahrhundert einen Dichter, der lange Zeit vergessen blieb, dessen Bücher von den Nationalsozialisten verbrannt wurden, der heute erfreulicherweise eine Art Renaissance erfährt: *Hans Henny Jahnn,* der Ähnliches erlebt hat. Auch er war ein »Replacement«, nur hatten die Eltern die seltsame Idee, dem zweiten Kind dieselben Vornamen Hans Henny zu geben wie dem kurz vorher gestorbenen Erstgeborenen. So mußte er oft erleben, daß er an das Grab des Bruders geführt wurde, wo eine Tafel an den Tod des Hans Henny Jahnn erinnerte! Lag dort ein anderer oder er selber, mit dieser bangen Frage mußte er sich auseinandersetzen, und sie hat sicher seine Identitätsfindung beträchtlich erschwert.

Wenn es auch bei Gustav Mahler nicht so schlimm war, so besteht doch kein Zweifel: Die Tatsache, daß er an der Stelle eines anderen stand, daß der Tod schon vor seiner Geburt dagewesen war, war eine schwere Hypothek für sein Leben. Diese Belastung setzte sich konsequent fort. Während seiner Kindheit und Jugend (bis zu seinem 14. Lebensjahr) starben nicht weniger als sechs nachgeborene Geschwister, darunter sein unmittelbar nach ihm gekommener Lieblingsbruder Ernst.

Können wir auch nur annähernd ermessen, was diese Anhäufung von Todesfällen für die Betroffenen bedeutet? Schon der Tod eines Kindes ist ein schwerer Schicksalsschlag. Welche Worte des Trostes kann man da finden, ohne sich oberflächlicher »Beruhigung« schuldig zu machen? In einem unfaßbaren Ausmaß »verschwendet« das Leben, schöpft aus einem abgrundtiefen Brunnen und vernichtet vielleicht noch im selben Moment. Selbst bei all unserem medizinischen Fortschritt stehen wir auch heute noch vor einer relativ hohen Säuglings- und Kindersterblichkeit. In meiner persönlichen Umgebung habe ich erlebt, daß von einem Zwillingspaar das eine Kind unmittelbar nach der Geburt gestorben ist. Konnte es da ein Trost sein, daß das andere lebte? Und war man auf der anderen Seite nicht verpflichtet, das Aufwachsen des überlebenden Teiles nicht durch allzugroße Trauer um den Verstorbenen zu beschatten? Ungezählte Fragen tauchen auf und wohl nur sehr wenige Antworten, »brauchbare« Lösungen. Wie muß es erst im Hause Gustavs ausgesehen haben?

Wir können uns nur vorstellen, wie die Mutter, als Gebärende wohl Hauptbetroffene, stets zwischen Wiege und Grab hin und her pendelte. Jetzt werden wir auch verstehen, daß diese Mutter nicht nur wegen des Vaters, sondern auch wegen dieser Anhäufung von

Unglück chronisch depressiv war. In solcher Situation, aber auch als Garantin von Sicherheit und Geborgenheit, mußte sie einfach an Ausstrahlungskraft verlieren. Fakten, die auch für die psychische Entwicklung von Gustav große Bedeutung hatten.

Die Serie der Todesfälle hörte aber nicht auf: 1889 — damals war Gustav 29 Jahre alt — starb eine weitere Schwester, 1895 beging sein Bruder Otto Selbstmord. Je älter Gustav wurde, desto mehr wuchs er — wie dies besonders in jüdischen Familien Sitte ist — in die Position des Ältesten und Mitverantwortlichen für das Wohl aller Familienmitglieder hinein. Der Tod der Eltern, die 1889 knapp hintereinander starben, hat sicher bewirkt, daß er sich nun als der Alleinverantwortliche empfand.

Man kann also sagen, daß Gustav von Anbeginn an ein durch den Tod eingefärbtes Leben führte, welches ihm vielfach Belastungen auferlegte. Das Schicksal wollte es, daß der Tod Ottos noch nicht die letzte Station dieser Serie sein sollte . . .

Diese frühzeitige und stete Präsenz findet im Werke Mahlers eine erschütternde Entsprechung. Die erste Komposition, die der 6jährige schreibt, ist »Polka mit einem Trauermarsch als Einbegleitung« betitelt (!). Die Oper des 15jährigen, »Herzog Ernst von Schwaben«, ging verloren, doch Mahlers Brief an Johann Steiner aus dem Jahre 1879 läßt über den Inhalt keinen Zweifel:

> Da ziehen die blassen Gestalten meines Lebens, wie die Schatten längst vergangenen Glücks an mir vorüber, und dort steht der Leiermann und hält in seiner dürren Hand den Hut hin. Und in den verstimmten Tönen höre ich den Gruß Ernsts von Schwaben und er kommt selbst hervor und breitet die Arme nach mir aus, und wie ich hinsehe, ist's mein armer Bruder.

Das erste Werk, das er ins Kompositionsverzeichnis aufnimmt, »Das klagende Lied«, handelt von einem Brudermord: In der Musik wird der tiefe Schmerz über diesen Tod, man möchte hinzufügen über jeden Tod, ausgedrückt. Und dieser Linie bleibt Mahler in seinem gesamten Werk treu.

Es ist jetzt Mode geworden, Mahler-Musik für Ballette zusammenzustellen (ich will mich dazu nicht bewertend äußern), einem dieser Ballette hat man den Titel »Was der Tod mir erzählt« gegeben. Wenn auch Mahler einen solchen Titel nie selbst gewählt hat, so könnte er doch von ihm sein: denn sein ganzes Werk war eine »Berichterstattung« über unser Leben und jenen Tod, der in diesem Leben immer so unvermeidlich enthalten ist.

Am 21. Februar 1911 steht Gustav Mahler, der berühmte Dirigent, zum letzten Mal am Pult in New York. Im Programm findet sich auch die Berceuse élégiaque, ein »trauriges Wiegenlied« von *Busoni,* mit dem er sich persönlich befreundet hatte. Hier singt ein Mann seiner gestorbenen Mutter jenes Wiegenlied, das sie ihm als Kind vorgesungen hat. Anfang und Ende der menschlichen Existenz vereinigen sich.

Ist es nicht seltsam, daß gerade dieses Stück im Programm des letzten Konzerts stand, das Mahler dirigierte? Eines Tages erzählt mir der herrlich junge, mit Recht überall Aufsehen erregende *Giuseppe Sinopoli,* Arzt, Dirigent und Komponist (seine Oper, »Lou Andrea Salome«, wurde vor kurzem in München mit großem Erfolg uraufgeführt), dem eine ganz große Karriere vorauszusagen man keine prophetischen Gaben besitzen muß — der Weg zu unserer Freundschaft führte nicht zuletzt über Gustav Mahler —, daß er die neunte Symphonie des Meisters, wenn immer möglich, zusammen mit der Berceuse élégiaque auf sein Programm setzt.

Da horche ich auf — denn diese Berceuse beschäftigt mich aus eben angeführtem Grunde seit längerer Zeit — und höre auch schon die Erklärung: die neunte Symphonie entspricht dem Abschied vom Leben, und der letzte Satz ist einfach die Darstellung des Todes. Und gerade in diesem letzten Satz dominiert ein eigenartiges, wiegendes Motiv, das damit an ein Wiegenlied erinnert. Hier ist die direkte Verbindung zur Berceuse gegeben, in der es heißt: »Schwingt die Wiege des Kindes, schwankt die Waage seines Schicksals, schwindet der Weg des Lebens, schwindet hin in die ewige Ferne.« Lebensanfang ist schon Sterbensbeginn, niemand hat es mehr erfahren als Mahler, und Sterben ist ihm daher, in der Umkehr an den Anfang des Lebens zurückzukehren. Ich erkenne einmal mehr, daß dementsprechend in allen Werken Mahlers Leben und Tod zusammengehören.

Vielleicht läßt sich aber doch die Vertonung der *Rückert*schen Kindertotenlieder als diesbezüglicher Gipfel bezeichnen. In diesen Liedern wird die ganze traurige Kindheit, die Mahler erleben mußte, wieder lebendig, er identifizierte sich mit Vater und Mutter, die so vielen ihrer Kinder ins Grab nachschauen mußten. Aber er ist doch nicht selbst der Vater, dem dies Schmerzliche geschah.

Es ist interessant, daß er diese Lieder in seiner glücklichsten Zeit komponierte, als ihm zwei Kinder geboren wurden; und er hat später selbst gesagt, daß er die Lieder, nachdem 1907 seine geliebte erstgeborene Tochter Maria an Diphterie gestorben war, nie mehr hätte schreiben können. *Schubert,* nachdem er die Winterreise komponiert hatte, warnte die Freunde: das anzuhören würde einfach über ihre Kräfte gehen. In ähnlicher Weise meinte Mahler:

Mir tut die Welt leid, die diese Lieder wird einmal hören müssen, so traurig ist ihr Inhalt.

Bevor ich nun den Text der Rückertschen Kindertotenlieder folgen lasse, möchte ich doch ganz vorsichtig andeuten, daß sich diese Vorhersage Mahlers nicht bewahrheitet hat. Während Rückert über 100 solcher Totenlieder geschrieben hat und doch damit in der Verarbeitung seiner Schicksalsschläge keinen entscheidenden Schritt weitergekommen ist, hat Mahler durch die Auswahl von sechs bestimmten Gesängen und ganz besonders durch die Musik, die er dazu geschrieben hat (und an keiner Stelle dieser Arbeit bedauere ich ihre Abwesenheit mehr als hier), eine Möglichkeit der Tröstung eröffnet, an der keiner vorübergehen kann, der sie hört, die niemanden unberührt läßt.

Nun will die Sonn'

Nun will die Sonn' so hell aufgehn,
Als sei kein Unglück die Nacht geschehn.
Das Unglück geschah nur mir allein,
Die Sonne, sie scheinet allgemein.
Du mußt nicht die Nacht in dir verschränken,
Mußt sie ins ewige Licht versenken.
Ein Lämplein verlosch in meinem Zelt,
Heil sei dem Freudenlicht der Welt!

Nun seh ich wohl

Nun seh ich wohl, warum so dunkle Flammen,
Ihr sprühet mir in manchem Augenblicke,
O Augen!
Gleichsam um voll in einem Blicke,
Zu drängen eure ganze Macht zusammen,
Doch ahnt ich nicht, weil Nebel mich umschwammen,
Gewoben vom verblendenden Geschicke,
Daß sich der Strahl bereits zur Heimkehr schicke.
Dorthin, von wannen alle Strahlen stammen.
Ihr wolltet mir mit eurem Leuchten sagen:
Wir möchten nah dir bleiben gerne,
Doch ist uns das vom Schicksal abgeschlagen.
Sieh uns nur an, denn bald sind wir dir ferne!
Was dir nur Augen sind in diesen Tagen,
In künftigen Nächten sind es dir nur Sterne.

Wenn dein Mütterlein

Wenn dein Mütterlein
Tritt zur Tür herein
Und den Kopf ich drehe,
Ihr entgegensehe,
Fällt auf ihr Gesicht
Erst der Blick mir nicht,
Sondern auf die Stelle
Näher nach der Schwelle,
Dort würde dein
Lieb Gesichtchen sein,
Wenn du freudenhelle
Tratest mit herein
Wie sonst, mein Töchterlein.

Wenn dein Mütterlein
Tritt zur Tür herein
Mit der Kerze Schimmer,
Ist es mir, als immer
Kämst du mit herein,
Huschtest hinterdrein
Als wie sonst ins Zimmer
O du, des Vaters Zelle
Ach zu schnelle
Erloschner Freudenschein!

Oft denk ich

Oft denk ich, sie sind nur ausgegangen!
Bald werden sie wieder nach Hause gelangen!
Der Tag ist schön! O sei nicht bang!
Sie machen nur einen weiten Gang.
Ja wohl, sie sind nur ausgegangen
Und werden jetzt nach Hause gelangen.
O sei nicht bang, der Tag ist schön!
Sie machen nur den Gang zu jenen Höhn!
Sie sind uns nur vorausgegangen
Und werden nicht wieder nach Haus verlangen!
Wir holen sie ein auf jenen Höhn im Sonnenschein!
Der Tag ist schön auf jenen Höhn!

In diesem Wetter

n diesem Wetter, in diesem Braus,
Nie hätt ich gesendet die Kinder hinaus;
Man hat sie hinaus getragen,
ich durfte nichts dazu sagen.
In diesem Wetter, in diesem Saus,
Nie hätt ich gelassen die Kinder hinaus,
Ich fürchtete, sie erkranken,
Das sind nun eitle Gedanken.
In diesem Wetter, in diesem Graus,
Nie hätt ich gelassen, die Kinder hinaus,
Ich sorgte, sie stürben morgen,
Das ist nun nicht zu besorgen.
In diesem Wetter, in diesem Saus,
In diesem Braus,
Sie ruhn als wie in der Mutter Haus,
Von keinem Sturme erschrecket,
Von Gottes Hand bedecket.
Sie ruhn, sie ruhn als wie in der Mutter Haus.

»Sie ruhn als wie in der Mutter Haus. Von keinem Sturme erschrecket. Von Gottes Hand bedecket. Sie ruhn, sie ruhn als wie in der Mutter Haus.« — Hier, könnte man sagen, gibt die Musik dem Text eine neue Dimension, die vielleicht am besten mit jener Bitte, wenn überhaupt, zu beschreiben ist, die Mahler vor den letzten Satz seiner III. Symphonie gesetzt hat: »Vater, sieh die Wunden mein, kein Wesen laß verloren sein.« Und sie vermittelt darüber hinaus die absolute Gewißheit, daß diese Bitte auch erhört wird.

Die wichtigste Lehre, die für uns alle aus dem Leben und Sterben Mahlers zu ziehen ist, lautet: Die stete, schreckliche Anwesenheit des Todes hat für Mahler eine große Gnade bedeutet. Er verdankt mit dieser Tatsache, daß er sich des Todes stets bewußt war, daß er diese Problematik in allen ihren Stufen verarbeitet hat, vom Todesahnen (»Dunkel ist das Leben, dunkel ist der Tod« heißt es im »Lied von der Erde«) über die Todesangst bis zur Todesgewißheit.

Was aber tun wir? Wir wagen es nicht, dem Tod ins Auge zu schauen, wir verdrängen ihn, so gut wir können, wir wollen nicht wahrhaben, daß wir alle der Natur einen Tod schulden, um es mit *Freud* auszudrücken. Und gerade deshalb vermag uns selbst der Tod anderer Menschen scheinbar nicht aus der Ruhe zu bringen, als könnte die eigene Person eine Ausnahme machen von dem allgemeinen Gesetz. Wenn auch heute vom Tod schon mehr gesprochen wird als früher, so hebt auch dieses bloße »Gerede« die Verdrängung nicht auf, denn der Tod wird dabei verharmlost, wie es zum Beispiel in den Wiener Liedern seit langem geschieht. (»Kinder, verkauft's mei Gwand, i fahr in Himmel!«) Aber wir bezahlen die Verdrängung des Todes, wie jede andere auch, mit schlimmen, stellvertretenden Symptomen:

An erster Stelle ist hier die irrationale Angst zu nennen, die mit Realangst, wie sie in lebensbedrohlichen Situationen selbstverständlich und als Schutzmechanismus unbedingt notwendig ist, nichts zu tun hat. Jedes verdrängende Gefühl zeigt, wie wir von *Freud* wissen, die Tendenz, wieder ins Bewußtsein einzudringen, und bedroht damit die Intaktheit der Person (sonst hätte ja seine Wegschiebung nicht stattfinden müssen), worauf diese mit massiver unerklärlicher Angst reagiert. Typisch ist dabei auch, daß der Leidende keinen Zusammenhang zwischen seiner Angst und ihrem verursachenden Faktor herstellen kann, weil ihm ja letzterer durch die Verdrängung unbekannt wurde.

So geschieht es auch bei der Verdrängung des Todes, der verdrängte »Gast« dringt als Angst verkleidet wieder in unser Bewußtsein ein, oft läßt sich dabei auch erheben, daß dem Ausbruch der Symptome der Tod eines nahestehenden Menschen vorausgegangen ist (durch den wir also doch mehr, als wir zugeben wollen, an die eigene Sterblichkeit gemahnt werden).

Ein anderer Symptomkomplex, der auf die verdrängte Todesproblematik zurückgeht, besteht in ausgeprägten hypochondrischen Beschwerden und Ideen, in denen auch Symptome von verstorbenen Angehörigen, Freunden usw. nachgeahmt werden (Identifizierung — besonders wenn dem Toten gegenüber zwiespältige Gefühle bestanden haben). Wenn man diese Patienten befragt, ob sie sich mit dem eigenem Tod bewußt beschäftigt haben, hört man gewöhnlich ein entschiedenes Nein. *Kauders* hat darauf hingewiesen, daß solche neurotischen Hypochondrien im Falle einer ernsten, lebensbedrohenden Erkrankung als Warnsignal versagen, eine Beobachtung, die wiederholt Bestätigung findet. Der Mechanismus ist also lediglich — wie jedes neurotische Symptom — geeignet, Erbitterung, Angst und Selbstbestrafung auszudrücken, während er als »Warnposten«, sozusagen im Vorfeld zum Schutz der Persönlichkeit aufgestellt (als den man ihn ja immerhin ahnungslos auch interpretieren könnte), völlig versagt.

Ein drittes Phänomen, welches im Zusammenhang mit der verdrängten Todesangst immer wieder in Erscheinung tritt, ist die mißglückte Altersadaption. Das Leben eines psychisch gesunden Menschen muß nach vorne gerichtet, in seinen Ideen und Plänen zukunftsbezogen sein. Je älter wir werden, desto mehr müssen wir daher der Begrenztheit unserer Existenz ins Auge sehen. Für viele ist dies ein so unerträglicher Gedanke, daß sie ausweichen, »wegschauen«, nur mehr zurückblicken, einseitig von vergangenen Zeiten träumen, aufhören, die biologische Lebenskurve psychologisch mitzumachen und somit zu »Erinnerungssalzsäulen« erstarren, wie es *C. G. Jung* ausgedrückt hat. Sie verlieren damit nicht nur das vorausschauende Planen (um es mit *Fontane* auszudrücken, »Ja, das möcht' ich noch erleben«), sondern auch die Gegenwartsbezogenheit, die ja nur durch das Gefühl der Verbundenheit mit anderen hinsichtlich gemeinsamer Ziele zustande kommt.

Wenn wir bedenken, daß daraus neben der bereits erwähnten Hypochondrie auch Isolierung, Verbitterung, Depression und Selbstmordtendenz resultieren können, lauter Phänomene, die innerhalb der stets steigenden Zahl alter Menschen immer mehr anzutreffen sind, werden wir verstehen, daß hier für die Verdrängung der Todesproblematik wahrlich ein zu hoher Preis bezahlt wird.

Schließlich ist, viertens, auf den Zusammenhang bestimmter Schlafstörungen (verzögertes Einschlafen, Etappenschlaf, gehäufte Träume mit Todesangst, frühzeitiges Erwachen) mit verdrängter Todesproblematik hingewiesen worden (zum Beispiel von *Meyer*, 1973, in seinem Buch: »Tod und Neurose«). Nicht zufällig gilt der Schlaf als »Bruder des Todes«, als ein »kleiner Tod«: da wie dort verlieren wir das Bewußtsein und geben uns etwas Dunklem, Unbekannten in die Hände, wie es im Lied heißt: »Morgen früh, wenn Gott will, wirst du wieder geweckt!« Schlafen können hat daher in gewissem Sinne auch Vertrauen zur Umgebung und Gefaßtheit auf den Tod (= bewußte Auseinandersetzung mit ihm) zur Voraussetzung.

Sehr schön kommt dies im folgenden Gedicht zum Ausdruck:

Schlaf

Vorraum des Sterbens. Seltsame Garderobe,
Wo wir abtun das tägliche Gewand,
Zum letzten Spiel die stets erneute Probe.
Die Szene: jenes finstere fremde Land,
Da wir für immer hausen, bald,
Wir wandeln uns in düstre Ungestalt.
Am Morgen aber schließt das Stück.
Doch einmal, die wir eben noch besessen,
Die Zauberformel haben wir vergessen
Und finden nicht zurück.

(Ernst Lissauer)

Auch Mahler hat Angst vor dem Tode gehabt: Sie hat ihn veranlaßt, seiner 9. Symphonie die Zahlenbezeichnung zu verweigern und sie statt dessen nur »Lied von der Erde« zu benennen, weil viele große Komponisten nach der 9. Symphonie gestorben sind (aber auch er konnte eigenartigerweise dann diesem Schicksal nicht entgehen, denn als er es schließlich wagte, die nächste Symphonie doch als 9. zu bezeichnen — obwohl sie eigentlich die 10. war —, sollte diese seine letzte vollendete Symphonie bleiben).

Aber es handelte sich bei ihm um eine bewußte Angst, die ihn, im Gegensatz zur früher beschriebenen verdrängten Todesangst, keinen Moment gehindert hat, zukunftsbezogen zu sein und zu bleiben. Vorwärts, weiter, das waren entscheidende Worte für seine Persönlichkeitsentwicklung, die nie zum Stillstand kam. »Nichts ist, alles um mich herum *wird*«, schreibt er, und dieser Grundsatz beherrscht auch seine Werke: Mit Recht betont *Wolfgang Schreiber,* daß alle Symphonien Mahlers auf das Finale hin konzipiert und architektonisch nach vorne hin entworfen sind. man könnte dies auch anders ausdrücken: Schluß und Höhepunkt fallen immer zusammen.

Diese Feststellung führt unweigerlich zu einer wichtigen Erkenntnis: Mahler hat frühzeitig schon in sich Todessehnsucht entwickelt. Da heißt es in den Briefen: »Wie fremd und einsam komme ich mir manchmal vor. Mein ganzes Leben ist ein großes Heimweh.« Oder ein andermal: »Meine vielgeliebte Erde, wann, ach wann nimmst Du den Verlassenen in deinen Schoß: sieh, die Menschen haben ihn fortgewiesen von sich und er flieht hinweg von ihrem kalten Busen, dem herzlosen, zu Dir. O nimm den Einsamen auf, den Ruhelosen, allewige Mutter!« Und dann wieder: »Die höchste Glut der freudigsten Lebenskraft und die verzehrendste Todessehnsucht, beide thronen abwechselnd in meinem Herzen. Eines weiß ich, so kann es nicht weitergehen.«

Als er in die Vierziger kommt, spricht er schon vom »Herbst seines Lebens«. Immer wieder das gleiche: inmitten größter innerer Unruhe die Sehnsucht nach ewiger Ruhe.

An dieser Stelle ist es nun unbedingt notwendig, daran zu erinnern, daß *Sigmund Freud* gerade in diesem Lande und gerade in dieser Wienerstadt den bis zum heutigen Tage vieldiskutierten Todestrieb beschrieben hat. Ich bin nicht nur überzeugt, daß er existiert, sondern ich meine auch, daß wir zwischen einem »gesunden«, natürlichen und einem ungesunden, »pathologischen« unterscheiden müssen. Dieses auf den ersten Blick schockierende Postulat wird uns dennoch bald verständlich, wenn wir nur bereit sind, in uns hineinzuhorchen. Prüfen wir uns doch: Wollen wir hier auf Erden ewig leben? Das wäre ja die schlimmste Strafe für uns. Wüßten wir nicht um die Begrenztheit unserer Existenz, wir würden alles nur Erdenkliche tun, um den Tod zu erfinden. Sicher, wir wollen nicht heute, nicht morgen sterben . . ., aber irgendeinmal unbedingt, gemäß dem Satz des Heiligen *Augustinus:* »Unruhig ist unser Herz, bis es ruht in Dir, o Gott.« Aus diesem gesunden allgemeinen Todestrieb kann nun durch bestimmte Umstände (auf die wir noch zurückkommen werden) ein pathologischer werden, der dann bewußt oder unbewußt alles Mögliche und oft auch Unmögliche unternimmt, um den eigenen Tod möglichst bald und beschleunigt herbeizuführen.

An diesem Punkt müssen wir wieder zu Gustav Mahler zurückkehren. Die Todessehnsucht, die wir bei ihm bisher erfahren haben, die schon frühzeitig festzustellen ist, läßt sich noch mühelos als »gesunde« qualifizieren, sie hat ihn keinen Moment gehindert, ein sinnvolles, unverkürztes Leben zu leben und anzustreben.

Im Jahre 1907, einem Katastrophenjahr für Gustav Mahler, wandelt sich dieser normale »Todestrieb« bei ihm in den vorher beschriebenen pathologischen. In jenem Jahr trafen ihn drei schreckliche Schicksalsschläge: Zuerst einmal verlor er, wie schon erwähnt, sein vielgeliebtes erstgeborenes Kind, zweitens verlor er die Direktion der Wiener Staatsoper — er resignierte »freiwillig«, bevor er durch zahlreiche Intrigen, die ja seit langem, fast schon rituell, dem Träger dieses Postens gelten, dazu gezwungen worden wäre; schließlich wurde im gleichen Jahr entdeckt, daß er an einem in der damaligen Zeit unheilbaren Herzleiden erkrankt war. Die Eheleute lagen nebeneinander, als die Frau aus dem Brustraum ihres Mannes ein entsetzliches Geräusch kommen hörte, so daß sie zutiefst erschrak. Der Arzt untersuchte und stellte einen durch eine bakterielle Aussaat nach wiederholten Anginen zustande gekommenen, allerschwersten Herzklappenfehler fest. Die Mitteilung der Diagnose — dies kann man den Studenten nur als Musterbeispiel dafür erzählen, wie man es nicht tun darf — erfolgte mit den geflügelten Worten: »Sie haben keinen Grund stolz zu sein auf ein Herz wie dieses.«

Durch die Kumulierung dieser Schicksalsschläge gerät Mahler in eine Panik (nicht in eine Depression), statt sich zu schonen, womit er freilich sein Ende nur verzögern, nicht verhindern hätte können, stürzt er sich in einen Lebensstil, der ihn in kürzester Zeit zugrunde richtet. Alle Mahnungen beiseitgeschiebend (er erinnert mich dabei an *Klabund,* der ebenfalls, als man ihm riet, sich wegen seiner Tuberkulose zu schonen, sonst werde sie tödlich sein, antwortete: »Ich lehne ein gebremstes Leben ab, ein gebremstes Leben ist ein Stück Tod schon vor dem Ende«), ging er restlos in der Arbeit auf (»Ich kann nichts als arbeiten, alles andere habe ich im Verlauf der Jahre verlernt«) und nahm zum Beispiel für das Jahr 1911 nicht weniger als 61 Konzerte (!) an, freilich sollte das 48., von dem wir schon gesprochen haben, sein unwideruflich letztes sein.

Auch an diesem Punkte können wir von Mahler lernen, wie wir es nicht machen sollen. An einem Beispiel läßt sich so deutlich wie selten erkennen, welche Faktoren den normalen »Todestrieb« in den krankhaften verwandeln. Es lassen sich vier Gründe herausarbeiten:

1. Er mußte die Spannung, die aus den Katastrophen des Jahres 1907 resultierte, in Arbeit »abreagieren«. Es handelte sich also um eine »Flucht in die Arbeit«, die bei vielen Menschen festzustellen ist, deren Arbeitswut nichts anderes ist, als der Versuch, den eigenen Problemen auszuweichen (daher dann auch ihre »Wochenenddepressionen«).

2. Mahler hatte ein Gewissen, das ihm einfach nicht erlaubte, krank zu sein. »Krankheit ist Talentlosigkeit«, pflegte er zu sagen. Und der Lebensstil der Amerikaner, wo nur »Wollen und Können zählt«, bestärkte ihn in seiner Tendenz, das Äußerste zu leisten.

Auch dieser Punkt ist für unsere Gegenwart sehr wichtig. Es war *Stransky,* der zu Recht den Begriff des »Gesundheitsgewissens« geprägt hat. Es hängt wesentlich von unserer Erziehung ab, wann wir uns gestatten, von einem eigenen »Krank-Sein« zu sprechen; manche erlauben sich das bei jeder Bagatelle, was sicherlich im Sinne des Leistungsprinzipes schlimm ist — ebenso schlimm, vielleicht noch schlimmer scheint aber zu sein, wenn ein Mensch Krank-Sein überhaupt nicht zuläßt. Eine solche Struktur muß zum Ignorieren ernster Warnsymptome führen, der Zeitpunkt, wo noch Hilfe geleistet werden könnte, geht dadurch oft tragischerweise unwiderruflich verloren.

Hier liegt auch, wie leicht zu erkennen, ein gesellschaftliches Problem vor: Auf der einen Seite gilt es, Gesundheit hochzuschätzen und klarzustellen, daß jeder fürs Gesundbleiben Verantwortung trägt, auf der anderen Seite müssen wir endlich aufhören, die kranken Menschen zu degradieren und sie damit in die Verheimlichung ihrer Krankheitssymptome geradezu hineinzutreiben. Die Vergötzung des Leistungsprinzips vermag aus einer Tugend wahrlich eine große Gefahr für den Menschen zu machen.

3. Eine große Rolle beim pathologischen Lebensstil Mahlers in den letzten Jahren spielte auch seine Frau, die wiederholt äußerte: »Was ich am Manne so liebe, ist die Leistung. Je mehr einer leistet, desto mehr muß ich ihn lieben.« Gustav aber wollte Alma unter

keinen Umständen verlieren, und dies war sicherlich ein zusätzliches Motiv für seine Selbstzerstörung.

An dieser Stelle kann man nicht genug jene Eltern warnen, die in ihrer Erziehung von klein auf, ich möchte sagen in »unbarmherziger Weise«, Liebe nur an außergewöhnliche Leistungen koppeln. Daraus resultiert bei den Kindern ein Lebensstil des »Sich-Aufopferns«, des »Leistens um jeden Preis«, nur um die Liebe der Eltern und später anderer Menschen zu erringen beziehungsweise nicht zu verlieren.

Mein Lehrer *Hans Hoff* hat auf die Tragik hingewiesen, die sich als Folge davon einstellt: Diese Menschen laufen hinter der Liebe mit ihren letzten Kräften her, gleich den Windhunden, die bei den Rennen einen elektrisch getriebenen Hasen zu erjagen versuchen, sie brechen oft genug tot zusammen, bevor sie ihr vermeintliches Ziel erreichen konnten, kommen also nicht in den Besitz des erträumten Glückes.

Es gibt diesbezüglich einen erschütternden Brief von Gustav Mahler, worin er aus New York schreibt:

> Irgendwo in der Nähe von Wien möchte ich zu Hause sein und nicht mehr bloß vegetieren und mich zu Tode arbeiten, sondern dann möchte ich leben, wo die Sonne scheint und schöne Trauben wachsen.

Auch für ihn ging dieser Wunsch — wie für viele andere Manager oder Menschen mit einem Managerstil — nicht in Erfüllung.

4. Schließlich kann bei jeder Selbstzerstörung ein bewußtes oder mehr noch ein latentes (unbewußtes) Schuldgefühl eine wichtige Rolle spielen. Wir wissen heute, daß ein unbewußtes Schuldgefühl zu den entscheidenden Symptomen jeder Neurose gehört, und wir haben schon auf die neurotisierenden Bedingungen der Kindheit Gustav Mahlers hingewiesen. Damals sind sicher signifikante Aggressionen gegen Vater und Mutter entstanden, die auf Grund der kindlichen Situation automatisch mit Schuldgefühlen verbunden sein müssen.

Schon der kleine Gustav antwortet auf die Frage, was er werden wollte: »Märtyrer« — ein eindeutiger Hinweis auf schon damals gegebene Selbstbestrafungstendenzen. Später hat die Rolle des verantwortlichen »Ältesten« der Familie, die er sehr ernst nahm, sicherlich Anlaß gegeben, bestehende Schuldgefühle noch zu intensivieren (Selbstmord Ottos!). Nach einer gefährlichen Blutung infolge seines Hämorrhoidalleidens 1901 verfaßte Mahler einen imaginären Nachruf folgenden Inhaltes:

> Gustav Mahler hat schließlich das Schicksal erlitten, das er wegen seiner zahlreichen Vergehen verdient hat.

Wenn es sich hier auch eher um eine spielerische Formulierung handelt, so läßt sie doch über bestehende Schuldgefühle keinen Zweifel. In letzter Zeit hat kein Geringerer als *Leonard Bernstein* die Vermutung geäußert, daß Mahler auch deswegen ein starkes Schuldgefühl gehabt haben könnte, weil er sich vom Glauben seiner Väter abgewendet hatte.

Ich habe schon früher meine Meinung ausgedrückt, Mahler habe damals nicht aus Berechnung vom Judentum zum Christentum konvertiert, sondern aus einer tiefen, inneren Überzeugung heraus; wenn etwas an diesem Geschehen Berechnung gewesen wäre, so könnte es höchstens der Zeitpunkt sein, zu dem es geschah, nämlich unmittelbar vor seiner Berufung zum Hofoperndirektor, da dies die unbedingt benötigte Eintrittskarte zu dem hohen Posten war.

Wie dem auch immer sei, an dieser Stelle möchte ich etwas Grundsätzliches über das Verhältnis zwischen Christentum und Judentum sagen: Es wird jetzt immer von der ökumenischen Bewegung gesprochen, womit gemeint ist, daß sich die zerstrittenen christlichen Religionen wieder zu einer einzigen vereinen sollten.

Ich meine, daß eine Ökumene nicht denkbar ist ohne die innige Annäherung des Christentums auch zum Judentum. Altes und Neues Testament gehören zusammen. Das jüdische Volk war »die erste Liebe Gottes«, um es mit *Friedrich Heer* zu sagen; später erfolgte dann die Weisung: »Geht hin und lehret alle Völker.« Christus, der dieses aussprach, war Jude, und also ist das Christentum im Grund aus der jüdischen Religion hervorgegangen. Man könnte auch sagen: In dieser Form hat sie die Welt erobert. Die Juden müßten lernen, daß es nun auch andere »Auserwählte« (ohne Begrenzung) gibt, die Christen hinwiederum akzeptieren, daß sie nicht die Ersterwählten waren. Das setzt auf beiden Seiten viel Geduld, Verständnis und Toleranz voraus, um die gerungen werden muß. Mögen die Zeiten nicht mehr weit sein, wo ein Übertritt vom jüdischen Glauben zum christlichen nicht als ein Akt der Berechnung gedeutet werden kann (weil dadurch dann keine Vorteile mehr zu erwerben wären) und umgekehrt ein Übertritt vom Christentum zum Judentum nicht als ein Akt von Masochismus gedeutet werden muß (weil er mit Benachteiligung, ja, sogar Verfolgung verbunden ist).

Wenn man über den Todestrieb abhandelt, sollte es nicht nur wissenschaftlich-theoretisch geschehen, sondern ganz besonders unter praktischen Aspekten. Daher die Frage: Was können *wir* Heutigen tun, um den normalen Todestrieb nicht in einen pathologischen zu verwandeln? In diesem Zusammenhang darf auf alle vier bei Mahler beschriebenen Punkte (Lebensstil, Gewissensstruktur, Umwelt und Neurotisierung in der Kindheit, Schuldgefühl), ganz besonders aber auf die beiden letzten, hingewiesen werden, denn unser Land ist voll von Menschen, die sich bewußt oder unbewußt zugrunde richten infolge ihrer Neurotisierung in der Kindheit.

Vielfach frönen wir einem Lebensstil, der lebensgefährlich wird, wir begehen Selbstmord mit Messer und Gabel, haben einen Höchstkonsum an Alkohol und Zigaretten, haben einen Fahrstil, der aus dem Entgegenkommenden einen nicht »Entgegenkommenden«, sondern eine potentielle Gefahr macht, ein »Gottesurteil über Leben und Tod heraufbeschwört«, provozieren durch Verdrängung von Gefühlen überdurchschnittlich viele psychosomatische Erkrankungen, die Kriminalität floriert, die Gefängnisse sind überfüllt (wer wollte übersehen, daß der Kriminelle auch sich selber schädigt), und last but not least, sind wir ein Land mit einer anhaltend hohen Selbstmordquote, sicherlich der schwersten Form der Selbstzerstörung und des pathologischen Todestriebes.

Man muß wohl fragen: Gibt es auch einen Todestrieb im Politischen, also im Leben der Gesellschaft und Gemeinschaft? Das möchte ich nun wieder am Beispiel eines Menschen, der noch die ersten Jahre unseres Jahrhunderts erreichte, nachweisen, dessen herrschende Position in einem großen Land nicht zu bestreiten war: *Kaiser Franz Joseph.*

Er ist ein eindrucksvolles Beispiel dafür, daß der Todestrieb sich durchaus nicht auf die Verkürzung des eigenen Lebens beziehen muß, ja ganz im Gegenteil, daß ein Leben sogar verlängert werden kann, um es unbewußt um so gründlicher in den Dienst der Zerstörung eines Reiches zu stellen. Schon *Nestroy* hat lange vorher auf die Möglichkeit aufmerksam gemacht, als er schrieb: »Es gibt viele Menschen, die sich grad durch das umbringen, daß s' z'lang auf der Welt bleiben.«

Ich möchte an dieser Stelle auch ausdrücklich betonen, daß die Erwähnung dieses Kaisers keineswegs geschieht, um ihn herabzusetzen, sondern um mit tiefer Anteilnahme auf seine Tragik aufmerksam zu machen, die der verhängnisvollen Entwicklung vieler seiner Untertanen entsprach und sich in eine allgemeine Tragödie verwandelte. Dieser Mann wurde schon in seiner Kindheit durch eine abnorme Bindung an seine Mutter Sophie und die von ihr diktierte Erziehung schwerstens neurotisiert, ja seelisch vernichtet, hat dann achtundsechzig Jahre regiert, in dieser überlangen Zeit aber keine einzige konstruktive, kreative Idee gehabt.

An die Stelle der durch die Neurose behinderten Kreativität trat der Formalismus; mit der zwangsneurotischen Pedanterie einer Maschine saß er am Schreibtisch, hat Akten studiert und unterschrieben, als personfiziertes Pflichtgefühl (wo blieben die anderen Gefühle?) ging er in die Geschichte ein. Auf seinem Schreibtisch stand ein Spruch:

> In jedem Ding der Welt, ob es tot ist oder atmet, liegt der große weise Wille des allmächtigen und allwissenden Schöpfers. Wie alles ist, so muß es sein in der Welt, und wie es auch sein mag, immer ist es gut im Sinne des Schöpfers

— der schreckliche Ausdruck einer Statik, einer totalen Fixierung an das Bestehende, einer Erstarrung, die konsequenterweise jede verändernde Entwicklung verunmöglichte und die Lust am Untergang verwirklichte.

Es entspricht einer unheimlichen Konsequenz, daß dieser Mann am Ende seines Lebens sagen mußte: »Mir bleibt auch nichts erspart«: eine klassische Form des politischen Todestriebes, denn die Schicksalsschläge, die ihn trafen, hatten ja immer allerschlimmste Konsequenzen auch für den Staat.

Wenn man nun immer wieder hört und sieht, daß heute ein großes Heimweh nach diesem Herrscher besteht, so erlaubt dies zwei Deutungen, die beide gleich beunruhigend sind. Entweder sehnt man sich nach ihm, weil er so »anständig« war — das würde unseren Politikern ein Zeugnis ausstellen, das sie meiner Meinung nach bei all ihren Schwächen nicht verdient haben. Oder aber man sehnt sich nach ihm, weil er eben der Ausdruck, das Symobl des unbewußten Todestriebes war — dann wären wir bei der Frage, ob auch heute noch eine politischer Todestrieb in unserem Lande feststellbar ist.

Ich habe gute Gründe, einer solchen pessimistischen Deutung zu widersprechen, und ich möchte sie im folgenden anführen: Es beginnt sich ein neues Selbstbewußtsein dieses Staates zu entwickeln. Das Land war ab 1867, ab dem sogenannten Ausgleich mit Ungarn, unrettbar dem Untergang geweiht. Die Kriegserklärung 1914 war nur der Ausdruck dieses Schicksals. Im Jahre 1918 begann die Verfassung des übriggebliebenen Restes mit den Worten: »Deutsch-Österreich ist eine Republik, sie ist ein Bestandteil des Deutschen Reiches.« Mit anderen Worten, das war ein Staat, der mit dem ersten Satz, den er aussprach, zugleich schon Selbstmord begangen hat. Wann habt ihr dessentgleichen je gesehen?, könnte man, *Grillparzer* variierend, fragen. Da war schon die Wurzel — »der Staat, den keiner wollte« — enthalten und damit der neuerliche Tod besiegelt.

Heute aber glaube ich, daß seit 1945 die Situation eine andere ist.

Der Österreicher hat diesmal, scheint mir, seine Lektion gelernt. *Hitler* mußte offenbar kommen und das von vielen ersehnte Ziel, den Anschluß, verwirklichen, um dem Österreicher ein für allemal begreiflich zu machen, was er an diesem Lande hat (das ist wieder eine so typisch österreichische Verhaltensweise selbstschädigender Art: erst dann zu wissen, was man besaß, wenn man es verloren hat — so verhält sich ja auch der Mann in diesem Lande, er vernachlässigt seine Frau und wacht erst auf, wenn er sie an einen anderen zu verlieren droht). Langsam aber sicher wächst ein neues Bekenntnis zu diesem Österreich, ja darüber hinaus zu so etwas, was man die »österreichische Nation« nennen könnte. Man sollte vielleicht nicht allzuviel darüber sprechen, um das Wachstum nicht zu stören. Dennoch möchte ich *Friedrich Torberg* zitieren:

> In einem Punkt allerdings sind diese Jungen besser dran als ihre Vorfahren: Wenn sie Österreich sagen, so wissen sie, was sie meinen, und wenn sie sich zu diesem Österreich bekennen, so wissen sie warum.

Bedenkt man dies alles, braucht man, so glaube ich, vor der Identifizierung weiter Kreise in Österreich mit Franz Joseph nicht mehr zu erschrecken. Ich habe zu verstehen gelernt, daß sich der Österreicher nicht mit Franz Joseph identifiziert, wie er wirklich war, sondern daß sich jeder *seinen* Franz Joseph zurechtrichtet, wie er ihn eben braucht und haben möchte: Dadurch ist dieser Identifikation ein Großteil ihrer Gefährlichkeit weggenommen.

Um aber wieder auf Gustav Mahler zurückzukommen: Den Höhepunkt erreicht die 1907 einsetzende Selbstzerstörungsorgie Mahlers im Jahre 1910.

Alma, die, wie wir gesehen haben, zumindest zeitweise mit ihrem Mann todunglücklich war (»Ich bin mit einer Abstraktion verheiratet«), hat, soweit wir wissen, in diesem Jahr ihre erste außereheliche Affäre mit dem Architekten *Walter Gropius.* Dieser schreibt einen Liebesbrief an Alma, mit intimsten Details, adressiert ihn aber irrtümlich — im Sinne eines unbewußten Geständniszwanges, einer Selbstbeschuldigung — an Gustav, also an den Mann, dem dieser Brief unter gar keinen Umständen in die Hände geraten durfte. (Eine klassische »Fehlleistung« im Freudschen Sinne, die das unbewußte Schuldgefühl und den Bestrafungswunsch verrät. — Wie viele Beispiele müssen noch gesammelt werden, um die »Skeptiker« von der zeitlosen Richtigkeit vieler grundlegender Freudscher Entdeckungen zu überzeugen?)

Mahler liest und bricht zusammen. Alma, die er 41jährig als

18jährige 1901 kennengelernt hat, ist für ihn die Jugend, sie ist zugleich seine Zukunft. Alma verlieren bedeutet für ihn dementsprechend, keine Zukunft zu haben. Alma hat einmal später geschrieben: »Mahler und ich waren eifersüchtig aufeinander; ich war eifersüchtig auf seine Vergangenheit, die ich in meiner Ahnungslosigkeit damals für verwerflich hielt, er war eifersüchtig auf meine Zukunft.« Und in einer aufrichtigen Selbsterkenntnis fügt sie hinzu: »Das kann ich heute gut begreifen.«

Als Folge dieser Katastrophe kommt es bei Mahler zuerst zu einer besonderen Zuwendung zu Alma, er versucht, jetzt überkompensatorisch die Vernachlässigung gutzumachen, die er ihr infolge seiner ständigen Beschäftigung mit Komponieren und Dirigieren zuteil hat werden lassen.

Diese Verhaltensweisen vermögen aber die entstandene innerste Verunsicherung nicht zu bremsen, die schließlich bis an den Abgrund der Zerstörung des Ichs führt. Um diese Zeit arbeitete Mahler an seiner 10. Symphonie (die unvollendet bleiben sollte): Wenn man die Satzfetzen liest, die Mahler auf die Notenblätter schrieb, wie etwa: »Erbarmen! O Gott warum hast Du mich verlassen? Der Teufel tanzt es mit mir! Wahnsinn faßt mich an, Verfluchten! Vernichte mich, daß ich vergesse, daß ich bin. Für Dich leben! Für Dich sterben! Almschi! Du allein weißt, was es bedeutet. Ach! Ach! Ach! Leb wol mein Saitenspiel! Leb wol! Leb wol! Leb wol!«, kann man sich des Eindrucks nicht erwehren, daß hier ein Mensch die Kontrolle über sich verliert, der »Zerfall« des Ichs bevorsteht, der nur allzuleicht in eine Psychose münden kann — einzelne Wendungen klingen schon ausgesprochen psychotisch. (Dies gibt mir Gelegenheit, neuerlich daran zu erinnern: Gar nicht so wenige »Geisteskrankheiten« kommen meiner Meinung nach nicht zuletzt dadurch zustande, daß ein Mensch durch tragische Lebensumstände dazu gezwungen wird, die Realität, die er nicht mehr ertragen kann, zu verlassen und in die Irrealität der Wahnwelt.zu flüchten.)

Mahler konnte diesbezüglich den letzten Schritt vermeiden, er fand zur Wirklichkeit zurück, die sich infolge seines Lebensstils rapid verschlechternde Krankheit half ihm dabei: Denn Krankheit und Not provozieren immer Regression, also wieder eine Flucht, aber nicht die Flucht in die Irrealität, sondern die Flucht zurück in die Kindheit, die nun tatsächlich immer mehr Mahlers Verhalten zu beherrschen begann.

Wenn wir aber wissen, wie traurig diese Kindheit gewesen ist, dann können wir auch schon ahnen, zu welchen schlimmen Folgen auch die Regression in diesem Falle führen mußte. Da war ja die leidgeprüfte, chronisch depressive Mutter, die trotz aller ihrer Bemühungen dem Kind nie die so notwendige Sicherheit geben konnte, die Sicherheit, die der dem Tod entgegengehende Mahler nun doppelt nötig hätte. Ich verdanke der großartigen Arbeit »Gustav Mahler, dying« von *Stuwart Feder,* die ich schon zitiert habe, neben vielen anderen Hinweisen auch das Wissen, daß Mahler in den Fragmenten seiner 10. Symphonie auch auf ein Lied zurückkommt, das er früher komponiert hatte. Es trägt den Titel:

Das irdische Leben

(Aus »Des Knaben Wunderhorn«)

Mutter, ach Mutter, es hungert mich!
Gib mir Brot, sonst sterbe ich.
Warte nur, mein liebes Kind!
Morgen wollen wir ernten geschwind!

Und als das Korn geerntet war,
Rief das Kind noch immerdar.
Mutter, ach Mutter, es hungert mich!
Gib mir Brot, sonst sterbe ich!
Warte nur, mein liebes Kind!
Morgen wollen wir dreschen geschwind!

Und als das Korn gedroschen war,
Rief das Kind noch immerdar:
Mutter, ach Mutter, es hungert mich!
Gib mir Brot, sonst sterbe ich!
Warte nur, mein liebes Kind!
Morgen wollen wir es backen geschwind!

Und als das Brot gebacken war.
Lag das Kind auf der Totenbahr!

Man kann wohl mit Sicherheit sagen, daß die Zitierung dieses Liedes in der 10. Symphonie nicht zufällig erfolgt. Sie symbolisiert das »Im-Stich-gelassen-Werden« von der Mutter in der Kindheit und bedeutet zugleich: So wenig wie die Mutter den Tod meiner Geschwister in der Kindheit verhindern konnte, so wenig wird jetzt ihre Substitution (die Schwiegermutter, die ihn rührend pflegte) meinen Tod verhindern können; es gibt also keine Hilfe.

In dieser Situation geschieht mit Mahler etwas Entscheidendes: Er überwindet die Regression; noch einmal, wie schon früher so oft, wendet er sich nach vorne, dem Tod entgegen, glaubend, nein wissend, daß der Tod nicht das Ende des Menschen ist (hier scheint mir eine entscheidende Parallele zu seinem musikalischen Werk gegeben, in dem zwar viel regressives Material aus der Kindheit zum Ausdruck kommt, welches aber am Ende immer überwunden wird von dem Durchbruch nach vorne). Schritt für Schritt war diese Erkenntnis in ihm gewachsen. Seine pessimistischeste Symphonie, die 6., die mit dem Untergang des Helden endet, hatte er mit drei ungeheuren Hammerschlägen beendet. Vier Jahre später strich er den dritten Hammerschlag, und der von mir schon zitierte Erwin Ratz kommentiert dies wie folgt:

> Das, was Mahler 1903 als vollkommenes Auslöschen empfunden oder zumindest in den Vordergrund gestellt hat (nennen wir es den Tod oder den Zusammenbruch des Helden), zeigt sich nun in einem anderen Licht. Der Mensch hat seine Aufgabe erfüllt. Mag es auch in seinem äußeren Anschein ein Scheitern gewesen sein, so hat doch die Individualität eine höhere Entwicklungsstufe erreicht, die ihr nicht verloren geht. So ist der Tod nicht mehr Ende, sondern Aufstieg zu neuen Sphären. So mußte also der dritte Hammerschlag gestrichen werden, denn er hätte das Gefühl eines absoluten Endes zu sehr verstärkt, das in Wahrheit kein Ende ist.

Immer mehr war in Gustav Mahler das Gefühl gewachsen, daß die Todesstunde zugleich auch eine Geburtsstunde ist. In einem Brief, den ich besitze, bezweifelt Mahler, daß der Geburtstag etwas Wichtiges sei. Geburtstag sei nur dann, wenn etwas Neues geboren werde, meint er. So eine echte Geburtsstunde schien ihm immer mehr auch der Tod zu werden. Wenn *Hesse* in seinem Gedicht »Stufen« hofft: »Es wird vielleicht auch noch die Todesstunde uns neuen Räumen jung entgegensenden«, so hat er in seiner Auferstehungssymphonie ohne jedes Fragezeichen, in Gewißheit, die Worte vertont: *»Sterben werd' ich, um zu leben.«* (Ich habe von einem mir befreundeten Wiener Philharmoniker gehört, daß einmal *Bernstein* bei der Probe dieser Stelle mit ihnen in Erregung geriet und ausrief: Das muß klingen, wie noch nie etwas geklungen hat, denn das ist die aufregendste Botschaft, die es gibt, etwas, das wir gar nicht ermessen können: mit dem Sterben fängt unser Leben erst an!) Das, was Mahler diese unerschütterliche Gewißheit gab, war zweifellos sein religiöser Glaube, der hier schon mehrmals erwähnt worden ist.

Es gibt viele Beweise dafür, von denen ich nur einige herausgreifen möchte. Er hat wiederholt geäußert: »Religion ist mir heilig.« An *Kalbeck* schreibt er: »Ich kann es nicht begreifen, daß Sie, eine Musikpoetenseele, nicht glauben, was gleichbedeutend ist mit wissen.« Alma berichtet:

Eine unserer ersten Gespräche galt Jesus Christus. Ich war, obwohl katholisch erzogen, später durch den Einfluß Schopenhauers und Nietzsches sehr freigeistig geworden. Mahler bekämpfte mit Inbrunst diese Gesinnung, und es kam das merkwürdige Paradoxon zustande, daß ein Jude sich einer Christin gegenüber heftig für Christus ereiferte.

Aber viel schwerer als alle diese Worte wiegt die Musik, die er zu dem Gedicht »Urlicht« aus »Des Knaben Wunderhorn« geschaffen hat.

Urlicht

O Röschen rot,
Der Mensch liegt in größter Not.
Der Mensch liegt in größter Pein.
Je lieber möcht im Himmel sein.
Da kam ich auf einen breiten Weg,
Da kam ein Engelein und wollt mich abweisen,
Ach nein, ich ließ mich nicht abweisen,
Ich bin von Gott, ich will wieder zu Gott,
Der liebe Gott wird mir ein Lichtlein geben,
Wird leuchten mir bis an das ewig selig Leben.

Wer solche Töne zu solchen Worten fand, der bedarf keiner weiteren Beweise als Bestätigung seiner Gottessehnsucht und seiner Gottesnähe. Und genau das ist ja Religion, wenn sie echt und lebendig genannt werden darf: ein ständiger Dialog mit Gott, eine innigste Ich-Du-Beziehung.

Was können wir aus all dem lernen? Daß es eine große Gnade ist, wenn uns ein solcher Glaube zuteil wird, und wohl auch, daß wir ein Leben lang darum ringen, daran arbeiten müssen. *Joachim Meyer,* der bereits zitierte Ordinarius für Psychiatrie in Göttingen, sieht dies als ein Hauptproblem unserer Tage. Er schreibt:

Das Dilemma, dem sich der Mensch der Gegenwart in der Auseinandersetzung mit seiner Vergänglichkeit ausgesetzt fühlt, läßt sich in den folgenden drei Sätzen zusammenfassen: Der Tod ist das ganze, Leib und Seele umfassende Ende. Das Sterben ist nichts Besonderes, das es zu fürchten gilt. Alle Menschen sind sterblich. In der Vergangenheit hätte man dazu etwa die folgenden Aussagen machen können: Der Tod ist eine andere Form der Existenz. Das Sterben ist die schreckliche Durchgangsphase zum Tode. Alle Menschen sind sterblich.

Vielleicht kann uns Mahler helfen, eines der brennendsten und wichtigsten Probleme unserer Tage zu lösen.

Ich aber möchte unbedingt den Eindruck vermeiden, daß man »gläubig« werden muß, um die Schrecken des Todes zu überwinden (denn wer nur aus Angst vor dem Tode »religiös« wird, der ist schlecht beraten). Umso wichtiger scheint es mir zu sein, daß sich Mahler, ganz besonders in seiner letzten Zeit, mit seinem Weiterleben nicht nur im Jenseits, sondern auch auf unserer Welt immer mehr zu beschäftigen begonnen hat.

Arthur Schnitzler, auch ein großer Zeitgenosse Mahlers, schreibt:

> Die Erinnerung unserer Zellen (reflektorische Bewegungen gleich nach der Geburt usw.) weisen darauf hin, daß eine Beziehung zwischen Gegenwart und Vergangenheit existiert, in der wir noch nicht da waren (als Individuen). Es ist also a priori wahrscheinlich, daß eine Beziehung existiert des Individuums auch zu einer Zukunft, in der wir nicht sein werden. Da uns die Vergangenheit als ganzes annähernd bekannt, die Zukunft als ganzes unbekannt ist, so ist uns nur die erste Beziehung verständlich, die zweite nicht, dies ist aber kein Grund, das Bestehen einer solchen Beziehung abzuleugnen.

In Verfolg dieser Beziehung zur irdischen posthumen Zukunft beginnt Mahler zu sagen: »Meine Zeit wird erst kommen«, »Ich habe die Zeit für mich, lebend oder tot, das ist gleichgültig, ich kann warten« und »Meine Musik ist die Antizipation der Zukunft«, Schritt für Schritt erkennt er sich als jenen »Zeitgenossen der Zukunft«, als den ihn *Blaukopf* später bezeichnet hat. So fängt er an nachzuvollziehen, was er in der Auferstehungssymphonie vertont hatte: daß unser ist, was wir erlitten, was wir erlebt, daß uns dies niemand nehmen kann, mit anderen Worten, daß wir nicht umsonst gelebt haben. Hier mag der Einwand naheliegen: Gilt dies nicht nur für die »Großen«, die Werke hinterlassen, welche sie berechtigen auszurufen: »Es kann die Spur von meinen Erdentagen nicht in Äonen untergehen!«?

Ich möchte glauben, daß wir alle, zwar in anderen Maßstäben, aber doch, durch gute Taten, durch Mitmenschlichkeit, eine goldene Spur zurücklassen können, wir alle die Möglichkeit haben, daß unser die Nachwelt nicht nur mit jener Nachsicht, von der *Brecht* gesprochen hat, sondern auch mit Dankbarkeit noch lange Zeit gedenkt. Und dies scheint mir ein Trost zu sein, der jedem, der guten Willens ist (er mag religiös oder Agnostiker sein), zuteil werden kann.

Wie sterben heute die Menschen? Viel zu oft »schlecht und schwer« möchte man, ein Rilke-Wort variierend, antworten. Früher starb man zu Hause, umgeben von der Familie, heute wird man abgeschoben, und es sterben bereits 70 Prozent aller Menschen im Spital. Aber die Ärzte, die im Unterricht nicht mit der Tatsache konfrontiert wurden, daß sie eben nicht allmächtig sind, daß sie den Tod nur hinausschieben, jedoch nicht abschaffen können, erleben jeden Sterbenden dementsprechend als Vorwurf, als persönliches Versagen.

Darum hängen sie ihn oft, obwohl keine Hoffnung mehr besteht, an Apparate, die Leben vortäuschen, wo praktisch keines mehr ist, darum weichen sie dem »hoffnungslosen Fall« aus, die Visite macht oft einen Bogen um ihn, und schließlich wird er weiter abgeschoben in die tiefste Einsamkeit — ins Sterbezimmer. Man muß es bei jeder Gelegenheit herausschreien: Ich möchte nicht so sterben!

An die Stelle all dieser falschen Verhaltensweisen müßten richtige treten, die wir freilich erst allmählich entwickeln und dann auch mehr und mehr in den medizinischen Unterricht übernehmen können: Da und dort gibt es bereits sehr ermutigende Beispiele dafür. Drei diesbezügliche Maximen zeichnen sich bereits jetzt ab:

1. Der Sterbende muß in die Gemeinschaft des Spitals, vergleichbar der früheren Großfamilie, eingebaut werden. Zu dieser »Familie« zählen Ärzte, Pflegepersonal, Seelsorger (ihn erst zur »letzten Ölung« zu rufen, ist eine doppelte Niedertracht, nämlich eine gegenüber dem Patienten und eine andere gegenüber dem Seelsorger, denn er wird damit zum »Todesengel« degradiert!). Man dürfte nicht vergessen, daß ein Großteil der Todesangst Trennungsangst ist (nicht zufällig sagen die Franzosen, daß »jeder Abschied ein wenig Sterben bedeutet«). Daraus folgt: Der Sterbende darf nicht verstoßen werden, er soll allen Mitgliedern der Gemeinschaft anvertraut sein, jeder muß sich für ihn (natürlich im Rahmen seiner Kompetenzen) verantwortlich fühlen.

2. Dem Sterbenden muß bis zuletzt — natürlich nach Maßgabe seines Befindens — die Möglichkeit des sprachlichen Kontaktes erhalten bleiben. Ob man nun mit *Noyes* drei Phasen des Sterbens annimmt, nämlich Widerstand, Lebensrückblick und »Hinübergleiten« (Transzendenz), oder mit *Kübler-Ross* (1969) gleich fünf Stadien differenziert (Nicht-wahr-haben-Wollen, Zorn, Verhandeln, Depression, Zustimmung), auf alle Fälle bleibt das Wort das entscheidende Kommunikationsmittel, Entängstigung ermöglichend und Zuwendung repräsentierend. In der Literatur zeigen es der Vagabund Peer Gynt und der Zuchthäusler Vogt (»Hauptmann von Köpenick«) sehr eindrucksvoll, wie man Menschen über die Not des

Sterbens hinweghelfen kann. Die Bedeutung dieses Punktes wird durch eine Studie von *Witzel* unterstrichen, der bei 110 Patienten aller Altersstufen beobachtet hat, daß 70 Prozent von ihnen 24 Stunden vor dem Tod noch voll orientiert und ein beträchtlicher Teil von diesen sogar noch bis 15 Minuten vor dem Tod voll ansprechbar blieb. Im Gespräch gaben über die Hälfte dieser Patienten an, den herannahenden Tod zu spüren.

3. Dem Sterbenden kann der Todeskampf auch medikamentös erleichtert werden. Schmerzstillende Mittel und Psychopharmaka sind nicht erfunden worden, um sie dem Menschen in seiner schwersten Stunde zu verweigern: dies zu tun wäre ein Akt der Unmenschlichkeit. Natürlich ist der Grenzstrich zwischen erlaubter, ja notwendiger Linderung des Sterbeprozesses und seiner Beschleunigung (die sicherlich abzulehnen bleibt) schmal — Hilfe *beim* Sterben darf nicht Hilfe *zum* Sterben werden. Hier muß jeder sich nach seinem Gewissen entscheiden, kein Gesetz wird ihm diese Verantwortung abnehmen können. Mit Nachdruck muß betont werden, daß die »Sterbekliniken«, die jetzt da und dort entstehen und als Fortschritt gefeiert werden, einen solchen (noch?) nicht darstellen. Denn fürs erste ist der Sterbende dort wieder in einer Ghettosituation, fürs zweite sind solche Sterbekliniken größtenteils nur wohlhabenden Menschen zugänglich und daher vom sozialen Standpunkt abzulehnen. Wir müssen uns bemühen, daß wenigstens vor dem Tode alle Menschen gleich sind, und daher alles tun, um möglichst vielen ein würdiges Sterben zu ermöglichen.

Wie starb Mahler? Sicher hat er alle Stadien, die Kübler-Ross beschreibt, durchgemacht, natürlich gab es Auflehnung und »Verhandeln«, vorübergehend hoffte er wohl noch auf Genesung, aber immer mehr verdichtete sich sein Wissen um den unvermeidlichen, unmittelbar bevorstehenden Tod.

Seine große Angst, in Isolation und Einsamkeit sterben zu müssen, veranlaßte ihn, nach Wien zu kommen. Hier rechnete er mit der liebevollen Zuwendung von Almas Mutter, die ihm auch voll zuteil wurde, denn sie wuchs ganz in die Rolle einer »engelhaften Pflegerin« hinein, wurde in diesen letzten Wochen zu seiner zweiten Mutter, die aber — Mahler wußte es von Tag zu Tag genauer — den Tod auch nicht verhindern konnte.

Unter solchen Umständen entwickelte sich immer mehr Mahlers Zustimmung zum Tode. Er gab genaue Anweisungen für sein Begräbnis und ordnete an, an der Seite seiner verstorbenen Tochter, dann sogar in einem Grab mit ihr begraben zu werden. Er beschäftigte sich mit dem Schicksal Almas nach seinem Tode und machte sich Gedanken darüber, »in wessen Hände sie fallen werde«, Gedanken, deren enorme Schmerzhaftigkeit er hinter humorvollen Formulierungen zu verbergen versuchte. Je mehr sich das Hinübergleiten (transzendere) vollzog, desto friedlicher wurde Mahler. In den letzten Tagen identifizierte er sich mit dem sterbenden Mozart und meinte, warum er nicht aushalten sollte, was auch dieser große Meister erleiden mußte.

Er starb am 11. Mai, seltsamerweise am Geburtstag von Gropius, 1911, 51jährig mit dirigierenden Bewegungen, mit einem Lächeln auf den Lippen, am Ende zweimal »Mozartl« flüsternd . . . Und also kann man wohl sagen, daß sein Sterben seines Lebens würdig gewesen ist.

Alma schrieb: »Sein Sterben, die Größe seines Gesichtes, das immer schöner wurde nahe dem Tode, ich will und werde es nie vergessen.«

An den Schluß dieser Arbeit möchte ich für die Leser zwei Zitate stellen:

Novalis:
Der Tod ist eine Selbstbesiegung, die, wie jede Selbstüberwindung, eine neue und leichtere Existenz verschafft.

Else Lasker-Schüler:
Das ewige Leben dem, der viel von Liebe weiß zu sagen, ein Mensch der Liebe kann nur auferstehen.

X. Thesen zu einer modernen Friedenserziehung

1. These

Alle Menschen müssen lernen, endlich zu begreifen, daß das Wort »Krieg« im Atomzeitalter eine *neue Bedeutung* bekommen hat. Krieg war immer schrecklich, die Unterscheidung zwischen Siegern und Geschlagenen problematisch, denn auf *beiden* Seiten waren die Opfer (zu) groß. Außerdem blieb da der Spruch des delphischen Orakels: »Wenn Du ausziehst, wirst Du ein großes Reich zerstören«; und, wie die Geschichte zeigt, man wußte nie, ob es nicht das eigene sein würde.

Nun aber, durch die Atomwaffe, ist die Situation völlig verändert: Es kann nicht mehr Sieger und Verlierende geben, sondern nur noch Verlorene. Zum ersten Mal in der Geschichte wäre durch einen Weltkrieg das Überleben der Menschheit in Frage gestellt. Das sagt sich so leicht, aber reicht unsere Phantasie aus, um es sich auch nur annähernd vorzustellen? »Der Mensch weiß mehr, als er versteht«, war eines der tiefsten Worte *Alfred Adlers.*

Friedenserziehung muß alles tun, damit immer mehr Menschen es verstehen, obwohl die Vorstellung schrecklich ist. Mit Recht sagt *Christa Wolf:*

> Der Krieg ist trotz allem bis heute etwas nicht Aufgeklärtes oder nicht genügend Besprochenes. Wir sind übereingekommen, über ein gewisses Bild des Krieges zu schreiben, doch fühlt man darin irgendein Verschweigen, ein Vermeiden jener Dinge, die immer wieder eine seelische Erschütterung verursachen.

Horst Eberhard Richter spricht in diesem Zusammenhang von einem *»Hattenbach-Syndrom«:* Die Amerikaner hatten einen Atomkriegsspielfilm gedreht, in dem der Ort Hattenbach an der deutsch-deutschen Grenze zerstört wird. Als dies dort bekannt wurde, bildeten sich zwei Parteien; die eine, unter Führung des Bürgermeisters, lehnte eine Vorführung des Filmes am Schauplatz der Handlung ab. Wörtlich hieß es:

> Man teilt ja auch den Kälbern nicht mit, daß sie geschlachtet werden sollen, und wir sind ja so wehrlos und ohnmächtig wie Kälber.

Die andere, von der Lehrerin geleitet, sagte:

> Wenn wir uns den Film nicht ansehen, sind wir schon heute tot.

Diese setzte sich erfreulicherweise durch. Denn es ist ja klar: Nicht Verdrängung der Gefahr, sondern nur Konfrontation mit ihr kann uns retten. Man darf wirklich sagen, unser Fühlen und Denken von heute ist unser Schicksal von morgen.

Da diese Vorstellungen wirklich entsetzlich sind, kann man menschlich verstehen, daß man ihnen ausweichen beziehungsweise versuchen will, sie zu verharmlosen. Als eine solche Verharmlosung möchte ich es bezeichnen, wenn man versucht, Ärzte für eine Betreuung atomkriegsgeschädigter Opfer auszubilden: Erst vor kurzem hat ein namhafter Vertreter der Weltgesundheitsorganisation bei einer Konferenz von Wissenschaftern in Wien gesagt: »Die medizinischen Hilfsquellen wären schon bei der Explosion einer einzigen A-Bombe überfordert.«

Für ganz unverantwortlich halte ich es, den Menschen vorzugaukeln, es könnte ein Schirm im Weltall ersonnen werden, der sie vor jeder Atomgefahr absolut schützen würde. Und nur ganz perversen Generalstabsgehirnen kann die Idee entstammen, daß eine Seite den Atomkrieg als Sieger zu überstehen imstande sei. Wie schon gesagt, es mag ja verständlich sein, daß sich der Mensch vor seiner Angst in solche gedanklichen Möglichkeiten zu retten versucht.

Die Aufgabe der Friedenserziehung jedoch muß es sein, mit solchen »Hoffnungen«, die in Wirklichkeit schon die Katastrophe in sich einschließen, aufzuräumen.

Seit einiger Zeit kommen gelegentlich junge Menschen zu mir, die mich ernsthaft fragen, ob im Atomzeitalter die Zeugung von Kindern noch verantwortet werden könne. Das ist wahrlich ein Alarmsignal ärgsten Ausmaßes! Noch vor 50 Jahren wurde der Ausspruch *Alfred Polgars: »Wer seine Kinder liebt, der zeugt sie nicht«* als ein Zynismus sondergleichen bezeichnet. Und heute muß man seinen ganzen Optimismus zusammennehmen, um an die Zukunft der Menschheit zu glauben!

Wenn wir nicht alles tun, um den Prozeß der Selbstzerstörung aufzuhalten, könnte es wahrlich das schlimmste Los sein, zum Geschlecht der Menschen zu gehören, wie es *Erich Fried* im folgenden Gedicht warnend und erschütternd zugleich beschreibt:

Der Froschkönig

Menschen die ihrer Vernichtung
entgegenreifen
können das Leben der Tiere
nicht mehr begreifen

Hirn liegt ihnen und Herz
in eisernen Banden
drum haben sie kein Märchen mehr
richtig verstanden:

Ein böser Zauber
endet des Froschkönigs Glück
und wandelt ihn wieder
in einen Menschen zurück

2. These

Es ist eine der wichtigsten Aufgaben der Friedenserziehung, den schlimmen Slogan: »Über Krieg und Frieden entscheiden ein paar Leute da oben; die anderen aber können gar nichts machen« durch den Satz zu ersetzen: *Es kommt sehr wohl auf jeden einzelnen an.*

Der Slogan ist ja geradezu geschaffen, um es den Herrschenden leichtzumachen, nach eigenem Gutdünken zu schalten und zu walten. *Grillparzer* sagt dazu:

Das Volk, das sind die vielen leeren Nullen,
die gerne bei sich fügt, wer sich fühlt als Zahl,
doch wieder abstreicht, kommt's zum Teilen in der Rechnung.

Wir dürfen uns aber nicht zu Nullen degradieren lassen, mit denen man machen kann, was man will. Tragischerweise muß man zugeben, daß es nur allzu viele Menschen gibt, denen es durchaus recht ist, wenn ein »Führer« für sie denkt und entscheidet; sie sind ihm dankbar dafür, daß er ihnen damit die Verantwortung abnimmt, weil sie durch eine falsche Erziehung nie lernten, sie zu übernehmen.

Ich komme jetzt zurück auf das Wort des Bürgermeisters von Hattenbach, in der ersten These zitiert: » . . . wir sind so wehrlos und ohnmächtig wie Kälber.« Das mag für den einzelnen gelten, nicht aber dann, wenn die einzelnen zusammenhalten und eine Gemeinschaft bilden, etwa im Sinne des Rütli-Schwurs: »Wir wollen sein ein einig Volk von Brüdern, in keiner Not uns trennen und Gefahr.« *Voraussetzung dafür ist die Bewußtmachung der eigenen Möglichkeiten.*

Man nehme als Beispiel für das eben Gesagte das Wort »Klassenbewußtsein«. Einmal hat es ein Klassen-Unbewußtsein gegeben. Damals war es möglich, das Proletariat in der schamlosesten Weise auszubeuten. Erst als es durch die Arbeit von Politikern und Künstlern zu einem Klassenbewußtsein kam, erkannten die Menschen ihre Möglichkeiten (»Alle Räder stehen still, wenn Dein starker Arm es will«) und konnten damit ihre Lebenssituation entscheidend verändern. So gibt es heute auch ein Friedens-Unbewußtsein, das heißt, die Menschen wissen noch gar nicht, welche Möglichkeiten des Friedens in ihnen liegen.

Die Chance der Bevölkerung liegt dabei auf zwei Gebieten. Erstens: Sehr viele Kriege kommen dadurch zustande, daß man sich einen Regenten aussucht, der geeignet ist, die eigenen Wünsche zu erfüllen. So war es in diesem Jahrhundert am krassesten bei *Hitler,* der »ideal« prädestiniert war, als Identifikationsfigur für Ungezählte zu dienen, die erfüllt waren von Verbitterung, Haß und Rachegedanken.

In diesem Sinne kommt es sehr wohl auf jeden einzelnen an, besser gesagt: Es kommt ganz wesentlich auf die Psyche jedes einzelnen Menschen an. Wo die Mehrzahl intrapsychisch friedensliebend eingestellt ist, wird es der an der Spitze Stehende schon viel schwieriger haben, Gefolgschaft zu erreichen.

Damit sind wir beim zweiten Punkt: Bei keiner Tyrannis kann man sich nur auf den Tyrannen ausreden, sondern man muß fragen: Warum habt Ihr ihm gehorcht? Die Gefolgschaft ist, selbst wenn der Druck noch so stark ist, nicht so selbstverständlich, wie sie manche darstellen wollen. Wenn man den Satz von *Bertolt Brecht,* der zwar in anderem Zusammenhang geprägt worden ist, dennoch isoliert aus einem Gedicht herausnimmt: *»Stellt Euch vor, es ist Krieg und keiner geht hin«,* ist damit eine Macht angedeutet, die sehr wohl an diejenige der Gewerkschaften im vorigen Jahrhundert erinnert und sehr wohl imstande sein könnte, eine Wendung herbeizuführen. (Ich werde auf diesen Punkt noch in der 6. und 7. These zurückkommen.)

Jedenfalls ergibt sich aus all dem die dringende Bitte — auch und gerade an die Jugend —, sich von der Politik nicht abzuwenden, sondern sie mitzugestalten, auch wenn sie es dabei oft sehr schwer hat.

Die Griechen haben einen Menschen, der sich einbildete, er könne für sich allein leben und müsse sich nicht um öffentliche Angelegenheiten kümmern, als »Idiotes« bezeichnet, und zu Recht ist daraus wohl unser »Idiot« geworden. Wer »aussteigt«, wird nur allzu oft dann auch aus dem Leben hinaus in den Tod geworfen.

Hier möchte ich abschließen mit dem erschütternden Gedicht, das *Wolfgang Borchert,* der selbst ein Opfer des Krieges und ungezählter Gestapo-Haften war, knapp vor seinem Tode im Jahre 1947 niederschrieb; es ist eigentlich eine Illustration zu beiden bisherigen Thesen:

Dann gibt es nur eins!

Du. Mann an der Maschine und Mann in der Werkstatt. Wenn sie dir morgen befehlen, du sollst keine Wasserrohre und keine Kochtöpfe mehr machen — sondern Stahlhelme und Maschinengewehre, dann gibt es nur eins:
Sag NEIN!
Du. Mädchen hinterm Ladentisch und Mädchen im Büro. Wenn sie dir morgen befehlen, du sollst Granaten füllen und Zielfernrohre für Scharfschützengewehre montieren, dann gibt es nur eins:
Sag NEIN!
Du. Besitzer der Fabrik. Wenn sie dir morgen befehlen, du sollst statt Puder und Kakao Schießpulver verkaufen, dann gibt es nur eins:
Sag NEIN?
Du. Forscher im Laboratorium. Wenn sie dir morgen befehlen, du sollst einen neuen Tod erfinden gegen das alte Leben, dann gibt es nur eins:
Sag NEIN!
Du. Dichter in deiner Stube. Wenn sie dir morgen befehlen, du sollst keine Liebeslieder, du sollst Haßlieder singen, dann gibt es nur eins:
Sag NEIN!
Du. Arzt am Krankenbett. Wenn sie dir morgen befehlen, du sollst die Männer kriegstauglich schreiben, dann gibt es nur eins:
Sag NEIN!
Du. Pfarrer auf der Kanzel. Wenn sie dir morgen befehlen, du sollst den Mord segnen und den Krieg heilig sprechen, dann gibt es nur eins:
Sag NEIN!
Du. Kapitän auf dem Dampfer. Wenn sie dir morgen befehlen, du sollst keinen Weizen mehr fahren — sondern Kanonen und Panzer, dann gibt es nur eins:
Sag NEIN!
Du. Pilot auf dem Flugfeld. Wenn sie dir morgen befehlen, du sollst Bomben und Phosphor über die Städte tragen, dann gibt es nur eins:
Sag NEIN!
Du. Schneider auf deinem Brett. Wenn sie dir morgen befehlen, du sollt Uniformen zuschneiden, dann gibt es nur eins:
Sag NEIN!
Du. Richter im Talar. Wenn sie dir morgen befehlen, du sollst zum Kriegsgericht gehen, dann gibt es nur eins:
Sag NEIN!
Du. Mann auf dem Bahnhof. Wenn sie dir morgen befehlen, du sollst das Signal zur Abfahrt geben für den Munitionszug und für den Truppentransport, dann gibt es nur eins:
Sag NEIN!
Du. Mann auf dem Dorf und Mann in der Stadt. Wenn sie morgen kommen und dir den Gestellungsbefehl bringen, dann gibt es nur eins:

Sag NEIN!

Du. Mutter in der Normandie und Mutter in der Ukraine, du Mutter in Frisko und London, du, am Hoangho und am Mississippi, du, Mutter in Neapel und Hamburg und Kairo und Oslo — Mütter in allen Erdteilen, Mütter in der Welt, wenn sie morgen befehlen, ihr sollt Kinder gebären, Krankenschwestern für Kriegslazarette und neue Soldaten für neue Schlachten, Mütter in der Welt, dann gibt es nur eins:

Sagt NEIN! Mütter, sagt NEIN!

Denn, wenn ihr nicht NEIN sagt, wenn IHR nicht nein sagt, Mütter, dann:

dann:

In den lärmenden dampfdunstigen Hafenstädten werden die großen Schiffe stöhnend verstummen und wie titanische Mammutskadaver wasserleichig träge gegen die toten vereinsamten Kaimauern schwanken, algen-, tang- und muschelüberwest den früher so schimmernden dröhnenden Leib, friedhöflich fischfaulig duftend, mürbe, siech, gestorben — die Straßenbahnen werden wie sinnlose glanzlose glasäugige Käfige blöde verbeult und abgeblättert neben den verwirrten Stahlskeletten der Drähte und Gleise liegen, hinter morschen dachdurchlöcherten Schuppen, in verlorenen kraterzerrissenen Straßen — eine schlammgraue dickbreiige bleierne Stille wird sich heranwälzen, gefräßig, wachsend, wird anwachsen in den Schulen und Universitäten und Schauspielhäusern, auf Sport- und Kinderspielplätzen, grausig und gierig, unaufhaltsam — der sonnige saftige Wein wird an den verfallenen Hängen verfaulen, der Reis wird in der verdorrten Erde vertrocknen, die Kartoffel wird auf den brachliegenden Äckern erfrieren und die Kühe werden ihre totsteifen Beine wie umgekippte Melkschemel in den Himmel strecken — in den Instituten werden die genialen Erfindungen der großen Ärzte sauer werden, verrotten, pilzig verschimmeln — in den Küchen, Kammern und Kellern, in den Kühlhäusern und Speichern werden die letzten Säcke Mehl, die letzten Gläser Erdbeeren, Kürbis und Kirschsaft verkommen — das Brot unter den umgestürzten Tischen und auf zersplitterten Tellern grün werden und die ausgelaufene Butter wird stinken wie Schmierseife, das Korn auf den Feldern wird neben verrosteten Pflügen hingesunken sein wie ein erschlagenes Heer, und die qualmenden Ziegelschornsteine, die Essen und die Schlote der stampfenden Fabriken werden, vom ewigen Gras zugedeckt, zerbröckeln — zerbröckeln — zerbröckeln — dann wird der letzte Mensch, mit zerfetzten Gedärmen und verpesteter Lunge, antwortlos und einsam unter der giftig glühenden Sonne und unter wankenden Gestirnen umherirren, einsam zwischen den unübersehbaren Massengräbern und den kalten Götzen der gigantischen betonklotzigen verödeten Städte, der letzte Mensch, dürr, wahnsinnig, lästernd, klagend — und seine furchtbare Klage: WARUM? wird ungehört in der Steppe verrinnen, durch die geborstenen Ruinen wehen, versickern im Schutt der Kirchen, gegen Hochbunker klatschen, in Blutlachen fallen, ungehört, antwortlos, letzter Tierschrei des letzten Tieres Mensch — all dieses wird

eintreffen, morgen, morgen vielleicht, vielleicht heute nacht schon, vielleicht heute nacht, wenn — wenn —
wenn ihr nicht NEIN sagt.

3. These

Ein entscheidender Beitrag zu Friedenserziehung ist, *eine Neurotisierung des Kindes zu vermeiden.* Mit Recht hat unser Bundespräsident *Rudolf Kirchschläger* formuliert: »Der Frieden beginnt in der Familie.«

Also wird daraus der Schluß zu ziehen sein, daß auch die Bereitschaft zum Kriege in der Familie ihren Ursprung hat, und gerade die Tiefenpsychologie ist es, die für die Richtigkeit dieser These Beweis und Erklärung liefert. (Es gibt ja immer wieder auch Stimmen zu hören gegen den Satz unseres Bundespräsidenten. Diese Kritiker meinen, er sei so aufzufassen, als solle man sich nur um die Familie, nicht aber um die Politik kümmern. Hierbei aber handelt es sich um eine Fehlinterpretation, wie schon aus dem Schluß meiner zweiten These eindeutig hervorgeht, und so hat ihn unser Staatsoberhaupt auch nicht gemeint.)

Vor einiger Zeit hat *David Mantell* in einer eindrucksvollen Studie, welche die Psyche von 25 Vietnam-Freiwilligen mit der von ebenso vielen Kriegsdienstverweigerern verglich, einen neuerlichen Beweis dafür erbracht. Die Kindheit der späteren Vietnam-Freiwilligen schildert Mantell zusammengefaßt so:

> Die Eltern sind zueinander und zu ihren Kindern streng, kalt und objektiv. Häufige Strafen in Form von Drohungen, Restriktionen und Schlägen wie auch andere Formen der Einschüchterung werden im allgemeinen angewandt, um den Gehorsam der Kinder sicherzustellen. Es gibt wenig Raum für eigene Gefühle und Meinungen. Meistens gibt es nur eine Meinung: die des dominierenden Elternteils. Sie wird nicht als Meinung, sondern als absolutes Gesetz geäußert. Gleichzeitig nehmen sich die Eltern Vorrechte heraus, die mit dem von ihnen gepredigten Grundsatz der Selbstbeherrschung unvereinbar sind.
> Ganz anders verlief die Kindheit der späteren Kriegsdienstverweigerer: Die besonderen Eigenschaften ihres Familienlebens, auf die sie wiederholt hinwiesen, waren Gewaltlosigkeit, Rationalität, gegenseitige Anteilnahme, Wärme und unautoritäres Verhalten. Die Jugendzeit der Kriegsdienstverweigerer ist durch ein immer stärker werdendes Ringen gekennzeichnet, ihre Glaubenssätze mit ihren Handlungen in Einklang zu bringen. Individuelle Gewissenakte, Selbstkritik und intensive intellektuelle und emotionale Anregung waren Teil dieses Prozesses, der dann in der Entscheidung, den Militärdienst zu verweigern, gipfelte.

Über das Wesen und die Symptomatik der Neurose wurde in den ersten Kapiteln dieses Buches so gründlich abgehandelt, daß ich mich berechtigt fühle, von Wiederholungen abzusehen. Ich möchte mich hingegen besonders auf jene drei neurotischen Symptome konzentrieren, die am stärksten in die Richtung Kriegsbereitschaft drängen:

a) Das reduzierte Selbstwertgefühl, auch als Minderwertigkeitskomplex bekannt. Wer sich nun minderwertig fühlt, der hat das Bedürfnis, aus dieser Position herauszukommen, verbindet dies also sehr oft mit einem geheimen Macht- und Geltungsstreben. Und gerade die, die sich am minderwertigsten fühlen, beginnen dann immer mehr, sich der Gewalt zu verschreiben: Die Geschichte der Menschheit ist voll von solchen Beispielen, angefangen schon bei Kain und Abel.

Kain erlebt, daß sein Opfer von Gott im Gegensatz zu dem Abels nicht angenommen wird. Er fühlt sich dadurch zurückgesetzt, gedemütigt, weniger geliebt, minderwertig. Der erste Krieg in der Geschichte der Menschheit, der Brudermord (jeder Krieg ist eigentlich ein Brudermord), entsteht dadurch, daß sich Kain an die Stelle des beneideten, mehr angenommenen, das heißt: mehr geliebten Abels setzen will, daß er die Macht gewinnen möchte, die Abel offenbar besessen hat. (Ein erschütterndes Beispiel auch dafür, welche katastrophalen Folgen die Benachteiligung, das Nicht-Angenommensein eines Kindes durch die Eltern zur Folge haben kann.)

Ein anderer Weg zu dem gleichen Ziel ist oft die Bereitschaft, willenlos in einem Kollektiv, in der Masse unterzutauchen, wo alle zusammen über den Weg einer Führerfigur sich stark genug fühlen, das wiederzugewinnen, was sie verloren haben, nämlich die Achtung vor sich selber und das Gefühl, die Dinge mitgestalten zu können. »Aus Ohnmacht zur Macht«, lautet dann die Devise, die sich freilich gewöhnlich am Ende als Illusion erweist.

b) Ein neurotisches Kind ist ein zutiefst frustriertes Kind, ein Mensch, in dessen Unbewußten sich von Jahr zu Jahr wachsende Verbitterung zusammenballt, eine ohnmächtige Wut, ein Mensch, der nach irgendeiner Gelegenheit Ausschau hält, bei der es erlaubt ist, Aggressionen abzureagieren, um sich entladen zu können.

In den Träumen neurotischer Menschen spielt dementsprechend regelmäßig die Gewalt eine entscheidende Rolle, und in vielen von ihnen entsteht unbewußt der Wunsch, es möge endlich Krieg werden, damit sie die Gewalt, die normalerweise verboten ist, ausüben dürfen. Ich habe in den ersten Kapiteln dieses Buches darauf hingewiesen, daß für den Neurotiker die Aggression gegen die Eltern gekoppelt ist mit einem enormen Schuldgefühl, welches zu einer unbewußten Selbstbestrafungstendenz führt. Daher ist der Neurotiker unbewußt stets auf der Suche nach einer Möglichkeit, zu protestieren, aber in der Weise, daß er auch selbst für diesen Protest bestraft wird: Welche bessere Gelegenheit könnte sich für eine solche schreckliche Absicht ergeben als der Krieg! Eine Patientin: »Ich habe den Wunsch, mit mir die ganze Menschheit zu venichten, totzuschlagen« — sie hätte auch sagen können: »Ich wünsche mir, daß Krieg kommt.«

c) Dies leitet hinüber zu dem nächsten Punkt: Das Leben des Neurotikers ist ein armseliges Leben. Dies darf nicht abwertend verstanden werden; es ist vielmehr ein Leben am Leben vorbei: Man entwickelt sich, aber man entwickelt sich falsch. Glück und Zufriedenheit haben keinen Platz in solch einem Dasein. Es gibt einen ausgezeichneten Ausdruck für dieses Geschehen in der Oper »Ariadne auf Naxos«, wo Ariadne sagt: »Und ist ja doch kein Leben, das ich lebe.«

Durchaus einfühlbar kommt dem Neurotiker dann von Jahr zu Jahr der Sinn seines Lebens mehr abhanden. Eine solche Existenz ist in seinen Augen nichts wert, und dementsprechend meint er, es wäre kein Schaden, wenn es ihn nicht mehr gebe. Auch diese Struktur erzeugt eine Affinität des Neurotikers zum Kriege, denn für ihn hat der Tod, ganz im Gegensatz zum zufriedenen Menschen, alle seine Schrecken verloren: In tiefster Seele wünscht er sich das Zugrundegehen. Ein Patient: »Wenn Krieg käme, das würde bedeuten, daß ich sterben darf; dann muß ich nicht mehr grübeln, dann muß ich mir nicht mehr vorstellen, wie schrecklich meine Zukunft sein wird.«

Ich hoffe, gezeigt zu haben, wie sehr die Zerstörung des Kindes in den ersten sechs Lebensjahren es später zu einem kriegsbereiten Menschen macht, ohne daß ihm dafür eine Schuld anzulasten ist, ja, selbst ohne daß er weiß, wie sehr kriegsanfällig er ist, auf den Funken wartet, der das Pulverfaß in die Luft sprengt, weil ja ein Großteil dieser Prozesse sich im Unbewußten abspielt. Eines kann man jedenfalls mit Sicherheit sagen: *Neurosenprophylaxe ist Kriegsvorbeugung.*

Nur die Liebe ist es, die den Zerstörungstrieb des Menschen verhindern kann, wie schon *Freud* zeigte, als er auf den Gegensatz von Eros und Thanatos (Tod) hinwies. Ich möchte auch diesen Punkt mit einem Gedicht von *Peter Turrini* abschließen:

Die Kindheit ist ein schreckliches Reich.
Die Hände, die dich streicheln, schlagen dich.
Der Mund, der dich tröstet, brüllt dich an.

Die Arme, die dich hochheben, erdrücken dich.
Die Ohren, die dir zuhören, verstehen alles falsch.
Die Decke, die dich wärmt, gehört deinem älteren Bruder.
Die Wand, der du ein farbiges Zeichen von dir gibst, wird einmal im Jahr übermalt.
Der Satz, den du endlich sagst, ist kindisch.

Wenn du mit deinen Sätzen und Zeichen
woanders hingehen willst,
dann heißt es,
das geht die fremden Leute nichts an.
Wohin soll ich gehen,
wenn die eigenen Leute
so fremd zu mir sind?

Ich gehe nirgendwohin.

Der letzte Vers könnte auch schon bedeuten: Ich gehe in den Krieg.

4. These

Eine wesentliche Voraussetzung für die Erhaltung des Friedens ist die *Verbesserung der sozialen Situation* in weiten Teilen der Welt. Es gibt schreckliche Not, die mit Neurose (wie bei der dritten These geschildert) nicht das geringste zu tun hat, sondern durch schreckliche gesellschaftliche Bedingungen hervorgerufen wird. Nur drei Beispiele mögen dies belegen:

a) *Hitler* hat seinerzeit seine Stimmen ganz besonders auch von Arbeitslosen gewonnen. Sie wollten nur Arbeit haben, welcher Art auch immer, waren im (verstehbaren) Taumel, dieses Ziel zu erreichen, nicht bereit, zu erkennen, daß hier die Arbeitslosigkeit nur durch Ankurbelung der Rüstungsindustrie besiegt wurde, ein Unternehmen, das ausweglos auf die Provozierung eines neuen Krieges hinauslief. »Heute Brot, wenn auch morgen tot«, lautete also die Devise.

Verarmung des Lebens im materiellen und im seelischen Sinn macht den Menschen reif für den Untergang und damit natürlich auch für den Krieg.

b) Vor einigen Jahren war ich anläßlich des Weltkongresses für Selbstmordverhütung in Caracas, wo man kilometerlang an schrecklichen Slums vorbeifährt. Ich fand dort in einer Zeitung folgende Annonce: »Familienvater, fünf Kinder, sucht Arbeit jeglicher Art, bietet dafür ein Auge oder eine Niere.« Diese Anzeige, die wohl auch aus fast jedem anderen Staat Südamerikas stammen könnte, zeigt, wie soziale Not zu jedem Opfer bereit macht, bis hin zu einem Teil des eigenen Lebens. Da ist der Sprung zum Einsatz der ganzen Existenz, da ist der Sturz in den Krieg nicht weit.

c) Ein prominenter Kenner der Verhältnisse in Honduras sagte vor kurzem: »Bei uns wird es losgehen, wenn die Leute lieber durch eine Kugel als vor Hunger sterben.«

Bertolt Brecht:

Wiegenlied

Mein Sohn, was immer auch aus dir werde
Sie stehn mit Knüppeln bereit schon jetzt
Denn für dich, mein Sohn, ist auf dieser Erde
Nur der Schuttablagerungsplatz da, und der ist besetzt.

Mein Sohn, laß es dir von deiner Mutter sagen:
Auf dich wartet ein Leben, schlimmer als die Pest.
Aber ich habe dich nicht dazu ausgetragen
Daß du dir das einmal ruhig gefallen läßt.

Was du nicht hast, das gib nicht verloren.
Was sie dir nicht geben, sieh zu, daß du's kriegst.
Ich, deine Mutter, habe dich nicht geboren
Daß du eines Nachts unterm Brückenbogen liegst.

Vielleicht bist du nicht aus besonderem Stoffe
Ich habe nicht Geld für dich noch Gebet
Und ich baue auf dich allein, wenn ich hoffe
Daß du nicht an Stempelstellen lungerst
und deine Zeit vergeht.

Wenn ich nachts schlaflos neben dir liege
Fühle ich oft nach deiner kleinen Faust
Sicher, sie planen mit dir jetzt schon Kriege —
Was soll ich nur machen,
Daß du nicht ihren dreckigen Lügen traust?

Deine Mutter, mein Sohn, hat dich nicht betrogen
Daß du etwas ganz Besonderes seist
Aber sie hat dich auch nicht mit Kummer aufgezogen
Daß du einst im Stacheldraht hängst
und nach Wasser schreist.

Mein Sohn, darum halte dich an deinesgleichen
Damit ihre Macht wie ein Staub zerstiebt.
Du, mein Sohn, und ich und alle unseresgleichen
Müssen zusammenstehn und müssen erreichen
Daß es auf dieser Welt
nicht mehr zweierlei Menschen gibt.

5. These

Eine weitere wichtige Aufgabe der Friedenserziehung ist, *den Versuch, ein Feindbild aufzubauen, schon in den ersten Ansätzen zu verhindern.* Man muß davon ausgehen, daß, wer (gewöhnlich aus emotionalen Gründen) zum Krieg entschlossen ist, unbedingt einen (rationalen) Vorwand braucht, um ihn auch führen zu können, und für diesen Prozeß gilt der Satz: »Wer einen Grund, Krieg zu führen, sucht, der wird ihn auch finden.«

Die beste Methode dafür ist, sich ein Feindbild zurechtzulegen, für sich selber, aber natürlich auch für alle anderen, die man kriegswillig machen will, nach Art einer Schwarz-Weiß-Malerei, und dabei in den Feind in einer ungeheuren Primitivisierung alle nur erdenkbaren schlechten Eigenschaften hineinzulegen.

Ich will dies an einem Beispiel aus dem Jahre 1793 vorführen. Da schreibt der »Teutsche Patriot Heinrich Theodor Steller« zur möglichen Verbrüderung im Zeichen der französischen Revolution:

> Es wäre nichts Sonderbareres in der Welt, als eine solche Verbrüderung. Unser Charakter ist offen, ehrlich und bieder, der Eurige ist versteckt, betrügerisch und falsch. Wir sind keusch, züchtig und gerecht, Ihr seid unkeusch, schamlos und ungerecht. Wir stehen des morgens früh auf und essen im Schweiße unseres Angesichts unseren Bissen Brot, Ihr schlaft lange, frühstückt, wenn wir zu Mittag essen, und arbeitet, wenn Ihr anders nicht dazu gezwungen seid, äußerst ungern.

So einfach ist diese Schwarz-Weiß-Malerei. (Nebenbemerkung am Rande: Wer von uns möchte da nicht unverzüglich nach Frankreich aufbrechen?)

Die Geschichte unseres Jahrhunderts ist voll von solchen primitiven Mechanismen, um Feindseligkeit zu erzeugen. *Goebbels* sagte etwa: »So, wie der Kartoffelkäfer die Kartoffel, die er befällt, zerstören muß, so muß der Jude die Wirtsnation, in der er sich einnistet, zerstören.« Es ist nicht zu fassen, daß es ihm gelang, auch mit solchen Argumenten Millionen von Menschen, darunter auch sehr viele Hochgebildete, davon zu überzeugen, daß es sich bei Juden um gefährliche Volksfeinde handle.

Zwei Faktoren erleichtern die Entwicklung eines Feindbildes wesentlich: Zum ersten, wenn Menschen grundsätzlich mißtrauisch sind.

Ich habe nun schon im zweiten Kapitel dieses Buches gezeigt, wie durch das falsche Verhalten der Eltern in sehr vielen Kindern jedes

Vertrauen verlorengeht und durch ein allgemeines Mißtrauen ersetzt wird. Dies erzeugt genau jenen Boden, auf dem Feindbilder »prächtig« gedeihen können. Zweitens muß der folgende Zusammenhang berücksichtigt werden: Je mehr der Mensch sein eigenes Negatives verdrängt, desto geneigter wird er sein, es in anderen Außenstehenden zu entdecken (siehe auch die Beschreibung der Außenprojektion im dritten Kapitel). Mit Recht formuliert *Friedrich Heer:*

> Statischer Friede im Menschen ist bereits ein Kirchhofsfriede, ein fauler Friede. Menschen, die sehr viel in sich ständig unterdrücken, verdrängen, leben als lineare Existenzen, früh erstarrt, verfestigt. Sie lassen sofort ihren eisernen Vorhang herunter, wenn ein anderer eine Wirklichkeit, eine Tatsache berührt, die in ihm nicht zur Sprache kommen soll. Es sind diese Menschen, die sich selbst falsch befrieden, indem sie alle Elemente der Unruhe, des Zweifels, alle ihre Schwierigkeiten permanent unterdrücken, die als Eltern, Lehrer, Politiker, Kirchenmänner Friede nur als »Ordnung machen« verstehen können und in großer Angst davor zurückscheuen, Frieden, lebendigen Frieden in sich selbst, im Haushalt, in der Ökonomie ihrer Person als eine permanente Schwebelage, als ein Leben in Konflikten zu verstehen, in dem sich tagtäglich neue Gegner zu Wort melden können, die als unerlaubte Triebe, Leidenschaften, Versuchungen, etwa auch des Fleisches, natürlich auch des Geistes, auszuscheiden sind.

Damit beschreibt er exakt jenen seelischen Zustand, der an die Stelle des vermiedenen Kampfes im eigenen Inneren mit umso größerer Leidenschaft den Krieg mit einem äußeren Feind setzt. Es ist dies genau jener Mechanismus, den viele Diktaturen anwenden, um durch einen Krieg gegen einen vermeintlichen Gegner von den inneren Schwierigkeiten abzulenken.

Fritz Reck-Malleczewen, knapp vor Kriegsende im Konzentrationslager umgebracht, hat den Vorgang der Verdrängung und den Ausbruch des Verdrängten dann in Krieg und Untergang meisterhaft wie folgt beschrieben:

> Was wissen wir schon von jenen unterirdischen Schluchten und Gewölben, die sich unter dem Lebenshaus eines großen Volkes ins Unbekannte verlieren — von jenen Katakomben, in denen einst alle unsere trüben Wünsche, unsere Angstträume und Plagegeister, unsere Laster und vergessenen und ungesühnten Todsünden eingesargt sind seit Generationen? In gesunden Zeiten durchziehen sie als alpischer Spuk unsere Träume, dem Künstler erscheinen sie als satanische Visionen — dann strecken an unseren Kathedralen die gotischen Wasserspeier obszöne Hintern in die Luft und es ziehen über Grünewald's heilige Tafeln mit geschnäbelten Fratzen und Krallenfüßen die Symptome aller Laster und

> jene Geißler, die, auf daß das Gesetz erfüllt werde, auf den Salvator einschlagen, und siehe, fast tun sie in der Automatie dieser Gesetzerfüllung dem Beschauer leid . . . Wie nun aber, wenn nun alles dies, was sonst in unseren Verliesen verborgen gehalten wird, in der blutreinigenden Funktion eines Furunkels nach außen drängt, wenn jene Unterwelt von Zeit zu Zeit den Satan gebiert, der ihre Gruftdeckel sprengt — und die bösen Geister der Pandorabüchse entweichen läßt? Dann verwirren sich in einem unvorstellbarem Ausmaß die Begriffe von Recht und Unrecht, Mein und Dein, Gerade und Ungerade, Tugend und Laster.

Das Feindbild führt zu einem Zustand, der es selbstverständlich, ja, sogar notwendig erscheinen läßt, sich gegen den Bösen zur Wehr zu setzen, oder wenn möglich, sogar einen Präventivkrieg zu führen, damit der Feind seine angeblich tückischen Absichten erst gar nicht verwirklichen kann.

Ich habe schon in diesem Kapitel einmal andeutungsweise von Kain und Abel gesprochen. Nun möchte ich diese These beschließen mit einem Prosastück von *Erich Fried,* »Der Präventivschlag«, welches beweist, daß der Präventivkämpfer zum mindesten nicht besser ist als der (angebliche) Feind, oft sogar noch wesentlich schlechter:

> Kein Zweifel mehr: Mein eigener Bruder Kain will mich töten. Ich habe ihn genau gesehen, wie sich sein Gesicht zu einer haßerfüllten Fratze verzog, weil sein Opfer nicht so gnädig angenommen wurde wie meines. Und ich habe die Stimme gehört, die Stimme dessen, dem er und ich Opfer bringen, jeder sein eigenes, wie er Kain wegen seines Zornes zur Rede stellte und ihn vor der Sünde warnte. Daß die Sünde vor seiner Türe ruht und wartet und Verlangen nach ihm trägt. Und was diese Sünde ist, die Kain in sich herumträgt, wie meine Schafe ihre ungeborenen Lämmer, daß weiß ich ganz genau.
>
> Lange genug leide ich schon Angst. Ich habe keine Hoffnung, seinen hinterlistigen Angriff abwehren zu können. Ich weiß, Kain ist stärker als ich; er ist nicht nur der Ältere, ich war immer schon schwächer, sondern auch das Umgraben seines Ackers stärkt ihm die Arme und den ganzen Körper weit mehr als mir das Aufziehen und Hüten der Schafe, das meine Arbeit ist. Außerdem hat er seine gefährlichen Geräte, den Spaten und seinen Pfahl mit der scharfen, im Feuer gehärteten Spitze. Und überhaupt, der, der den anderen unversehens überfällt, ist immer im Vorteil.
>
> Und doch ist er, dem wir unsere Opfer bringen, ich die Erstlinge meiner Herden, er seine Ähren und Früchte und sein Grünzeug, nur mir zugeneigt, nicht ihm. Das zeigt schon der Rauch unserer Opfer: Mein Opferrauch stieg, wie immer, geradeaus zum Himmel auf, der seine aber kroch wieder schwer und mit üblem Unkrautfeuergeruch am Boden hin und wollte sich nicht heben. Ich glaube, der Wille, der über uns ist, kann nicht

wollen, daß dieser Erdbodenzerhacker auch mich mit seinen staubigen, kotverkrusteten Werkzeugen trifft und zerhackt, als Dünger für sein umgegrabenes Feld, auf dem er vielleicht schon den Boden locker gemacht hat für mein Grab.
Nein, so darf es nicht sein. Ich selbst muß den Vorteil wahrnehmen! Nicht er soll mich, sondern ich will ihn überraschen. Und weiß er Spaten und Pfahl zu handhaben, so habe ich doch mein Steinbeil, mit dem ich meine Herde vor den reißenden Tieren schütze. Er, der mein Opfer gnädig angenommen und das seine verschmäht hat, weiß es: Mein Bruder Kain ist nicht mehr besser als das reißende Raubzeug, das meinen Lämmern und Schafen nach dem Leben trachtet. Ärger noch, denn er hat es nicht auf ein Tier abgesehen, nein, auf mich, seinen eigenen Bruder. Aber er soll sich getäuscht haben!
Da kommt er. Ja, ja; sein Gruß kann mich nicht betrügen. Damit will er mich nur in Sicherheit wiegen, aber die Zeiten sind vorbei. Er soll mir vom Leibe bleiben. Da: Auch das ist ein Anzeichen. Nie noch in letzter Zeit hat er meinen Blick lange ertragen. Und auch jetzt wendet er wieder den Kopf ab und sieht nicht mich an, seinen Bruder, sondern er blickt zurück auf seinen elenden Altar, von dem die Rauchschlange immer noch hinunterkriecht, zu Boden, dunkel und schwer. Jetzt muß es sein! Jetzt, solange er nichts als den unerlösten Rauch sieht . . .
Wie schnell das gegangen ist; als ob ich es gar nicht getan hätte. Als ob es gar nicht wahr wäre. Aber es ist wahr: Da liegt er vor mir, auf dem Boden. Aus. Er wird keine Mordpläne mehr gegen mich hecken. Er wird nicht den Spaten hinterrücks gegen mich heben, und auch nicht den spitzen Pfahl. Sein Blut ist es, nicht das meine, das jetzt hier die Vertiefung im Stein füllt, fast wie drüben das Wasser den Tümpel dort, am Weg, auf dem meine Tiere zur Tränke gehen. Der Wille dessen, der mein Opfer angenommen und das seine verworfen hat, ist geschehen! Seine Stimme war es, die für mich und gegen ihn entschieden hat . . .
Ja, seine Stimme. Ich höre sie. Sie spricht laut und vernehmlich. Aber was ruft sie? »Kain«, ruft sie, »Kain, wo ist dein Bruder Abel?«
Hier bin ich, Herr, hier! Hab keine Angst mehr um mich: Hier stehe ich, Abel, dessen Opfer du gnädig angenommen hast. Und Kain, den du verworfen hast, liegt dort hinter mir. Seine eigene Sünde hat sich gegen ihn gekehrt. Ich habe sein Gesicht mit welkem Laub zugedeckt, daß seine starren Augen nicht den Himmel beleidigen.
Nein, Herr: Du irrst. Ich bin *nicht* Kain! Abel ist nicht mein Bruder, das bin ich selbst! Wieso fragst du mich, wo mein Bruder Abel ist? Du irrst dich! Da: ich zeige ihn dir, meinen Bruder. Da liegt er. Ja, gewiß, das ist Kain, wer sonst? Warte: ich nehme das Laub von seinem Gesicht, daß du es selbst . . .
Das kann doch nicht sein? Nie im Leben hat er mir so ähnlich gesehen. Fast als . . . oder bilde ich mir das nur ein? Aber ich kenne doch mein Gesicht. Da drüben im Tümpel, der alles spiegelt, sehe ich es tagtäglich. Und jetzt soll er wie ich aussehen? Nein, das kann nicht sein. Das kommt

mir nur so vor, weil er tot ist. Ich sehe anders aus als er. Ich weiß, ich gehe zum Tümpel: Ich will mein eigenes Gesicht wiedersehen.
Jetzt weiß ich, warum er sich irrt und mich Kain ruft.

6. These

Jeder Krieg ist ein Gewissensproblem, *im Mittelpunkt der Friedenserziehung muß daher die Gewissensbildung stehen.* Dieser Punkt versteht sich eigentlich ganz von selbst, und doch ist er uns viel zu wenig bewußt: Der Krieg hat etwas Entscheidendes zu tun mit unserem Gewissen, denn er verändert es total. Die Dinge, die normalerweise gefordert sind — wie zum Beispiel Liebe, Achtung haben voreinander und insbesondere vor dem Leben des anderen und vor seinem Besitz, Aufbau und Verantwortungsbewußtsein —, haben plötzlich keine Gültigkeit mehr, und Dinge, die bis dahin streng verboten waren, sind auf einmal nicht nur erlaubt, sondern werden gewünscht, gefordert, ja, sogar mit Auszeichnungen dekoriert. Je mehr Menschen du umbringst, ein desto großartigerer und tapferer Mann bis du nun auf einmal.

Adolf Hitler hat einmal in einer seiner berüchtigten Rede gesagt: »Das Gewissen ist eine jüdische Erfindung«. (Worauf er anspielen wollte, war der Über-Ich-Begriff *Sigmund Freuds.)* Es ist jedoch klar, daß er ein großes Interesse daran haben mußte, das Gewissen lächerlich zu machen und so auszuschalten. Er brauchte ja Menschen, die ihr Gewissen im Stich ließen. Denn nur wer sein Gewissen über Bord warf, konnte ihm Gefolgschaft leisten.

Das Problem des Gehorsams steht hiermit zur Diskussion. Darf es einen bedingungslosen, blinden Gehorsam geben? *Die Menschen dahin zu bringen, diese Frage zu verneinen und dann auch im Leben danach zu handeln* (was schwierig ist, sehr viele Unannehmlichkeiten mit sich bringt), muß als die Hauptaufgabe einer modernen Friedenserziehung bezeichnet werden. Gehorsam kommt, wie *Gisela Uellenberg* so meisterhaft ausgeführt hat, schon im rein Sprachlichen von »horchen«, bedeutet also:

> Horche zuerst und dann überlege, und nur, wenn Du das Gehörte nach tiefster Gewissensprüfung für richtig befindest, dann darfst Du gehorchen.

Ich habe vor einiger Zeit in der Zeitung eine erschütternde Szene gelesen, die sich bei den Demonstrationen in Polen abgespielt hat. Da rief ein Demonstrant einem Soldaten zu: »Was tust Du da? Du tust doch da etwas, was Du nicht willst; Du gehst gegen uns vor; Du schießt auf uns entgegen Deiner Überzeugung.« Der Soldat antwortete: »Wenn Du an meiner Stelle wärest, wenn Du auch diese Uniform anhättest, müßtest Du auch gehorchen.« »Gehorsam ohne Überzeugung, das ist die Wurzel von allem Übel«, hat *Jakob Wassermann* vor vielen Jahrzehnten formuliert.

Rudolf Höß, der Kommandant von Auschwitz, war der Sohn eines fanatischen Katholiken. Er, der zwischen 1940 und 1945 die Exekution von Hunderttausenden Menschen leitete, berichtet in seinen autobiographischen Aufzeichnungen über seine Erziehung wie folgt:

> Von meinen Eltern war ich so erzogen, daß ich allen Erwachsenen und besonders Älteren mit Achtung und Ehrerbietung zu begegnen hätte, ganz gleich, aus welchen Kreisen sie kämen. . . . Ganz besonders wurde ich immer darauf hingewiesen, daß ich Wünsche und Anordnungen der Eltern, der Lehrer, Pfarrer usw., ja aller Erwachsenen bis zum Dienstpersonal unverzüglich durchzuführen beziehungsweise zu befolgen hätte und mich durch nichts davon abhalten lassen dürfte. Was diese sagten, sei immer richtig. Diese Erziehungsgrundsätze sind mir in Fleisch und Blut übergegangen.

Das führt zu einem wesentlichen Punkt. Die Erziehung im Elternhaus und in der Schule wird entscheidend sein für unsere Einstellung bezüglich des Gehorsams (vergleiche auch Kapitel 3 über die Gewissensbildung). Wann soll man gehorchen, und wann soll man nicht gehorchen? Das ist die entscheidende Frage. Freilich wird man sagen, die Eltern, die Schule leben ja selber von der Autorität; sie werden nicht etwas lehren, was gegen die Autorität gerichtet ist, sich den Ast abschneiden, auf dem sie selbst sitzen. Und doch, das müßte gewagt werden, soll die Welt besser werden. Man müßte die persönliche Verantwortung in den einzelnen wecken, auch wenn man selbst einer ist, der dadurch Schwierigkeiten bekommt.

In dem Heft »Conturen« schreibt der Generalsekretär der Österreichischen Industriellenvereinigung unter dem Titel »Selbstkastration einer Demokratie« einen Artikel, worin er sagt, es sei doch unerhört, daß man jene Menschen, die in der nationalsozialistischen Zeit dem Eid, den sie geleistet hätten, gefolgt seien, heute herabsetze und angreife. Das könne doch nur jedes soldatische Empfinden und jede Gehorsamsbereitschaft zerstören.

Nun, ich mache niemandem einen Vorwurf, der damals dem Eid folgte. Aber daß es möglich war, die Gewissenstruktur eines Menschen einfach dadurch zu verändern, daß man ihn in einem Kasernenhof wie »Schlachtvieh« antreten, die Hände heben und diesen

Eid nachsprechen ließ, das müssen wir meiner Meinung nach für die Zukunft verhindern.

Das Gedicht von *Erich Fried,* mit dem ich diese These abschließen will, zeigt in einer erschütternden Weise, daß viele von denen, die sich auf der bewußten Ebene dadurch entschuldigt wähnten, »nur einem Befehl gehorcht zu haben«, dennoch ein Schuldgefühl entwickelten, welches sie aber mit aller Macht ins Unbewußte verdrängten. Noch Jahrzehnte später kann es bei einer entsprechenden, an die Untat erinnernden Gelegenheit ins Bewußtsein durchbrechen und nach Art einer neurotischen Reaktion quälende Symptome hervorrufen.

Kriegsopfer

Ein Maurer, fünfundzwanzig Jahre nach dem Krieg,
beantragte eine Rente als Kriegsbeschädigter.
Seine Tochter habe vor kurzem ein Kind bekommen
und er leide seither
an einem Magengeschwür.

Auf die Frage
wieso das als Kriegsbeschädigung gelten soll
erklärte der alternde Mann unumwunden
in Polen habe er dauernd kleine Kinder erschießen müssen
das sei Befehl gewesen
und habe ihm weiter nichts ausgemacht

Auch in den Jahren später
sei er gut darüber hinweggekommen,
keine Alpträume oder dergleichen
aber jetzt sei das anders.

Jedes Mal, wenn er sein Enkelkind sehe
obwohl er es liebe
bekomme er heftige Magenkrämpfe
und müsse dann immerfort an damals denken
Es sei also klar
daß er ein Kriegsopfer sei

Dem Antrag des Mannes auf Rente
wurde nicht stattgegeben
und der Arzt, der ihn untersuchte
gab ihm den Rat
er solle doch einfach
sein Enkelkind nicht mehr sehen

7. These

Wenn das Wort »Gewissen« ausgesprochen ist, darf nicht übersehen werden, daß *Friedenserziehung auch ein religiöses Problem enthält.* Das Christentum hat bei dieser Aufgabe in der Vergangenheit in einem erschreckendem Ausmaß versagt. Zwar hat Christus mit dem Satz: »Wer zum Schwert greift, wird durch das Schwert umkommen« und durch sein gesamtes Leben hier eindeutig Stellung genommen, aber seine Kirche (oder Kirchen) haben sich nicht daran gehalten.

Das ständige Paktieren mit den Mächtigen mußte teuer bezahlt werden: Dafür, daß man Staatsreligion sein durfte, hatte man dann die Pflicht, die christlichen Staatsbürger aufzufordern, bedingungslos der Obrigkeit zu gehorchen, auch wenn sie zu den Waffen rief. So wurde jeder Krieg ein »gerechter« Krieg; es wurden auf beiden Seiten die Waffen gesegnet und zum gleichen Gott um Sieg gebetet. Da kann man nur noch einmal *Gisela Uellenberg* zitieren mit ihrem wunderbaren Satz: »Wider den unchristlichen christlichen Gehorsam.«

Die Folgen einer solcherart pervertierten »christlichen Friedenserziehung« möchte ich anhand des Zweiten Weltkrieges darstellen. In diesen fünf Jahren wurden wegen Verweigerung des Kriegsdienstes aus religiösen Gründen in Deutschland hingerichtet: 7.000 Zeugen Jehovas (die Mehrzahl von ihnen ohne jedes Verfahren in Konzentrationslagern), 7 Katholiken, 7 Mitglieder der Sieben-Tage-Adventisten und ein Protestant. (Wir sind gewöhnt, die »Zeugen Jehovas« als Sonderlinge abzutun, vor allem auch deswegen, weil sie sich weigern, eine Bluttransfusion an sich durchführen zu lassen. Die Mitglieder dieser Sekte haben aber in der nationalsozialistischen Zeit gezeigt, daß es ihnen um ihre Religion sehr ernst war; sie waren eher bereit, sich töten zu lassen, als ihr oberstes Gebot, nämlich zu keiner Waffe zu greifen, zu brechen. Man müßte also wohl sagen, daß man von der Standhaftigkeit dieser »Sonderlinge« vieles hätte lernen können.)

Auf eines der sieben katholischen Opfer möchte ich besonders hinweisen, weil es sich um einen Mann handelt, von dem wir alle viel lernen sollten: *Franz Jägerstätter* aus Oberösterreich. Er hatte einen Traum, in dem er einen Zug, den Ungezählte jubelnd stürmten, in eine Art von Hölle fahren sah.

Der einfache Bauer, der wahrlich *Freuds* Traumdeutungen nicht gelesen, von Psychotherapie keine Ahnung hatte, deutete ihn dennoch richtig: Der Zug ist der nationalsozialistische Krieg; er ist eine

Sünde, die mit der Vernichtung bestraft wird. Folgerichtig kam der Mann zu dem Schluß, daß es sich um einen verbrecherischen Krieg handelt, und daß er in die Hölle käme, wenn er Hitler Gefolgschaft leistete.

Der damalige Linzer Bischof hat — um ihn, vielleicht aber auch sich selbst zu retten — versucht, ihm zu erklären, daß er ein »irriges Gewissen« habe; man sei in Wirklichkeit verpflichtet, der von Gott eingesetzten Obrigkeit zu gehorchen. Jägerstätter entgegnete dem Bischof:

> Herr Bischof, nicht mein Gewissen ist irrig, sondern das Ihrige. Ich weiß, daß mich meine Haltung das Leben kosten wird, aber besser das Leben verlieren, als mit einer Todsünde in die ewige Verdammnis zu kommen.

Es ist mehr als beunruhigend, zu sehen, wie wenig die Österreicher bis zum heutigen Tage bereit sind, den Märtyrertod Jägerstätters richtig zu bewerten. Das ist ein schlimmes Symptom und Signal! In seiner eigenen Heimat wird ihm noch immer »Egoismus« vorgeworfen, denn er habe nur an sich gedacht (!); das Schicksal seiner Familie, die er vaterlos zurückließ, sei ihm gleichgültig gewesen (!).

In Linz soll eine Straße, die jetzt nach einem Bürgermeister der Nazizeit benannt ist, der beim schrecklichen Freißlerschen Volksgerichtshof als Beisitzer mitgewirkt hat, in Franz-Jägerstätter-Straße umbenannt werden. Es gibt dagegen starken Widerstand: Die einen sagen, man solle den alten Namen lassen, damit die vergangenen Dinge endlich »zur Ruhe kommen«, die anderen meinen, wenn man schon umbenenne, so keinesfalls in Jägerstätter-Straße.

Allen sollte klar sein, daß Jägerstätter nur deswegen sterben mußte, weil er eben ein einzelner war und blieb. Wenn man solche Reaktionen hört, wie oben beschrieben, muß man sich bange fragen, ob dies in der heutigen Zeit sich nicht ganz genauso wiederholen würde. Und wenn ich gerade junge Menschen begeistert gegen den Krieg demonstrieren sehe, steht in mir die Sorge auf: Wird es im »Ernstfall« diesmal so *viele* Jägerstätters geben, daß sie sich alle zusammen werden durchsetzen können?

Was nun die christlichen Kirchen betrifft, spricht einiges dafür, daß sie auf dem Gebiete der Friedenserziehung in letzter Zeit Fortschritte gemacht haben. Aus den verschiedensten Regionen der christlichen Welt, auch von den verschiedenen christlichen Konfessionen mehren sich die Stimmen, die den Krieg angesichts der »Fortschritte« der Vernichtungstechnik als grundsätzlich unsittlich, als die Sünde schlechthin bezeichnen. Es besteht also Grund zur Hoffnung, daß die Zeit der »Waffensegnung« ein für allemal vorbei ist (obwohl ich gerüchteweise gehört habe, daß sie im Falkland-Krieg noch vereinzelt stattgefunden haben soll). Wie dem auch sei: Die Wachsamkeit jedes einzelnen ist auch hier geboten (die Kirche sind wir alle zusammen!), und die Forderung *Friedrich von Weizsäckers,* einen ökumenischen Weltfriedenskongreß abzuhalten, sollte ehestens realisiert werden. Im Sinne dieser Wachsamkeit das folgende Gedicht von *Erich Kästner:*

Stimmen aus dem Massengrab

Da liegen wir und gingen längst in Stücken.
Ihr kommt vorbei und denkt: sie schlafen fest.
Wir aber liegen schlaflos auf dem Rücken,
weil uns die Angst um Euch nicht schlafen läßt.

Wir haben Dreck im Mund. Wir müssen schweigen.
Und möchten schreien, bis das Grab zerbricht!
Und möchten schreiend aus den Gräbern steigen!
Wir haben Dreck im Mund. Ihr hört uns nicht.

Ihr hört nur auf das Plaudern der Pastoren,
wenn sie mit ihrem Chef vertraulich tun.
Ihr lieber Gott hat einen Krieg verloren
und läßt Euch sagen: Laßt die Toten ruhn!

Ihr dürft die Angestellten Gottes loben.
Sie sprachen schön am Massengrab von Pflicht.
Wir lagen unten, und sie standen oben.
»das Leben ist der Güter höchstes nicht.«

Da liegen wir, den toten Mund voll Dreck.
Und es kam anders, als wir sterbend dachten.
Wir starben. Doch wir starben ohne Zweck.
Ihr laßt Euch morgen, wie wir gestern, schlachten.

Vier Jahre Mord, und dann ein schön Geläute!
Ihr geht vorbei und denkt: sie schlafen fest.
Vier Jahre Mord, und ein paar Kränze heute!
Verlaßt Euch nie auf Gott und seine Leute!
Verdammt, wenn Ihr das je vergeßt!

8. These

Es erhebt sich die Frage, ob moderne Friedenserziehung die Ablehnung jeder Art von Militär einschließt. Ich kann diese Frage nicht bejahen. Niemand kann schließlich bestreiten — so unsympatisch dies uns allen sein mag —, daß es Soldaten geben muß; teils zur Aufrechterhaltung der Ordnung, teils, um Überfälle auf ein Land, die es ja leider tatsächlich auch immer wieder gibt, abzuwehren. Im Falle von Österreich gilt zusätzlich das Argument, daß uns der Staatsvertrag, dem wir unsere Freiheit und Neutralität verdanken, zur Erhaltung eines Heeres verpflichtet.

Wenn man die 6. These aufmerksam durchliest, so geht daraus hervor, daß es auch Situationen geben mag, wo Widerstand menschliches Recht, ja, sogar menschliche Pflicht, sein kann. Man würde meine Ausführungen mißverstehen, wenn man daraus den Schluß zöge, ich wollte sagen, es könne grundsätzlich überhaupt keinen Grund dafür geben, zur Waffe zu greifen.

Ein Mann, den ich sehr schätze, der Theologe *Johann Baptist Metz*, hat einmal gesagt:

> Wenn man dich auf die linke Wange schlägt, dann kannst du, wenn du die Kraft aufbringst, auch die rechte hinhalten. Wenn man aber deinen Bruder auf die linke Wange schlägt, dann mußt du alles tun, damit er nicht auf die rechte geschlagen wird.

Damit ist eine Pflichtenkollision zwischen Gewaltverzicht und im äußersten Fall notwendiger (?!) Gewaltanwendung angedeutet, für die niemand, auch ich nicht, eine Patentlösung anzubieten vermag. Es wäre bei aller Friedensbegeisterung unaufrichtig, an diesem Problem vorbeizugehen. Wir können nur demütig von der menschlichen Not sprechen, die sich hier ergibt. An ein sehr weises Wort sollte aber in diesem Zusammenhang auf alle Fälle gedacht werden:

> Das Militär ist eine Pflanze, die man sorgfältig pflegen muß, damit sie *keine* Früchte trägt.

Das Österreichische Bundesheer, das ich, wie schon gesagt, als eine notwendige Einrichtung akzeptiere, darf in den Schulen Propaganda für den Präsenzdienst machen, natürlich auch für die militärische Laufbahn. Das ist ganz in Ordnung.

Der Zivildienst hingegen darf das nicht, er ist ausgeschlossen von jeder Werbung. Es wäre ganz schlimm, wenn man die Menschen, die aus Gewissensgründen diesen Weg suchen, dafür mit einer überlangen Dienstzeit bestrafen wollte. Ich würde dies als einen bedenklichen Schritt in die Richtung einer Kriegsbereitschaft ansehen. Ich habe mit zahlreichen Zivildienern gesprochen; viele haben ein sehr hartes Leben gehabt, also keineswegs ein Honiglecken, wie es oft tendenziös dargestellt wird. Und dennoch haben die meisten sich freudig eingesetzt, weil, wie sie sagten, es einen Sinn gehabt hat. »Ich habe da etwas gelernt, und ich habe eine vertiefte Beziehung zur Gemeinschaft gewonnen, besonders zu den Benachteiligten, aber auch zu unserem Land.« Ich habe auch mit vielen Präsenzdienern gesprochen, und die haben keineswegs gesagt, daß sie »geschunden« wurden. Ganz im Gegenteil, sie seien korrekt behandelt worden, aber leider, es sei eine sinnlose Zeit gewesen.

Ich persönlich hoffe zu Gott, daß es dem Bundesheer gelingen wird — und ich weiß, daß es da ernste Bestrebungen gibt —, eine Sinnfindung in den Präsenzdienst hineinzulegen. Das wäre die einzige richtige sinnvolle Antwort auf den Zivildienst.

Ich habe mit meinem lieben Freund *Erich Fried* gerade über diesen Punkt sehr lange diskutiert. Auch er konnte zu keiner präziseren Entscheidung kommen, als sie hier angedeutet ist, und das folgende Gedicht von ihm stehe auch als Beweis für seine Ratlosigkeit bezüglich dieses Problems:

Die Gewalt

Die Gewalt fängt nicht an
wenn einer einen erwürgt
Sie fängt an
wenn einer sagt:
»Ich liebe Dich:
Du gehörst mir!«

Die Gewalt fängt nicht an
wenn Kranke getötet werden
Sie fängt an
wenn einer sagt:
»Du bist krank:
Du mußt tun was ich sage«

Die Gewalt fängt an
wenn Eltern
ihre folgsamen Kinder beherrschen
und wenn Päpste und Lehrer und Eltern
Selbstbeherrschung verlangen

Die Gewalt herrscht dort
wo der Staat sagt:
»Um die Gewalt zu bekämpfen
darf es keine Gewalt mehr geben
außer *meiner* Gewalt«

Die Gewalt herrscht
wo irgendwer

zu hoch ist
oder zu heilig
um noch kritisiert zu werden
oder wo die Kritik nichts tun darf
sondern nur reden
und die Heiligen oder die Hohen
mehr tun dürfen als reden

Die Gewalt herrscht dort wo es heißt:
»Du darfst Gewalt anwenden«
aber oft auch dort wo es heißt:
»Du darfst keine Gewalt anwenden«

Die Gewalt herrscht dort
wo sie ihre Gegner einsperrt
und sie verleumdet
als Anstifter zur Gewalt

Das Grundgesetz der Gewalt
lautet: »Recht ist, was wir tun.
Und was die anderen tun
das ist Gewalt«

Die Gewalt kann man vielleicht nie
mit Gewalt überwinden
aber vielleicht auch nicht immer
ohne Gewalt

9. These

Ein unabdingbarer Grundsatz jeder Friedenserziehung soll lauten: *Du mußt mit der Abrüstung bei dir selber (bei der eigenen Seite) beginnen.* Dieses lächerliche Spiel: »Ich bin ja zur Abrüstung bereit, aber *Du* mußt damit anfangen, dann werde ich nachfolgen« muß ein Ende haben, denn so wird man das Ziel *nie* erreichen.

In diesem Zusammenhang will ich einen leidenschaftlichen Protest gegen die Verteufelung der sogenannten »einäugigen« Friedensliebhaber richten, die immer wieder von den Massenmedien betrieben wird. Darunter versteht man die, die nur bei der eigenen Seite Frieden suchen und nicht dafür sorgen, daß auch die anderen gleichermaßen um den Frieden bemüht sind. Dazu möchte ich sagen: Wenn wir wirklich Frieden wollen, können wir zuerst *nur* einäugig sein! Wir können ja nur über uns selbst verfügen. Wir müssen bei uns beginnen. Die große Kunst ist es — wäre es —, den Mut zu haben, den ersten Schritt zu tun und nicht zu sagen und zu warten: Was wird der andere machen?

Ich weiß schon, daß die Politiker mich deshalb für einen Narren erklären werden. Erst vor kurzem hat *Helmut Schmidt*, der deutsche Ex-Bundeskanzler, *Leonard Bernstein* aus den gleichen Gründen »der Naivität geziehen«. Dennoch halte ich daran fest: Wir müssen bei uns beginnen! Ist das nicht erschütternd: Wann immer irgendeiner — ob die Amerikaner, ob die Russen — eine winzige Geste der Bereitschaft zur Abrüstung macht, dann hört man von der anderen Seite mit einer wahnwitzigen Stereotypie — ich bringe das jetzt mit einem berühmten Wort von *Karl Kraus* —, dann hören wir ein einziges Wort: »Bluff!« Das bedeutet: »Das können wir nicht glauben; das wollen wir nicht glauben«, weil uns eben das Mißtrauen, von dem ich früher gesprochen habe, beherrscht.

Und wenn man sich gegenseitig immer nur Zahlen vorrechnet und aufrechnet, so wird es nie eine Besserung geben. Abrüstung bedeutet ja keineswegs, daß man nun plötzlich über Nacht wehrlos wird. Man hätte ja de facto aus dem fünfzigfachen »Overkill« nur einen etwas geringeren gemacht, aber es wäre enorm wichtig, solche Gesten eines guten Willens zu setzen!!!

Noch eine Frage muß ich anschneiden: Ist es wirklich so, daß die Rüstung beider Seiten, also das »Gleichgewicht des Schreckens«, das wir heute erleben, die einzige Garantie dafür ist, daß es zu keinem Krieg kommt? Viele, und es sind sicher sehr ernstzunehmende, gescheite und verantwortungsbewußte Menschen — darunter zum Beispiel mein verstorbener treuer Freund *Manès Sperber* —, sind ehrlich davon überzeugt, daß wir unsere lange Friedenszeit seit 1945 (zumindest was Weltkriege betrifft) einzig und allein diesem Gleichgewicht zu verdanken haben.

Der katholische Erzbischof von Seattle, *Raimud Hunthausen,* hingegen hat dem »Spiegel« folgendes Interview gegeben:

Spiegel:
Sie treten für eine einseitige Abrüstung ein?
Hunthausen:
Ich bin für eine bilaterale Abrüstung, aber ich spreche von einseitiger Abrüstung, weil ich unsere Bürger und unsere Politiker aufrütteln möchte. Ich sehe hingegen keine Möglichkeit, den Kreml zu beeinflussen. Meiner Meinung nach müssen wir in diesem Land mit der Abrüstung beginnen, und wir müssen fortfahren, die Waffen in dieser Welt abzubauen, selbst wenn die Russen nicht mitziehen sollten. Das wird vielen Leuten naiv erscheinen. Naiver erscheint mir, zu glauben, daß ein andauerndes Wettrüsten nicht schließlich zu einem schrecklichen Atomkrieg führen wird.

Spiegel:
Aber einseitige Abrüstung halten selbst Politiker für riskant, die keineswegs kalte Krieger sind.
Hunthausen:
Mir erscheint sie weniger riskant als hemmungsloses Wettrüsten. Ich leugne nicht, daß wir uns verwundbar machen, aber ich komme nicht zu der Schlußfolgerung, daß einseitige Abrüstung notwendigerweise einen Krieg heraufbeschwören würde. Ich sage der christlichen Gemeinschaft, daß wir uns nicht identifizieren können mit diesen schrecklichen Waffen, das hätte auch Christus gesagt, so wie ich die Heilige Schrift verstehe. ... Jesus entschied sich für das Kreuz und nicht für das zu seiner Verteidigung gezogene Schwert, das ist die Aussage der Heiligen Schrift zur einseitigen Abrüstung. Unsere Sicherheit als Gläubige beruht nicht auf dämonischen Waffen, die alles Leben auf der Erde bedrohen. Unsere Sicherheit beruht auf einem liebenden Gott. Wir müssen die Waffen des Schreckens zerstören und auf Gott vertrauen.
Spiegel:
Und wenn die Russen kämen, hieße dann die Devise, lieber rot als tot?
Hunthausen:
Wenn es zum schlimmsten aller Szenarien käme und wir besetzt und Geiseln der Russen würden, dann wäre das wohl, das habe ich schon in Predigten gesagt, unsere Kreuzigung. Sich kreuzigen zu lassen ist christlicher, als anderen mit Zerstörung zu drohen. Absolut das größte Übel ist nicht, daß wir zerstört werden könnten, das größte Übel ist unsere Bereitschaft, Millionen andere zu zerstören. Jesus lehrt uns die Bereitschaft, unser Leben für andere zu opfern. Er hat uns nicht gelehrt, schützt euch, indem ihr so viele andere tötet, wie es dazu notwendig erscheint. Aber wir sprechen hier über das schlimmste Szenarium. Meine Hoffnung ist, daß die Welt aufatmen würde, wenn wir mit nuklearer Abrüstung beginnen, und daß uns die andere Seite folgen würde. Das erfordert Vertrauen, an dem es fehlt. Wir müssen unsere Zuversicht und unser Vertrauen auf Gott richten, das fordert unser Glaube und das erfordert Glauben.

Ich denke, daß es niemandem einfallen wird, einen Mann wie den Bischof Hunthausen als verkappten Kommunisten zu bezeichnen. Ich betone dies deswegen ausdrücklich, weil alle diejenigen, die den Rat erteilen, daß die westliche Seite zuerst mit der Abrüstung beginnen solle, als heimliche Kommunisten, als Helfershelfer der Russen und als nützliche Idioten im Sinne *Lenins* (die also mit ihrer Naivität in Wirklichkeit die Sache des Kommunismus unterstützen) geschmäht und abqualifiziert werden. Den jungen Menschen, die hier bei uns gegen die Abrüstung protestieren, wird zugerufen: »Geht doch nach Moskau und protestiert dort!« Ich bestreite keinen Moment, daß man natürlich auch in Moskau kräftig protestieren müßte, aber das ändert doch nichts daran, daß dies auch hier, in den Ländern des Westens, nötig ist.

Wie schon gesagt, habe ich trotz meiner anderen Auffassung dennoch Respekt vor denjenigen, die an das »Gleichgewicht des Schreckens« glauben. Ich traue ihnen bis zu einem gewissen Grade gute Absichten zu; dies umso mehr, als auch ich noch vor einiger Zeit eher denjenigen zuneigte, die im Gerüstetsein die größere Hoffnung für den Frieden sahen. Ich hielt es damals mit der indischen Legende:

> In einem Wald haust eine schreckliche Schlange, der Alptraum der Menschen und der Tiere. Da kommt ein heiliger Mann und bekehrt sie mit seiner Überredungskunst, friedlich zu sein. Aber die Menschen reagieren, indem sie die Schlange verspotten, mit Steinen bewerfen. Sie muß nun ein klägliches Dasein führen. Als der Heilige wieder erscheint, ist er über die Veränderung der Schlange, die einen gehetzten, verfallenen Eindruck macht, zutiefst bestürzt. Er fragt, wieso dies gekommen sei. Die Schlange antwortet vorwurfsvoll: »Weil ich deinen Anweisungen gefolgt bin. Es ist deine Schuld.« Der Heilige sagt liebevoll: »Das Zischen habe ich dir nicht verboten.«

Nun, heute halte ich vom »Zischen« nichts mehr. Mit jedem Tag, den ich länger lebe, glaube ich mehr, daß dieses »Gerüstet-Sein« letztlich kein Weg zum Frieden, daß es mit einer friedfertigen Gesinnung unvereinbar ist, daß kein wie immer gearteter Zweck solche Mittel rechtfertigt oder heiligt.

Ich möchte sagen, daß dieser verfluchte Satz »Si vis pacem para bellum« (Wenn du den Frieden willst, bereite den Krieg vor) bisher noch nie zu etwas anderem geführt hat als zum Krieg. Mein Glaube ist, daß die Welt aufatmen würde, wenn der Westen mit nuklearer Abrüstung begänne, und daß die andere Seite folgen würde. Das erfordert, wie gesagt, Vertrauen, und an dem fehlt es auf beiden Seiten; vielleicht ließe es sich durch echte menschliche Begegnungen und Gespräche der »Feinde« Schritt für Schritt erreichen.

Auch am Schluß dieser These ein treffendes Gedicht von *Erich Fried:*

Friedensbereitschaft

Wenn die Friedensliebe
der einen
mit voller Wucht
auf die Friedensliebe
der anderen stößt
gibt es Krieg

10. These

○ Friedenserziehung darf nicht versäumen, *jeden Menschen daran zu erinnern, daß er jeden Tag* von früh bis tief in die Nacht *einen Beitrag zum Frieden zu leisten vermag,* indem er in seinem persönlichen Leben Frieden gestaltet.

Schon zu Hause sollte der Krieg zwischen Vater und Mutter vermieden werden. Auseinandersetzungen sind immer unvermeidlich, aber Kampf in der Familie gegeneinander stellt wohl die schlimmste Kriegsschule für das heranwachsende Kind dar.

○ Die Begegnung zwischen den beiden Geschlechtern sollte nicht in der Art einer Feindschaft auf Leben und Tod ausgetragen werden, indem jeder bemüht ist, dem anderen die Position des Unterlegenen zuzuweisen. Sexualität sollte echte Kommunikation sein. Die Unterdrückung und Verdrängung der Sexualität fördert übrigens außer Zweifel die Bereitschaft zur Aggression. Der Slogan »Make love not war« hat damit in mehrfacher Hinsicht seine Berechtigung. In ähnlichem Sinne sagt *Wildgans:* »Aber der Friede der Sinne wäre der Friede der Welt.«

○ Auch in der Arbeitswelt müßten Gemeinschaftsgefühl und Solidarität unter Aufgabe jedes Klassenkampfes zum Zuge kommen; aus dem Nebeneinander ein Miteinander werden, welches die Würde des einzelnen achtet.

○ Die jungen Menschen, die sich für die Erhaltung der Natur einsetzen, müßten allgemeine Unterstützung finden, denn dies ist nur ein wichtiger Teil der Aufgabe von uns allen, die Versachlichung der Welt durch Wiederzulassung der Gefühle zu verändern. Die Materialisierung hat eine enorme Bezogenheit zum Krieg, wie etwa aus dem Satz hervorgeht: »Das kriegen wir auch noch.«

○ Wenn ich oft sehe, wie Friedensfreunde miteinander im Krieg liegen, etwa unter der Devise: »Wenn Ihr mitmarschiert, bleiben wir fern«, so wird mir angst und bange. Das ist ja das Niveau von Kinderspielplätzen, das ist ja Propaganda für den Krieg, statt dem Frieden den Weg zu bahnen. Ich aber möchte trotz allem gerade an die Jugend als den Verfechtern des Friedens der Zukunft glauben. Warum sollte nicht gerade der Friede zu jenen »Utopien« gehören, deren Verwirklichung sie durchsetzen wollen?

○ Besonders der Tiefenspsychologe weiß, daß Appelle aller Art nur dort auf fruchtbaren Boden fallen, wo der Menschlichkeit durch Selbsterkenntnis die Wege geebnet worden sind. Da ich aber versucht habe, diese Bewußtseinserweiterung mit meinen Ausführungen anzuregen, darf ich doch einen Appell an den Schluß setzen:

Freunde, entrüstet Euch, im doppelten Sinne dieses Wortes! Legt die Waffen jeder Art nieder! Vertraut, kommt aus Euren Höhlen heraus, in die Ihr Euch eingeschlossen habt! Lasset Verwundbarkeit zu; redet miteinander, seid offen zueinander, denn dies ist der Weg, der eigentlich dem Krieg seine Anziehungskraft entzieht!

Ein letztes literarisches Zitat, diesmal von *Christa Wolf*, der großen ostdeutschen Dichterin, die in Westdeutschland den Büchnerpreis erhalten hat — allein dies ist schon ein gutes Symbol:

> Was ignoriert und geleugnet wird, müssen wir schaffen, Freundlichkeit, Würde, Vertrauen, Humanität, Anmut, Duft, Klang, Poesie, ungezwungenes Leben, was schnell, was zuerst verfliegt, wenn der friedlose Friede in Vorkrieg überzugehen droht, mit anderen Worten das eigentlich Menschliche, was uns bewegen kann, diesen Frieden zu verteidigen.

Eine wunderbare, sehr geliebte Frau hat mir einmal geschrieben: »Es hat keinen Sinn, darum zu beten, daß die Glocken den Frieden einläuten; wir müssen zuerst den richtigen Ton finden, den richtigen Klang formen, dann werden die Glocken ganz von selbst den Frieden verkünden.« — Dem ist nichts hinzuzufügen.

Bevor ich auch diesen letzten Punkt mit einem Gedicht abschließe, möchte ich noch erklären, warum ich dies bei jeder These getan habe: Weil die Kunst eine unserer größten Hoffnungen bleibt, die Versachlichung unserer Welt aufzuheben, Bewußtseinserweiterung zu ermöglichen und damit die Zivilisation in Kultur zu verwandeln. Mit Recht hat *Picasso* gesagt: »Kunst und Freiheit muß man wie das Feuer des Prometheus rauben, um sie gegen die bestehende Ordnung anzuwenden.« Und mein Freund *Alfred Hrdlicka* formuliert: »Kunst ist die Konfrontation mit denen, die die Macht haben.« In diesem Sinne schließe ich mit dem Ende des 12. Gesanges aus *Anton Wildgans'* Epos »Kirbisch«. Es spielt gegen Ende des Ersten Weltkrieges in Übelbach, und die Schlußworte beschreiben den Weg, den die unehelich schwanger gewordene Magd Cordula, von allen verlassen, der Geburt entgegen, antritt:

> Cordula, schmerzhafte Magd, wo führt dein Weg hin? Wo wird dir,
> Wenn deine Stunde gekommen, die Bürde des heiligen Lebens
> Abzusetzen erlaubt sein? Glaubst du noch immer an Menschen,
> Welche die Hungrigen speisen und Müden ein Labsal bereiten?
> Alle Spitäler sind belegt mit blessierten Soldaten, für Mütter
> Weder irgendein Raum noch geeignete Nahrung! Ist *dir* da
> Irgendwo auf der Welt bei fremden gleichgültigen Leuten auch
> Nur ein Stall so gewiß, bei Ochs und Esel ein Kripplein,
> Wo du dein Kindlein bettest, und wär' es auf Lumpen und Stroh nur!

Aber die Hirten lobsängen: Ehre sei Gott in der Höhe!
Aber die Könige kämen mit Gold, Myrrhen und Weihrauch,
Anzubeten das Kind! — Oh, Träume, Cordula, Träume!
Dornen sind dir gesäet, und Steine werden dein Brot sein,
Ach, wo immer du gehst und wo immer du anklopfst. Denn siehe,
Übelbach ist ja ein Dorf nicht, in *seiner* Art *einzig,* kein Ausbund
Unter den Orten und Stätten der erdebewohnenden Menschen,
Übelbach ist ja die *Welt,* und die derbe Begierde, zu raffen,
Selber in Freveln zu blühn und die Unschuld büßen zu lassen,
Ist ja der Irdischen Art! Noch *immer* haben die Lauten
Leisere niedergeschrien, die Rohen die Zarten geknechtet,
Schurken die Guten gemißbraucht!
Noch immer ruhte das Schicksal,
Welches im Großen bestimmte die Lose der Menschengeschlechter,
Nicht bei den Weisen und Edeln!
Nein, *immer* noch waren's die Gaukler,
Rollenerschleicher der Macht und Fälscher der hohen Begriffe,
Welche mit Lockung und Peitsche für dieses oder für jenes
Wahnwort die gläubige Herde von Schlachtbank zu Schlachtbank getrieben,
Und so *werden* sie's treiben, solange die Welt steht. Und dennoch:
Auch, solange die Welt steht, wird immer wieder ein reines
Kindlein geboren werden, um dessentwillen der Herr die
Erde so schön gemacht und den Herzen die Hoffnung gegeben!
Und eine Mutter wie du — gegrüßet seist du, Maria! —
So es in Demut empfangen und hart und getrost in der Not ist,
Wird ihm die Brüste reichen, auf daß es lebe und stark sei,
Selbst eine Welt sich zu schaffen aus seinen Träumen! Denn *anders,*
Wenn wir an *dieses* nicht glaubten für unsere *eigenen* Kinder,
Wäre die Erde ein Ort der bloßen Verzweiflung, die Zeugung
Schuld nur am neuen Geschlechte, kein Frieden erlöste in Gräbern
Und es verlohnte sich nicht, den Menschen die Leier zu rühren.

Nachwort

In seiner Nobelpreisrede 1952 stellte Albert Schweitzer fest: »Was uns eigentlich zu Bewußtsein kommen sollte und schon lange vorher hätte kommen sollen, ist dies, daß wir als Übermenschen Unmenschen geworden sind.«

Wie Albert Schweitzer bekämpft Erwin Ringel jede Form der Unmenschlichkeit. Leben wir nicht in einem Zeitalter, in der Gefühllosigkeit zum Lebensstil wird? Wird der Mensch heute nicht so oft als Objekt behandelt? Werden nicht seine echten Bedürfnisse nach Zuwendung ignoriert, besonders, wenn er keinen sozialen Status hat? Sind nicht viele führende Repräsentanten der Nation alles andere als konstruktive Vorbilder? Noch wichtiger: Ist nicht die Existenz der gesamten Menschheit gefährdet wie noch nie?

Für einen Psychiater wie Ringel bedeuten diese Fragen eine dringende Herausforderung, sich den globalen Problemen der Menschheit zu widmen. Er betont zum Beispiel, daß eine weit verbreitete Arbeitslosigkeit die seelische Gesundheit des Menschen untergräbt, daß auf der einen Seite die Wohlhabenden eine unglaubliche Arroganz entwickeln, ohne soziales Bewußtsein, während die Arbeitslosen immer mehr von Hoffnungslosigkeit betroffen sind — eine Hoffnungslosigkeit, die so oft zum Selbstmord führt.

Erwin Ringel, wie Albert Schweitzer, appelliert an uns, daß eine Umkehr dringend notwendig ist — im sozialen wie im privaten Bereich. Er warnt, daß immer mehr Rüstung noch mehr Gefahr für das Überleben der Menschheit bedeutet. Ist nicht die Militarisierung des Weltraums Ausdruck eines unbegrenzten Wahnsinns? Zeigt das nicht ein Machtstreben, das ein psychopathologisches Fundament hat? Ist nicht Militarismus überhaupt eine Verschwörung gegen unsere Zukunft?

All das bedeutet in Ringels Sicht eine andere Orientierung für den Psychiater. Genau wie Erziehung über die Schule hinausgehen muß — echte Erziehung fängt in gewisser Hinsicht nach der Schule an —, so soll Psychiatrie nach Ringel zu einer neuen Lebensgestaltung beitragen für den einzelnen und für die Gesellschaft.

Dadurch bekommt der Psychiater eine viel wichtigere Rolle. Er wird zum Katalysator der Begegnung. Er entdeckt neue Möglichkeiten bei sich selbst und bei den Patienten. Nie kann er herablassend sein, denn seine Effektivität hängt zum großen Teil von seiner Weiterentwicklung ab — als Mensch und als Arzt. Das dialogische

Prinzip wird zum Zentrum der Therapie, so daß alles bewußter erlebt wird.

Erwin Ringel betont: »Ist es nicht verhängnisvoll, wenn wir an uns selber vorbeileben, unser Leben verfehlen und als Gefangene der Gefühllosigkeit existieren?«

Pionierleistungen prägen das professionelle Leben von Erwin Ringel. Er war verantwortlich 1954 für den Aufbau der ersten psychosomatischen Station in Österreich. 1960 war er der Gründer der Internationalen Vereinigung für Selbstmordverhütung. Er wurde der erste Präsident dieser Organisation. 1978 gründete Ringel die Österreichische Gesellschaft für klinische psychosomatische Medizin und wurde deren erster Präsident. Er betonte immer wieder, daß die körperliche Krankheit ein psychologisches Fundament hat, daß eine echte Heilung von einer verständnisvollen Umwelt und von konstruktive Lebensstrategien abhängt.

Selten hat ein Psychiater die Einengung des einzelnen so eindrucksvoll beschrieben wie Ringel. Es ist ein Prozeß, der schon in der Kindheit anfängt; in vielen Fällen werden unsere echten Gefühle nicht ausgedrückt, denn wir glauben, daß wir dadurch die Liebe unserer Eltern verlieren. In dieser Weise entwickelt sich der verstummte Mensch, der in einer permanenten Isolation lebt — eine Isolation, die immer mehr zur Melancholie führt, so daß Selbstmordgefährdung nicht ausgeschlossen werden kann. Ein solcher Mensch kann weder aufrichtig zu sich selbst noch gegenüber seiner Umwelt sein.

Erwin Ringel zitiert in diesem Zusammenhang Peter Turrini:

Das Nein,
das ich endlich sagen will,
ist hundertmal gedacht,
still formuliert,
nie ausgesprochen.
Es brennt im Magen,
nimmt mir den Atem,
wird zwischen meinen Zähnen zermalmt
und verläßt
als freundliches Ja
meinen Mund.

Ringel fordert existentielle Ehrlichkeit und Selbsterkenntnis. Doch die Frage stellt sich: Wo wird diese Haltung gefördert? Ist nicht die konventionelle Erziehung eine Methode der unreflektierten Anpassung, die immer wieder den Opportunisten ermutigt und den sensiblen Schüler erniedrigt? Ist nicht die konventionelle Religion eine

Verschwörung gegen die lebenszentrierten Kräfte? Ist nicht die konventionelle religiöse Erziehung ein gewollter Mißerfolg, so daß Vernunft effektiv bekämpft wird? Ist nicht die konventionelle Politik meistens ein Ausdruck der Unzufriedenheit — eine Manipulation, so daß Verlogenheit das Schicksal der Menschheit bestimmt? Sind wir nicht alle in Gefahr, von raffinierten Verführungsmethoden konditioniert zu werden?

Ringel fordert eine grundlegende Aufklärung, wenn wir nicht unreflektiert leben wollen. Er findet bei so vielen Patienten eine Verminderung der expansiven Kräfte. Sie verdrängen ihre Neurosen, so daß sie existentiell nie wach werden. Dieser Prozeß findet schon in der Jugend statt; vieles wird überhaupt nicht versucht, es entwickelt sich tatsächlich eine Renten-Ideologie mit Symptomen wie Einenzung der persönlichen Beziehungen und Einengung der Wertstrategie. Statt Expansion kann man eine Stimmung der Resignation beobachten. Kurz, es ist ein Leben wie in einem endlosen Nebel, wo die Sonne nie scheint und wo Hoffnung verlorengegangen ist.

Ein amerikanischer Student sagte einmal zu mir: »Ich weiß nicht, warum ich studiere. Jeden Morgen muß ich mich zwingen, in die Vorlesungen zu gehen. Am liebsten würde ich im Bett bleiben und nichts tun. Ich lese ohne Freude. Essen macht mir keinen Spaß. Ich habe keine Schwierigkeiten mit Mädchen, aber auch sexuelle Tätigkeit befriedigt mich nicht. Wenn der Höhepunkt kommt, ist das schön und gut, danach ist alles wieder grau.«

Ein Einzelfall? Nach Ringels Sicht sicher nicht. Er beschreibt, wie die meisten Menschen eine Existenz der Stagnation erleben, wie sie ihre schöpferischen Kräfte vernachlässigen und wie sie so oft in einer tragischen Weise in einem trostlosen Alter verkümmern. Kurz, für ihn ist Psychotherapie eine Methode der Kreativität, die ein anderes Leben ermöglicht — ein Leben, das sich dauernd erweitert und Erlebnis-Höhepunkte ermöglicht.

Doch ohne ein Gemeinschaftsgefühl, wie Ringel und Adler betonen, können diese Erlebnisse unmöglich von Dauer sein. So entsteht oft eine Regression. Alles wird passiv erlebt. Die Diskrepanz zwischen Illusion und Wirklichkeit wird immer größer. Beispielhaft ist das Bühnenstück von Tennessee Williams, »Glasmenagerie«. Laura ist darin ein Symbol des Alleingelassenseins, niemand versteht sie wirklich, auch nicht ihre Mutter, die sich so sehr um ihre Tochter kümmert. Die Sensibilität von Laura wird dauernd verletzt; ihre Erfolglosigkeit ist vorprogrammiert. Ein Patient von Ringel beschreibt diesen Zustand in der folgenden Weise: »Ich erwarte, daß man mir in Liebe entgegenkommt; wenn dies aber der Fall ist, möchte ich es sein, der die Wahl von sich aus aktiv trifft und weise deshalb jede Annäherung zurück. Aktiv aber werde ich nicht, weil ich Angst vor Mißerfolg habe.« Ringel zeigt, wie bei depressiven Patienten diese Stimmung besonders ausgeprägt ist. Er verlangt ein aktiv handelndes Prinzip in der Therapie, »welches der Überwindung der Passivität (als Ausdruck der Regression) dient. Folgende Resultate können sich dabei nach und nach einstellen: Erweiterung des Lebensraumes, Verbesserung bestehender und Erschließung neuer zwischenmenschlicher Beziehungen sowie neuer Wertbereiche, zunehmende Aufgeschlossenheit, Beseitigung der (eingeengten Stimmung), Atmosphäre der Zuversicht«.

Erwin Ringel spricht hier von der Überwindung der Selbstmordgefahr, doch brauchen wir nicht alle mehr Expansion und tiefere Beziehung zu unserer Umwelt? Brauchen wir nicht eine konstruktivere Lebensqualität und andere Verhaltensmuster?

Kein Wunder, daß die Ideen von Ringel einen solchen Anklang finden. Wenn er spricht, kommen Tausende Zuhörer — besonders Jugendliche —, und sie sind begeistert. Es war ein kultureller Höhepunkt in Wien, als im April 1985 Erwin Ringel und Erich Fried im Großen Saal des Wiener Konzerthauses sprachen und über Frieden, Kunst und Psychologie diskutierten. Als Ringel, Fried und Hrdlicka im Auditorium Maximum der Wiener Universität sprachen, um ihr Buch »Die da reden gegen Vernichtung« vorzustellen, war der Andrang so groß, daß viele Hunderte Studenten keinen Platz fanden.

Die Bedeutung von Erwin Ringel für unsere Zeit kann nicht genug geschätzt werden. In seiner Persönlichkeit und Ausstrahlung ist er ein Symbol der Ermutigung. Obwohl er so schwer behindert ist, strahlt er Lebensbejahung aus. Er erinnert uns an die Tatsache, daß wir so oft unser Potential vernachlässigen, daß wir so oft einen falschen Weg gewählt haben, daß wir uns jetzt entscheiden müssen, anders zu bewerten und zu handeln.

Erwin Ringel wurde gefragt, welchen Beitrag ein Psychoanalytiker zur Friedensforschung leisten kann. Seine Antwort war, daß er alles versuchen soll, »damit nicht so viele Kinder in der Erziehung neurotisiert und krank gemacht werden«. Sehr wichtig ist auch seine Aufgabe, die Erkenntnisse von Freud und Adler zum Durchschnittsbürger zu bringen, denn »sie sind bis heute nicht in den Menschen hineingedrungen«.

Für Ringel ist »jede Psychotherapie, die glücklich verlaufen ist, ein Beitrag zum Frieden in einem engen Bereich«. Doch darüber hinaus muß der Psychotherapeut bestrebt sein, seine Ansichten gesellschaftspolitisch zu verbreiten, und versuchen, die Mächtigen zu beeinflussen — eine äußerst schwierige Aufgabe, doch sie darf nicht ignoriert werden. Nicht zu intervenieren, sich nicht zu engagieren, das Gewissen der Menschheit nicht zu wecken, nicht alles zu tun, um zu helfen, die atomare Kriegsgefahr zu beseitigen, bedeutet nach Ringel eine falsche Sicht der Psychotherapie, deren soziale Verantwortung immer wichtiger wird.

Wir wissen, wie schädlich die sozialen psychopathischen Erscheinungen der Vergangenheit waren. Denken wir nur an die Kreuzzüge, die Inquisition, die Hexenverbrennung und an die Auswirkungen des Nationalsozialismus. Doch noch viel gefährlicher ist nach Ringel die Ideologie der Kreuzzügler unserer Zeit, die von einem Sieg in einem Atomkrieg sprechen, statt alles zu tun, um die Probleme der Menschheit in einer friedfertigen Weise zu lösen.

In allen seinen Büchern, besonders in »Selbstschädigung durch Neurose«, »Religionsverlust durch religiöse Erziehung«, »Das Leben wegwerfen?«, »Die österreichische Seele« und in »Die da reden gegen Vernichtung« ist Ringel eine Stimme der Vernunft in einem Zeitalter der Hysterie und Unvernunft. Er schreibt nicht nur als Wissenschaftler, sondern als Künstler. Man muß ihn sorgfältig lesen wie einen Dichter. Je mehr man ihn liest und danach handelt, um so mehr werden tiefere Erkenntnisse kommen, um so aufgeklärter werden wir leben. Seine Therapie ist eine Therapie der Befreiung — Befreiung von Tabus und Neurosen, von Fanatismus und falschen Glaubensgrundsätzen, von Einengung und Passivität.

Für mich ist Erwin Ringel der Albert Schweizer der Tiefenpsychologie. Ihm zu begegnen als Therapeut und Schriftsteller, als Redner, der von innen spricht und dauernd provoziert, als Dialogpartner, der jedes Gespräch gestaltet — ist ein Erlebnis, das man kaum beschreiben kann. Es ist wie eine Begegnung mit einer Symphonie von Mahler. Durch Ringels Wirken und seine Menschlichkeit, durch seine Warnungen und seine universelle Sicht ist er einer der bedeutendsten Psychiater unserer Zeit.

Frederick Mayer

Verzeichnis der wissenschaftlichen Arbeiten

Religion und Individualpsychologie. Intern. Ztschr. f. Individualpsychologie, 18. Jg., H. 4, 1949

Über ein epileptisches Syndrom, aufgetreten nach Schockbehandlung. Wr. Ztschr. f. Nervenheilk. u. deren Grenzgeb. Bd. 3, H. 1, 1950

Der Wertbegriff in der Individualpsychologie. Intern. Ztschr. f. Individualpsychologie, 19. Jg., H. 3, 1950

Seelsorge und Neurose (zusammen mit van Lun). Individualpsychologie, Bd. 20, H. 3, 1951

Praktische Selbstmordprophylaxe, Wr. Archiv f. Psychologie, Psychiatrie u. Neurol., Bd. 2, 1951

Ein Beitrag zur Frage der vererbten Selbstmordneigung. Wr. Ztschr. f. Nervenheilk. u. deren Grenzgeb., Bd. 5, H. 1, 1952

Die sogenannte Soldatenbraut. Über eine besondere Form weiblicher Gefährdung in unserer Zeit (zusammen mit H. Hoff). Wr. Archiv f. Psychologie, Psychiatrie u. Neurol., Bd. 2, H. 3, 1952

Erfahrungen bei Behandlung der Angst mit Myocain (zusammen mit H. Leupold-Löwenthal). Wr. med. Wschr. 102. Jg., Nr. 48, 1952

Ein Fall von eingebildeter Gravidität. Wr. Ztschr. f. Nervenheilk. u. deren Grenzgeb., Bd. 8, H. 1—2, 1953

Puerperalpsychosen zweier Schwestern (zusammen mit W. Soms). Wr. Ztschr. f. Nervenheilk. u. deren Grenzgeb., Bd. 7, H. 1, 1953

Der Selbstmord (Buch). Wr. Beiträge zur Neurologie und Psychiatrie. Wilhelm Maudrich, Wien 1953

Zur Problematik des Unbewußten vom Standpunkt der Individualpsychologie (zusammen mit W. Spiel). Psyche, 6. Jg., H. 6, 1952/53

Zur Selbstmordtendenz bei Kindern (zusammen mit W. Spiel und M. Stepan). Wr. Ztschr. f. Nervenheilk. und deren Grenzgeb., Bd. 5, H. 4, 1952

Die Tiefenpsychologie hilft dem Seelsorger (zusammen mit van Lun; Buch). Wien (Herder) 1953

Zur Frage der Anerkennung des Selbstmordes als Dienstbeschädigung (zusammen mit G. Wallentin). Wr. med. Wschr., 103. Jg., Nr. 29/30, 1953

Selbstmord und seine Verhütung, Mitteilg. d. Österr. San. Verwaltung 55. Jg., H. 3, 1954

Die psychosomatische Medizin und der arbeitende Mensch (mit H. Hoff). Wr. Archiv f. Psychologie, Psychiatrie und Neurologie, Bd. 4, H. 3, 1954

Die Bedeutung der pädagogischen Situation für die geistige Volksgesundheit in Österreich (zusammen mit Prof. Buytendijk und Prof. Kriekemans). Uitgeveij het spectrum, Utrecht 1954

Untersuchungen über kindliche Selbstmordversuche (zusammen mit W. Spiel u. M. Stepan). Praxis der Kinderpsychologie, 4. Jg., H. 7, 1955

Die Funktion des Psychiaters in den Anstalten für jugendliche Kriminelle (zusammen mit W. Spiel). Aus dem Bericht des III. Internationalen Kongresses für Heilpädagogik, 1955

Eine weibliche Alkoholhysterie (zusammen mit H. Schinko). Wr. Ztschr. für Nervenheilk. u. deren Grenzgeb., Bd. 12, H. 2, 1955

Versuch der Kompensation in einer Neurose (zusammen mit W. Solms). Wr. Ztschr. für Nervenheilk. u. deren Grenzgeb., Bd. 12, H. 2, 1955

Zur Psychodynamik sexuell-metabolischer Wahnvorstellungen zweier Schizophrener. Wr. Ztschr. für Nervenheilk. u. deren Grenzgeb., Bd. 11, H. 3—4, 1955

Probleme des alternden Menschen. Mitt. d. Österr. San.-Verwaltung, 57. Jg., H. 5, 1956

Selbstmordprophylaxe und ärztliches Recht. Österr. Ärztezeitg., 11. Jg., Nr. 14, 1956

Individualpsychologie und universalistische Betrachtungsweise, Wr. Archiv f. Psychologie, Psychiatrie u. Neurologie, Bd. 6, H. 2, 1956

Behandlung eines Hirnödems nach Erhängen (zusammen mit K. Pateisky). Wr. med. Wschr., 106. Jg., Nr. 40, 1956

Die Zeit und ihre Neurose (zusammen mit H. Hoff und P. Berner; Buch). Schriftenreihe der Österr. Unesco-Kommission, 1956

Der Selbstmordversuch, seine Behandlung und Prophylaxe (zusammen mit H. Hoff). Wr. Ztschr. für Nervenheilk. u. deren Grenzgeb., Bd. 12, H. 3, 1956

L'influzenza del nostro tempo sulle malattie psicosomatiche (zusammen mit H. Hoff). Della Clinica Neuropsichiatrica dell' Universita di Vienna, 1956

Anfänge der Psychopathie (zusammen mit H. Hoff). Medizinische Klinik, 51. Jg., Nr. 11, 1956

Zur Therapie psychosomatischer Erkrankungen (zusammen mit H. Hoff). Ztschr. für Psychosomatische Medizin, 4. Jg., H. 1, 1957

Zum Problem des Selbstmordversuches im Rausch (zusammen mit H. Rotter). Wr. Ztschr. für Nervenheilk. u. deren Grenzgeb., Bd. 13, H. 4, 1957

Einige Gesichtspunkte zur Therapie psychosomatischer Erkrankungen. Der praktische Arzt, 11. Jg., Nr. 166, 1957

Über Prüfungsneurosen (zusammen mit H. Hoff). Wr. klin. Wschr., 69. Jg., Nr. 27, 1957

Psychotherapie und Seelsorge (Versuch einer individualpsychologischen Abgrenzung). Adler-Festschrift, 1957

Zur Frage der Angst vor dem Elektroschock (zusammen mit I. Cermak), Wr. klin. Wschr., 70. Jg., Nr. 22, 1958

Der Aufbau einer psychosomatischen Station. Wr. Ztschr. für Nervenheilk. u. deren Grenzgeb., Bd. 15, H. 1—4, 1958

Zur Psychohygiene der Schwangerschaft. Vorträge des niederösterr. Sanitätskurses, 1958

Psychische Erkrankungen als Hindernis vital indizierter ärztlicher Eingriffe (zusammen mit H. Schinko). Wr. klin. Wschr., 71. Jg., Nr. 14, 1959

Zum Problem der Anorexis nervosa (zusammen mit I. Cermak). Wr. Ztschr. für Nervenheilk. u. deren Grenzgeb. Bd. 17, H. 2, 1959

A modern psychosomatic view of the theory of organ inferiority by Alfred Adler (zusammen mit H. Hoff). Fortschr. d. Psychosomatischen Medizin. Basel (S. Karger) 1959

Einführung in die Grundprobleme der Neurose (Buch). Wien (Herder) 1959

Zur Psychosomatik des Kindesalters (zusammen mit H. Hoff). Wr. klin. Wschr., 71. Jg., Nr. 49, 1959

Über Selbstmordversuche von Jugendlichen. Internat. Journal für prophylakt. Medizin und Sozialhygiene, 3. Jg., H. 2, 1959

Akute Psychose mit Thalliumvergiftung (zusammen mit H. Schinko und L. Fekas). Internat. Journal für prophylakt. Medizin und Sozialhygiene, 4. Jg., H. 1, 1960

Zur Frage der Therapie psychosomatischer Erkrankungen in der Praxis (zusammen mit H. Hoff). Wr. med. Wschr., 110. Jg., Nr. 7, 1960
Die Therapie der Selbstmordtendenz. Therapeutische Fortschritte in der Neurologie und Psychiatrie. Wien (Urban & Schwarzenberg) 1960
Die Therapie der Psychopathie (zusammen mit W. Solms und W. Spiel). Therapeutische Fortschritte in der Neurologie und Psychiatrie. Wien (Urban & Schwarzenberg) 1960
Therapieversuche beim akuten exogenen Reaktionstyp (zusammen mit H. Gastager). Therapeutische Fortschritte in der Neurologie und Psychiatrie. Wien (Urban & Schwarzenberg) 1960
Psychotische Reaktion nach kosmetischer Operation. Wr. Ztschr. für Nervenheilk. u. deren Grenzgeb., Bd. 12, H. 1, 1960
Religiöse Probleme in der Psychotherapie. Vorträge veranstaltet vom Büro für geistige Gesundheit, Utrecht 1960
Das Problem der Einweisung in Bundeserziehungsanstalten, dargestellt am Material der Bundeserziehungsanstalt Wiener Neudorf. Int. Journal f. prophylakt. Medizin u. Sozialhygiene, 5. Jg., Nr. 2, 1961
Zur Begriffsbestimmung der Psychosomatik. Wr. med. Wschr., 111. Jg., Nr. 38, 1961
Depression als Symptom intrakranieller Tumoren (zusammen mit H. Schinko). Wr. med. Wschr., 111. Jg., Nr. 38, 1961
Neue Untersuchungen zum Selbstmordproblem (Buch). Wien (Hollinek) 1961
Über die Bedeutung der Sprache für die psychische Hygiene (zusammen mit H. Hoff). Akt. Probl. Phoniat. Logopäd. Vol. 2. Basel/New York (Karger) 1961, S. 55—66
Psychische Hygiene und Wohlfahrtsstaat. Wissenschaft und Weltbild, 1961
Die seelischen Gefahren der Abtreibung, Probleme um die psychiatrische Indikationsstellung zur vorzeitigen Beendigung der Schwangerschaft. Religion, Wissenschaft, Kultur, 13. Jg., H. 3—4, 1962
Die Angst des Reichen und des Satten (zusammen mit H. Hoff). Monatskurse für die ärztl. Fortbildung, 12. Jg., Nr. 11, 1962
Der psychische Hintergrund funktioneller Herz-Kreislaufstörungen. Monatskurse f. d. ärztl. Fortbildung, 13. Jg., Nr. 7, 1963
The Problem of Neurosis: Dynamic and Theological Dimensions. Medical arts a. sciences, 1963
Erfahrungen und Ergebnisse der Vergiftungsstation der Psychiatrisch-Neurologischen Universitätsklinik Wien (Frauenabteilung) in den Jahren 1953 bis 1962 (zusammen mit G. Hoffmann und W. Wanderer). Wr. klin. Wschr., 75. Jg., Nr. 50, 1963
Hauterkrankungen unter psychosomatischem Aspekt (zusammen mit H. Hoff). Acta neurovegetativa Bd. 24, H. 1—4, 1963
Zur Psychosomatik der Allergie. Wr. klin. Wschr., 75. Jg., Nr. 33—34, 1963
Die sogenannten Soldatenbräute — 10 Jahre später. Eine Nachtuntersuchung klinisch behandelter jugendlicher Psychopathinnen. Wr. med. Wschr., 113. Jg., Nr. 1, 1963
Die vermutlichen Ursachen der Massierung von Selbstmordhandlungen. Bearbeitet im Österr. Statistischen Zentralamt, Wien 1963
Einige Bemerkungen zur Theorie und Praxis der Psychosomatik (zusammen mit I. Cermak). Muskel und Psyche, Symp., Wien 1963
Möglichkeiten der Selbstmordprophylaxe unter besonderer Berücksichtigung der Lebensmüdenfürsorge in Wien. Österr. Ärztezeitg., 19. Jg., H. 13, 1964

Erfahrungen auf einer zentralen Entgiftungsstation (zusammen mit G. Hoffmann). 6. Psychiatertagung des Landschaftsverbandes Rheinland. 623. Wissenschaftl. Versammlung des Rhein. Vereines für Psychiatrie, 14./15. Oktober 1964 im Rhein. Landeskrankenhaus Süchteln
Aktuelle Probleme der psychosomatischen Medizin (zusammen mit H. Hoff; Buch). München (Jolis Lenz & Co.) 1964
Erfahrungen mit dem neuen Antidepressivum Nortriptylin. Wr. med. Wschr., 115. Jg., Nr. 8, 1965
Die psychische Struktur des Selbstmörders. Moderne Krankenpflege Nr. 3 und 4, 1965
Die Psychologie des Alterns (zusammen mit H. Hoff). Handbuch der praktischen Geriatrie, Bd. 1, 1965
Erfahrungen und Ergebnisse der Vergiftungsstation der Wiener Psychiatrisch-Neurologischen Universitätsklinik (unter besonderer Berücksichtigung der Therapie der Schlafmittelvergiftungen; zusammen mit G. Guth, G. Hoffmann und K. Kryspin-Exner), Österr. Ärztezeitung, 20. Jg., H. 10, 1965
Indikation zu ärztlichem Eingreifen bei Selbstmorddrohung und Selbstmordversuch. Wr. med. Wschr., 115. Jg., Nr. 45—46, 1965
Die Ergebnisse des III. Internat. Kongresses für Selbstmordprophylaxe. Zeitschrift für Präventivmedizin, Jg. 1965, H. 6
Sigmund Freud. Neue Österr. Biographie ab 1815, Bd. 16, Große Österreicher. Wien (Amalthea) 1965
Religiöse Probleme in der Psychotherapie vom individualpsychologischen Standpunkt. Psychotherapie und religiöse Erfahrung. Ein Tagungsbericht. Stuttgart (Ernst Klett) 1966
Psychiatrische Probleme des alten Menschen (zusammen mit H. Hoff). Deutsches Zentralblatt für Krankenpflege, 10. Jg., H. 5, 1966
Möglichkeiten der Selbstmordverhütung. Deutsche Ztschr. f. d. gesamte Gerichtliche Medizin, Bd. 57, Hf. 1—2, 1966
Neurovegetatives System und psychosomatische Medizin (zusammen mit H. Hoff). Ztschr. f. Haut- u. Geschlechtskrankheiten, 20. Jg., Bd. 41, H. 3, 1966
Zur Problematik der Selbstmordhandlungen von Eheleuten. Schriftenreihe zur Theorie und Praxis der medizinischen Psychologie, Bd. 9, Stuttgart (Hippokrates Verlag) 1966
La prévention du suicide un problème mondial. Extrait de L'Hygiène mentale, Nr. 3, 1966
Der Patient und seine Krankheit. 10. Intern. IMA-Seminar, Obertraun 1966
Verändert die moderne Therapie mit Antidepressiva die Gesichtspunkte der Selbstmordprophylaxe? »Das ärztliche Gespräch«. Vorträge eines Tropon-Symposiums, Köln 1966
Psychiatrische Alterskrankheiten (zusammen mit H. Hoff). Handbuch der praktischen Geriatrie, Bd. 2, 1967
Gegenwärtige Problematik der Prüfungsneurosen in Wien (zusammen mit H. Hoff). Wr. klin. Wschr., 79. Jg., Nr. 9, 1967
Der gegenwärtige Stand der Selbstmordprophylaxe in Wien. »Der Nervenarzt«, 38. Jg., H., 3, 1967
Psychiatrisch-klinische und biochemische Veränderungen bei chronischem Stimulantienmißbrauch (zusammen mit E. Bründelmayer, G. Hoffmann und W. Sluga). Fortschritte der Neurologie und Psychiatrie u. ihrer Grenzgebiete, 35. Jg., H. 3, 1967

Lebensschwierigkeiten und praesuicidale Einengung. Wr. Ztschr. für Nervenheilk. u. deren Grenzgeb., Bd. 25, H. 2—4, 1967
Die Psyche des unheilbar Kranken in Abhängigkeit vom Lebensalter (zusammen mit H. Hoff). Scriptum geriatricum, 1967
Die Tiefenpsychologie — ein Prüfstein des Glaubens. Festschrift »Wissenschaft im Dienste des Glaubens«, 1967
Der Wiener Weg zur Selbstmordprophylaxe. Euromed, 8. Jg., H. 1, 1968
Individualpsychologie. Theolog. Lexikon Sacramentum mundi, 1968
Der alte Mensch im Konflikt mit der modernen Umgebung (zusammen mit H. Hoff). Triangel 8, 317, 1968
Die positiven Aspekte des Alters (zusammen mit H. Hoff), Scriptum geriatricum, 1968
Die Hemicranie, ihre Pathogenese und Therapie (zusammen mit H. Hoff u. H. Tschabitscher). Österr. Ärztezeitg., 23. Jg., H. 5, 1968
Suicide Prevention in Vienna. H. L. P. Resnik, Suicidal Behaviours. (Little-Brown u. Co.), 1968
Fortschritte in der Selbstmordverhütung. Fortschritte der Medizin, 87. Jg., Nr. 7, 1969
Psychotherapie. Theolog. Lexikon Sacramentum mundi, 1969
Psychohygiene. Theolog. Lexikon Sacramentum mundi, 1969
Klinikerfahrungen in der psychosomatischen Medizin. Wr. klin. Wschr., 81. Jg., Nr. 20, 1969
Selbstmordverhütung (zusammen mit Bernspang, Farberow, Kielholz, Pöldinger, Quatember u. Stengel; Buch). Bern-Stuttgart (Hans Huberz) 1969
Der suicidgefährdete Patient. Ärzt. Praxis, 21. Jg., Nr. 100, 1969
Selbstmord. Beitrag zum Handwörterbuch der Kriminologie. Berlin (Walter de Gruyter) 1969
In memoriam Hans Hoff. Wissenschaft und Weltbild, 22. Jg., 1969
Laktationspsychosen, psychosomatisch-psychologische Aspekte. Österr. Ärztezeitung, 25. Jg., H. 6, 1970
Tiefenpsychologie heute. Wissenschaft und Weltbild, 23. Jg., 1970
Psychosomatik und Familienberatung. Familienkonflikte und Familienberatung. Kevelaer (Butzon und Bercker) 1970
Selbstmord als suggestives Phänomen. Ärztliche Praxis, 22. Jg., Nr. 87, 1970
Suicide Prevention as a Contribution to the Reevaluation of Human Life. Lex et Scientia, Vol. 7, Nr. 1 (Jan.—Mar.), 1970
Special Aspects of the Doctor/Patient Relationship regarding hospitalized Patients suffering from Psychosomatic Illness (zusammen mit I. Cermak). Psychotherapy and Psychosomatics, Bd. 18., Basel/New York (S. Karger) 1970
Klinische Erfahrungen mit dem neuen Psychoaktivator Deanxit (zusammen mit I. Cermak). Schweiz. med. Rundschau, Nr. 23, 1971
Das Problem der Provozierbarkeit von Selbstmorden. In: Probleme der Provokation depressiver Psychosen. Internationales Symposium, Graz 1971
Der suizidgefährdete Patient. Bull. Soc. sci. med. Luxembg., Bd. 108, 1971
Angst und Suizid. Schweizer Archiv f. Neurologie, Neurochirurgie und Psychiatrie, Bd. 110, 1972
Psychosomatische Erkrankungen: Pathogenese und Erscheinungsbilder. Die Rolle der modernen Umwelt bei ihrer Entstehung. In: IMA-Kongreßhefte 16, Internat. Seminar 1972
Der gegenwärtige Stand der Selbstmordprophylaxe. Deutsches Ärzteblatt-Ärztl. Mittlg., 69. Jg., H. 22, Köln 1972

Möglichkeiten der ärztlichen Selbstmordverhütung. Ztschr. f. Allgemeinmedizin, Der Landarzt, 48. Jg., H. 15, 1972
Möglichkeiten der ärztlichen Selbstmordprophylaxe. Therapiewoche 22, 28, 2199, Karlsruhe 1972
Selbstmordprophylaxe. Ärztl. Praxis, 24. Jg., München-Gräfelfing (Werk-Verlag Dr. E. Banaschewski, Nr. 85) 1972
Selbstschädigung durch Neurose. Psychotherapeutische Wege zur Selbstverwirklichung. Wien (Herder) 1973
Präsuizidales Syndrom und Gesellschaftsstruktur (zusammen mit G. Sonneck). In: Zur Systematik, Provokation und Therapie depressiver Psychosen. Wien (Hollinek) 1973
Psychosomatik als Problem internistisch-psychiatrischer Zusammenarbeit (zusammen mit H. Pietschmann). Ars medici, 63. Jg., H. 5, Lüdin, Liestal 1973
Der selbstmordgefährdete Mensch und seine Umwelt. Wissenschaft und Weltbild, 26. Jg., H. 3, 1973
The Presuicidal Syndrome. Psychiatria Fennica, 1973
Grundlagen der modernen Selbstmordverhütung. Psychiatria Fennica, 1973
The Importance of Teaching Psychosomatic Medicine as Part of Medical Training. Psychother. Osychosom. Bd. 22, 1973, S. 73—79
Osnovi Savremene Profilaske Samoubistva. Rad. Inst. z. Prouzuvanje Alkoholizma i Drugih Narkomanija u Zagrebu, Sv. 4, Zagreb 1973
Eheberatung als prophylaktische Familientherapie. In: Die Familie als Patient, Internat. Symposium, Graz 1973
Psychohygiene mit Peter Altenberg. Graz (Stmk. Landesdruckerei) 1974
Selbstmord — Appell an die anderen (Buch). München (Kaiser) 1974
Selbstmordverhütung. Medizinische Monatsschrift, 28. Jg., H. 3, Stuttgart 1974
Schülerselbstmord — ein SOS-Ruf an die Gesellschaft. In: Erziehung und Unterricht, H. 4, Wien (Jugend & Volk) 1974
Spezifika der Psychosomatik im Alter. In: Psychosomatik des Leistungsabfalls in der 2. Lebenshälfte. Basel (Hofmann-La Roche) 1974
Tiefenpsychologie und Glaube. Ein überwundener Gegensatz. In: Gott Mensch Universum. Graz/Wien/Köln (Styria) 1974
Die Rolle der Entgiftungszentren im Rahmen der Selbstmordprophylaxe. In: H. P. Tombergs (Hsg.) Poison Control/Entgiftungsprobleme. Darmstadt (Steinkopf) 1974
Selbstmordverhütung. Wege zum Menschen, 26. Jg., H. 5—6, Göttingen (Vandenhoeck & Ruprecht) 1974
Zur Problematik des schizophrenen Selbstmordes, diskutiert an einem besonderen Fall (zusammen mit G. Sonneck). In: Psychiatrica clin., Bd. 7, 1974, S. 101—119
Psychosomatische Aspekte der Krebserkrankung. In: Krebsbehandlung als interdisziplinäre Aufgabe. Berlin/Heidelberg/New York (Springer) 1975
Sterben und Tod als Problem des medizinischen Unterrichtes. Dynamische Psychiatrie, 8. Jg., H. 3, Nr. 32, 1975
Religion und Tiefenpsychologie. Linzer philosoph.-theolog. Reihe, Bd. 5, Linz (Oberösterr. Landes-Verlag) 1975
Psychosomatik — Eine Klinik stellt sich vor. AWM, 27. Jg., H. 6, 1975
Thesen zum Gespräch Psychiatrie. Pastoraltheologie und ihre Konsequenzen für Ausbildung und Pastoral (zusammen mit A. Kirchmayr). Diakonia, 7. Jg., Hamburg/Freiburg i. Br. (Grünwald u. Herder) 1976

Selbstmord — Schicksal oder Herausforderung? GSG, Spektrum Bd. 1, Dortmund 1976
Selbstmordverhütung — eine allgemein verpflichtende Aufgabe. In: Sucht und Suizid. Freiburg (Lambertus) 1976
Suizid und Euthanasie. In: Grenzerfahrung Tod. Graz (Styria) 1976
Zur Psychopathologie des Sterbewillens (zusammen mit G. Sonneck). In: Suizid und Euthanasie. Stuttgart (F. Enke) 1976
Alfred Adler (1870—1937). Österr. Biographien, Bd. 19, 1976
The Presuicidal Syndrome. Suicide and Lifethreatening Behaviour, Vol. 1976
Selbstmordgefahr bei jungen Menschen — pastorale Möglichkeiten zu ihrer Bekämpfung. Diakonia, 8. Jg., H. 1, (Herder) 1977
Plädoyer für eine kreative und kritische Begegnung und Kooperation von Theologie und Tiefenpsychologie (zusammen mit A. Kirchmayr). In: Prophetische Diakonie, Wien (Herder) 1977
Technik der Krisenintervention (zusammen mit G. Sonneck). Psychiatria clinika, Vol. 10, H. 1—3, 1977
Selbstwert contra Selbstmord. Ärztliche Praxis, 29. Jg., H. 91, 1977
Ein Österreicher namens Alfred Adler (Hrsg. zusammen mit G. Brandl; Buch). Darin der Beitrag: War Alfred Adlers Existenz notwendig? Wien (Österr. Bundesverlag) 1977
Konzepte der psychosomatischen Medizin. Wr. klin. Wschr., 89. Jg., H. 21, 1977
Situationsbewältigung durch Fragen. Das Prinzip im Lernprozeß (Hrsg. gemeinsam mit G. Grandl; Buch). Darin der Beitrag: Die Einengung überwinden lernen. Wien (Herder) 1977
Zur Identitätsfindung der Individualpsychologie. In: 13. Internat. Kongreß für Ind. Psychologie. München/Basel (Ernst Reinhard) 1978
Das Leben wegwerfen? Reflexionen über Selbstmord (Buch). Wien (Herder) 1978
Wie verwirklichen wir Psychosomatik? Bericht über das 1. Symposium der Österr. Gesellschaft für klinische psychosomatische Medizin. AMW, 30. Jg., H. 12, 1978
Rückblick und Ausblick auf das Problem der Selbstmordverhütung. Informationen der Psychiatr. Klinik Wil, Nr. 2 u. 3, 1978
7-Punkte-Katalog über das Problem der Selbstmordverhütung bei Kindern und Jugendlichen. Unterrichtsministerium gibt Wissenschaftlern das Wort. Publikation des Unterrichtsministeriums, 1978
Grenzen zwischen Kriminalität und seelisch-geistiger Erkrankung. Arbeitsgemeinschaft der Gefangenenseelsorge, 1978
Neurosen unter dem Kreuz. In: Was kostet der Glaube? (Hrsg. v. Peter Karner). Wiener Predigten 7, 1978
Der „Wiener Weg" als Modell der Selbstmordverhütung. Caritas, 79. Jg., Nr. 3, 1978
Das seelische Befinden selbstmordgefährdeter Jugendlicher. Fortschritte der Medizin, 97. Jg., Nr. 2, 1979
Leben — Friedhof begrabener Wünsche? In: Woran wir leiden. Innsbruck (Tyrolia) 1979
Das Böse in unserer Gesellschaft. In: Die Macht der Bösen. Düsseldorf (Patmos) 1979
Präsuizidales Syndrom und dynamische Psychiatrie. Dynamische Psychiatrie, 12. Jg., H. 1, 1979

Der krebskranke Patient in der häuslichen Gemeinschaft. Informationen über Themen der Onkologie. K. Karrer, Lderle Arzneimittel, 1979
Wechsel und Beziehung zwischen psychosomatischen Erkrankungen und Depression aus individualpsychologischer Sicht (zusammen mit P. Gathmann). Dynamische Psychiatrie, 12. Jg., H. 3, 1979
Die Kirche als Verstärker und Heiler von Schuld. In: Actio catholica, Bd. 4, 1979
Die beängstigende Zunahme der Selbstmordgefährdung bei Jugendlichen. Forum Regensburg, 19. Jg., Juli-Sept., 1979
Warum nehmen sich junge Menschen das Leben? Zeitschrift für Individualpsychologie, 5. Jg., H. 1, 1980
Aktuelle Probleme der Selbstmordverhütung. Vereinigung für Seelsorger in psychiatrischen Krankenhäusern der Niederlande, 1980
The Presuicidal Syndrome. In: Regard to a Modern Antisuicidal Therapy. Ars medici, 70. Jg., H. 3, 1980
Die Besonderheiten des präsuizidalen Syndroms bei Jugendlichen. Der Kinderarzt, Bd. 4, 1980
Der Beitrag Alfred Adlers zur Praxis und Theorie der Erziehung (gemeinsam mit A. Brandl). Die Psychologie des 20. Jahrhunderts. München (Kindler) 1980
Die Zukunft unserer Kinder in der Sicht der Psychohygiene. In: Unsere Zukunft. Ist sie lebenswert? (Veritas) 1980
Die psychosomatische Grundhaltung des Arztes. In: Pädiatrie und Pädologie, Supp. 6. Wien (Springer) 1980
Psychosomatische Medizin und Arbeitsklima. Management-Forum Bd. 2, H. 2, Wien (Facultas) 1980
Die Bedeutung von Friedrich Tobergs Schüler Gerber für die moderne Selbstmordverhütung. Das Pult, Nr. 57, 1980
Psychiatrie: An ihren Folgen sollt ihr sie erkennen. Sexualmedizin, Bd. 12, 1980
Leid als neurotisches Elend. In: Christlicher Glaube in moderner Gesellschaft, Bd. 10, Wien (Herder) 1980
Mensch-Sein — in der Kirche nicht gefragt? In: Pro und Kontra Jesu Hochzeit. Wien (Böhlau) 1980
Suicide: Prevention and the Value of Human Life. In: Suicide the philosophical Issues (Ed. M. Papst Battin and David Mayo). New York (St. Martins Press) 1980
»Winterreise« und Todestrieb. In: Psychologie und Psychopathologie der Hoffnungen und des Glaubens (Hrsg. v. W. Pöldinger u. W. Wittgenstein) (Huber) 1981
Die Beurteilung des Suizidrisikos: In: Schweizerische Ärztezeitung, Bd. 62, H. 15, 1981
Ein Herkules ohne Keule. In: Studien zu Anton Wildgans. Beilage zu: Morgen, Nr. 17, 1981
Begegnung zwischen Tiefenpsychologie und Glaube. Vortrag aus Anlaß des Papstbesuches 1980. Aktuelle Akademie, Köln 1981
Über die Selbstmordtendenz bei Jugendlichen — Möglichkeiten zu ihrer Verhütung. In: Schluß, Selbstmord bei Jugendlichen. Münster (BAJ) 1981
Psychoneurotische Strukturen bei Betäubungsmittelabhängigen — Die Motivation zur Sucht und die Motivation zur Therapie — Aspekte der Selbstmordprophylaxe. In: Bericht über die überregionale Fortbildungstagung. Okt. 1980, Eppingen bei Heilbronn 1981
Selbstmord. In: Die Psychologie des 20. Jahrhunderts. Zürich (Kindler) 1981

Die subjektive Wirklichkeit des Patienten. Antrittsvorlesung. Wien (Fakultas) 1982
Das Selbstmordproblem bei Schnitzler. Literatur und Kritik. 1982
Gott — abgeschoben ins Unbewußte. Gott ist tot — ist Gott tot? über unsere Verantwortung für eine »entgötterte« Welt. In: Publik-Forum, 11. Jg., Nr. 2, 1982
Bemerkungen zur Beziehung zwischen Schizophrenie und Suizid. In: Der Schizophrene außerhalb der Klinik. Bern (Hans Huber) 1982
Einige Bemerkungen zur Verbesserung der Lehrerausbildung. In: Aspekte der Lehrerfortbildung in Österreich. Wien (ÖBG) 1982
Das Problem der Todesbewältigung am Beispiel Gustav Mahlers. Vortrag gehalten innerhalb des Internat. Brucknerfestes am 16. September 1981. Linzer Veranstaltungsges., Linz 1982
Sex und Selbstmord. In: Sexualmedizin, Bd. 11, 1982, S. 424—427, 490—495
Der Friede im Lichte der Tiefenpsychologie, dargestellt an Beispielen aus der Oper. Vortrag gehalten am 11. September 1982 im Brucknerhaus Linz
Ein Recht auf Sterben? (Problematik des Selbstmordes). In: Christliche Verantwortung in der Welt der Gegenwart, Salzburg (Anton Pustet), 1982
Die Übertragung in individualpsychologischer Sicht. In: Das weite Land der Individualpsychologie, Wien (Literas) 1983
Psychologische Führung des Tumorpatienten und seiner Familie. In: Der praktische Arzt, 37. Jg., Feb. 1983, S. 206—211
Psychosomatik. Medizinische Psychologie. In: Medizinische Psychologie, Wien (Brüder Hollinek) 1983
Nicht am Leben vorbeileben. Radius, 28. Jg., H. 2 (Mai), 1983
Einfühlung. Der Kranke ist mehr, als die Summe seiner Organe. Signal, 2. Jg., H. 2, 1983
Einfühlung. Krebsbehandlung ist mehr als Organmedizin — Teil 2, Signal, 2. Jg., H. 3, 1983
Von der Krankheit zum kranken Menschen. In: Wie krank ist unsere Medizin? Salzburger Humanismusgespräche, Graz/Wien/Köln (Styria) 1983.
12 Jahre Erfahrungen mit einem aktivierenden Antidepressivum. Österreichische Ärztezeitung, 38. Jg., H. 17, 1983
Suicide Prevention — Retrospective and Outlook (on the Occasion of the Ten-Year Anniversary of the German Society for Suicide Prevention). Crisis Vol. 4 No. 1, 1983.
Selbstmord und Geschlecht. In: Müssen Männer wirklich kürzer leben? Bundesministerium für soziale Verwaltung 1983
Die psychische Situation des Krebskranken (zusammen mit H. P. Bilek). Österreichische Ärztezeitung, 38. Jg., H. 21, 1983
Vom Paradies zur Wirklichkeit. In: Der Traum vom Paradies, Wien/Freiburg/Basel (Herder) 1983
Wer ist mein Nächster? In: Actio Catholica, H. 4, 1983
Der fehlgeleitete Patient (zusammen mit U. Kropiunigg; Buch). Wien (Facultas) 1983
Die Darstellung der Depression in der Oper. Zyklothymie, Excerpta Medica. Amsterdam/Geneva/Hong Kong/Oxfort/Princeton/Tokyo 1983
Die Krebserkrankung als Problem der Medizinischen Psychologie. In: Chirurgische Onkologie. Weinheim (Edition Medizin) 1984
Der Arzt und seine Depressionen. In: Somatisierte Angst und Depressivität, Basel (Karger) 1984

Die Begegnung der Individualpsychologie mit der Psychoanalyse. In: Beiträge zur IP, 3; Ausgewählte Beiträge aus dem 15. Kongreß d. Internat. Ver. f. IP, 2—6. Aug. 1982, Wien

Selbstverwirklichung als Grundlage eines sinnvollen Lebens. In: Lebensraum morgen, Zukunftswerkstätte »Kraftfeld Längenfeld« Jahrbuch 1983, Wien (Böhlau) 1984

Die Rolle der Religion in der Psychotherapie In: Dynamische Psychiatrie, 17. Jg. Nr. 84, 1. Heft 1984

Die österreichische Seele (Buch). 10 Reden über Medizin, Politik, Kunst und Religion. Wien/Köln/Graz, (Böhlau) 1984

Liebe zum Leben und Einsicht in unsere Grenzen. In: Christ sein: Mensch sein, Ostfildern b. Stuttgart, (Schwaben), 1984

»Diese Welt wird anders Werden« — Manès Sperber bleibt bei uns (mit P. Scheer) In: Das jüdische Echo; Nr. I., Vol. XXXIII, Sept. 1984

Religion und Psychotherapie — im Ringen um die Frage nach dem Sinn des Lebens. In: Religion und Kultur an Zeitenwenden; Wien/München (Herold) 1984

Die Situation des Strafgefangenen nach der Entlassung. In: Sozialarbeit und Bewährungshilfe, 6. Jg., H. 4., 1984

Familie und Neurose. In: 30 Jahre Katholischer Familienverband Österreichs: Brennpunkt Familie, 28

Familie und Neurose. In: Umfelder der Medizin, Familie, Wien (Facultas) 1984

Die Rolle der Regression in der Psychopathologie und in der Therapie der Selbstmordtendenz. In: Psychopathologie der Regression, 5. Düsseldorfer Symposium 7. und 8. Mai 1982, Stuttgart/New York (Schattauer) 1984

Psychohygiene des Wohnens. In: Salzburger Diskussionen. Landes-Symposion Wohnen und Umwelt, Nr. 6., 1985 und in: Reflexionen und Aphorismen zur österreichischen Architektur, Bundes-Ing. Kammer, Fachgr. Architektur, 1984

Das präsuizidale Syndrom — medizinische, soziale und psychohygienische Konsequenzen. In: Hexagon »Roche«, 13. Jg., 1985, Nr. 1, (deutsch, franz. und engl.)

Depression und Suizid. In: Wiener klinische Wochenschrift; 97. Jg., Heft 4, 15. Feb. 1985

Von der Unfähigkeit zu irren. In: »Luther-Jahr 1983«, Vortragsreihe, Grazer Heilandskirche, 14. Mai 1983

Präsuizidales Syndrom und Selbstwertgefühl. In: DGIP, 2. Sonderausgabe, München, Mai 1984

Hainburg und die Jugend. In: Die Schlacht der Bäume; Wien (Hannibal) 1985

Ich wollte Hoffnung und bekam Angst. In: wien aktuell, H. I, Feb. 1985

Die Zukunft gehört der Psychosomatik. In: Der praktische Arzt, 39. Jg. 514 A

Wer ist mein Nächster? Salzburger Internat. Pädagog. Werktagungen Nr. 33., Bd. XXXIX, 1984

Die Unternehmerin in der Gesellschaft von heute. In: Dokumentation. Bundesleitung d. österr. Wirtschaftsbundes, 1985

Die Bedeutung der Stimme und Musik für unsere Welt. In: Festrede zur Eröffnung d. Int. Brucknerfestes Linz 1984;

Jakob Wassermann — Ein zu Unrecht vergessener Dichter. In: Ausseer Beiträge zur Zeit- und Kulturgeschichte; Schriftenreihe des Heimatmuesums »Ausseerland«, Bd. 7

Stimme und Psyche. In: Der Sprachheilpädagoge, H. 4, 1985
Religionsverlust durch religiöse Erziehung (Buch mit Alfred Kirchmayr). Wien/Freiburg/Basel (Herder) 1985
Die da reden gegen Vernichtung (Buch, mit Erich Fried und Alfred Hrdlicka). Wien/München/Zürich (Europaverlag) 1985
Musische Erziehung und Persönlichkeitsbildung. In: Bericht über den 1. Bundeskongreß d. Musikerzieher Österreichs, 20.—23. Februar 1985, (Rötzer) Eisenstadt
Das Involutionsalter und seine psychischen Störungen. In: Wiener klinische Wochenschrift, 97. Jg., Supplementum 165, 1985
Psychohygiene des Wohnens. In: Kneipp Blätter, 1. Jän. 1986
Antidepressive Therapie mit Deanxit forte am Morgen und Pantrop retard am Abend. In: Der praktische Arzt, 40. Jg., Nr. 531, 15. Jän. 1986

QUELLENNACHWEIS

Aus folgenden Büchern Erwin Ringels wurden Textstellen übernommen:

Selbstschädigung durch Neurose. Psychotherapeutische Wege zur Selbstverwirklichung. Wien (Herder) 1973

Das Leben wegwerfen? Reflexionen über Selbstmord. Wien (Herder) 1978

Die österreichische Seele. 10 Reden über Medizin, Politik, Kunst und Religion. Wien/Köln/Graz (Böhlau) 1984

Religionsverlust durch religiöse Erziehung (mit Alfred Kirchmayr).

Die da reden gegen Vernichtung (mit Erich Fried und Alfred Hrdlicka). Wien/München/Zürich (Europa) 1985

Vom Autor wurden für dieses Buch folgende bereits erschienenen Texte erweitert und verändert:

Kapitel I: Die Grundsymptome der Neurose
Kapitel III: Die Formen der Neurose
Kapitel V: Neurotische Lebensverunstaltung
(In: »Selbstschädigung durch Neurose. Psychotherapeutische Wege zur Selbstverwirklichung«, Herder, Wien 1973.)

Kapitel VI: Hat der Mensch ein Recht, sich selbst zu töten?
(In: »Das Leben wegwerfen? Reflexionen über Selbstmord«, Herder, Wien 1978.)

Kapitel VIII: Begegnung zwischen Tiefenpsychologie und Glauben.
(In: »Relegionsverlust durch religiöse Erziehung« [mit Alfred Kirchmayr], Herder, Wien/Freiburg/Basel 1985.)

Kapitel IV: Psychosomatische Erkrankungen
Kapitel IX: Das Problem der Todesbewältigung am Beispiel Gustav Mahlers
Kapitel X (teilweise): Thesen zu einer modernen Friedenserziehung
(In: »Die österreichische Seele. 10 Reden über Medizin, Politik, Kunst und Religion«. Böhlau, Wien/Köln/Graz 1984.)

Kapitel X (teilweise): Thesen zu einer modernen Friedenserziehung
(In: »Die da reden gegen Vernichtung« [mit Erich Fried und Alfred Hrdlicka], Europaverlag, Wien/München/Zürich 1985.)

Erwin Ringel

Geboren 1921 in Temesvar, 1939—1945 Studium an der Medizinischen Fakultät in Wien, 1946 Promotion, anschließend Ausbildung zum Facharzt für Psychiatrie und Neurologie; psychotherapeutische Ausbildung. 1948 Aufbau des ersten Selbstmordverhütungszentrums der Welt in Wien, 1954 Leitung der Frauenpsychiatrischen Station und Aufbau der ersten psychosomatischen Station in Österreich. 1960 Gründung der Internationalen Vereinigung für Selbstmordverhütung, Ringel wird deren erster Präsident. 1961 Karl-Renner-Preis der Stadt Wien für Verdienste für die Selbstmordverhütung. 1968 Ernennung zum a. o. Universitätsprofessor in Wien. 1971 Gründungsmitglied des Internationalen Kollegiums für Psychosomatik. 1972 Ernennung zum a. o. Professor für Psychosomatik und Leiter der Psychosomatischen Abteilung der Psychiatrischen Klinik. 1978 Gründung der Österreichischen Gesellschaft für klinische psychosomatische Medizin, erster Präsident der Vereinigung. 1981 Ernennung zum ordentlichen Universitätsprofessor für medizinische Psychologie. Ehrenpräsident der Internationalen Vereinigung zur Selbstmordverhütung. Seit 1961 Vorsitzender der Österreichischen Gesellschaft für Individualpsychologie. An die 250 Veröffentlichungen, darunter zahlreiche Bücher. Vorträge zu den Themen Selbstmordverhütung, Psychosomatik, Neurosenlehre, Sozialpsychologie, Grenzgebiete der Psychologie, zu Kunst, Politik und Religion.